高等教育素养丛书

辛千凡 著

ACADEMIC LITERACY

论学术素养

上海科学技术出版社

图书在版编目（CIP）数据

论学术素养 / 辛千凡著. -- 上海 ：上海科学技术出版社，2024.11. --（高等教育素养丛书）. -- ISBN 978-7-5478-6820-1

Ⅰ.G640

中国国家版本馆CIP数据核字第2024H76T18号

本书出版经与 Enago 公司和 Wordvice 公司协商达成。在 Enago 和 Wordvice 的网站所发表相关文章的版权归其所有。本书版权归上海科学技术出版社。

论学术素养
辛千凡 著

上海世纪出版（集团）有限公司 出版、发行
上海科学技术出版社
（上海市闵行区号景路159弄A座9F-10F）
邮政编码 201101　www.sstp.cn
上海锦佳印刷有限公司印刷
开本 787×1092　1/16　印张 20.25
字数：450千字
2024年11月第1版　2024年11月第1次印刷
ISBN 978-7-5478-6820-1/G·1281
定价：128.00元

本书如有缺页、错装或坏损等严重质量问题，请与工厂联系调换

内容提要

为了全面开展高等教育中的学术素养教育,本书针对本科生和研究生在撰写课程报告、学位论文、期刊论文以及在践行科研方法中遇到的重要性、创新性、正确性、深广性、可读性等方面的困难,从学术写作、论文投稿到国际化交流等各个环节完整深入论述了所需具备的理论素养和实践技能。本书以国际化视角并兼顾国内外科研申报和管理需求,全面考虑高等院校、科研院所和工业界所具有的不同科研管理模式,给读者提供全新的视角和适应新时代发展要求的现代科研方法学,旨在培养具有深厚学术素养的创新型人才。全书共12章,分别论述学术素养的12个关键组成部分:专业热情,科技伦理与职业道德,学术道德,学术写作,文献检索与引用,数据处理方法与学术图表,英文写作、翻译与编辑,期刊投稿方法,科研经费申请与写作,科研管理与方法,学术汇报与交流,学术能力评价与学术社交影响力。

本书特别适合高等院校理工农医类学生,同时也适合文史哲管类学生;可以作为本科生和研究生的学术素养、论文写作方法、科研方法等课程的教科书,也可以供教师和科研人员参考。

前　言

著名教育家蔡元培先生曾经说过："一个民族或国家要在世界上立得住脚——而且要光荣地立住——是要以学术为基础的……学术昌明的国家，没有不强盛的；反之，学术幼稚和知识蒙昧的民族，没有不贫弱的。"从宏观来看，学术素养关乎国民整体素质；从微观来看，学术素养关乎每个科研人员的学术创造力。所谓学术，是指具有较为专门而系统的深入研究价值的学问。所谓素养，是指经过学习和实践而获得的意识、知识和能力。通俗地讲，学术素养就是指一个人在执行或评价研究工作时所具备的常识、意识、知识和能力。

我们经常听到人们谈论科学素养、文学素养、音乐素养、艺术素养等。这些素养指的是在进行科学、文学、音乐、艺术工作时所体现出来的专业操作能力，或在评价这些工作时所具有的专业知识或常识，例如了解天文地理知识和具有鉴赏交响乐或抽象派绘画的常识。可以想象，如果没有这些素养，专业工作人员会出现一落笔就出错的极不称职现象，而鉴赏人员会出现茫然不懂的尴尬。学术素养亦然——如果科研人员或青年学生没有良好的学术素养，就会出现无法完成研究论文的不称职现象，并在阅读吸取其他相关专业的文献成果时出现看不懂的尴尬。

与科学素养和文学素养等人尽皆知的大众化素养不同，学术素养是研究人员（例如研究生）所必须具备的一种小众素养，尚未引起全社会应有的广泛关注。因此，学术素养在高等教育管理中仍然处于初级认知阶段，导致国内外大多数学校尚未设立必要的专门教育课程。但是，其紧迫的需求和系统化教育之缺失的问题，毫无疑问地存在于每一位研究生和青年教师，甚至资深科研人员中。这从每个研究生在撰写和发表期刊论文时所遇到的各种困难就能显而易见。

当我们称赞某个人素质很高时，其实就是在称赞这个人的行为举止非常得体，而且把文字写得很漂亮、把话说得很到位、把事情做得很好。而当我们看到一篇充斥着逻辑错误、方法错误、语言错误或格式错误的论文时，第一个反应就是"学术素养太差"。因此，学术素养是科研人员和青年学生在学术界的一张生动的"名片"，体现着自己的学术形象。

关于学术素养的具体内涵，很多学者给出过不同的诠释，大体集中于以下几点。从英文来讲，素养可以被解释为 literacy（专业知识、读写能力）或 competency（胜任的能力）。国际学术委员会指出，学术素养包括批判性阅读能力、文本的解译能力、在学术流派中完整准确的写作能力、参与复杂学术讨论的能力——即读、悟、写、说这四大学术能力。还有一些学者指出，学术素养包括研究人员在进行学术研究时所必须具有的学术能力、规范意识、专业知识、学术道德，即在上述四大学术能力之外又增加了后面那三项。学术能力还可以理解为发现学术问题的敏锐性、运用科学方法分析问题的能力、解决创新性问题的能力、科研表达的能力等。规范意识是指恪守正规化的科研方法、学术规范和写作格式等要求，使得做出的工作和写出的文章看上去具有专业性，而不像是业余的或未经训练的。专业知识是指宽广而深入的学科知识、扎实的专业基础、持续不断的知识更新、特定学科的专业研究范式和专业话语方式。学术道德是指自觉尊重他人学术成果、拒绝学术造假、抵制学术不端行为等。

哈佛大学关于学术素养的诠释包括以下八点：①界定问题和提出复杂问题的能力；②挑战流行观点的批判性思辨能力；③从不相关的信息中汲取所需信息并将信息概念化后重新组织成能够说明问题的新信息的能力；④探索性地提出方案和解决问题的能力；⑤归纳地、演绎地、辩证地、逻辑地思考问题的能力；⑥带着运用的眼光讨论各种想法的能力；⑦对事物解释并说服他人接受自己观点的能力；⑧能够独立完成工作而又能开展团队工作的能力。这些诠释所针对的能力虽然重要，但比较抽象，也不够全面，而且在学术素养培训上没有落实到具有足够强的可操作性。

目前在国内外高校中对学术素养的系统化教育培训是严重缺失或不足的，具体体现在论文质量不高，尤其是英文论文的质量不尽如人意。高等教育国际化趋势和国际学术交流的不断增强，对研究生的学术素养（尤其是学术论文写作能力和学术讲解交流能力）提出了比较高的要求。培养学术素养的最佳渠道是围绕论文写作的实战需求，针对以下12项要素进行系统化课程培训：①<u>专业热情</u>；②科技伦理与职业道德；③学术道德；④学术写作；⑤<u>文献检索与引用</u>；⑥<u>数据处理方法与学术图表</u>；⑦英文写作、翻译与编辑；⑧<u>期刊投稿方法</u>；⑨科研经费申请与写作；⑩科研管理与方法；⑪<u>学术汇报与交流</u>；⑫<u>学术能力评价与学术社交影响力</u>。这12项要素构成在高校研究生和本科生中开展大规模、正规化的学术素养课程教育的核心教学内容，具有非常紧迫的现实需求和重要的战略意义。

将上述12项学术素养训练要素与目前中国高校开设的课程对比，可以明显看出缺失的内容。目前中国部分高校已经开设的课程内容包括：①工程伦理、医学伦理；②学术道德、研究生学术行为规范；③科技论文写作；④科技文献检索、信息检索与利用；⑤学术英语写作、科技英语、专业英语、英语阅读、英语翻译；⑥科研方法论。可以看出，目前中国高校只在12项要素中开设了大约6项内容的课程训练，缺失了一半内容（即在上述12项要素中用下划线标记的内容）。而且，在已经开设的课程中，教学内容也不够完整，急需补充提高。因此，针对研究生和本科生的需求，非常有必要开设一门包含12项要素的"学术素养"选修或必修课程。

撰写《论学术素养》的目的是给学术素养教育提供课程用书，并开启学术素养研究。学术素养研究的重点是为了解决"做科研难"和"写论文难"的两难问题，针对其中遇到的各种理论问题和实践困难，从作者、期刊出版机构、读者这三个角度建立现代学术出版理论并提供创新型人才培养策略。学术素养与数字化、智能化这两个理念，以及系统工程、可靠性工程、试验设计与优化这三个方法，构成高等教育素养建设统一框架中的六大元素。为此，上海科学技术出版社计划出版一套"高等教育素养丛书"，涵盖这六大元素，推动新工科、新理科、新农科、新医科的学科融合发展。《论学术素养》是该丛书的第一本。在该系列丛书中，我计划撰写《系统工程科研方法——现代通用系统工程导论》，将系统工程、试验设计与优化中的二维全域优化先进技术融合在一起；并撰写《新工科中的可靠性工程》，增强科研人员的系统思维、优化思维、动态时变思维、概率思维和失效控制思维。另外，我计划为这套丛书主编《新工科中的数字化》和《新工科中的智能化》，增强科研人员的数字化和智能化理念。在上述高等教育素养建设统一框架中，学术素养是高等教育素养的首要环节。

学术素养承载着国家和民族对人才的期待。开学术素养教育之先河，任重而道远。

辛千凡

2024年7月28日于天津大学

电子邮箱：QianfanHarryXin@QQ.com

目 录

第 1 章 专业热情 ... 001
1.1 学术素养中的专业热情 ... 001
1.2 新工科建设中的一个素养、两个理念和三个方法 ... 002
1.3 学术素养点燃专业热情 ... 004

第 2 章 科技伦理与职业道德 ... 007
2.1 学术素养中的工程伦理概论 ... 007
2.1.1 工程伦理在学术素养中的地位 ... 007
2.1.2 工程伦理在决策、设计、运行时的作用 ... 007
2.1.3 工程伦理的职业标准 ... 008
2.1.4 工程伦理问题的特征 ... 008
2.1.5 工程伦理中的环境伦理原则 ... 009
2.2 逆向工程中的工程伦理及合法性 ... 010
2.3 专利的风险规避和成果转化 ... 012

第 3 章 学术道德 ... 014
3.1 十论学术道德之第一论:论代写 ... 014
3.2 十论学术道德之第二论:论剽窃抄袭 ... 015
3.3 十论学术道德之第三论:论数据造假 ... 017
3.4 十论学术道德之第四论:论虚假署名 ... 018
3.5 十论学术道德之第五论:论图表侵权 ... 020
3.6 十论学术道德之第六论:论引用失当 ... 021
3.7 十论学术道德之第七论:论发表偏倚 ... 023

3.8 十论学术道德之第八论：论一稿多投 ⋯⋯⋯⋯⋯⋯⋯⋯⋯⋯⋯⋯⋯ 024
3.9 十论学术道德之第九论：论重复发表 ⋯⋯⋯⋯⋯⋯⋯⋯⋯⋯⋯⋯⋯ 026
3.10 十论学术道德之第十论：论拆分发表 ⋯⋯⋯⋯⋯⋯⋯⋯⋯⋯⋯⋯ 027

第 4 章 学术写作 ⋯⋯⋯⋯⋯⋯⋯⋯⋯⋯⋯⋯⋯⋯⋯⋯⋯⋯⋯⋯⋯⋯⋯⋯⋯⋯⋯⋯ 029

4.1 学术写作类型 ⋯⋯⋯⋯⋯⋯⋯⋯⋯⋯⋯⋯⋯⋯⋯⋯⋯⋯⋯⋯⋯⋯⋯⋯ 029
　　4.1.1 《学科分类与代码》在学术论文分类中的运用 ⋯⋯⋯⋯⋯⋯ 029
　　4.1.2 中图分类法在学术论文分类中的运用 ⋯⋯⋯⋯⋯⋯⋯⋯⋯ 031
　　4.1.3 科研人员能够撰写的论文类型 ⋯⋯⋯⋯⋯⋯⋯⋯⋯⋯⋯⋯ 033
4.2 学术写作的审稿标准 ⋯⋯⋯⋯⋯⋯⋯⋯⋯⋯⋯⋯⋯⋯⋯⋯⋯⋯⋯ 035
　　4.2.1 学术论文选题中的论点创新性和重要性 ⋯⋯⋯⋯⋯⋯⋯⋯ 035
　　4.2.2 学术论文的深广性 ⋯⋯⋯⋯⋯⋯⋯⋯⋯⋯⋯⋯⋯⋯⋯⋯⋯ 037
　　4.2.3 学术论文与研究报告或企业技术报告之间的区别 ⋯⋯⋯ 040
　　4.2.4 SCI 论文的审稿标准 ⋯⋯⋯⋯⋯⋯⋯⋯⋯⋯⋯⋯⋯⋯⋯⋯ 041
　　4.2.5 统一的审稿标准与学术发表中的编辑素养 ⋯⋯⋯⋯⋯⋯ 043
4.3 学术写作方法 ⋯⋯⋯⋯⋯⋯⋯⋯⋯⋯⋯⋯⋯⋯⋯⋯⋯⋯⋯⋯⋯⋯⋯ 046
　　4.3.1 避免四项低级错误的措施 ⋯⋯⋯⋯⋯⋯⋯⋯⋯⋯⋯⋯⋯⋯ 046
　　4.3.2 科技论文写作的总体框架和顺序 ⋯⋯⋯⋯⋯⋯⋯⋯⋯⋯⋯ 047
　　4.3.3 医学论文的写作注意事项 ⋯⋯⋯⋯⋯⋯⋯⋯⋯⋯⋯⋯⋯⋯ 048
　　4.3.4 人文社科论文的创新性和写作方法 ⋯⋯⋯⋯⋯⋯⋯⋯⋯⋯ 049
4.4 学术论文论证方法中的逻辑学和统计学基础 ⋯⋯⋯⋯⋯⋯⋯⋯ 050
　　4.4.1 使用三大论据支持论点的方法 ⋯⋯⋯⋯⋯⋯⋯⋯⋯⋯⋯⋯ 050
　　4.4.2 学术写作中的逻辑推理方法 ⋯⋯⋯⋯⋯⋯⋯⋯⋯⋯⋯⋯⋯ 051
　　4.4.3 学术写作中的十二种逻辑谬误 ⋯⋯⋯⋯⋯⋯⋯⋯⋯⋯⋯⋯ 053
　　4.4.4 从部分到整体的有效推论方式——推断统计 ⋯⋯⋯⋯⋯ 055
4.5 学术论文各部分的撰写要领 ⋯⋯⋯⋯⋯⋯⋯⋯⋯⋯⋯⋯⋯⋯⋯⋯ 056
　　4.5.1 标题页和作者信息等内容的写法 ⋯⋯⋯⋯⋯⋯⋯⋯⋯⋯⋯ 056
　　4.5.2 作者中的贡献者角色分类法 ⋯⋯⋯⋯⋯⋯⋯⋯⋯⋯⋯⋯⋯ 058
　　4.5.3 两个第一作者或通讯作者的情况 ⋯⋯⋯⋯⋯⋯⋯⋯⋯⋯⋯ 060
　　4.5.4 论文摘要的写作要点 ⋯⋯⋯⋯⋯⋯⋯⋯⋯⋯⋯⋯⋯⋯⋯⋯ 062
　　4.5.5 制作 SCI 论文图文摘要的要点 ⋯⋯⋯⋯⋯⋯⋯⋯⋯⋯⋯⋯ 063
　　4.5.6 以定义问题为导向的论文引言"五段论"写法 ⋯⋯⋯⋯⋯ 065
　　4.5.7 撰写研究目的或论文主旨句的方法 ⋯⋯⋯⋯⋯⋯⋯⋯⋯⋯ 068
　　4.5.8 引言和讨论中的假说写法 ⋯⋯⋯⋯⋯⋯⋯⋯⋯⋯⋯⋯⋯⋯ 069
　　4.5.9 研究方法和方法论的五项区别 ⋯⋯⋯⋯⋯⋯⋯⋯⋯⋯⋯⋯ 071
　　4.5.10 结果、讨论和结论的不同写法 ⋯⋯⋯⋯⋯⋯⋯⋯⋯⋯⋯⋯ 073
　　4.5.11 致谢的写法 ⋯⋯⋯⋯⋯⋯⋯⋯⋯⋯⋯⋯⋯⋯⋯⋯⋯⋯⋯⋯ 075
4.6 学术写作格式规范 ⋯⋯⋯⋯⋯⋯⋯⋯⋯⋯⋯⋯⋯⋯⋯⋯⋯⋯⋯⋯⋯ 077

  4.6.1 学术写作和科研方法的权威参考资料 ……………………… 077
  4.6.2 学术论文写作规范精要 …………………………………… 078
  4.6.3 撰写学术论文所需的 Word 特殊技巧 …………………… 080
 4.7 本科生和研究生的论文写作 ………………………………………… 082
  4.7.1 本科生和研究生毕业论文开题报告的撰写方法 ……… 082
  4.7.2 本科学位论文的写作方法 ………………………………… 084
  4.7.3 硕士学位论文的写作方法 ………………………………… 085
  4.7.4 硕士学位论文与期刊论文的异同 ………………………… 087
  4.7.5 博士学位论文的写作要求和误区 ………………………… 088
 4.8 发明专利写作 ………………………………………………………… 090
  4.8.1 专利的种类和费用 ………………………………………… 090
  4.8.2 发明专利申请书的撰写方法 ……………………………… 093

第 5 章　文献检索与引用 ……………………………………………………… 095

 5.1 专业技术人员应当了解的文献计量学 …………………………… 095
 5.2 文献检索的科技查新作用 ………………………………………… 097
 5.3 数字对象标识符 …………………………………………………… 097
 5.4 参考文献链接注册查询系统 Crossref …………………………… 099
  5.4.1 Crossref 的起源 …………………………………………… 099
  5.4.2 Crossref 的功能 …………………………………………… 099
 5.5 文献检索数据库 …………………………………………………… 100
  5.5.1 国内外文献重要检索和收录系统概述 ………………… 100
  5.5.2 Web of Science 包括的数据库及学术影响力评价工具
     ………………………………………………………………… 102
  5.5.3 Scopus 在科研中的重要作用 …………………………… 103
  5.5.4 数据库链接文摘的兴起与发展 ………………………… 104
 5.6 选择参考文献的原则 ……………………………………………… 106
 5.7 参考文献的引用格式 ……………………………………………… 106
 5.8 参考文献管理软件 ………………………………………………… 108

第 6 章　数据处理方法与学术图表 …………………………………………… 109

 6.1 相关性研究和干预性研究的数据特征 …………………………… 109
 6.2 现代通用系统工程应用研究的数据特征 ………………………… 111
 6.3 试验设计与优化简述 ……………………………………………… 113
 6.4 可靠性工程简述 …………………………………………………… 114
  6.4.1 可靠性工程中的"一根曲线"问题 ……………………… 114

　　　　6.4.2　可靠性工程中的"两根曲线"问题 ·· 116
　6.5　学术素养中的数据处理能力 ··· 117
　6.6　学术图表的选用原则和制作原则 ·· 119
　6.7　学术图表中的矢量图和像素图 ··· 121
　6.8　学术图表清晰度的四个要点 ·· 122
　　　　6.8.1　图片的格式、尺寸和分辨率 ··· 122
　　　　6.8.2　高分辨率原始图片的制作和保存 ··· 123
　　　　6.8.3　使用Excel制作数据图表的方法 ·· 124
　　　　6.8.4　使用PowerPoint制作示意图和拼接图的方法 ····································· 124
　6.9　学术图表的构造方法 ··· 124
　　　　6.9.1　数据的类型和可视化的重要性 ·· 124
　　　　6.9.2　单类型数据图 ·· 126
　　　　6.9.3　复合图 ··· 127
　　　　6.9.4　高效率数据图模板的制作方法 ·· 129
　　　　6.9.5　文字示意图的制作方法和用法 ·· 130
　6.10　学术图表的数字表达 ·· 131
　　　　6.10.1　数字的用法 ·· 131
　　　　6.10.2　数字的格式 ·· 132
　　　　6.10.3　数字的单位 ·· 132
　　　　6.10.4　科学计数法 ·· 132
　6.11　学术表格的注意事项 ·· 133
　6.12　学术图表常见的20个格式错误 ··· 135

第 7 章　英文写作、翻译与编辑 ·· 139

　7.1　英文学术写作中的动词时态 ·· 139
　　　　7.1.1　英文动词时态三原则 ·· 139
　　　　7.1.2　一般现在时 ··· 140
　　　　7.1.3　一般过去时 ··· 141
　　　　7.1.4　现在完成时 ··· 141
　　　　7.1.5　过去完成时 ··· 142
　　　　7.1.6　一般将来时 ··· 142
　　　　7.1.7　英文论文中各部分的动词时态用法 ·· 142
　7.2　英文学术写作中的清晰性和简洁性原则 ·· 143
　7.3　英文学术写作中的语言错误 ·· 145
　　　　7.3.1　语言错误的危害 ··· 145
　　　　7.3.2　中文母语作者容易犯的语言错误 ·· 146
　7.4　英文学术写作中的首字母缩略语 ·· 149
　7.5　英文学术写作中常用的六个拉丁文缩写词 ··· 152

7.6 学术图表和标题的英文写法规则 153
7.7 翻译方法概述 155
7.8 "翻四校润"法 157
7.9 用于学术写作的翻译器 160
7.10 用于学术写作的语料库 161
7.11 论文的编辑、润色和校对 162
　　7.11.1 论文编辑、润色和校对的历史演变 162
　　7.11.2 学术编辑服务机构及其人工智能英文语法检查工具
　　　　　.. 164
7.12 ChatGPT 在英文论文润色编辑中的作用 166

第 8 章 期刊投稿方法 169

8.1 核心期刊和期刊影响因子 169
　　8.1.1 核心期刊的概念和作用 169
　　8.1.2 SCI 期刊的 JCR 分区和中国科学院分区 171
　　8.1.3 SCI 期刊影响因子 172
　　8.1.4 CiteScore 在期刊评价中的作用 173
8.2 期刊论文发表流程 174
　　8.2.1 期刊论文发表流程简介 174
　　8.2.2 出版社在学术出版中的角色 175
　　8.2.3 期刊编辑在论文发表的不同阶段中的作用 178
　　8.2.4 学术出版中的客座主编 179
　　8.2.5 期刊论文的良性约稿和恶性约稿 181
　　8.2.6 主编和论文作者眼中的征稿启事 182
　　8.2.7 掠夺性期刊与学术诈骗 183
　　8.2.8 开放获取期刊的知识共享协议 185
8.3 期刊论文快速发表通道和预印本 187
　　8.3.1 英文国际期刊的快速发表通道及发展趋势 187
　　8.3.2 中国期刊论文的快速发表通道 190
　　8.3.3 预印本——学术论文出版行业的颠覆性革命发端 191
　　8.3.4 发布预印本论文的利弊和要点 193
8.4 投稿前的选刊 194
　　8.4.1 论文投稿时避免选刊失误的四项原则 194
　　8.4.2 论文投稿前的选刊步骤和工具 199
8.5 论文的投稿流程 200
　　8.5.1 投稿前问询信 200
　　8.5.2 投稿信 201
　　8.5.3 投稿介绍信及其防止一稿多投和泄密的作用 202

- 8.5.4 科研人员的身份识别码 ORCID ……………………………… 202
- 8.5.5 医学论文投稿时的三项特殊要求 …………………………… 204
- 8.5.6 论文投稿管理网站 ……………………………………………… 206
- 8.5.7 论文投稿步骤和状态 …………………………………………… 207
- 8.5.8 SCI 论文的审稿后修改步骤 …………………………………… 210

8.6 期刊论文同行评议 …………………………………………………………… 211
- 8.6.1 学术期刊同行评议时的注意事项 …………………………… 211
- 8.6.2 期刊同行评议审稿人的选择过程 …………………………… 213
- 8.6.3 期刊同行评议审稿人中的小同行和大同行 ………………… 214
- 8.6.4 F1000——出版后同行评议和专家导读新时代的代表 …………………………………………………………………… 216

8.7 期刊论文拒稿原因和作者应对审稿意见的措施 ……………………… 217
- 8.7.1 期刊如何对待同行评议中的不同审稿意见 ………………… 217
- 8.7.2 论文拒稿原因及解决措施 …………………………………… 220
- 8.7.3 期刊论文审稿意见回复原则 ………………………………… 221
- 8.7.4 礼貌回复审稿意见的方法 …………………………………… 222
- 8.7.5 避免审稿人尴尬的方法 ……………………………………… 223
- 8.7.6 合理抗辩论文缺乏重要性或创新性审稿意见的方法 ……… 223
- 8.7.7 合理抗辩论文缺乏深广性审稿意见的方法 ………………… 225
- 8.7.8 合理抗辩过分要求补充论据的审稿意见的方法 …………… 226
- 8.7.9 应对 SCI 论文审稿意见中正确性和可读性要求的方法 …………………………………………………………………… 226
- 8.7.10 应对 SCI 论文审稿意见中改进英文要求的方法 …………… 227
- 8.7.11 处理期刊拒稿后改投建议的方法 …………………………… 228

8.8 期刊论文撤稿 ………………………………………………………………… 230
- 8.8.1 期刊论文的勘误、警告和撤稿 ……………………………… 230
- 8.8.2 期刊论文的合理审稿时间和主动撤稿 ……………………… 231

8.9 会议论文再投稿给期刊时的版权归属、重复发表和自我抄袭 …… 233

第 9 章 科研经费申请与写作 ……………………………………………… 236

9.1 纵向科研项目申报方法 …………………………………………………… 236
9.2 学术素养中的科研经费申请写作 ……………………………………… 237
9.3 中国科研人员的经费来源 ………………………………………………… 238
9.4 纵向重大科研项目的来源 ………………………………………………… 242
9.5 横向重大科研项目的来源 ………………………………………………… 243
9.6 科研项目经费管理的误区 ………………………………………………… 245

第 10 章 科研管理与方法 · · · · · · 247

10.1 科研管理 · · · · · · 247
10.1.1 科研管理的概念及遵循的标准 · · · · · · 247
10.1.2 科研管理中的技术管理和项目管理 · · · · · · 248
10.1.3 科研方向规划方法及科研计划撰写指南 · · · · · · 249
10.1.4 制订研究计划的要点 · · · · · · 251
10.1.5 科研经费申请中撰写数据管理计划的方法 · · · · · · 253

10.2 学业管理 · · · · · · 254
10.2.1 顺利完成本科毕业论文的要素 · · · · · · 254
10.2.2 中外博士生教育制度的异同 · · · · · · 256
10.2.3 撰写博士入学研究计划的方法 · · · · · · 260
10.2.4 有效管理博士学位攻读时间的方法 · · · · · · 262
10.2.5 成功通过博士资格考试的要点 · · · · · · 264

10.3 科研方法 · · · · · · 265
10.3.1 提高科研效率的方法 · · · · · · 265
10.3.2 提高科研工作重现性的方法 · · · · · · 266
10.3.3 提高科研创新性效果的方法 · · · · · · 269
10.3.4 新工科 123 建设统一提升框架中的三个方法 · · · · · · 270
10.3.5 做科研和写论文时常用的研究方法和技能 · · · · · · 271
10.3.6 提高系统化创新阅读能力的方法 · · · · · · 272
10.3.7 提高快速阅读能力的方法 · · · · · · 274

第 11 章 学术汇报与交流 · · · · · · 276

11.1 增强出版中的数据检查和数据共享 · · · · · · 276
11.2 学术答辩能力和学术礼仪 · · · · · · 279
11.3 成功完成学位论文答辩的十项技巧 · · · · · · 280
11.4 学术海报 · · · · · · 282
11.5 图文摘要与学术海报的区别详解 · · · · · · 284
11.6 增强出版中的学术视频 · · · · · · 286

第 12 章 学术能力评价与学术社交影响力 · · · · · · 289

12.1 学术能力评价 · · · · · · 289
12.2 高被引论文和 ESI · · · · · · 291
12.3 论文引用次数的变化规律 · · · · · · 293
12.4 提高论著引用次数的方法 · · · · · · 295

  12.5 从期刊滥发无聊论文到国家新的发表政策 297
  12.6 Altmetrics 在学术影响力评价体系中的作用 298
  12.7 学术社交影响力 300
  12.8 建立科研人脉及开展科研合作 302
    12.8.1 在单位内部建立科研人脉及开展科研合作 302
    12.8.2 在单位外部建立科研人脉及开展科研合作 302

参考文献 304

后记 307

第 1 章
专业热情

所有组织均高度重视思想工作和理念文化，因为其激发的热情是进步的内在动力，学术研究也不例外。点燃专业热情的有效途径是基于学术素养要素构建清晰的、具有激励性的人才成长目标路线图。本章论述学术素养教育在创新型、领军型人才培养和激发专业热情中的作用和实施措施。

■ 1.1 学术素养中的专业热情

作家马克斯·兰茨伯格曾经说过："热情无疑是人类最重要的秉性和财富之一。不管你是否意识到，每个人都具有火热的激情。它是一个人生存和发展的根本，是人自身潜在的财富，只是这种热情深埋在人们的心灵之中，等待被开发利用。"专业热情是学术素养的基础。没有专业热情，就谈不上提高自身学术修养的动力。人们的专业热情是如何形成的？专业热情又是如何消退的？如何才能长久地保持专业热情？这些问题不是依靠大话、空话、套话能够解决的，而是需要依靠价值观的塑造、榜样的力量、热情意识的培养来解决。具体来讲，就是需要热爱擅长的专业、追求执着的理想、发扬牺牲的精神、克服环境压力和职业倦怠。

专业热情是科技工作者开展工作的内在动力。著名药学家屠呦呦在研究开发青蒿素治疗疟疾方面的长期不懈努力就是一个典型范例。屠呦呦是第一位获得诺贝尔医学奖的中国本土科学家。诺贝尔医学奖是中国医学界迄今为止获得的最高奖项，也是中医药成果获得的最高奖项。1969年，中国中医研究院接受抗疟药研究任务，屠呦呦领导课题组从系统地收集整理历代医籍、本草、民间方药入手，在收集了2 000余方药的基础上，对其中的200多种中药开展大规模实验研究，历经380多次失败，不断改进提取方法，终于成功研发出青蒿素抗疟药物，挽救了全球特别是发展中国家数百万人的生命。屠呦呦利用现代医学研究方法促进了中医药传承创新并走向世界，于2015年荣获诺贝尔医学奖，并荣获2016年度国家最高科学技术奖。

热情的源头是价值观和信念。贯彻热情意识的行动纲领是落实"责任、荣誉、技术、效益"八字方针。责任是压力，也是动力。荣誉是尊严，不是虚荣。有了动力和尊严，人就有了上进心和专业热情。技术是兴趣所在，也是追求的终极目标。效益是结果，也是成就的标志。从日常工作习惯上看，有专业热情的人，通常都是兢兢业业的有心人，在笔记本上、抽屉里、桌面上、手机备忘录里他们总是留下很多随手记下的小纸片或语句，有的是待做的事情，有的是一个问题，有的是一段感言，有的是一种方法，都是在工作时遇到的或是在闲暇时思考到的一个困惑或一种发现。每隔一段时间后，他们会将这些随手记下的小纸条整理成更为有用的系统化信息或发表成文章，让自己经常获得成就感和满足感。

保持专业热情的关键是克服职业倦怠，正确面对挫折，加强自我培训。职业倦怠是指人在工作重压下产生的身心疲劳与精神耗竭的状态，特别是在长期从事某种职业，在日复一日的重复机械化作业中逐渐产生的一种疲惫、困乏甚至厌倦的心理，导致在工作中难以提起兴致、打不起精神来。为了避免或告别职业倦怠，焕发工作热情，需要注意做到以下四点：①主动寻找或创造成就感和满足感；②端正心态和价值观，做自己喜欢的工作；③创造良好的人际关系，与志同道合的同事一起工作并分享快乐；④合理规划职业生涯，认清目前的工作与未来发展目标之间的关系。

1.2 新工科建设中的一个素养、两个理念和三个方法

新工科建设是我国在当前新工业革命浪潮下对工科本科生和研究生培养提出的要求。新工科强调以宽厚的自然科学基础、多学科交叉的工程科学基础，融合最前沿的专业知识，培养学生的多学科创新思维、解决复杂工程问题的能力和工程创新能力。新工科建设包括动手实践能力和理论创新能力。很多高校对新工科人才培养提出了不少具体目标，在课程设置上也推出了一些举措，取得了很大成绩。但是，针对每个学科的新工科建设在措施有效性和步调统一性方面仍然有提升的空间。本节提出新工科建设中的一个素养、两个理念和三个方法，简称"新工科123建设统一提升框架"(图1.1)，以期提升理论创新能力。

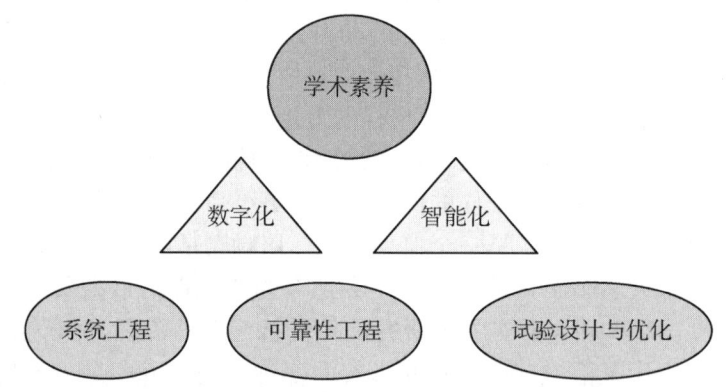

图1.1 新工科123建设统一提升框架：一个素养、两个理念和三个方法

一个素养指的是学术素养，它培养在读、悟、写、说等方面能使本科生顺利掌握专业知识、使研究生顺利从事科学研究的基本能力。

两个理念指的是数字化和智能化，它们能使青年学生将具有普适性的信息技术与传统工程技术领域相结合，加强跨学科创新能力。具体来讲，数字化理念体现在掌握处理学科复杂数据的能力，熟练运用先进的模拟分析计算、设计和测试软件的能力，初步了解或熟悉运用数值计算进行软件编程开发的能力。处理学科复杂数据不仅包括专业数据，也包括互联网数据、物联网数据、云计算、大数据、企业或行业数据互联互通、数字资产、数字

赋能等。智能化理念体现在将设计和运维相结合的设备监测及故障诊断能力、电子控制能力、人工智能自动化应用能力。机器学习、人工神经网络、数据挖掘、脑机融合、无人装备属于智能化范畴。

三个方法指的是以系统工程、可靠性工程、试验设计与优化作为工程技术教育的三大通用基础，它们能使本科生和研究生掌握具有普适性的科研方法，实现通识型、复合型、战略型人才培养。

上述新工科123建设统一提升框架中的六个元素是在已有的工程学课程框架内经过仔细挑选和补充而确定的。它们的共同特点是具有适用于所有工程技术领域的普适性和夯实科研方法哲学思维基础的重要性。例如，系统工程能够指导系统集成、系统动力学和自动控制的工作方法，反映稳态状态空间优化设计点的确定和路径迁移管理，以及瞬态（动态）时变特征；可靠性工程能够推广使用广义应力-强度相干性模型的概率分析方法；试验设计与优化能够有效揭示因子对响应的影响关系或因素之间的相关性。因此，它们都属于非常重要的科研方法。举例对比来看，线性代数则属于宽泛的基础课程，并不属于能够直接用来撰写学术论文的科研方法，因此不足以入选新工科建设统一提升框架的关键元素。

一个素养、两个理念和三个方法所包含的上述六个元素需要通过在本科阶段和研究生阶段的课程设置改革来实现，需要针对每个元素设置至少一门课程。例如，由于学术素养属于国内外尚未开设课程的综合性内容，那么就需要建设一门新课程。由于数字化和智能化是作为一种理念或培养目标出现，那么需要结合工科各学科的实际需求和特点建设两门新课程。虽然计算机学科已经开设大量的人工智能课程，但不能将它们不予改造地照搬到工程领域的其他学科。由于系统工程是已经存在了几十年的一个专业，拥有众多具体课程，那么需要针对工程学各学科的实际需求将其浓缩改造成为一门比较实际有用的新课程。建设这至少六门本科生新课程和六门研究生新课程的任务无疑是非常艰巨和光荣的。使用上述六个元素改造已有的课程设置和人才培养方案，也是颇具挑战性和能够获得很大回报的。

重视这六个元素的贯彻实施，就是将工程高等教育从过去的重视传授通识性知识和专业性技能向重视素质教育和科研方法论转变，更加注重"授人以鱼不如授人以渔"的先进教育理念。在这六个元素所代表的通识性方法的引领下，交叉学科的内容会更加容易地在学科之间融会贯通，先进的科研方法将更加容易地从一个学科走向另一个学科。这些都势必直接促进工程创新能力的提高。

新工科123建设统一提升框架也适用于其他学科门类的课程设置改革。其中，学术素养、数字化、智能化是普适于所有学科门类的，而类似于系统工程、可靠性工程、试验设计与优化的科研方法对于每个学科门类来讲则可能有所不同。实际上，系统工程、可靠性工程、试验设计与优化构成工学门类的专业基础素养。专业基础素养需要超越二级学科和三级学科的专业范围，具有一级学科通用性，这样才能促进二级学科和三级学科之间的交叉学科发展和研究生创新能力提升。数字化和智能化作为先进教育理念而存在，更加注重能力培养和知识传授。相比之下，专业基础素养更加注重的是科研方法和方法论的培养。理念和素养（方法）之间区别的一个判断标准是素养能够直接用来做科研和写论文，因为论文都包括一个称为"方法和材料"的部分。

工学门类包括力学、机械工程、光学工程、仪器科学与技术、材料科学与工程、冶金工程、动力工程及工程热物理、电气工程、电子科学与技术、信息与通信工程、控制科学与工程、计算机科学与技术、建筑学、土木工程、水利工程、测绘科学与技术、化学工程与技术、地质资源与地质工程、矿业工程、石油与天然气工程、纺织科学与工程、轻工技术与工程、交通运输工程、船舶与海洋工程、航空宇航科学与技术、兵器科学与技术、核科学与技术、农业工程、林业工程、环境科学与工程、生物医学工程、食品科学与工程、城乡规划学、风景园林学、软件工程、生物工程、安全科学与工程、公安技术、网络空间安全等 39 个一级学科。

理学门类包括数学、物理学、化学、天文学、地理学、大气科学、海洋科学、地球物理学、地质学、生物学、系统科学、科学技术史、生态学、统计学等 14 个一级学科。农学门类包括作物学、园艺学、农业资源与环境、植物保护、畜牧学、兽医学、林学、水产、草学等 9 个一级学科。医学门类包括基础医学、临床医学、口腔医学、公共卫生与预防医学、中医学、中西医结合、药学、中药学、特种医学、医学技术、护理学等 11 个一级学科。

新工科 123 建设统一提升框架中提出的一个素养、两个理念和三个方法，为各学科的建设提供了一个比较切实可行的统一方案，而且能够为新理科、新农科、新医科的学科发展提供借鉴。

■ 1.3 学术素养点燃专业热情

学术素养教育的根本目的，是依靠全方位的素质教育系统化地进行人才培养。由于人才考评体制是围绕科研能力（或创新能力）和论著成果进行的，学术素养教育的实施要点不可避免地需要解决"做科研难"和"写论文难"这两个技术层面的问题，并以它们为着力点而全面铺开。

理工农医类科研人员如果想从深层次上把握科学问题的本质，需要将科学哲学、技术哲学和工程哲学的思想贯穿于教育的全过程，而学术素养的研究正是属于科技哲学范畴。

专业热情作为学术素养的第一个要素（图 1.2），起到火车头的内在动力作用。成才

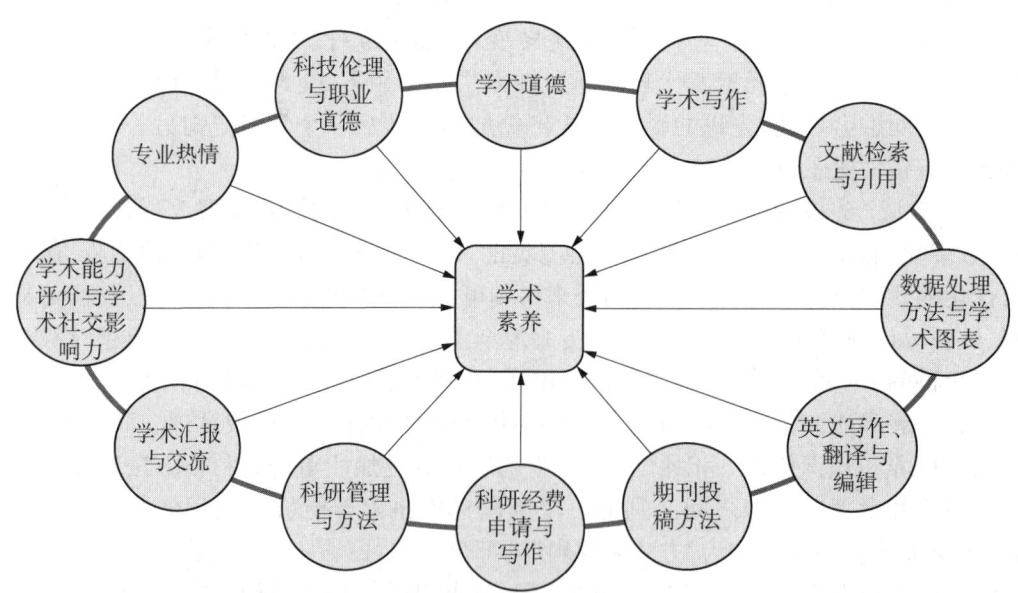

图 1.2　学术素养的 12 项要素——学术素养之环

的愿望是专业热情产生的根源。学术素养教育有责任为人才成长设计出完整有效的路线图和实施要点,包括概念、方法和技能。

在所谓"不发表就灭亡"和"不发表就不能毕业"等考核压力下,在发表期刊论文这项高难度任务中,很多人产生了"写作恐惧症"。循序渐进、清晰而完整的学术素养教育体系则能够帮助他们将高难度的任务分解为易于实施完成的任务,从而消除这种恐惧,进而激发专业热情。

学术素养教育及研究是一项社会系统工程。学术素养具有 12 项要素(图 1.2),它们之间是相互影响的。它们交织起来,构成创新型人才和领军人才的培养路径。目前的人才评价体系是以成果为导向的。实际上,学术素养并不等同于学术能力。学术能力通常以科研成果为标志。比如,科研成果质量高、数量多,会被认为学术能力强。学术素养影响科研成果的质量和数量(表 1.1)。

表 1.1 学术素养与学术能力构成的二维人才状态

人才状态	学术素养强	学术素养弱
学术能力强	最佳状态	粗糙或粗制滥造的状态
学术能力弱	未能人尽其才的状态	最差状态

在学术素养中抓科研工作的"五性"(图 1.3),就是遵循学术共同体的价值判断标准,并让读者能够看懂,让听众能够听懂。这个"五性"能力是创新型人才的基本功。

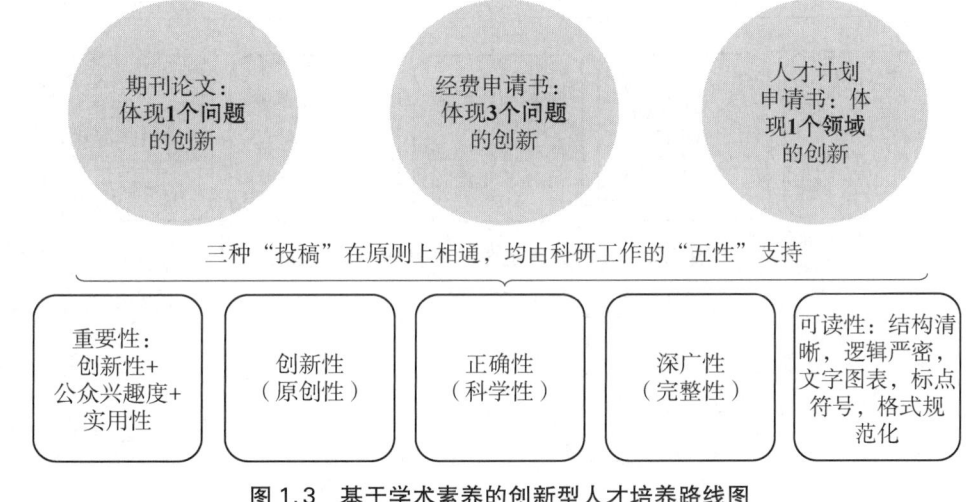

图 1.3 基于学术素养的创新型人才培养路线图

创新型人才再上一个台阶,就成为领军人才(图 1.4),再进一步就成为脱颖而出的一面旗帜(图 1.5)。他们的评价体制考评要素包括学术性、实用性、影响力。这超越了学术素养教育在"做科研"和"写论文"上的基本"普及"层面,而进入了在学术上"指点江山"的高级"精英"层次。因此,学术素养的培养理念能够为人才梯队的综合能力和素质建设提出一个解决方案,不仅能够激发广大青年学生和科研人员的专业热情,而且可能会引发更深层次的教育变革。

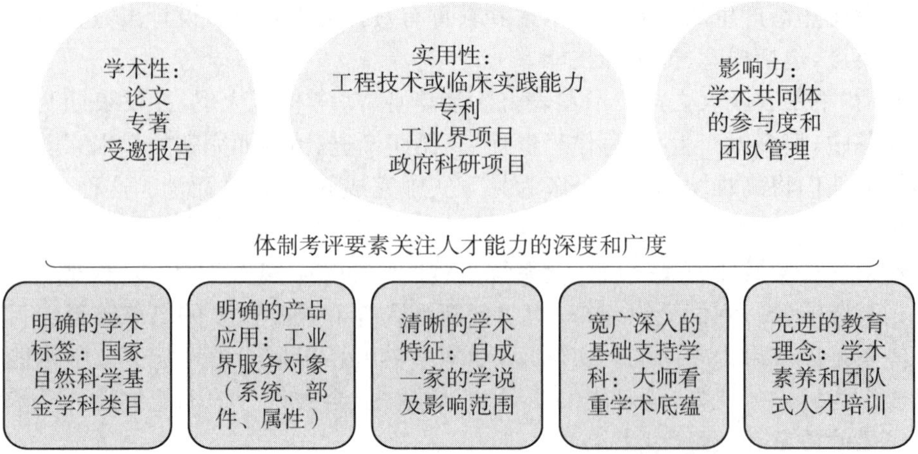

学术性：
论文
专著
受邀报告

实用性：
工程技术或临床实践能力
专利
工业界项目
政府科研项目

影响力：
学术共同体的参与度和团队管理

体制考评要素关注人才能力的深度和广度

| 明确的学术标签：国家自然科学基金学科类目 | 明确的产品应用：工业界服务对象（系统、部件、属性） | 清晰的学术特征：自成一家的学说及影响范围 | 宽广深入的基础支持学科：大师看重学术底蕴 | 先进的教育理念：学术素养和团队式人才培训 |

图 1.4　基于学术素养的领军人才培养路线图

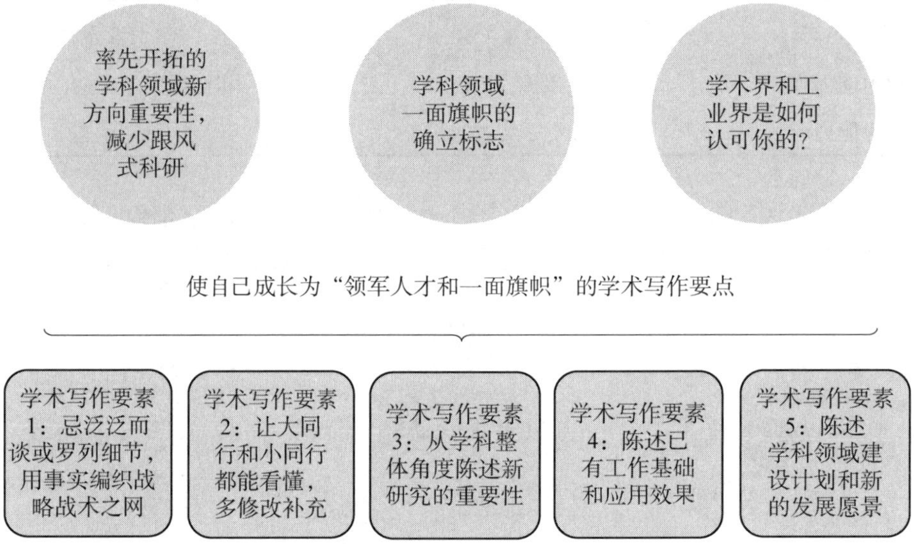

率先开拓的学科领域新方向重要性，减少跟风式科研

学科领域一面旗帜的确立标志

学术界和工业界是如何认可你的？

使自己成长为"领军人才和一面旗帜"的学术写作要点

| 学术写作要素1：忌泛泛而谈或罗列细节，用事实编织战略战术之网 | 学术写作要素2：让大同行和小同行都能看懂，多修改补充 | 学术写作要素3：从学科整体角度陈述新研究的重要性 | 学术写作要素4：陈述已有工作基础和应用效果 | 学术写作要素5：陈述学科领域建设计划和新的发展愿景 |

图 1.5　领军人才的学术素养培养要点图

第 2 章
科技伦理与职业道德

人才成长不仅需要内在动力,而且需要有道德力量把舵领航。专业道德教育回答"我们培养的人是否将成为健全的人"的根基性问题。学术素养问题中存在大量矛盾权衡的复杂情况和严守底线的要求。本章论述学术素养教育中的工程伦理问题特征,并以逆向工程和专利研究为例,阐述应对复杂伦理问题的方法。

2.1 学术素养中的工程伦理概论

伦理简单来讲就是道德,即人的正确行为规范。伦理学是哲学的一个分支。很多人听说过医学伦理和军事伦理等应用伦理学分支,这些内容很早就已经在医学和军事领域的教学中予以开展。近年来,工程伦理的重要性已被各高校承认并广泛重视,在很多学校已经开展了工程伦理的研究生教学甚至本科生教学。本节从系统工程、可靠性工程、多目标优化的角度简述工程伦理的特征和原则。

2.1.1 工程伦理在学术素养中的地位

从更大的视角看,工程伦理是学术素养的一个重要组成部分,它属于职业伦理或职业道德的一部分,并与学术素养的其他 11 项要素构成一个完整的科技哲学训练体系。其中,学术道德是学术伦理,即从事学术工作时所应遵循的道德规范。学术伦理与职业伦理不同,因为学术伦理涉及科学研究工作,而职业伦理涉及每个职业的工作种类,包括医药卫生、军事、工程技术、科学、商业、法律、文学、艺术等。

2.1.2 工程伦理在决策、设计、运行时的作用

工程伦理不仅涉及企业或政府对产品或项目的决策,而且涉及工程师在设计时的理念和运行时的态度。因此,在工程技术行业对从大学生到工程师和政府官员普遍进行工程伦理教育,能够在全社会统一思想认识,增强民众的工程伦理意识和权益保护意识,使得工程伦理在计划、论证、决策、设计、制造、运行、监督、举报等各个环节由于社会各方拥有共识而畅通无阻。

(1) 在决策方面的工程伦理的典型案例是众多的水坝、化工厂、垃圾填埋场等公用设施或企业的选址问题,因为它们涉及经济利益与环境生态或文化遗产之间的冲突,以及受

益人群与受损人群之间的利益冲突。

（2）在设计可靠性方面的典型案例是当设计师发现某高层建筑在设计之初忽视了风暴冲击所造成的危险,而没有计算从斜对角方向吹来的楼群风对大厦的影响,大厦可能会整体垮塌。如果如实公开这个发现,将会把公司的工程声誉和财务状况置于非常危险的境地。但是,设计师做出了正确的选择,迅速而果断地拟定并发布了耗资数千万元的补救计划,及时修复了问题,避免了灾难的发生。

（3）在运行可靠性方面的典型案例是美国"挑战者号"航天飞机事故。1986年1月28日,航天飞机升空后,因其左侧固体火箭助推器的O形环密封圈失效,毗邻的外部燃料舱在泄漏出的火焰的高温烧灼下发生结构失效,使得航天飞机在发射过程中爆炸,7名宇航员全部罹难。在发射前,O形环工程师曾向管理人员表达过低温会导致O形环橡胶材料失去弹性而失效的担心。但是,他的异议被否决了,发射如期进行,从而造成了灾难。

2.1.3 工程伦理的职业标准

维护公平正义是工程伦理的最根本标准。公众安全健康福祉优先、人道主义、社会公正、人与自然和谐发展是工程伦理的四项基本原则。各国工程社团（例如机械工程师学会）的职业伦理章程确定了工程师的职业伦理规范,包括责任、权利、职业美德、在不同实践情况下如何做出正确的伦理决策等,具体包括技术伦理、责任伦理、利益伦理、环境伦理等方面。很多企业每年或每个季度对员工进行的职业道德培训内容也属于工程伦理的范畴,包括避免年龄歧视和性别歧视、防止性骚扰、正确处理同事之间的关系、供应商管理和礼物馈赠处置原则、客户管理原则、防止贪污腐败和滥用权力、防止回扣、防止采购和报价中的不正当竞争和串通垄断、防止粗制滥造而违反质量标准等。其中很多内容是各行各业具有共性的通用职业道德。

2.1.4 工程伦理问题的特征

1）工程伦理的矛盾权衡特征

在前述例子中,工程伦理展现出其固有的本质特征——矛盾中的权衡。矛盾权衡恰好是系统工程所关心的问题。工程伦理不仅需要教育人们什么是正确的、道德的行为,而且更加重视教育人们如何在看似都有道理的矛盾中做出正确的权衡选择。从技术层面来讲,这是一个多目标优化问题。当然,有些目标是较难精确量化的。在多目标优化中做出权衡决定时,应当遵循"以人为本"的四项基本准则。

2）工程伦理的历史可变性、社会责任性、复杂平衡性特征

工程伦理问题具有历史可变性特征,即过去被认为是正确的或可以接受的事情（例如某种农药）,由于人类认识的进步,现在就不一定是正确的。完善的听证机制和长期积累性的影响评价需要受到特别的重视。工程伦理问题具有与多利益主体相关的社会责任性特征,包括整体与局部之间的权衡、多数人与少数人之间的权衡、受益方与受损方之间的权衡及分配公正和补偿机制、人与生物之间的权衡等。工程伦理问题还具有多个影响因素相互交织的复杂平衡性特征,即工程与人、社会和自然环境之间的平衡关系,这再次体现了工程伦理问题的系统工程特征和多目标优化特征。

3) 工程伦理的不确定性、质量风险性和价格排斥性特征

很多工程和产品都具有不确定性、质量风险性和价格排斥性。例如,水坝的设计可以是应对 50 年、100 年、500 年一遇的洪水,各自对应不同等级的风险和造价。飞机和洗衣机在可靠性设计要求上就不一样。在可靠性上过度设计的产品和奢侈品都具有典型的价格排斥性,即很多人买不起或认为不值得。对于可靠性(或风险)和成本的控制,是设计人员在工程伦理方面经常面对的一个考验。

从系统工程的视角来看,机械产品的属性包括性能(含功能和安全性)、耐久性、封装性、成本。性能、耐久性、封装性构成产品的质量。质量从出厂时刻延伸到客户使用的服务时间区域,就变成可靠性。耐久性与可靠性不同。耐久性是产品的一个属性,反映了结构方面的耐久能力,按照失效机理划分,包括疲劳和磨损等。可靠性是指产品在规定的条件下和规定的时间内完成规定功能的能力。可靠度是产品实现规定功能的概率。耐久性研究的重点是如何在设计阶段解决结构强度问题,而可靠性研究的重点是统计在耐久性研发工作后还有多少问题仍然在使用中出现。在结构耐久性领域,使用安全因数的确定性方法是方便和可以接受的,虽然其是简化的方法。然而,在可靠性领域,概率方法一直是必需的。

在不涉及生命安全等至关重要的指标上进行没有必要的过度设计,造成价格过高,从而将部分消费人群用高价格排斥在外,也同样是不道德的、违反工程伦理的做法。因此,遵循工程伦理就意味着必须在可靠度和价格之间选取一个合理的平衡。由于可靠度的准确评价是工程伦理的中心技术内容,因此应当尽量采用可靠性研究方法,而放弃使用简化的、不准确的甚至是盲目的(要么过度设计,要么设计不足)安全因数方法,将风险和价格控制在可接受的范围内,这样才能在设计实践中有效贯彻正确的工程伦理。

另外,关于产品定价的工程伦理问题,与人性命攸关的医药价格的定价就不能过高,否则会将低收入人群排斥在外。这就要求医药企业和政府具有社会责任感,合理定价和给予应有的财政补贴支持。

2.1.5 工程伦理中的环境伦理原则

工业化时代在环境保护上存在两条不同的路线,即资源保护主义和自然保护主义。资源保护主义主张科学管理和明智利用,保护的目的是更好地开发利用。自然保护主义要求超越人类中心主义的资源保护主义思想,要保护的不是人在资源中的利益,而是自然本身的价值、权利和利益(例如动物和河流)。这两种思想造成目前在环境伦理学内部产生了"人类中心主义"和"非人类中心主义"这两大对立思潮,彼此无法互相说服,并造成工程伦理在涉及环境生态问题上的思想混乱。正确的环境伦理原则包括以下四条。

1) 尊重原则

工程技术必须全面完整地尊重自然规律,否则将会受到大自然的惩罚。这不仅是道德层面的态度问题,更多的是技术层面的专业能力问题。必须从观念上改变"征服自然""改造自然"的"人定胜天"的错误和傲慢的态度,充分理解自然规律,并在尊重自然规律的前提下,通过工程活动实现人与自然的协同发展。

2) 整体性原则

工程行为正确与否,取决于它是否遵从环境利益与人类利益相协调,而非仅仅依据人

的意愿和需要这一孤立立场。人类的一切活动都应当服从自然生态系统的根本需要,即遵循"整体利益高于局部利益"的原则。而且,在权衡人与自然利益的优先顺序上,应当遵循"生存需要高于基本需要"和"基本需要高于非基本需要"的原则。

3）不损害原则

工程行为如果以严重损害自然环境的健康为代价,那么就是错误的。例如,如果建立一个化工厂能够给当地带来巨额收入,但是将河流和水源严重污染,导致鱼类死亡,河水脏污,美景不再,而且居民癌症频发,这种工程行为就是违反工程伦理的。

4）补偿原则

如果工程行为对自然环境造成了损害,责任人必须做出补偿,以恢复自然环境的健康状态。在上面的例子中,如果在化工厂旁边再建设一个先进的污水处理厂,就是遵循工程伦理的补偿措施。

综上所述,工程伦理不仅要从职业道德上解决工程技术中的社会公平正义问题,而且更多地需要在技术能力上使用系统工程、可靠性工程、多目标优化等技术准确实现最优的设计目标。

2.2 逆向工程中的工程伦理及合法性

有位研究生曾经问道:"我能否研究和发表评论别人拥有专利权或著作权的硬件或软件产品？我的逆向工程行为是否产生工程伦理问题？"第一个问题的答案通常是肯定的——研究和评论别人的产品通常不构成知识产权侵权,但是仍需小心审查,看是否有禁止逆向工程的合同约束与合理使用问题。第二个问题的答案则比较复杂。对于这些问题的全面而深入的思考,不仅有助于正确认识逆向工程中的工程伦理及合法性,而且对于科研选题避免雷区或陷阱至关重要,具有普遍的现实意义。

逆向工程(又称反向工程,reverse engineering)具有悠久的历史,其先是大量应用于军事科技方面,后来运用到民用产品。由于军事装备的设计历来是高度机密,各国均重视从装备实物通过逆向工程推测出设计或进行仿制。所谓的正向工程是指从设计图纸(或设计概念)到实物制造(或软件代码)的过程而逆向工程是指从实物或软件可执行文件反求设计图纸或设计概念的过程。逆向工程广泛存在于所有行业,包括机械、制药、雕塑艺术、软件等。逆向工程在促进技术进步的过程中,也饱受质疑和诟病,因为逆向工程被很多人用于抄袭模仿和恶意侵权。无论是机械、制药还是软件行业的逆向工程,都需要使用高深的测量、检测、解码技术,才能破解硬件产品或软件程序的秘密。因此,逆向工程是具有高度技术含量的领域。通过逆向工程,人们可以很快破解产品秘密,免去正向工程所走过的弯路,节省产品开发成本,并进行创新或模仿。逆向工程是一把双刃剑,用好了可以促进技术进步;如果落在不良分子手里,则会造成安全风险、知识产权侵权仿制、伤害所有权人的商业利益等工程伦理问题或法律问题。

提到逆向工程,很多人首先想到的是山寨和抄袭等负面印象。使用逆向工程研究别人的产品并在公开发表的学术研究中说别人产品的负面意见,很多人担心这是否构成侵权和诽谤。好的或热门的产品人人都想模仿或研究,那么有无不能碰触的禁区？硬件通常是受专利法保护的,而很多软件是受著作权法保护的,那么硬件和软件在逆向工程的合法性方面究竟有什么区别？在交易和商业合作中禁止逆向工程的合同条款是否合法？在逆向工程的工程伦理考量中应当如何评价安全性风险和社会效益等？这些问题都是从本节开头那两个问题背后引申出来的、必须要回答和澄清的问题，而且它们的答案因逆向工程和知识产权保护的法律体系不完善而变得非常复杂。

有学者认为，在未经授权的情况下对具有专利法保护的硬件产品或具有著作权法保护的软件产品进行逆向工程，构成对原产品或原作品的知识产权侵犯，例如包括低成本的复制、分享、对原产品技术细节的重新演绎引发技术推广过程中潜在的不正当竞争等。对于这个问题的清晰认识，需要依靠对各国专利法和著作权法保护范围的仔细解读。目前，法律界对逆向工程合法性问题的回答仍然是模糊的。

由于逆向工程能够有效推动硬件和软件产业的创新、竞争和发展，从而改善社会福利，因此许多国家允许在一定限制条件下对产品进行逆向工程。但是，很多企业为了保护自己的硬件或软件产品，在与客户或供应商签订的合同中均规定禁止逆向工程。这种条款的大量泛滥是造成本节开头所述的研究生担忧的原因——既然签订了合同，逆向工程岂不违约和侵权？很多国家的司法体系确实是尊重合同条款，但是在欧美的很多司法判例中人们仍然可以看到禁止逆向工程的合同条款被判决非法无效。例如，美国法院规定，根据版权法，在一定条件下允许针对计算机软件的逆向工程；当获取计算机软件的思想和功能要素的唯一方式是采用逆向工程时，则针对计算机软件的逆向工程行为属于合理使用。因此，即使当客户或供应商签订同意了禁止逆向工程条款的合同后，这个条款的司法有效性仍然持续引发争议。反对禁止逆向工程条款的人指出，这个条款利用合同阻碍市场产出，阻挠竞争产品的多样性，而保证这种多样性符合广泛的公共利益。因此，禁止逆向工程条款的合法化，可能会危害公共利益。在这个霸王合同条款的问题上，各国仍然处于法律模糊和纠纷不断的状态。

软件与硬件在知识产权保护方面有所不同。硬件一般通过发明专利法来保护，而软件还可以通过著作权法来保护。对于受著作权法保护的作品（例如小说、论文、软件、美术作品），在法律上存在一个允许"合理使用"的状况，这是为了实现在保护知识产权和促进知识传播之间的一个平衡。合理使用原则允许合法用户无须经授权即可善意地、合理地在一定程度和范围内使用知识产权方的智力成果。合理使用的司法原则力图限制著作权人的独占性权利，缓解因著作权法保护而形成的技术垄断潜在风险。对于合理使用原则的解读是界定逆向工程行为合法性的关键因素。

世界知识产权组织在《知识产权手册：政策、法律与使用》中认定，软件合法用户对软件进行反编译的行为，不应利用所获取的信息开发相似的软件，并且不能与著作权所有人正常使用软件相冲突，也不应对著作权所有人的合法权益造成不合理损害。各国政府基本都使用此原则对侵权案件进行审理，例如中国、美国和欧洲一些国家的法律部门都认为，只要反编译并非以复制软件为目的，在实施反编译行为的过程中所涉及的复制只是一种中间过渡性的复制，反编译最终所达到的目的是使公众可以获得包含在软件中不受著作权法保护的成分，那么这样的反编译并不会被认为是侵权。因此，如果将逆向工程中的反编译合理使用，将有利于打破超级软件企业对软件技术的垄断，有利于中小软件企业开发出更多具有兼容性的软件，从而促进软件产业的健康发展，实现全社会在技术垄断和研究开放之间获得均衡的进步。

另外,很多硬件或软件产品一旦被逆向工程破解后,可能会引发公共安全风险。例如,通过逆向工程手段破解网络编码系统的构造算法,可能会增加网络系统受到主动攻击的风险,以及网络数据被干扰和篡改的风险。因此,应当从工程伦理上对逆向工程的目的进行严格限制,否则将违背合理使用原则中的"善意"的要求。

综上所述,由于逆向工程是一个具有双刃剑性质的敏感话题,基于合法性和工程伦理视角的逆向工程行为需要根据合同约定、合理使用原则、专利或著作权是否侵权、安全风险等因素综合研判决定。

2.3 专利的风险规避和成果转化

发明专利和实用新型专利是科技成果的重要体现形式。与学术论文相比,虽然专利不要求具有较强的深广性(完整性),但仍需具备创新性(原创性)和正确性(科学性),而且需要具备专有性和成果转化实用性。如何维护自己专利的专有性,规避他人的专利而避免侵权,以及如何实现专利成果转化,是广大科研人员关心的问题。

专利的专有性是指专利权人对其专利所享有的专有权利,又称独占性。专利权人可以根据专利法规定,对他人未经许可而进行的使用、制造、销售等行为提起侵权诉讼,要求其停止侵权行为并承担赔偿责任。其中,关于"使用"的定义最为复杂。专利的专有性是专利制度的核心,是为了鼓励发明创新,保护发明人的合法权益。专利权人可以在专利权的有效期内获得专有性带来的经济利益,也可以控制发明的使用和推广,并保护其技术秘密和商业利益。

有人以为自己的专利在授权后就能够规避侵权他人专利的风险,其实未必。虽然自己的专利被授权了,但是仍有可能侵犯他人的专利权,因为专利授权并不保证该专利不会侵犯其他专利。如果在专利审查过程中未能发现已有的相关专利,那么授权的专利就会侵犯他人的专利。由于专利审查检索的范围和深度有限,专利审查人员可能会遗漏或者未能充分考虑到已有的相关专利,因此造成相似或者重复的专利可能会被授权,但实际上后授权的专利已经侵犯了先授权的专利。

虽然专利的专有性具有很大的控制范围和威力,但是也具有一定的限制。例如,其他人仍然可以在某专利权有效期间独立开发相似的技术,而不需要得到专利权人的许可或授权。这是因为专利权人的专利权只是针对其发明的技术所享有的专有权利,而不是针对某个技术领域中所有技术的独占权。其他人在开发相似技术时,需要注意不能参考或者"使用"专利权人的专利文本或技术信息,否则会构成专利侵权,因为未经授权而"使用"他人专利会构成侵权。换言之,其他人如果要使用专利权人的技术,必须自己独立开发,而且不能直接从专利权人公开的技术中获取信息和知识。如果其他人在独立开发时无意中获取或使用了专利权人的技术信息,就可能会被认为是专利侵权。

一个好的发明专利会引发很多科学研究,甚至成为研究热点。专利权人也非常在乎别人对自己的专利发表负面意见,因为这会影响其声誉和成果转化商业前景。专利权人拥有的独占性权利,包括专利的使用、制造、销售等方面的权利,但并不包括研究专利和发表论文的权利。那么,研究他人的发明专利究竟会不会侵权?这是一个非常敏感和容易引起各国法律纠纷的话题,具体取决于"使用"的定义。如果某个发明已经被某人申请获得了专利，其他人就不能改进该专利并获得专利权。因为专利权是对发明的独占权，只有专利权人才有权利进行发明的改进并获得新的专利。但是，其他人可以对已有专利进行研究和分析，寻找专利中存在的技术问题或不足之处，并提出改进建议；或者发现和宣传专利的技术优点；也可以用论文、报告等形式发表自己的评价观点。实际上，由于专利法的存在，针对别人的专利发表论文在技术问题或创新性上进行反驳仍需非常谨慎。如果在发表反驳观点时，有意无意地"使用"了对方专利中的技术或实施方法，可能会被指控侵权。总之，虽然在不侵犯专利权人合法权益的前提下分析评价他人的专利而发表论文通常不算侵权，但是需要注意遵守各国专利法律的不同规定，确保在"使用"他人的专利内容时符合"合理使用"的范围等限制条件。

虽然研究和评价他人的专利具有一定的自由度，但是如果想要使用他人的专利进行商业化生产或用于其他商业用途，就必须获得专利权人的许可，否则会构成侵权，需要承担法律责任。在研发新技术或新产品之前，需要进行专利检索，了解已有的相关专利，避免使用已经被他人专利保护的技术。如果发现自己的技术或产品可能侵犯他人的专利，可以与专利持有人协商合作，获得许可，以规避专利侵权。

好的专利能够带来成果转化，促进生产力发展。在开发出具有商业价值的技术或产品后，可以将其授权给其他公司或个人使用，或者将其出售或转让。这需要完成关于费用的商业谈判和合同签订等过程。在完成授权或转让后，需要进行商业化运营，将技术或产品推向市场并实现盈利，这包括生产、销售、售后服务等过程。专利的成果转化收益取决于多种因素，包括专利的技术价值、市场需求、竞争环境、专利保护范围等。

第 3 章
学术道德

职业道德和学术道德构成学术人才培养的完整道德根基。学术道德教育回答"我们培养的人将成为怎样的人"的另一个根本性问题。学术道德是学术素养的重要组成部分。本章以"十论"的形式针对学术道德十大问题产生的原因和防治措施进行论述,包括代写、剽窃抄袭、数据造假、虚假署名、图表侵权、引用失当、发表偏倚、一稿多投、重复发表、拆分发表等十大学术不端现象,总结建设风清气正的学术环境需注意的要点。

■ 3.1 十论学术道德之第一论:论代写

代写是比剽窃抄袭性质更为恶劣、危害更为严重的一种学术不端行为,在违反学术道德的"十恶"排行榜上高居榜首,必须引起全社会的高度重视。在互联网高科技网络营销助力下,代写已经由过去的小范围弊端迅速在全球范围内发展成为一个大规模的恶性非法产业。代写不仅是违反诚信的道德失范,而且很多是损害他人利益的违法欺诈。代写主要包括以下四种现象:代写作业、代写考卷答案、代写毕业论文和代写职称论文。这里的考卷是指能够让学生带回家答题的开卷考试。

从小学生到研究生,都有代写作业的现象。作业是巩固学习的重要手段。学校为了督促管理学业,通常规定作业必须上交并由教师批改点评,而且很多平时作业算作课程成绩的一部分。学生为了逃避写作业,过去通常是自己动手抄别人的作业,这叫抄袭。后来,发展到了出钱请别人抄作业或代写作业。抄作业是考试之外的作弊。任何弄虚作假的事情都是作弊,即不诚实、欺骗、撒谎。如果欺骗上升到换取自身利益,不管这利益是金钱、地位、职称、名誉,还是毕业证书、成绩单,欺骗就升级为欺诈,即损害他人利益。欺诈破坏了公平分配利益的环境。当自己使用不正当手段获取利益时,他人利益势必受损。欺诈的最典型例子是金融诈骗,但是,欺诈的概念不仅限于金钱这一种物质利益,其他诸如名誉和成绩等精神利益在很多条件下都能转化为金钱等物质利益。因此,对于不计入课程成绩的作业,抄作业或请人代写作业违反了学生道德;如果作业计入课程成绩,这些行为不仅失德,而且构成欺诈,性质如同考试作弊。接受佣金帮助别人抄作业或代写作业,也是错误或构成违法行为的,必须禁止。做人要有道德底线,作为学生,这个底线就是不能作弊、欺骗和欺诈。诚信是全世界人民共同尊敬倡导的美德,学生应当从小牢固树立诚信的人生观,不投机取巧,不诈骗害人,长大以后不做对社会有害的人。

青少年从小学和中学毕业后，作为知识分子在社会上进阶，会遇到一系列论文要求。大学本科生和研究生都需要写毕业论文，到了单位任职后还需要写评职称用的论文。各行各业都有自己的职称，例如高级教师、讲师、教授、高级工程师、主任医师等。

毕业论文是毕业考试的一部分。代写毕业论文不仅是作弊行为，而且是犯罪。2015年的《刑法修正案（九）》出台了"替考""非法出售、提供试题和答案""组织考试作弊"三个刑事犯罪罪名。众所周知，刑事犯罪的处罚力度远大于民事案件。在法律规定的国家考试中，如果出现组织作弊，最高可处七年有期徒刑。在代写毕业论文的非法商业链条中，需求方、中介方、代写方都有逃不掉的责任。因此，代写毕业论文这道红线不能触碰，不管它在回报和报酬上是多么"诱人"。

在职场中，需要区分代写论文和代笔工作。代笔工作是合理合法的，是很多行业工作中的一部分。例如，古代的大学士替皇帝起草诏书，然后以皇帝的名义发布，而皇帝不需要事必躬亲地逐字写诏书或批阅奏章。再比如，助手为总经理起草发言稿，然后由总经理去宣读。代笔被允许，是因为这种行为不涉及作弊或欺诈。皇帝和总经理不需要去拿别人代笔的稿子评职称和换取个人物质利益。代写职称论文则不然，因为这种论文是用来评职称和换取薪酬及待遇的，所以代写论文就是作弊和欺诈。评职称的单位依靠论文来评价员工的水平，并做出是否继续录用或晋级加薪的决定。如果有人用别人代写的论文去蒙混，当然是不被允许的，而且这种行为可能会剥夺别人的晋升机会，因此具有极大的社会危害性。

为了遏制如洪水般泛滥的代写论文现象，我国规定了发表学术论文的五不准内容，即不准由第三方代写论文、不准由第三方代投论文、不准由第三方对论文内容进行修改、不准提供虚假同行评审人信息、不准违反论文署名规范。但是，在道德行政范围内，对代写论文商业链条上的四方（需求方、中介方、代写方、发表方）的制裁远未见效。毕业论文和职称论文是持久的强需求。单位必须加强对人员的学术道德教育和科研过程考评，从源头上减少代写论文的需求。工商和互联网管理机构必须制定和执行强有力措施，关闭代写论文的网站，杜绝商家和营销推广。科研人员必须洁身自好，拒绝金钱诱惑，不出卖自己的才华去帮助别人欺诈，也不能粗制滥造拼凑代写垃圾论文去祸害全球学术界。期刊编辑必须拒绝贿赂腐蚀，并练就一双火眼金睛，识别、揭发并拒绝代写的论文。应当鼓励全社会曝光揭发代写论文，把学术打假进行到底。在道德教育约束和行政法规治理的同时，目前社会上正在热议代写论文是否也应当像组织考试作弊一样入刑。当道德行政管束全部失效时，唯一能够制止代写论文这一灾祸的手段就是将其作为刑事犯罪进行处罚。

3.2 十论学术道德之第二论：论剽窃抄袭

抄袭是照抄别人的作品而不指出来源，即未注明引用而以自己的名义发表。剽窃是偷窃别人已发表或未发表的见解，用自己的话陈述出来据为己有，而不指出来源。按照《中华人民共和国著作权法》（简称"《著作权法》"）第四十六条的规定，剽窃是指用隐蔽手段将他人作品直接或略加修改后以自己的名义非法使用，并意图将他人作品非法占为己有的行为。剽窃比抄袭更为恶劣。剽窃抄袭问题的根源是企图不劳而获地偷盗知识创作权并归于自己名下去沽名钓誉或换取利益。剽窃抄袭在本质上违反了两项学术荣誉诚信原则,即谁做出来的成果就应该归谁,一个成果的功劳只能记一次。剽窃抄袭不仅是弄虚作假,违反道德诚信,而且破坏学术公正,在违反学术道德的十恶排行榜上名列第二,仅次于代写。

剽窃都是故意的,而抄袭则可分为故意和非故意。但是,一旦被贴上抄袭这个声名狼藉的标签,即使是非故意,也百口难辩。因此,了解剽窃抄袭有哪些种类,避免由于无知而造成抄袭,是非常重要的。

1) 剽窃抄袭的种类

剽窃抄袭按照恶劣程度从高到低包括以下八类。

(1) 利用职权或工作便利剽窃他人成果。最典型的例子是同行评审人员利用评审论文之便,窃取他人尚未发表的论文成果,用于自己的研究,而在自己的作品中不提及他人的启发或贡献。

(2) 通过语言或逻辑上的重组剽窃他人的学术见解,在自己的作品中不提及他人的启发或贡献。

(3) 把某种语言的他人作品或自己的作品在不注明引用的情况下翻译成另一种语言发表。如果翻译的是他人的作品,称为剽窃翻译;如果翻译的是自己的作品,称为抄袭翻译和重复发表。

(4) 一字不差地抄袭别人作品的一部分或全部。这是技术上最低级的抄袭方式,也是偷懒的人最喜欢使用的抄袭方式。

(5) 东拼西凑地抄袭别人的作品,然后编辑在一起,但不给出引用来源。编书切忌这种抄袭。

(6) 抄袭署名或未署名的公共信息,例如互联网文章或公告,而不注明引用的网页网址或作者。

(7) 自我抄袭,即重复使用作者本人过去发表过的研究成果且未注明引用。这是很多作者的认识误区,以为自己写的东西可以随意重复使用。自我抄袭违反了三个原则:第一,一个成果的功劳只能记一次,不能重复记功。这就是不能一稿多投和重复发表的原因。如果想反复强调观点和扩大影响,必须注明引用,以便让读者知道这不是第一次发表。第二,论著的版权一般是出版社拥有,因此引用自己的成果必须事先征得版权方同意。第三,过去发表的内容可能是与他人合著的,如果不注明引用,便构成抄袭他人共同作品而侵权。

(8) 非故意或无意识抄袭,即作者在独立创作中没有意识到文字或语意与自己过去的作品或他人的作品是重复的。这种无主观犯错意图的抄袭或碰巧重复也是科研人员容易忽视的,需谨慎预防、澄清和善后。查重软件对文字重复的检测非常严格,作者需要注意避免使用重复语句。另外,两个人同时或先后独立提出的见解,当然不属于剽窃或抄袭,但需要证明是独立创作的。

2) 剽窃抄袭的防治措施

(1) 加强学术道德教育,在主观上杜绝剽窃他人成果或不劳而获的想法,努力做出自己的成果,并且公平公正地分给别人功劳。从自己身上分走荣誉,把功劳公正地归给应得之人,对于贪功之人是困难的。但是,这是具有道德底线的人所必须具备的良知。这样做人,才能获得尊重。

（2）杜绝自我抄袭，不重复发表，不重复报功。

（3）清晰标记引用，形成刚直正派的学风和严谨治学的习惯。引用是合法的，如果不注明出处，就是抄袭。牢记在自己的任何作品中严格区分和清晰注明哪些是自己的创造，哪些是别人的贡献，承认别人的功劳。如果自己写的东西有水平，就不会贪恋窃取别人的功劳，因此要注意提高水平。

（4）注意引文格式。除了注明出处之外，在引用原文时，必须用双引号括起来。当引用比较长的句子或段落时（例如超过四行），需要从正文中拉出引文，独立成段，并用双引号括起来。

（5）使用查重软件检查，避免非故意或无意识抄袭，尤其对于同一作者的具有很高相似性系列论文中的材料和方法论述部分。

（6）如果出现抄袭现象，应主动联系期刊处置，补充发布注明引用的勘误表或主动撤稿。

（7）对于母语不是英语的作者来讲，很多人感觉用英文写作比较困难，便喜欢去复制粘贴别人的语言，这很容易造成抄袭。一个解决办法是加强英文润色和转述能力。

（8）西方很多国家规定剽窃抄袭是刑事犯罪。在中国，学术剽窃抄袭是否入刑是目前热议的一个话题。如果学术道德管制、行政法、民法中诸如取消成绩、撤稿、公开道歉、撤销资助、降薪、开除职务、罚款等手段不足以遏制剽窃抄袭，以刑事犯罪处罚来管制将是最后一个不得已的选择。

3.3 十论学术道德之第三论：论数据造假

论文数据造假是弄虚作假在学术领域的体现。各行各业都有假货存在，科研领域也不例外。本节讨论的是学术论文数据造假，而非其他领域的数据造假，如工程质量检测数据造假、企业产品和财务数据造假、网店销量刷单造假、药品注册申请数据造假、环境监测数据造假、统计部门数据造假等。科研数据造假的动机通常是骗取科研经费或发表论文，造假手段包括捏造和篡改数据。这种造假属于具有主观恶意的学术不端行为，在违反学术道德的十恶排行榜上高居第三，其恶劣性质和危害仅次于代写和剽窃抄袭。需要注意的是，由于水平或疏忽等非恶意原因导致的数据错误和观点分歧不属于数据造假。诚实性出错是允许的，但是不允许造假。

近20年来，国内外著名期刊发生了很多影响较大的科研数据造假丑闻或数据真实性质疑事件，涉及生物、医学、物理、心理学等众多领域，造成大批论文撤稿和当事人被处罚甚至判刑的后果，而且造假趋势愈演愈烈。科研数据造假已经发展成为社会各方极为关注的热点问题。这里的数据指的是表格、插图、照片等任何数据。科研数据及结论造假的具体形式包括以下三种。

1）在明知不正确的情况下故意使用不当的研究方法

这种情况包括故意错误地选择试验样本、设置试验条件、使用模型或公式。这种造假具有欺骗性，与诚实性错误经常难以区分，即分不清到底是尝试新做法或技术性选错方法，还是明知故犯。甄别这种造假的办法是看所用方法的假设、理由和输入条件是否有完整的介绍。如果有完整介绍，则基本可以排除恶意造假；如果没有完整介绍，那么这种数据可能是为了制造某种效应而骗人的。一般来讲,严肃认真地使用一个错误的方法做出的数据都不是造假,只是诚实性错误。造假的最大特征就是隐瞒掩盖信息,让读者无法了解方法的全貌,或者无法复制验证结果,以便瞒天过海。

2) 故意掩盖或歪曲数据的含义并得出错误结论

这种情况包括隐瞒、回避或歪曲重要事实,以偏概全,选择性虚构逻辑。这种造假也具有欺骗性,与诚实性错误难以区分,即分不清是水平差、观点有分歧还是误导性地明知故犯。甄别这种造假的办法,是看结论是否具有误导性的利益目的,以及是否狡辩和混淆视听。需要注意的是,对这类问题进行打假,必须注意避免乱扣帽子或破坏学术自由。学术发展需要宽松的环境,如果人人自危,束手束脚,担心被指控造假,对于开创新事物和百花齐放地发表新观点(包括不成熟的观点)都是非常有害的。

3) 故意伪造或篡改数据

这种造假是最没有争议,也是最常见的。这种造假一般是由于同行无法复制结果而被揭穿。它具体包括:从无到有地编造添加数据;将真实数据中不符合自己预期结论的数据删掉;将"不好看"的数据删掉;将自己无法解释的有效数据隐瞒。错误的数据肯定要删掉,没有争议。这里唯一的诚实性错误争议就是什么叫有效数据。由于科学技术水平的局限,很多数据现在无法解释,但将来可能能够解释。如果方法和数据没有错误,那么这种无法解释的数据理应保留在论文中予以披露,以维持数据和结论的完整性。但是,科研人员通常不希望发表自己无法解释的数据,因为担心无法回答同行评审人的疑问。科研人员是否有权利拒绝披露和评论自己不能解释的数据,这是一个颇有争议并涉及同行评审宽容性的话题。总之,添加假数据和删减有效数据能够被简单明确地裁定为造假,但是隐瞒无法解释的数据是否都能被裁定为造假是有争议的。为了避免被指控造假,最安全的做法是披露全部数据而不隐瞒。

科研数据造假的处罚措施包括学术规范处罚(例如公开道歉、期刊通报批评)、行政处罚(例如降薪、开除)和民事处罚(例如罚款)。有些严重的数据造假会被以其他相关罪名(例如骗取科研经费)起诉而获刑。有关部门还在考虑设立科研人员学术诚信档案制度,使得造假成为一个永久记录的污点,让造假者职业发展受阻。不少期刊在增加数据编辑审核制度,并考虑改革同行评审过程,使得论文及其数据能够在网上公开接受全球任何人的评议,对被举报涉嫌造假的论文数据进行专门审查等。这些措施的目的就是告诉人们,数据造假这道红线不能触碰。

3.4 十论学术道德之第四论:论虚假署名

学术论文是科研人员的劳动成果,其重要性不亚于工资是工人劳动的回报以及财富是企业家劳动的回报。署名权是作者的重要权利和荣誉,直接关系其学业毕业、评奖、求职、职称晋升、薪酬、住房待遇、科研基金申请、学术声誉等个人利益。利用虚假署名骗取这些利益,甚至侵害他人署名权和剥削他人劳动成果,是极不道德的恶劣行为,不仅违反学术伦理,而且违法,甚至激化社会矛盾。由于虚假署名不像金融诈骗那样赤裸裸地夺走他人钱财,而且有时还被用来作为搞好各种关系的贿赂或讨好手段,人们对它的危害认识不足。虚假署名包括以下五种现象:①把不属于作者的人列为作者;②把属于作者的人排斥在作者名单之外；③作者的重要性排序不符合实际情况，尤其是第一作者；④把不够资格的人列为通讯作者；⑤在开列共同（并列）第一作者或共同（并列）通讯作者时违反实际情况。

(1) 把不属于作者的人列为作者，主要体现为挂名作者。关于作者资格，国内外主要期刊均有定义，近年来很多期刊推出的贡献者声明列表里也有补充，本节无须具体归纳。简言之，作者就是对论文创作有直接贡献的人。做出间接贡献的人只能出现在致谢中，不能成为作者，最典型的例子是提供项目经费但对论文写作无贡献的人，以及提供实验条件但不参与实验数据分析的人。至于只对论文提供过咨询意见甚至没有任何参与的院长、系主任和学术权威，更没有资格作为作者。论文作者有时喜欢邀请学术名人挂名担任荣誉作者，获得他们对论文的认可，以便增加发表可能性。这种做法是明显的作弊，因为看过一篇论文并认可，完全不等于参与创作一篇论文。更有甚者，有的作者把著名大学学术权威的名字擅自添加在自己的论文里拿去发表。这不仅违反署名道德，而且侵犯他人名誉。为了防止乱加作者的现象，一方面作者本人需要自律，另一方面需要在论文内和成果评价中推广实施贡献率量化标识，避免过去那种"只要挂名就赚一篇论文"的粗糙统计现象。所谓贡献率就是标明每个作者在论文中的贡献百分比（例如百分点数分别为 55%、27%、18%），所有作者的百分比之和为 100%。

(2) 把属于作者的人不列为作者，主要体现于代写作弊。有些作者花钱请人代写论文，枪手的名字自然不能出现在论文中，避免暴露论文不是自己写的。有些医药公司请人根据实验数据撰写临床报告或论文中的部分内容，在发表时掩去这些代写者的名字，这也是违反实事求是原则的学术不端行为，是对作者权利和知识产权的践踏。这种论文属于虚假署名论文，不应当被发表；即使侥幸发表，也应撤稿。

(3) 作者的重要性排序不符合实际情况，是一种恶意虚假署名，往往涉及剥削他人劳动成果，尤其发生在上下级之间。作者排序一般包括三种，即按照英文姓氏字母顺序排序（学术界基本不承认和不使用）、按照首末位重要作者排序（末位作者的重要性仅次于第一作者，学术界对此并无约定俗成的共识）、按照作者贡献重要程度排序（广为认可和使用）。国内外绝大多数高校和科研机构在成果认定时的规定是，只承认第一作者或通讯作者的作品，而且只承认第一作者署名单位的作品能够算作该单位的科研绩效考核成果。这种评定政策造成对第一作者位置的争抢。这种现象在导师和研究生之间、单位上下级作者之间尤为突出，造成人际关系极为紧张，严重破坏科研合作。本应获得但被抢走第一作者位置的作者，心中对这种不公平境遇的愤怒可想而知，因为自己的辛勤劳动成果和本应属于自己的荣誉被他人强行夺走。通讯作者的出现极大缓解了争抢第一作者的矛盾，使得同一篇论文能够被两个需要应对成果考核的人同等使用，即研究生可以使用第一作者毕业，导师可以使用通讯作者晋升。

(4) 通讯作者的出现带来了新的学术腐败，即把不够资格的人列为通讯作者，作为与第一作者地位同等宝贵的礼物去贿赂或讨好别人。有些人以权谋私，如果不被列为通讯作者就不让论文发表。有些作者互相"帮助"，彼此赠送通讯作者，使得自己能够参与成果评定的有效论文数量急剧增加。这些都是学术不端的虚假署名行为。

(5) 随着各单位之间科研合作力度的加大，论文的作者数量也持续增加，进而发展到一个第一作者和一个通讯作者已经不够了，从而出现了共同（并列）第一作者和共同（并列)通讯作者。这种并列作者本来是个好事,承认不同作者的同等贡献率,避免作者们把一篇论文拆散各自当第一作者去发表一遍。但是,学术腐败接踵而至,出现了滥赠并列作者的现象,以图多个作者各自使用同一篇论文去申报一遍成果。解决这个问题的办法其实很简单,就是按照并列作者的个数对论文篇数乘以权重系数。例如,如果某篇论文有一个第一作者和两个并列通讯作者,那么每个作者拿去评定成果的篇数就不再是一篇(2除以 2),而是 2 除以 3,即 0.67 篇(0.67 个论文点数)。如果有两个并列第一作者和两个并列通讯作者,那么每个作者的篇数就是 2 除以 4,即 0.5 篇。

为了消除虚假署名,除了加强道德自律和行政处罚力度外,最有效的办法是在论文中发布并在绩效评价体系中使用作者贡献率百分比制度,将过去粗糙的按篇统计方法细化到统计百分点数。

3.5 十论学术道德之第五论:论图表侵权

使用图表时必须遵守引用规则。国内外期刊的图表引用规定一般包括至少两条:①如果使用人像,需征得本人书面同意,或遮盖能被辨认出系何人的部分;②如果使用其他刊物发表的图表,需注明引用出处,并在提交论文时附上版权所有者同意使用该图表的书面许可材料。

科研人员常犯的一个错误是图表侵权,无论在撰写综述性论文时,还是制作 PowerPoint 课件讲义时。故意的图表侵权是明知所用图表是他人作品,但想据为己有,让别人以为是自己的创造。这种不标注引用的使用不仅构成剽窃抄袭,而且由于缺乏使用许可而侵犯版权。非故意的图表侵权是由于对引用要求或版权知识的无知而误用。在使用他人的或自己发表过的图表时,必须遵守引用规则,避免剽窃抄袭或自我抄袭。具体来讲,需在文中三处清晰标记引用:①在正文中提到图表处标注出处的被引文献序号;②在被引图表的标题处标注被引文献序号(如不使用原图表,而只在正文中用文字代替原图表予以说明,则省略此步);③在文后参考文献表中列出引文信息。如果图表是从互联网获取的,需要注明图表发布时间、网页标题和网址等(例如 https://wordvice.cn)。

如果参照某参考文献的相关论述、图表或数据制作了自己的图表,需在图表中标注引用来源,让读者知道该图表并非完全是自己的创作,否则也构成抄袭。这种引用方式称为参照式引用,在图题上方通常标注"注:本图参照文献[×××]中图××的数据绘制"或"注:本表中的×数据引自文献[×××]的表××"或"Adapted from ..."等信息。对于已取得使用许可的图表,可以标注"Adapted with permission from ..."。

另外,引用图表时必须获得版权许可。图表是科研论文中常见而重要的因素。一幅好插图胜过大段文字。插图的制作往往具有高度创造性。任何独创图表在创建时都自带版权保护,即使没有正式发表,如果想使用,也必须获得授权。插图与论文是两种不同类型的作品。插图是图形或照片,可以独立使用,因此插图版权可以独立于论文版权。插图作为版权作品需要具备独创性,所以并非所有插图都受版权保护。但是,由于各国著作权法对于作品独创性要求非常低,为谨慎起见,需要将绝大部分插图均视为受版权保护,在使用时必须获得版权许可。

中国《著作权法》中规定有 12 种情况可以合理使用他人作品,包括:为个人学习、研究或欣赏,使用他人已经发表的作品;为介绍、评论某一作品或者说明某一问题,在作品中适当引用他人已经发表的作品;为学校课堂教学或者科学研究,翻译或者少量复制已经发表的作品,供教学或科研人员使用,但不得出版发行。但是,这些情况一般都不适用于论著发表。实际上,插图引用一般都不属于合理使用范畴,必须事先获得授权。例如,关于"适当引用"的标准,由于插图版权具有独立性,未经授权而引用整幅插图就不是合理使用,而是侵权;而在部分引用时,如果引用内容构成新插图的实质部分,也不属于合理引用。鉴于引用情况复杂,为慎重起见,在使用任何插图时最好都要获得版权方许可,避免版权诉讼风险。需要注意的是,由于作者自己过去发表的论文的版权通常归于期刊出版机构,因此在重复使用自己的图表时,仍需获得授权。

国外的版权保护期一般是延续到作者去世后的 50 年;如果版权归于出版机构,版权保护期是自出版之日算起的 50 年。对于超过版权保护期的图表,无须申请使用许可。

由于图表本身是一种带有版权的创作,不同的人使用相同的数据能够创造出不同的图表。使用他人或自己的数据制作成与原图表在实质性上显著不同的新图表时,发表这种图表通常不需要获得原图表的版权许可,但是必须注明引用的原始数据来源。

有些期刊为了方便作者反复使用插图,可能会给予作者免费使用本人插图的权利,例如允许作者在后续所著的教材、专著、教学讲义中使用,但是仍需注明引用来源和版权信息。还有些期刊规定,如果新论文和被引用图表的论文属于发表在同一出版商旗下的期刊,则不需要申请版权许可,可以直接引用。扩大到 STM(Scientific, Technical and Medical)出版商协会来看,如果新论文和被引用图表所在期刊均为 STM 权限指南的签署者,在成员之间可以免费使用三个图表,年度期刊免费使用数量不能超过六个。为了减少获取版权许可的麻烦,在论文投稿前可以调查哪些期刊在这些方面有便利政策。

另外,如果开放获取(open access,OA,又称开源)期刊的版权持有者宣布放弃版权,声明任何人都能免费使用其发表的内容,就不需要获得版权许可,具体可以查阅作者签署的版权协议。

关于图书和订阅类期刊(即订阅者付费的期刊)的图表版权许可,可以直接向出版机构申请,也可以向美国版权结算中心(Copyright Clearance Center,CCC)申请并支付获取。事实上,很多论著的插图版权许可是免费的。如果向出版机构申请,需要提前足够长的时间(例如 3 个月)填写申请表,以便决定是付费使用还是放弃。

综上所述,避免图表侵权既是对著作权和版权的尊重,也是遵守学术道德的必要之举。

3.6 十论学术道德之第六论:论引用失当

谈到引用的学术道德问题,很多人可能会惊讶,为什么引用参考文献会成为一件大事?这个问题是由于不了解引用在学术体系中的重要地位而产生的。自从科学引文索引(Science Citation Index,SCI)的期刊影响因子诞生以来,人们的注意力便聚焦在引用次数上。以引用次数表征学术水平的简单逻辑是,如果论文有影响力,就会被很多人引用,贡献就大。当然,完全基于这种逻辑的人才评价政策是片面的。目前的学术质量评价标准基本仍是基于引用次数的,具体包括期刊影响因子和个人 H 指数。简言之,影响因子就是某期刊的每篇论文在某年的平均被引用次数（或简称平均引用次数），而 H 指数（例如等于5）的意思是某人或某单位有5篇论文，其中每篇引用次数至少是5次。由于引用次数在文献计量学中的客观性和方便性，在人们能够找到另外一个更为科学方便的指标代替它之前，引用次数将长期垄断学术水平评价体系。因此，很多科研人员都希望将论文发表到高影响因子期刊，而且希望自己的论文被引用得越多越好。

很多高校的绩效考核制度直接与引用次数挂钩，体现在要么要求论文必须在 Web of Science 平台的 SCIE（Science Citation Index Expanded）数据库收录的中国科学院分区一区或二区的高影响因子期刊发表，要么要求个人的 H 指数必须达到多少。而且，对于高被引论文，学校还根据被引次数发放奖金。因此，引用次数能够换来职称、薪酬、房子、奖金和科研基金。在这种学术评价体系中，期刊和个人都竞相追求引用次数，使得参考文献从过去不起眼的小角色一跃成为学术活动的中心和指挥棒。增加引用次数的正当途径本来应该是提高论文和期刊的水平，但总是有人试图采用不正当欺诈手段，于是便产生了愈演愈烈的新型学术腐败现象——引用失当，以及伴生的引用操纵。

参考文献是学术论著中不可缺少的关键内容。正确引用参考文献，能够起到以下作用：①尊重他人成果，明确区分他人的贡献和自己的贡献；②支持自己的论点，同时体现对学科领域的熟悉程度，并且便于读者查找相关科研成果；③简化论著篇幅，不赘述过去已经发表的内容。

出于以上三个目的，作者在引用参考文献时具有完全的自主性，可以正当引用他人或自己的任何相关成果。但是，自引次数的把握（包括作者自己的和期刊的）是个很难管控的问题，过度苛求会伤害学术自由。因此，淡化引用次数奖励和坚持学术诚信是防控引用作弊的主要措施。引用参考文献需遵循以下六条原则。违反这些原则即构成引用失当，包括非故意失当和恶意失当。

（1）时效性。很多年前的文献不宜过多引用，否则无法体现跟踪最新成果，从而影响参考文献的引用水准，构成非故意失当。需要注意的是，由于期刊影响因子一般统计最近两年内发表的文献，有些期刊的编辑和审稿人可能会以时效性为借口强迫作者引用该期刊或审稿人的论文。为了这种强制引用而进行时效性引用属于恶意失当。

（2）相关性。作者或期刊有适量的自引是完全合理正当的，无可厚非。过度自引和联盟他引是作者为了增加自己的 H 指数或者期刊为了增加影响因子而采用的两种不正当手段，往往伴随对引用相关性的破坏。虽然自引有时能够有效简化论著篇幅，避免赘述过去发表过的内容，很多学者仍然认为自引在影响力统计中是不算数的，无法与他引相比。这导致在 H 指数和期刊影响因子的统计中往往需要扣除自引次数。联盟他引是在学术小圈子中或期刊之间为了增加彼此的引用次数而互相引用的作弊行为。另外，作者在审稿人或编辑的意见中经常看到关于希望增加某个特定的人或期刊的参考文献的建议。有些没有经验的作者甚至误以为这是审稿人或编辑的善意帮助。实际上，这种要求的背后往往更多地隐藏的是学术不端的强制引用或恶性潜规则，即如果不满足他们的引用要求，就不批准发表。

（3）代表性。不分主次地大量堆砌引用参考文献是学风浮躁的学术不端，反映了作者没有精选文献，属于恶意的引用失当。很多作者引用参考文献只是为了在绪论那节显示自己对领域背景有所了解而已，并非为了支持自己的论点，因此经常胡乱找一些参考文献"装点门面"。殊不知这样做是在错误地给别人免费赠送宝贵的引用次数、H 指数和影响因子。但是,这个滥引问题较难与追求大而全的引用习惯或文献甄别水平低的能力缺陷区分开来。

(4) 可靠性。参考文献著录项目不齐全或有错误是指常见的格式不合规,主要由不认真造成。

(5) 客观性。引用参考文献应当客观公正,避免主观片面的误导性引用。

(6) 权威性。其体现在参考文献的作者和发表期刊。如果审稿人或期刊建议增加引用权威性的参考文献,作者可以认真考虑,并甄别这种要求是否是为了增加 H 指数或影响因子的强制引用。

引用次数是一个说不尽的话题,它是整个现代学术评价体系的基石。大量的文献计量学研究试图找到防止过度自引和作弊他引的办法。SCIE 数据库每年清理一些自引率超高或影响因子异常飙升的期刊,试图管控依靠作弊手段提升引用次数和影响因子。但是,由于参考文献引用动机的复杂性,引用失当问题归根到底还是需要依靠纠正绩效评价政策和加强道德约束来解决。

3.7 十论学术道德之第七论:论发表偏倚

前面的六论谈了违反科研诚信的弄虚作假问题。发表偏倚谈的是学术公正性。偏倚是指偏心和不公正,使得科研工作丧失客观性,这也是违反学术道德的表现。在发表的文献中,成功证明科研假设的研究远比未能证明假设的研究更多,这就是发表偏倚。偏倚由两个原因产生,一个是利益冲突,另一个是认识片面。

由利益冲突导致偏倚的典型例子是医药行业普遍存在的喜欢发表阳性论文而隐瞒阴性结果的现象。所谓阳性指的是临床试验具有显著疗效或预期安全性效果,而阴性指的是没有达到预期效应。如果将阳性和阴性的概念推广到所有学术研究领域,阳性指的就是达到预期功能,或因子与响应参数之间具有相关性;而阴性指的就是没有达到预期功能,或不具有相关性。由于科研人员无法获知没有被发表的阴性结果,导致大量资源浪费在已被证明失败的技术路径上。研究人员和学术期刊都应当无偏倚地积极传播阳性和阴性结果。科研课题资助企业喜欢发表阳性结果的原因是希望展示药物疗效,不希望报道花费巨资而无疗效的药物研究结果。科研人员喜欢发表阳性结果的原因是受到经济利益和资助企业意见影响,并且认为阳性结果报道的是成功的产品和科研实践,而阴性结果报道的是失败的产品和科研弯路,没有临床价值。

期刊喜欢"报喜不报忧"的原因是审稿人和编辑认为失败的科研活动的创新性不足,会降低期刊水平。这是由于认识片面导致偏倚的典型例子。报喜不报忧是一个普遍的社会现象,例如只喜欢宣传打胜仗,而不提打败仗;大肆宣扬最后成功的那 1% 的科研经历,而对前面 99% 的失败闭口不谈。有的科学家还说:"如果我把所有失败经历都发表一遍,那我的论文数量就不是 200 页,而是 2 万页"。大家都知道在爱迪生发明灯泡的过程中最后成功的那种灯泡,科研人员和普通大众的不同点就在于科研人员特别关心前面失败的那些灯泡,而普通大众则不关心。实际上,只要方法合理、数据正确,失败的科研经历也同样具有很强的创新性,因为它用新的发现证明了此路不通,避免别人继续在这个方向上浪费资源去探索。这些报道科研失败的论文其实极有发表价值和学术水平。产品成功还是失败，从来就不是创新性的唯一标准。很多高影响因子期刊大量刊登诸如医学阴性论文那样的"科研失败"，即着重报道"什么东西是不工作的"。学术期刊的责任就是客观报道全部科研探索发现，而不应该从主观上针对所谓成功或失败挑三拣四。因此，必须在学术发表上避免对阴性结果的歧视和偏见。

在发表偏倚的问题上，除了对阳性和阴性结果的选择性歧视外，科研人员有时受到利益冲突影响而故意夸大现象和结论，刻意隐瞒不利结果，这也是一种常见的道德失范。过分夸大和刻意隐瞒，不仅是偏心和不客观中立，而且是弄虚作假。例如，在医药论文中的对比方法设计上故意倾向于放大疗效并人为削弱副作用。受到利益影响的发表偏倚可能会使读者过高评价药物疗效或过低评价副作用，从而造成医生对患者的不恰当治疗，甚至危及生命。为了使读者正确解读论文内容，避免发表偏倚给读者造成伤害，很多期刊要求作者、编辑和审稿人公开利益冲突。

学术独立和公正是科研诚信的基础。鼓励发表偏倚会加剧学术界的"报喜不报忧"现象，甚至助长造假。中国有句古话，"兼听则明，偏听则暗"，多听听科研失败的消息，发现失败的原因，能够加快成功的步伐。为了保证科研工作的公正性，学术界应当避免利益冲突干扰，鼓励发表阴性和失败的科研结果，完整记录所有科学发现，避免同行在错误或无效的方向上继续浪费资源而走弯路。至于说担心鼓励发表未实现预期目的的科学发现会导致大量灌水论文和新的学术不端，这种顾虑没有必要，因为论文的重要性和创新性要求确保了科研意义必须足够重大、科研发现必须足够新颖。

3.8　十论学术道德之第八论：论一稿多投

十论学术道德的第一论到第六论谈了作者的诚信问题，第七论谈了作者的公正性问题，本论谈的是学术发表中的公平性问题和契约精神。与其简单说一稿多投是作者的学术道德问题，不如说它是作者和期刊是否均获得公平对待的问题。一稿多投并不违反《著作权法》。当论文被录用并签署版权协议后发生的重复发表才是违反版权的道德问题和违法问题。一稿多投是投稿人（弱势方）与期刊（强势方）在各自利益无法协调下的必然结果，在很多情况下双方都有责任，是一种纠纷。如果一定要分出对错，那么违反"游戏"规则的一方是过错方，而且这个"游戏"首先必须有规则。如果连规则都没有，那对错就无从谈起。目前的行业规则是如果投稿给一家期刊，就不应再投稿给另一家，除非收到第一家拒稿或同意撤稿的决定或其未在规定期限内处理。投稿人必须尊重这个行业规则。

期刊对于一稿多投有以下三种限制：第一，所有期刊在接受投稿时均要求作者勾选承诺提交的稿件没有发表过或没有投给其他期刊或出版社考虑出版。第二，有些期刊甚至警告发现一稿多投后会有处罚。例如，位列中国科学院二区收录的 SCI 期刊 *Simulation Modelling Practice and Theory* 在投稿页面警告说，如果关于一稿多投问题撒谎，作者将被列入期刊的黑名单，而且该期刊将把这种不道德行为通报作者所在单位。这个期刊甚至规定，作者不准同时向该刊投稿两篇或多篇不同的论文，只能等一篇论文有了发表或拒稿决定后才能投稿另一篇论文。第三，少数期刊由于主编、编辑和审稿人能够了解到其他期刊的收稿或审稿情况，在发现一稿多投后会马上给出发现重复投稿的拒稿决定。

一稿多投的最常见动机是无法等待漫长的审稿周期,或为了增加命中率。人们在谈到这个问题时,总是能够联想到高考填报志愿和出国留学联系学校的情形。高考填报志愿是在全国统一招生平台上按照第一志愿和第二志愿等顺序填报,然后等待投档学校逐次录取。这种方式是"一分多投,顺序录用"。考生和学校的利益在这种方式下均能够得到保障,原因是考生高效率地同时填报了多个志愿,而学校高效率地在规定时间期限内完成了逐档挑选。这是一种使双方皆大欢喜的公平合作模式。

出国留学申请则是另一种公平模式,即申请人可以同时申请多所学校,并向每所学校缴纳申请费(通常几十美元,有些学校能够豁免)。学校在不确定的时间内完成审核,申请人有权随时随意挑选录取学校和放弃任何学校。虽然"一申多投"造成学校招生委员会工作量增加,以便应付比"一申一投"多出几十倍的申请数量,但是学校为了招收到高质量的学生,仍然欢迎这种工作量增加,并以收取少量申请费的手段试图控制申请数量。这种方式也是使双方皆大欢喜的公平合作模式。

禁止一稿多投是为了阻止投稿人违约而对期刊造成伤害,但有时会变成一种不公平的霸王条款,即只允许强势方(期刊)无休止地拖延弱势方(投稿人),而不准投稿人终止拖延或中途改投。在这种合作模式中,如果双方不纠正自己的错误,这种纠纷会极大地伤害期刊出版和学术公平。

投稿人需要一稿多投的原因包括:急于占据首发位置或者限于毕业或评职称等时间限制而无法等待漫长的审稿周期;希望在有限的等待审稿时间内把论文发表在相对最佳的一个期刊。期刊反对一稿多投的原因包括:编辑处理稿件需要花费成本;聘请审稿人需要花费金钱或时间;稿源尚未枯竭,甚至很充足,有足够多的稿件供挑选。因此,有的期刊规定了主动撤稿限制,希望投稿人不要在同行评审阶段撤稿等,否则可能会对投稿人做出处罚。

在目前一稿多投愈发严重的情况下,双方利益冲突的第一焦点是评审时间的约定,第二焦点是投稿人是否有权利撤稿改投更为合适的刊物。这些冲突显示学术出版机构在稿源管理制度上迫切需要改革,方能均衡满足双方的正当需求。前述高考填报志愿的"一分多投,顺序录用"模式是一种比较好的解决方式,但很难在全国乃至全世界建立这样一个类似的投稿协调管理平台。出国留学联系学校的"一申多投"模式的特征是以申请费控制报考人数,欢迎考生同时申请多所学校。期刊可以考虑采纳这种模式,征收投稿费,用来补偿编辑和审稿人应对成倍增加的稿件处理成本。但是,这种模式与出国留学申请模式的区别在于,同一审稿人可能会遇到相同投稿人投往不同期刊的相同论文,造成重复评审,而学校招生委员会的教授则不会遇到重复评审同一个考生的问题。

在学术出版行业尚无更好的稿源管理制度的情况下,在现有体制内解决一稿多投矛盾的公平办法就是双方严格约定审稿时限和主动撤稿规定,并且认定违约方为过错方。根据稿源多寡情况,期刊或许可以公布一个快速或漫长的审稿时限(例如一个月或半年),也或许可以公布"一旦录用,不得撤稿"的规定,或撤稿补偿费制度。但是,需要注意的是,《著作权法》具体规定了著作权人在投稿后多少天内未收到期刊出版机构通知决定刊登的,可以向其他期刊出版机构投稿。这些规定和权利涉及法律问题,需谨慎处理,以法律为准。不合理的期刊投稿规定和处罚不仅违法,而且不会有长久的竞争力和生命力,在市场竞争机制中会被自然淘汰。如果投稿人认可自己所选择的期刊的规定,那么就应当严格遵守，不能失去耐心或中途变卦，否则就是不负责任、道德失范、学术不端，不尊重期刊的劳动。反之，如果期刊在审稿时限上违约，那么投稿人当然有权宣布投稿失效并转投别处，这时需要谴责的是期刊这个违约方。为了慎重选择刊源，投稿人可以在投稿前同时发信给多家期刊，简要介绍自己的论文内容，询问稿件是否合适，避免盲目投稿后再撤稿的纠纷。

一稿多投是涉及作者和期刊的双方道德问题和法律权益问题。不论投稿的规则合理还是不合理，只要是约定的规则，人们就应当遵守，包括作者和期刊双方，这样才能保证学术秩序的公平性。作者有选择期刊的权利，但是不应当违反投稿约定。作者和期刊双方共同尊重投稿约定的契约精神是至关重要的。

3.9 十论学术道德之第九论：论重复发表

重复发表和拆分发表破坏学术公平性，即一个原创性功劳只能记一次分的原则。这两种现象都是试图用有限的成果套取几倍多的荣誉，即希望把一个功劳记好几次分，因此是违反版权或学术道德的表现。重复发表一般包括以下五种现象：①一稿多投地原样发表在不同期刊；②改头换面地重复发表；③把不同语言的论文翻译后再次发表而不引注原始发表论文；④把会议论文原封不动地再次发表在期刊上；⑤把论文原封不动地搬到专著里面，或把专著内容原封不动地搬到论文里面，并且不引注原始发表出处。这五种重复发表现象的共同特征是不引注自己已经发表过的内容，希望在成果绩效统计时把实质上的一篇论文统计成两篇甚至更多篇。因此，它们是破坏成果统计公平性的作弊行为。

造成重复发表的主要原因是绩效评价体系对论文数量的要求，以及科研人员"虚报战功"的诚信缺失，或玩弄小聪明的投机取巧思想。期刊对重复发表会给予严厉处罚，包括刊登撤稿声明和通报相关机构等。这些在学术圈内不胫而走的丑闻会对作者声誉造成无法挽回的巨大损害，严重影响事业发展。

将论文一稿多投地原样发表在不同期刊，属于恶意自我抄袭和版权侵权行为，因为期刊在发表前都会要求作者签署版权协议。明知两个期刊都录用了论文，却不从其中一个撤稿，说明这种行为在性质上不是一稿多投中的纠纷问题，而是一种最低级直白的重复发表。

改头换面地重复发表具有更大的蒙蔽性，体现在变更句子写法，以及把相同的数据特别是图表和公式，在不同的论文中按照不同的排列组合方式多次使用，换汤不换药；或者把本应合并在一篇论文中以不同角度展开的讨论拆开在不同的论文中进行，每篇论文只谈一个侧面，不惜以拆散方式误导读者以偏概全，从而达到增加论文统计数量的目的。这种论文的特征是作者顺序发生变化，图表公式的号码和格式发生变化，而且故意不引注自己已经发表的另一篇论文，因为引注会导致编辑和审稿人发现重复发表并拒稿。有的期刊认为，当主要的研究方法相同、半数以上内容（包括资料或讨论部分）相同、结论类似的论文就是重复发表。如果想把旧数据拿出来当作原创研究再次使用，必须在数据分析上体现真实的创新性，例如重新解释数据或处理数据。

把不同语言的论文翻译后再次发表，本来是合理合法的事情，只要引注原始发表论文，说清楚两者之间的翻译关系即可。然而，如果不引注，性质就变成了自我抄袭和重复发表。为了在不同的国家传播知识，翻译作品本应受到鼓励。但是，仍有很多期刊为了维护原创性，明确表示不接受曾经以任何语言发表过的论文。如果想把论文或专著翻译发表，需要获得原始语言出版社和翻译语言出版社的许可，在办理版权手续后方可操作。

先发的会议论文能否再发表在期刊上，这是一个复杂问题。学术会议对于科研成果交流具有不可替代的重要意义。出版界过去对该问题的管控不像今天这么严格。目前，会议论文通常不能直接原样发表在期刊上，不仅是由于有些会议发布带刊号的会议论文集从而拥有版权，更多是由于期刊编辑部普遍要求必须在会议论文中显著增加原创性新内容，才能在期刊上发表。显著增加新内容百分比的要求随期刊不同而不同，并无定论。例如，有的期刊编辑部规定，会议论文如果想再投期刊，需要获得会议论文出版方的版权许可，并在会议论文中增加50%以上实质性新内容，而且需在新论文中引注标示该论文的哪些内容已经发表在会议上。由于期刊会查重而发现相关的会议论文，作者需要在稿件中注明对会议论文的引用。这个问题将在第8.9节详细讨论。

关于论文与专著的关系，很多学者的发表实践是先发表论文，然后把系列论文汇集成书。然而，也有些学者选择把原创性内容先不发表论文，而直接撰写在系统性的专著里。对于这两种做法，都需要注意在再次发表的时候，需引注原始发表作品，获得版权许可，并按照发表要求补充新内容。

重复发表是"谎报战功"在学术界的集中体现，破坏了荣誉的公平性。一旦被揭发暴露，个人声誉将严重受损，是得不偿失的不明智行为。科研人员需要自觉自律，珍惜名誉，避免重复发表。

3.10 十论学术道德之第十论：论拆分发表

拆分发表又称香肠论文（英文为 salami slicing），意为把本应在一篇论文中发表的内容像切香肠一样细分成多篇论文发表，用以增加论文数量。人们经常会发现这样的现象，某人发表了一篇燃料组分A的论文，过几个星期又发表了一篇燃料组分B的，再过几个星期又发表了一篇燃料组分C的。这几篇论文从格式到内容看上去都差不多。人们不禁疑惑："这么发下去得出多少篇论文啊！为什么不合并发表呢？"这到底是科研高产，还是学术不端呢？

这个问题就好比用学术道德去约束参考文献引用一样，容易触发某些科研人员的敏感神经——"我引用什么参考文献你也要管？我论文想写什么课题你也要管？我想发长的就发长的，想发短的就发短的！"检视拆分发表其实并不会破坏学术自由。题材庞大的论文，当然必须拆分成若干篇系列论文单独发表，无人否认这种必要性。然而，在论文拆分的问题上，确实会存在学术不端，尽管这种道德失范容易被技术借口所掩盖而不易察觉。拆分发表的主观动机是用少量科研成果制造大量论文。实施这种行为的借口通常包括时效性发表、阶段性发表、数据量太大、把工作做精细等。实际上，仔细观察便会发现拆分发表的以下三个特点。

1）重复的内容和格式

拆分发表的目的是把不充足的科研成果膨胀成看上去很充足的多篇论文。例如，由于拆分发表是把一篇论文的内容写出3篇论文的篇幅，势必造成每篇论文在绪论、材料、方法、讨论等部分均出现大量重复内容。尽管具体语句写法可能不同,但基本意思都差不多。

拆分发表的另一个目的是用最快的速度和最小的代价写出最多数量的论文来,而不是老老实实地按照发现和论点去逐句撰写原创性文字。因此,拆分发表最喜欢使用格式相似或相同的模板,希望像流水线机器化大生产一样快速制造论文,恨不得像填空那样换几个词和数字往模板里面一填,一篇论文就制造出来了。因此,"快速、省劲、雷同"的风格在拆分论文中体现得很明显。

2) 数据和论点的分割和组合

拆分发表由于数据量较少,造成数据和论点在多篇论文中往往不够瓜分。这势必导致本来是同时做完的 A、B、C 这三组数据被人为地各自分配到三篇论文中,各说各事,互不相关,也互不集成。更有甚者,在分割数据后再实施各种组合,能撰写出第四~七篇论文来,分别论述 A 与 B 比较、A 与 C 比较、B 与 C 比较、A 与 B 和 C 比较。本来只写第七篇这一篇论文就可以,经过这样的操作却能写出七篇论文来,而且竟然能够对这种"精细化"发表方式冠以"学风严谨、丝丝入扣"的美名。这种把数据先分割到最小单元,然后再把数据变着花样进行排列组合地比较并投稿到不同期刊的做法,确实把有限的数据利用到了最大化,能够产生最大数量的论文,看上去花里胡哨、无比复杂,但是这些论文多数是中间产物或中间过程,结论具有片面性。里面只有一篇论文是完整有用的,满足论文的深广性要求,其余几篇基本是垃圾论文。这种分割组合的中间步骤堆砌发表,是拆分发表具有迷惑性的一大特征,也是学风不正的典型表现。

3) 稀疏的图线

拆分发表的第三个特征是故意把图画得很稀疏,用以占据版面,在论文页面上充数。本来能够把 A、B、C 这三组数据都画在同一张图中也不显得拥挤,却一定要拆开画成 7 张图(A,B,C,A 和 B,A 和 C,B 和 C,A、B 和 C),导致每张图的内部都稀稀拉拉、非常空旷,在版面上却又大量堆砌插图,违反简洁、精练、完整的写作原则。

综上所述,如果能够用一篇论文的篇幅更为完整地论述全部结果,就不应刻意分解成几篇论文分别表述,造成每篇论文的论点都片面而不够充分。这种对论文的合理策划,只有科研人员自己心里最明白应当怎样去做。当满足绩效考核指标的拆分论文数量与科学真理发生矛盾的时候,应当坚守学术道德,追求论文质量,拒绝拆分发表的诱惑。这样,才能赢得同行的尊敬。

第 4 章 学术写作

学术写作是学术素养教育中解决"写论文难,做科研难"的两大实战难点之一。学术论文的"五性"要求——重要性、创新性、正确性、深广性、可读性,以及延伸出来的审稿标准,一直是青年学生和科研人员感到难以把握的。本章论述学术写作类型、审稿标准、学术论证中的逻辑学和统计学基础、学术论文各部分撰写要领、格式规范,以及期刊论文和学位论文的不同写法,从而构建学术写作的理论标准和实践指南。

4.1 学术写作类型

学术写作指涉及学术活动的所有不同文体的写作,包括期刊论文、会议论文、学位论文、专著、教科书、工具书、专业报告、专利申请、科研经费申请、技术合同、科研任务计划书、学业计划等。从专业领域划分,学术写作包括自然科学写作和社会科学写作,这两者的格式有很大区别。对于理工农医学科而言,科技写作的文体又包括四种:学术类文体、应用类文体、新闻类文体和普及类文体。科技写作中的学术类文体包括学位论文、期刊论文、专著、教科书、工具书等类型。科技写作中的应用类文体则包括文秘写作、经济写作、公关写作、广告写作、司法文书写作、外交文书写作等类型。每种文体都有自己的规定格式。因此,学习和开展学术写作,首先需要分清文体,找到对应的格式标准和参考资料。

从文体风格看,学术写作既不是文学写作,也不是商务写作或机关公文写作。学术写作既具有应用文的特征(按照格式陈述事实),也具有议论文的特征(使用论据论证论点)。学术写作的最大特点是在规定格式下的专业化论述。所谓规定格式是指论文必须具有标题、短标题、作者名单和单位地址、摘要、关键词、引言、材料和方法、结果、讨论、结论、致谢、经费声明、利益冲突声明、作者贡献声明、参考文献、附录等部分。所谓专业化论述是指基于各专业学科领域的术语和范式进行论述。对于研究型论文来讲,需要具有上述"五性"要求。

4.1.1 《学科分类与代码》在学术论文分类中的运用

随着学术论文标准化日益深入,为了便于期刊对论文进行分类并方便读者按照学科检索论文,有些期刊开始要求作者提供论文分类号,例如《中国图书馆分类法》的中图法分类号、《数学评论》的文献分类号、《国际物理学分类表》的分类号等。这些分类方法涉及庞大复杂的学科分类规定,对于广大科研人员来讲无疑是比较陌生的。由于学科分类在科研工作中的领衔地位和高度重要性,有必要系统地介绍各种学科分类知识及其对论文分类的影响。

在学科分类方面,目前尚不存在国内外广泛认可并使用的统一标准。因此,各组织机构分别制定了自己的分类体系。例如,在 SCI 论文方面,有期刊引用报告(Journal Citation Reports, JCR)学科分区、中国科学院学科分区;在图书资料分类方面,中国制定了《中国图书馆分类法》(简称《中图法》),联合国教科文组织制定了统计年鉴分类表等;在研究生招生目录方面,每个学校有自己的学科分类;国家科委、国家教委、国家自然科学基金委员会、中国科学院等部门均编制了本系统使用的学科分类表。在这些纷繁复杂的分类表中,国家技术监督局于 1992 年制定并于 2009 年修订的《学科分类与代码》(GB/T 13745—2009)特别重要,其被很多学者倡导用于学术论文分类,是科研人员应当了解的基本分类知识。

在论文分类方面,有以下四份文件最为重要:①国家质量监督检验检疫总局、国家标准化管理委员会发布的《学科分类与代码》(GB/T 13745—2009);②国家质量监督检验检疫总局、国家标准化管理委员会发布的《文献分类标引规则》(GB/T 32153—2015);③教育部发布的《学位授予和人才培养学科目录》;④《中国图书馆分类法(第五版)》。

《学科分类与代码》规定的适用范围如下:"本标准适用于国家宏观管理和科技统计","直接为科技政策和科技发展规划以及科研经费、科技人才、科研项目、科技成果统计和管理服务"。实际上,该标准还具有对学术论文进行分类的强大功能,比《中图法》更加适合论文分类。

该标准克服了国内外各组织机构各自制定的学科分类表的局限性,例如适用面窄、不完整、不统一等问题,在学科分类的理论和实践方面处于领先地位,应当优先考虑使用。该标准在门类设置方面与联合国教科文组织统计年鉴的分类表基本一致,具有国际可比性。该标准是国家技术监督局发布的国家标准,具有权威性。另外,它简单易用,分类到三级学科,无须像更为复杂的《中图法》那样要求具备图书馆学的专业知识才能使用,因此更加适合学术论文作者和期刊编辑使用。

《学科分类与代码》包括四个层次和三级学科目录。第一层次称为门类,包括自然科学、农业科学、医学科学、工程与技术科学、人文与社会科学五个门类。第二、三、四层次分别对应一级、二级、三级学科。学科编码用阿拉伯数字表示,一级学科用 3 位数字表示,二级和三级学科分别用 2 位数字表示。二级学科的编码跟随在一级学科编码后面,三级学科的编码跟随在二级学科编码后面。例如,110 代表一级学科"数学",11014 代表二级学科"数理逻辑与数学基础",1101410 代表三级学科"演绎逻辑学"。该标准概况如下。

(1)设有 62 个一级学科或学科群,包括以下代码及学科,科研人员可以从中查到自己专业的正规分类名称:110 数学,120 信息科学与系统科学,130 力学,140 物理学,150 化学,160 天文学,170 地球科学,180 生物学,190 心理学,210 农学,220 林学,230 畜牧、兽医科学,240 水产学,310 基础医学,320 临床医学,330 预防医学与公共卫生学,340 军事医学与特种医学,350 药学,360 中医学与中药学,410 工程与技术科学基础学科,413 信息与系统科学相关工程与技术,416 自然科学相关工程与技术,420 测绘科学技术,430 材料科学,440 矿山工程技术,450 冶金工程技术,460 机械工程,470 动力与电气工程,480

能源科学技术,490 核科学技术,510 电子与通信技术,520 计算机科学技术,530 化学工程,535 产品应用相关工程与技术,540 纺织科学技术,550 食品科学技术,560 土木建筑工程,570 水利工程,580 交通运输工程,590 航空、航天科学技术,610 环境科学技术及资源科学技术,620 安全科学技术,630 管理学,710 马克思主义,720 哲学,730 宗教学,740 语言学,750 文学,760 艺术学,770 历史学,780 考古学,790 经济学,810 政治学,820 法学,830 军事学,840 社会学,850 民族学与文化学,860 新闻学与传播学,870 图书馆、情报与文献学,880 教育学,890 体育科学,910 统计学。这些学科代码通常以 0 结尾,除了 413、416、535。

(2) 门类与一级学科之间的对应关系如下:A 自然科学,包括一级学科代码 110~190;B 农业科学,一级学科代码 210~240;C 医药科学,一级学科代码 310~360;D 工程与技术科学,一级学科代码 410~630;E 人文与社会科学,一级学科代码 710~910。

(3) 设有 676 个二级学科或学科群,例如在"动力与电气工程"下包括工程热物理、热工学、动力机械工程、制冷与低温工程、电气工程、动力与电气工程等六个二级学科。

(4) 设有 2 382 个三级学科,例如在"动力机械工程"下设有蒸汽工程、内燃机工程、流体机械及流体动力工程、喷气推进机与涡轮机械、微动力工程、动力机械工程等六个三级学科。

4.1.2　中图分类法在学术论文分类中的运用

为了规范学位论文的收藏管理工作和便于使用学科分类代码在数据库中检索论文,中国有关部门要求在硕士和博士学位论文中标注中图法分类号和国际十进分类法(UCD)号码。另外,为了期刊编辑出版的规范化,根据《中国学术期刊(光盘版)检索与评价数据规范》和《中国高等学校自然科学学报编排规范》的建议,中国很多期刊也要求论文作者在投稿时提供中图法分类号,就像要求提供摘要、关键词和参考文献标识码一样。然而,很多学生和科研人员对论文分类号的用途和分类方法不甚了解。

《中国图书馆分类法(第五版)》长达 1 019 页,能够在互联网上查到该文献的简表和部分详细分类信息。《文献分类标引规则》在第 8 节"各学科文献的分类标引"指出:"除遵循文献分类标引一般规定之外,各学科文献的分类标引,应按照特定分类法的规定来进行。使用《中国图书馆分类法》的单位,可参照《〈中国图书馆分类法〉使用手册》的各学科文献的规定进行分类,分类标引示例参见附录 B。"由此可见,虽然国家标准没有规定期刊必须使用《中图法》对论文进行分类标引,但是给予其高度重视。

《学科分类与代码》适用于国家宏观管理和科技统计,而非学位授予和人才培养;类目层级达到三级学科。

高校的学科目录遵循教育部发布的《学位授予和人才培养学科目录》(简称《目录》)。根据教育部的规定,学科门类和一级学科目录由国家制定;二级学科(专业)目录由各学位授予单位依据国务院学位委员会、教育部发布的学科目录,在一级学科学位授权权限内自主设置。该目录主要适用于研究生专业设置以及学士、硕士、博士的学位授予工作。另外,教育部还发布了关于本科教育的《普通高等学校本科专业目录》。教育部将学科门类划分为哲学、经济学、法学、教育学、文学、历史学、理学、工学、农学、医学、军事学、管理学、艺术学、交叉学科共计 14 个,下设 113 个一级学科。按照规定,一级学科的调整每 10 年进行一次,二级学科目录每5年编制一次。

相比之下,《中图法》包括马列主义和毛泽东思想、哲学、社会科学、自然科学、综合性图书五大部类,下辖22个基本大类,具体如下:A—马克思主义、列宁主义、毛泽东思想、邓小平理论;B—哲学、宗教;C—社会科学总论;D—政治、法律;E—军事;F—经济;G—文化、科学、教育、体育;H—语言、文字;I—文学;J—艺术;K—历史、地理;N—自然科学总论;O—数理科学和化学;P—天文学、地球科学;Q—生物科学;R—医药、卫生;S—农业科学;T—工业技术;U—交通运输;V—航空、航天;X—环境科学、安全科学;Z—综合性图书。

上述这三份学科分类方法在学科划分、专业类目层级、编码方式等方面均各不相同。教育部《目录》在类目层级上最少,《中图法》最多,《学科分类与代码》居中。因此,目前中国多数期刊采用《中图法》分类号为论文分类标引,少数期刊采用国外的学科目录分类表(例如数学主题分类表"Mathematical Subject Classification",物理学和天文学分类系统——英文简称PACS)或其他图书分类方法(例如国际十进分类法)为论文分类标引。有一些期刊呼吁放弃中图法分类号而改用《学科分类与代码》为论文分类标引。

论文的分类标引是指论文作者或期刊编辑为每篇论文提供一个或多个专业分类号码,用来反映论文的研究内容,通常需在论文的关键词下面换行开列。分类标引的目的是为读者提供一个按照分类号在论文数据库内进行检索的方式,就好比使读者能够按照作者姓名和关键词等进行检索一样。这就涉及分类标引应当详细深入到几级学科的问题。例如,根据《学科分类与代码》,在一级学科"动力与电气工程"(代码470)下面,设有二级学科"动力机械工程"(代码47030),下设三级学科"内燃机工程"(代码4703020)。然而,根据《学位授予和人才培养学科目录》,在一级学科"动力工程及工程热物理"(代码0807)下面,设有二级学科"动力机械及工程"(代码080703),而三级学科的名称由各校自行确定。

根据《中图法》,在"能源与动力工程"(分类号TK)类目中,下设"内燃机"(分类号TK4),再下设"柴油机"(TK42)、"柴油机理论"(TK421)和"柴油机增压"(TK421$^+$.8)等逐级类目。很多科研人员从图书馆的书架上见到过在图书的书脊上贴有这种"TK421"格式的中图法分类号,因为这种编号本来就是为了维护图书排架的有序性和稳定性而由图书馆专业人员设置的。然而,论文作者和期刊编辑通常并不具备图书分类专业知识,论文数据库希望由他们使用中图号来为论文进行准确完整的分类,显然有些不现实和强人所难。

中图法分类号更加冗长的一个例子是关于对虾的生物类论文,需要按照类、门、亚门、纲、亚纲、总目、目、亚目、总科、科等来细分。例如,对虾的分类号是Q959.223.63,从"Q生物科学、Q95动物学、Q959动物分类学、Q959.22节肢动物门、Q959.223甲壳纲、Q959.223.5软甲亚纲、Q959.223$^+$.63十足目"查得。如此复杂的查找次序和冗长的分类号,让人望而生畏,显然不适合论文作者和期刊编辑使用。可见,虽然《中图法》的专业方向分类最为细致深入,但是给论文作者和期刊编辑造成的分类负担也最大。为了解决论文分类层级不易确定的问题,有些期刊建议中图法分类号的类目级数标引选在3～6级的范围内比较合理,但这仍然是一个比较模糊而不容易实施的建议。

国外的多数期刊并不要求对论文进行专业编码分类标引。这一方面是因为目前尚无国际通用的标准的学科专业编码体系,另一方面是因为读者一般不熟悉比较繁杂难用的编码体系及其分类号,因此在论文数据库中通常并不采用分类标引号码检索文献,而仍然采用关键词或作者姓名等进行检索。而且,由于论文的分类标引号码在专业分类和学科层级上存在一定的随意性甚至标引错误,读者们并不相信使用分类标引号码进行检索能够查到全部相关论文。所以,从作者、编辑和读者的三重角度来看,论文分类标引目前处于一个标引不便、错误频发、用途不大的尴尬境地。

要想纠正论文类目标识不全、标识类目错误、标注类目层级深度不够等现象,需要从源头上解决专业分类系统难用的问题,包括有效使用《中国分类主题词表》,并在已经出版的四部《中图法》专业分类表(《教育专业分类表》《农业专业分类表》《医学专业分类表》和《体育专业分类表》)的基础上,编制和使用更多的、更为方便的专业分类表。

4.1.3 科研人员能够撰写的论文类型

学术文献分为一次文献和二次文献。一次文献包括研究型论文、学位论文、研究报告、专利、专著等原创性资料。二次文献包括综述型论文、教科书、工具书和手册等汇集一次文献信息的编纂资料和摘要汇编型文献等。按照读者不同,文献可以分为学术报道、同行评议学术论文和大众科普文章三类。

发表在期刊上的学术报道不要求同行评审,具体包括学术新闻、社评、书评等。社评(editorial)由学术期刊主编撰写,是对某期期刊的总结(例如关于某主题的特刊)。书评(book review)针对近期出版的学术专著发表观点,属于二次文献,通常篇幅较短。大部分学术期刊均发表书评,书评通常不被各单位的科研绩效考核政策计为论文成果。这三类文章对科研人员把握行业动态非常有用。科研人员通常撰写的论文是指原创型论文和综述型论文。

4.1.3.1 理工科论文的类型

1) 原创型论文

原创型论文(original research article)又称研究型论文,这是所有学科和各个期刊共有的、最为普遍的论文类型。原创型论文在奠定一个人的学术地位方面远比综述型论文重要。原创型论文是一次文献,字数一般为 3 000~10 000 汉字或英文单词。按照学术贡献性质,原创型论文可以进一步细分,例如分为三种:①只提出命题或理论,但不给出验证;②不提出命题或理论,但对已有命题或理论给出验证;③既提出命题或理论,又给出验证。相比较而言,上述第三种原创型论文的贡献最为完整,而第一种原创型论文通常比第二种更具有原创价值。实际上,爱因斯坦的成就正是提出了新的理论即命题,而关于他所提出的相对论理论的很多实验验证,都是在后来的几十年甚至上百年后被其他研究者完成的,包括前些年刚发现的著名的引力波的存在。

2) 短交流型论文或快讯型论文

短交流型论文或快讯型论文(short/brief/rapid communication)通常采用简短的篇幅,抢时间快速报道具有重大意义和时效性的新发现或新方法。它是原创型论文的简写本,通常被认定为与原创型论文具有相同价值的正式科研成果。

3) 综述型论文

综述型论文(review/overview article)是对某个领域内的现有原创型论文予以总结和展望,并提出自己的学术见解,概括关键问题和急待解决的问题。综述型论文属于二次文献，价值也很高。它具有大量参考文献（通常至少100篇），被他人引用的次数多，经常作为一个领域的快速入门学习材料和跟踪前沿的权威指南。相比原创型论文，综述型论文在材料、方法、结果和讨论这四部分的体例上有所简化，只需具有讨论节，或分别针对每个议题进行论述。

在撰写综述型论文时需要特别注意：避免抄袭或剽窃，必须忠实引用原文，对他人的观点需要清晰引注，以便与自己的观点明确区分开，避免读者误解。在综述型论文中，一般不宜使用自己未发布的研究数据，因为这些数据最好留给原创型论文使用。

对于刚进入某一学科领域的研究人员来讲，撰写综述型论文是一个良好的写作实践。因为已经阅读了大量文献，撰写综述可以提炼观点，把握学科走向。但是，仅撰写综述型论文并不能完全建立自己的学术地位，仍然需要撰写一些原创型论文。很多期刊通常向学术权威约稿综述型论文并支付其稿费。有些期刊为了确保综述型论文的权威性，不接受非约稿的稿件。因此，如想发表综述型论文，最稳妥的办法是事先致信期刊编辑，询问是否接受主动投稿。

4) 短评型论文

短评型论文（commentary）又称评论，是为了促进同行之间讨论的关于科研热点、基于证据的解读短文。它不如综述型论文全面，而是针对一个特定问题、研究动态或已经发表的论文开展评论，表达自己的论点，通常是建设性批评或观点质疑，并有证据支持。它属于二次文献，通常篇幅较短，有1000～2000汉字或英文单词。这类论文不像原创型论文和综述型论文那样被科研绩效考核政策计为具有相同价值的成果，有些期刊甚至称这类论文为读者来信，论文作者需要查明考核政策的成果认证规定。

4.1.3.2 医学论文的类型

医学论文是与数学、自然科学、社会科学和工程技术均有所不同的一类特殊学术论文，种类较多，体裁各异，论文类型多于理工科论文，主要增加了方法型论文、分析型论文、病例报告，其他还包括原创型论文、综述型论文、短交流型论文或快讯型论文、短评型论文。其中，方法型论文提出医学或临床研究的新型试验方法或测试步骤，其创新性要求不像原创型论文那么高，但要求提供更为详细的试验细节，供他人复现科研结果。分析型论文论述医生、患者和健康政策管理人士所关心的临床、科技、道德和政策问题。病例报告通常记录和总结临床中少见但具有特殊意义的病例。这类论文有新意，实用价值高，被很多读者喜爱。特别是针对罕见病症的首例报道，能引发新的研究热点，在国内外具有重要影响力。但是，有些医学期刊不发表病例报告。

4.1.3.3 文科论文的类型

哲学和社会科学等文科学术论文在类型和格式上与理工科或医学论文非常不同。文科论文通常只包括原创型和综述型两类。在格式上不遵循材料、方法、结果、讨论这四部分，而代之以每个论题的创建性论述和理论概括。从内容上看，文科的原创型论文可以分为以下四种。

1) 开拓型论文

在事物规律或研究方法上提出创见，综合系统地形成一家之言。

2) 评论型论文

对某个特定的历史、人物、事件、思潮、观念、方法、著作、研究成果等进行分析和评述，比综述型论文的范围窄，聚焦某专题，对错误观点或不充分证据从理论高度予以批评和纠正。

3）质疑型论文

不盲从权威论点，从学术观点上对前人研究提出不同看法，或从证据上质疑补缺，帮助澄清是非、鉴别真伪，保证学术研究在百家争鸣的过程中正确发展。

4）考证型论文

用于研究历史、人物、名作、古籍、典章制度等的辩证考察，避免孤证而信，以证据为关键，破伪求真，澄清学术界长期争论不休的议题。

4.2 学术写作的审稿标准

4.2.1 学术论文选题中的论点创新性和重要性

期刊论文被拒稿、学位论文被驳回、科研项目基金申请书被拒绝的最主要原因是论点的创新性和重要性不足。这是很多青年学生和科研人员倍感迷惑和沮丧的选题质量问题。什么样的课题是创新的？什么样的课题是重要的？实际上，连期刊主编和审稿人也经常搞不清楚创新性和重要性的评判标准究竟是什么，因而造成审稿结果的随意化。尽管很多图书和论文讨论过创新性的定义，学术界目前仍然迫切需要一个简明实用的创新性判断工具。本节从审稿标准出发，结合国家重点项目申请指南，讨论确保论点创新性和重要性的选题原则。

由于写论文的最终目的是发表，最简单"粗暴"和安全的选题方法是翻阅投稿目标期刊，看别人都在做什么，自己就在有条件的情况下跟风做什么，对某个问题做些渐进式发展的修修补补。这种选题方式俗称"蹭热点"，或称"跟踪国内外科研热点"。它是学术界普遍存在的、最常见的选题方式。蹭热点的选题方式容易得到期刊编辑和审稿人的青睐，因为发表后的论文容易被引用，增加期刊的影响因子，或者论文容易被认为是遵循着"主流"科研方向。蹭热点的坏处显而易见，很多只是为了发表论文而做科研，并不是为了解决真正有用的问题。而且，蹭热点容易抢走正在"坐冷板凳"的但是真正有用的革命性科研工作的资金。具有很强创新性或重要性的论文有时并不容易在高影响因子期刊首次发表，因为期刊有时不愿意承担陌生科研方向的发稿风险。所以，这种不是通过翻阅期刊已有论文而是自己想出来的选题，经常需要先历经磨难在低影响因子期刊发表，然后慢慢扩大影响再发表到高影响因子期刊。因此，在选题阶段时并不能假设期刊编辑会为新创意而激动或成为"伯乐"，还需要考虑期刊编辑是否能看懂，以及这个新创意是否会被认为是属于主流科研方向。

科研课题的选题要素包括研究对象（如某个理论、方法或产品实体）、研究问题、论点（论文的结论）对应的假说（未经证实的结论）。研究问题是以问句形式提出的，而非仅描述事实或叙述解决什么问题的陈述句。研究问题必须超越对研究对象的描述性介绍，这是因为描述性介绍只够得上百科全书、工具书手册、教科书、研究报告、课堂作业的水平，缺乏论点、论据（数据）和讨论论证过程的全要素，因此够不上期刊论文的水平。研究对象、研究问题、假说需在论文的引言中提出，并在结论中予以回应和证实。一篇期刊论文通常只需论证一个论点。一篇学位论文或一个科研基金资助项目通常需要论证至少两到三个论点,即需要能够将研究成果拆分成多篇期刊论文发表。

学术论文的同行评议审稿标准通常包括以下十个方面:①是否存在抄袭现象;②重要性(创新性+公众兴趣度+实用性);③论点的创新性(原创性);④论点、论据和论证的正确性(科学性);⑤论点和论据的深广性(完整性);⑥体现在结构清晰、逻辑严密、数据结论重现性方面的可读性;⑦体现在图表、语言文字、标点符号、格式规范化等方面的可读性(规范性);⑧结论;⑨参考文献;⑩中文摘要、英文摘要、关键词和各项声明。大多数审稿人或基金资助项目审查者将论点的创新性和重要性视为最重要的指标,实施"一票否决",即不管其余九个方面写得多好,如果创新性或重要性不足,也不给修改机会,因为选题质量从根本上太差。

在学位论文、期刊论文和科研项目经费的评审中被强烈关注的"科学问题"实际上就是创新性及其强弱程度。理工农医学科的期刊论文创新性可以定义如下:创新性是用某种做事方式在认识世界和改造世界的实践过程中产生的具有理论价值或应用价值的新方法、新发现、新技术。新方法对应做事方式,新发现对应认识世界,新技术对应改造世界,具有理论价值或应用价值是指创新内容需具有解决实际问题的用处、有意义,而非可有可无或无关紧要。按照该定义,本节提出创新性判断二维表,见表4.1。论文作者可使用该表将选题对号入座,在论文中指明创新性类型和强弱程度,判断论文能否发表在要求创新性较强的高影响因子期刊,或要求创新性较弱的低影响因子期刊。表4.1比中国社会科学院社会科学成果评估指标体系中的论文类创新性评价指标(见第4.3.4节)提出的四级指标,更加完整合理和清晰易用。

表4.1 创新性判断二维表

创新性论点的类型	论证论点的工作性质和创新性相对强弱程度	引言中的研究问题和论点对应的假说
新发现	发现新事物(创新性强)	现象A存在吗?
	发现新研究对象的机理性因果关系(创新性强)	因子X影响响应Y吗?
	发现旧研究对象的机理性因果关系(创新性强)	假说:因子X在条件Z下影响响应Y
	揭示量化的参数影响(创新性弱)	因子X如何量化地影响响应Y?
新方法	产生前所未有的做事方式(创新性强)	方法B在本学科是否有效新方法?
	改进已有的做事方式(创新性弱)	因素X如何影响本学科现有方法?
新技术	发明前所未有的技术或产品(创新性强)	如何采用技术C解决问题D?
	改进已有的技术或产品(创新性弱)	如何改进技术C解决问题D?

选题的内涵包括研究对象和研究问题,而研究问题又包括因子(自变量)和响应(因变量)。以新发现为例,如果变更研究对象(例如医学中的受试对象或某种发动机类型)、因子或响应,这种性质的研究工作就属于发现新事物或机理性因果关系的创新性强的选题;

即使不能发表在 SCI 一区期刊,也通常能发表在 SCI 四区期刊。再以新方法为例,将用于某学科的先进方法移植用于另一学科,通常能产生创新性强的选题。

如果论点是在收集论据(数据)之前就能预测到结果的,不足以令人吃惊或违反常理,这种论点的创新性通常较弱,属于验证预期结果的补充型创新。影响因子较低的期刊有责任收录这种论文。如果创新性论点是使用令人吃惊的数据支持的,那么这种论文通常能发表在影响因子较高的期刊。因此,论点和数据能否令高水平专业人士吃惊或意外,是评判创新性的一个简要标准。令人吃惊又称"不明显性",即研究问题不具有可预期的或明显的答案。因此,按照标准工作流程制作一架航模并成功放飞的经历,或者按照教学训练流程写了一篇课堂作业论文的经历,都无法写成一篇期刊论文,因为在制作或学习过程中虽然克服了很多实践上的困难,但是整个研究过程并无令人意外的新问题,全部制作或研究经验均可预期。

论文的灵魂是论点,论文的重要性就是论点或选题的重要性。论文和论点的重要性等于创新性强弱程度、公众兴趣度、实用性这三者之和。论文的创新性不随时间变化,在论文投稿或发表时就打上了创新性强弱的烙印。创新性越强,论点就越重要。另外,论点的公众兴趣度越高,论文就越重要。公众兴趣度是指从四级学科到学科门类进而到非专业大众的感兴趣程度。每个学科都有自己的热点问题,非专业大众也有共同关心的热点问题(例如新冠病毒特效药)。创新性不等于公众兴趣度,公众兴趣度乃至论点的重要性是随时间变化的。一篇创新性很强的论文有可能在发表时无人关心,但是随着时间的推移和人们认知的改变,关注的人可能越来越多,引用的人也可能越来越多,从而提升了论文的公众兴趣度和重要性。相反,一篇期刊论文的创新性在发表时可能较弱,但公众兴趣度很高,那么它也是重要的论文。论文作者与审稿人之间的争议不仅在于有无创新性,更在于创新性强弱等级和重要性。期刊编辑在稿件取舍时非常看重公众兴趣度和预计的论文引用次数,因为引用次数影响期刊的影响因子。因此,要想提高公众兴趣度,作者能够做的事情是在摘要和引言部分将研究问题的重要性和意义陈述清楚。

那么,除了媒体铺天盖地宣传的热点话题,哪里还能够帮助判断论文的公众兴趣度呢?国家自然科学基金委员会和科技部等各级科研管理部门每年定期发布重点科研项目指南,提出政府认为具有较高公众兴趣度(注意不是论文重要性)的研究课题和重点资助范围。指南中列出的课题陈述都比较笼统,仅圈定研究对象,给出研究目标和愿景,并不提出期刊论文论点层面的研究问题,也不指明因子和响应。例如,在中医药现代化重点项目指南中,要求构建个体化诊疗理论体系框架,形成中医药个体化临床疗效评价模式与标准操作程序,包括构建干预措施设定方法、对照选择设定方法、盲法实现方法、数据分析方法等。申请者需要在指南范围内选择课题,提出具体的研究问题,酝酿能够发表和值得资助的学术论文论点。

4.2.2 学术论文的深广性

学术论文的质量可以从重要性、创新性、正确性、深广性、可读性这五方面进行评价。其中,重要性又称价值和意义,创新性又称原创性或新颖性,正确性又称科学性,深广性又称完整性或复杂性,可读性又称逻辑、语言和格式。如果一篇论文被评审者评价为"创新性较好,但是比较单薄",说的就是深广性不足。所谓深,是指深度;所谓广,是指广度。很多学校规定学位论文必须至少达到多少万字的篇幅,很多期刊规定学术论文必须至少具有多少字,都是为了从字数控制上确保深广性。深广性当然并不完全意味着字数多少。因此,为了避免审稿结果随意化,也为了避免研究人员在构思论文内容时的随意化,而且为了避免产生"拆分发表"这种学术道德问题,需要弄清以下两个问题:①什么是深广性?②不同学科的论著在深广性上的简明实用判断工具是什么?这些问题将是本节使用系统工程中组织元素原理进行论述的内容。

现代科学技术结构体系将学术领域大体划分为自然科学(包括物理学、化学、生物学等)、数学、系统科学、医学、工程技术、社会科学等门类。人们常说的"理工农医"和"文史哲管"(文学、历史、哲学和管理学)基本囊括了常见的学科。这些学科在科研活动的元素上具有不同特征。例如,对于工程技术学科,科研活动元素包括产品实体、产品属性、产品用途、工作职能。在产品实体这一元素中,例如发动机,包括系统、子系统、部件这三级子元素。产品属性包括性能(功能,如功率、排放、安全性)、耐久性(疲劳、磨损等)、封装性(尺寸、质量、颜色、间隙等)、成本这四大子属性。产品用途包括河海用、航空用、陆地用等场景。工作职能包括分析(模拟计算)、设计、测试、协调。在同一级元素(或子元素)上论述多个地位平行或概念对等的内容,就是指论文的广度比较大,例如在同一篇论文中既论述性能又论述耐久性,或者既论述功率又论述排放,或者既论述燃料 A 又论述燃料 B。这种划分方法符合广度在字面上给出的横向并列堆叠的直观含义。

还有一种容易被忽视的广度是基于科研工作流程或推导步骤的论述,即从科研活动的第一步逐次论述到最后一步,这其实也是广度的体现。例如,在计算、设计或测试这些科研活动中,为了解决某个问题(比如使用数值计算方法求解润滑动力学常微分方程组,并分析其数值不稳定性),需要按照某种顺序将一项任务拆分,并完成若干个步骤的工作。其中每一步基本上可视为地位平等的工作,而非逐级深入的工作。那么,完整论述每一步的科研内容,就是增加广度的体现。这也是很多学位论文使用多章分别论述多个按照顺序排列的计算步骤或实验步骤的原因。

相比之下,深度这一内涵不仅涉及元素内部的层级递进关系,而且涉及创新性中的新事物存在、因果关系(机理关系)、相关性、子系统相互作用。所谓层级递进,通常是指从系统到子系统再细分到部件的自顶向下的系统设计顺序,或从部件到子系统再汇总到系统的自下向上的系统集成顺序。无论是自顶向下还是自下向上,都意味着深度增加。因此,如果在一篇论文中既谈到系统,也谈到部件,那么毫无疑问它是深入的。这也符合深度在字面上给出的纵向逐级深入的直观含义。然而,这种在一篇论文中包含大量逐级深入内容的论文是不多见的,更为多见的是在系统、子系统或部件的某个选定实体级别上论述的论文。这种论文的深度是按照创新性中的新事物存在、因果关系、相关性、子系统相互作用这四项标准进行判断的。充分论证新事物存在,包括新发现、新方法或新技术,这本身就构成具有深度的内容,毋庸多言。在别人发现了新事物存在的基础上,继续研究因果关系(如机理解释、失效机理导致产品发生故障,或可控因子影响某个响应参数)或相关性(如噪声因子影响某个响应参数),或者在系统层面继续研究子系统之间的相互作用,也构成论文的深度。例如,在发动机论文中论述八个因子对四个响应的影响关系,或者论述涡轮增压、配气机构和进排气管之间的子系统相互作用,都是具有较大深度的研究内容。

在深度方面,上述评判标准恰好体现出系统工程这一普适科研方法论折射出的标准。

从稳态来看,研究系统的属性状态分布和优化设计点是具有深度的内容。研究部件的热流或应力等空间状态分布也是具有深度的内容。如果从稳态研究跃迁到带有时间维度的瞬态研究(如系统动力学),或者从确定性优化跃迁到带有概率维度的非确定性优化,也能增加论文的深度和难度,而且它们体现出的正是系统工程、可靠性工程、试验设计与优化这三大普适科研方法论折射出的标准。因此,这三大工程技术教育通用基础与论文的深广性定义是高度一致的。

因此,深广性可以简要总结如下:纵向向下细分谈因子影响和机理解释是深,纵向向上汇总谈子系统相互作用也是深,谈属性或空间状态分布、时间动态变化、概率分布或优化解也是深;而元素层面的横向对比是广,在工作职能上的顺序分步骤论述也是广。

以上论述针对工程技术学科而言,那么对医学、生物学、农学研究的深广性应该如何定义呢?这三个学科的科研活动元素包括研究实体(类似于工程技术中的产品实体,区别是划分为从生命整体、器官、组织、细胞到分子等层级)、实体属性(生理功能、寿命持久性、健康维护成本)、工作职能(测试、诊断、治疗)。从工程技术领域导出的上述深广性定义仍然适用于这些学科的活动元素。

对于物理学、化学、地质学等自然科学学科和数学等抽象学科,以及文史哲等社会科学学科,也可以从它们的科研活动元素分析入手,定义其论著的深广性。例如,物理学是研究从宇宙、自然系统到原子的科学,而数学的研究对象则是抽象的方程式或计算方法等,并不涉及实物。虽然文史哲论文注重因果关系和相关性解释,但通常不涉及子系统相互作用、状态分布、时间动态变化、概率分布、优化解。

从系统工程角度梳理并提出的学术论文深广性判断二维表见表4.2。它与上节论述的创新性判断二维表(表4.1)一起,构成在学术论著质量判断中的两个最为复杂而实用的工具。

表4.2 深广性判断二维表

学科	科研活动元素	深度	广度
工学	元素:产品实体(系统、子系统、部件),产品属性(性能、耐久性、封装性、成本),产品用途,工作职能(分析、设计、测试、协调)	(1) 纵向向下细分的因子影响和机理解释 (2) 纵向向上汇总的子系统相互作用 (3) 属性状态分布 (4) 空间状态分布 (5) 时间动态变化 (6) 概率分布 (7) 优化解	(1) 科研活动元素层面的横向对比 (2) 在工作职能(分析、设计、测试、协调)上的顺序分步骤论述
医学、生物学、农学	元素:研究实体(生命整体、器官、组织、细胞、分子),实体属性(生理功能、寿命持久性、健康维护成本),工作职能(测试、诊断、治疗)		
物理学、化学、地质学	元素:研究实体(宇宙、自然系统、化合物、原子),工作职能(分析、测试)		
数学	元素:抽象研究对象。工作职能是计算		
文学、历史、哲学、管理学	元素:抽象研究对象。工作职能是推理分析	因果关系和相关性解释	

4.2.3　学术论文与研究报告或企业技术报告之间的区别

研究人员中普遍存在两个疑问：①为什么自己的期刊论文在结果、讨论和结论部分被批评为像是研究报告或技术报告而创新性不足？②什么级别或什么复杂程度的新发现够得上期刊论文的创新性？

研究报告的特征是详细陈述研究方法、材料、过程和图表数据，尤其是花费大量篇幅详细记录调查过程和数据分析过程，而非像学术论文那样更加注重基于论点的结果讨论、原因分析、对策建议。研究报告的内容可以包含创新性或非创新性内容，以及针对科研项目汇报的事务性内容。

相比研究报告，学术论文其实应该是研究报告中最精华和最具有创新性的部分，而不是面面俱到的完整图表数据陈列档案，更不应该只是完整的试验过程记录档案（虽然学术论文需要满足可重现性要求）。而且，学术论文所提出的论点需要比研究报告更加具有经过提炼的普遍意义，而非只是一个就事论事的个案解读。

企业技术报告在凝练性、复杂性、有用性、学科公共性的要求方面远低于期刊论文，具有以下五个区别于学术论文的特征。当以下五个问题之一发生时，文章就会被批评为像研究报告而不像学术论文：

（1）试图将教科书成熟内容或他人论文中的内容做出细化补充展示，只有学习心得而无创新点。

（2）对于研究过程的描述，在篇幅上远超结果、讨论或理论分析。

（3）使用成熟的计算模型或实验方法，针对某个研究对象进行设计点规划、参变量扫值或试验设计优化等数值调查层面的研究，宣称得到的数据结果是新的科学发现。这种文章的原创性不足，没有必要浪费宝贵的期刊版面（尤其是 SCI 一区或二区期刊的版面）刊登这种补充式或手册式专业发现。但是，目前很多人打着为人类知识库增加专业知识甚至新发现的旗号去这样选题和发表。例如，"你"今天用这个燃料烧了一个结果出来，"我"明天换个燃料再烧一遍，数据当然不一样。根据"世界上没有两片一模一样的树叶""科学发现都是一点点递进积累的"的借口，如果将任何"新数据"都称为"新发现"，甚至如果把学生在课程作业里面的练习算出来的数据也算作新数据、算作对科学技术文献库或数据库有价值的补充，那么"新发现"就太多了、每天满地都是"新发现"，这显然是曲解创新性的。因此，不能因为自己得出了新数据或新结果，就推断有了新论点或新观点——论点不等于结果。误将高水平学术期刊当作专业数据手册工具书，这是很多作者容易犯的一个错误，尤其是在研究生论文选题时。

（4）罗列大量完整的图表数据，并试图以数据或图表的数量优势取代论点的质量劣势，掩盖创新性不足。企业技术报告喜欢并需要堆砌数据结果。学术论文在图表上需要精挑细选用于论证论点的数据，不能大量罗列图表和公式推导过程。有人说："我的专业技术特征就是需要大量罗列图表或公式推导过程，这才能说明我的结果是正确的和严谨的。"如果是这样，只需将精选的几个图表和公式放在结果部分，而需将其余内容放进附录或伴随论文公开发表的在线补充材料。企业技术报告的目的通常不是论证论点或观点，而是制造供他人查阅和学习的数据册、数据库、工具手册。所以，技术报告需要罗列大量的数据图表和公式推导过程。

(5) 企业技术报告的结论部分通常可以不计琐碎地开列具体数据,而在讨论部分则很薄弱。这种做法实际上是将意义微不足道的新发现有意无意地渲染鼓吹成意义重大的新发现,而且仅对事物做出简单、笼统、肤浅的表象描述和经验总结,缺乏文献讨论对比和具有深度的原因分析或机理分析。这些问题也是由技术报告的目的决定的,即构造供他人查阅的数据册、数据库、工具手册,而非构造具有凝练性、复杂性、有用性、公共性的原创性论点。

4.2.4 SCI 论文的审稿标准

SCI 论文的审稿标准无论对于作者还是期刊编辑或同行评议审稿人来讲,都非常重要,因为作者需要按照审稿标准撰写论文,而编辑和审稿人需要按照审稿标准评审论文。本节介绍这一论文质量控制的"指挥棒"。

期刊官网的作者指南通常对论文的格式要求规定得很详细,但对内容的质量标准不予陈述。实际上,论文的质量标准是详细规定在同行评议工作指南中的。这种审稿指南通常发布在出版社官网或期刊官网,便于审稿人参考。例如,拥有大量 SCI 期刊的世界著名的 Elsevier(爱思唯尔)出版集团,在其网站 https://www.elsevier.com/reviewers/how-to-review 发布审稿指南,并在 https://www.sciencedirect.com/science/article/pii/S016819231630106X 发布同行评议示例。第 8.6.1 节在关于同行评议的论述中也给出一些期刊针对论文中每个部分的具体审稿标准示例。

有些期刊将论文的审稿报告 DOI(数字对象标识符,详见第 5.3 节),与被录用的论文一起发表。有些期刊则将论文的审稿报告通过发表论文的"补充材料"部分予以公布。这些期刊包括 *Agriculture and Forest Meteorology*(《农业和森林气象学》)、*Annals of Medicine and Surgery*(《医学和外科年鉴》)、*Engineering Fracture Mechanics*(《工程断裂力学》)、*Journal of Hydrology: Regional Studies*(《水文学期刊:区域研究》)和 *International Journal of Surgery*(《国际外科杂志》)。这些公布的审稿报告有利于作者研究自己所在领域的专家是如何掌握审稿标准的,也便于审稿人学习或参考。

论文的同行评议结果包括以下四种:拒稿、大修(major revision)、小修(minor revision)、无须修改而接受。审稿人需对论文从整体上或每个分项上给出评分。各个分项标准通常包括原创性、正确性、完整性、数据分析质量、可重现性、结构和格式、整体清晰度、语言表达水平、结论、参考文献等。论文审稿通常采用结构化同行评议(structured peer review),即审稿人按照期刊预设的一系列问题或审查标准,逐项打分并给出文字建议。每个期刊都有自己不同的格式和规定。

4.2.4.1 研究型论文

研究型论文的审稿标准通常包括以下方面,审稿人需逐条提出建议并编号,作者在返修时需针对每条建议逐条回复。具体标准如下:

1) 标题、摘要和关键词部分

(1) 标题是否在内容或长度上需要改进?

(2) 摘要是否在结构上完整覆盖和浓缩了论文的每个部分?

(3) 摘要的字数是否超出了期刊规定?

(4) 关键词的个数是否超出了期刊规定?

2) 引言部分

（1）论文的主题是否与期刊的刊载目的和范围一致？

（2）论文的重要性和意义如何？

（3）研究的目的和理由是否明确？

（4）论文对学科领域影响的及时性如何？

（5）引言的文献综述部分是否需要扩展或删减？是否缺少关键的引文或引文过多？

（6）内容论述中是否缺失文献引用？

3) 材料和方法部分

（1）所采用的理论或研究方法是否合理？

（2）关于所采用研究方法的优势和劣势的论述是否清晰和完整？

（3）所采用理论或研究方法的论述是否足够详细，使工作具有可重现性？

4) 结果和讨论部分

（1）结果和解释是否正确？

（2）结果在深度和广度上是否完整？

（3）对结果的机理解释、与其他发表论文的对比性讨论、导出的结论是否有数据支持和足够充分？

（4）论文的图表是否过多或过少？

（5）统计分析、抽样机制和统计报告（如 p 值、置信区间）是否适当和严格？审稿人需要明确指出该稿件是否需要统计学家进行额外的同行评议。

（6）如果论文报告了软件代码、算法或原始数据，这些内容是否准确？审稿人需要审查准确性。

（7）论文是否明确强调了其发现、理论、方法、技术的优势和局限性？

（8）对研究结果可推广性的讨论和未来工作展望是否需要扩展？

5) 结论部分

（1）观点的原创性是否充分而非微不足道？

（2）论点的总结是否具有足够的根据而令人信服？

（3）论点是否过于琐碎、过于细节化或过于空泛？

6) 参考文献部分

（1）参考文献是否过于陈旧？

（2）参考文献是否具有代表性？

7) 论文整体印象

（1）是否存在使研究无效或无法发表的严重缺陷？是否即使经过大修也无法完善？

（2）论文出现的低级错误（缺失）或常识性错误（缺失）是否能够容忍并通过修改予以纠正？

（3）论文的结构是否需要改进？例如增加小标题、缩减文字、重新组织节段、在节段之间重新布置或转移内容。

（4）论文的可读性、逻辑性、简洁性如何？

（5）论文是否需要进行语言编辑？

4.2.4.2 综述型论文

综述型论文的审稿标准通常包括以下方面:

1) 标题、摘要和关键词部分

(1) 标题是否在内容或长度上需要改进?

(2) 摘要是否在结构上完整覆盖和浓缩了论文的每个部分?

(3) 摘要的字数是否超出了期刊规定?

(4) 关键词的个数是否超出了期刊规定?

2) 引言部分

(1) 论文的主题是否与期刊的刊载目的和范围一致?

(2) 作者是否解释了在这个领域撰写综述论文的理由和必要性?

3) 讨论部分

(1) 统计分析、抽样机制和统计报告(如 p 值、置信区间)是否适当和严格? 审稿人需要明确指出该稿件是否需要统计学家进行额外的同行评议。

(2) 对文献综述在广度和深度方面的分类是否恰当?

(3) 对文献结果的解释和对比性评论是否充分且能够导出有用的结论?

(4) 综述对文献中存在的一致性结论和不一致性结论有无进行过梳理的新贡献?

(5) 综述是否批判或否定了具有影响力的工作或主流理论?

4) 结论部分

(1) 综述论文是否对学科领域的发展给出了完整的概述?

(2) 综述评论的观点是否具有新颖而深刻的内容?

(3) 综述是否对学科的未来发展提出了原创性见解?

5) 参考文献部分

(1) 参考文献是否过于陈旧?

(2) 参考文献是否具有代表性?

(3) 参考文献的数量是否足够多而满足期刊规定的综述型论文要求?

6) 论文整体印象

(1) 论文出现的低级错误(缺失)或常识性错误(缺失)是否能够容忍并通过修改予以纠正?

(2) 论文的结构是否需要改进? 例如增加小标题、缩减文字、重新组织节段、在节段之间重新布置或转移内容。

(3) 论文的可读性、逻辑性、简洁性如何?

(4) 论文是否需要进行语言编辑?

4.2.5 统一的审稿标准与学术发表中的编辑素养

上节讨论了不同期刊关于审稿的若干具体标准。本节提出统一格式化的期刊论文同行评议审稿报告表格模板(表 4.3),希望能够以此避免审稿标准随意化,促进同行评议的公平公正。不同的期刊可以针对重要性、创新性、深广性的评分制订不同的具体标准。

表 4.3　期刊论文同行评议审稿报告表格模板

待评审的论文题目：×××		
期刊论文的同行评议审稿标准	评分（每项满分 1 分）	评分理由和修改意见
1. 是否存在抄袭现象		
2. 重要性（创新性＋公众兴趣度＋实用性）：关于课题专业技术背景的引言介绍，科研工作的价值和意义		
3. 创新性（原创性）：论点		
4. 正确性（科学性）：论述和数据		
5. 深广性（完整性）：在深度和广度上支持论点的论据		
6. 可读性：结构清晰，逻辑严密，数据结论重现性		
7. 可读性：图表，语言文字，标点符号，计量单位，格式规范化		
8. 结论		
9. 参考文献		
10. 中文摘要、英文摘要、关键词和各项声明		
	合计：××分（满分 10 分）	

注：(1) 期刊论文的审稿评级规定如下：9 分以上为合格即直接接受发表；5～9 分为稿件修改（大修或小修）后有可能达到发表标准；5 分以下为不合格即同行评议后拒稿（不给修改机会）。
　　(2) 审稿人在审稿报告表格下方撰写总体评价和具体的逐条修改意见（至少 200 字）。

在任何学习过程中，都有教官和学员这两种角色。众所周知，最出色的学员通常被留下做教官。教官的角色是检查学员的作业，指出问题。教官通常需比学员懂得多、见得广，才能胜任教学任务。因此，学员如能以教官视角检视学习中出现的所有问题，便能快速吸取经验教训，成为合格的甚至是高水平的学员。"学员扮演教官"这种高标准教学模式被广泛用于研究生培养，尤其是高端领军人才培养。例如，很多美国著名大学的研究生院不仅要求博士研究生选修教学法课程，而且要求研究生承担本科课程或部分课程的教学任务，目的是让研究生融入"教授"的角色进行实战训练，以便将来在博士毕业后能够顺利向教授职位发展。同样地，在研究生课程中采用"发表后同行评议"方式审读期刊论文，是为了让研究生迅速融入审稿人和期刊编辑这两种"教官"角色，检视所有问题和错误，以便快速掌握论文撰写方法，成为合格的论文作者。

在研究生课程中，在具有某种可行性条件下（例如采用新方法进行优化计算），要求撰写原创型课程论文能够有效训练学生的学术论文写作能力；而采用"发表后同行评议"的方式审读期刊论文，能够训练学生对论点、论据和写作规范的把握能力。这些方法都已在近年的实践中被证明是行之有效的研究生教学改革措施。

但是，在审读期刊论文的训练中，由于过分强调学生以审稿人身份出现，经常存在一种片面倾向，即重视专业技术内容评审而轻视甚至忽视结构、格式和语言评审。因此，有必要在审读期刊论文的训练中特别强调学生以期刊编辑身份出现，针对编辑素养进行培养，单独制定训练标准。

1) 学术论文的审稿标准

通常包括以下十个方面（对应表4.3），由期刊编辑和同行评议审稿人分头负责检查。涉及专业技术的内容，以审稿人为主；涉及重要性和写作规范的内容，以期刊编辑为主。

(1) 是否存在抄袭现象：以期刊编辑检查为主，审稿人检查为辅。

(2) 重要性：以期刊编辑检查为主，审稿人检查为辅。

(3) 论点的创新性：以审稿人检查为主，期刊编辑检查为辅。

(4) 论点和论据的正确性：以审稿人检查为主，期刊编辑检查为辅。

(5) 论点和论据的深广性：以审稿人检查为主，期刊编辑检查为辅。

(6) 论文结构清晰度和逻辑严密性：期刊编辑和审稿人担负同等重要的检查责任。

(7) 语言表达和图表水平的可读性即规范性：期刊编辑和审稿人担负同等重要的检查责任。

(8) 结论：以审稿人检查为主，期刊编辑检查为辅。

(9) 参考文献：期刊编辑和审稿人担负同等重要的检查责任。

(10) 摘要、关键词和各项声明：期刊编辑和审稿人担负同等重要的检查责任。

从上述审稿标准可见，为了让研究生融入审稿人和期刊编辑这两种"教官"角色，需要分别制定不同的训练标准。对于审稿人角色，训练标准重点包括从一级学科到四级学科关于论文重要性、创新性、正确性、深广性的专业技术要求。对于期刊编辑角色，训练标准重点包括普适于各学科门类的学术写作规范要求、逻辑结构要求和语言水平要求。因此，编辑素养培训与专业技术水平把握，在研究生审稿训练过程中需要同等重视。

2) 学术编辑类别

大体包括以下四类人员，在其中任何一类的从业经历均有助于编辑素养的培养：

(1) 学术期刊的专职（全职）编辑，包括期刊的主编、副主编、编委、责任编辑等。他们对期刊论文的录用或拒稿拥有决定性权力，因此备受学术界尊敬、敬畏和推崇，拥有很高的社会地位。

(2) 学术期刊的兼职编辑，包括期刊的主编、副主编、编委、责任编辑、专刊或特刊的客座主编等。很多期刊不雇用专职编辑，而是邀请德高望重的学者或教授兼职担任。他们的权力与专职编辑相同，学术地位和社会地位也很高。

(3) 学术出版社的全职编辑。他们的学术素养水平和专业化程度很高。

(4) 学术出版社或学术编辑公司的兼职科学编辑和兼职文字编辑。这些编辑应期刊、出版机构委托或论文作者请求，对论文在专业技术内容、写作格式、语言翻译、投稿选刊等方面进行指导或改进。这些编辑通常具有博士学位，是各领域的专家，受过良好的写作规范训练。

3) 编辑素养的训练标准

主要包括以下十个方面，集中于文字写作水平和格式规范化水平：

(1) 判断和改进论文的选题价值（重要性、创新性、深广性等）和发表后引用次数的能力。

（2）判断和改进论文的摘要、引言、结论中关于研究问题、假说和论点的表述水平的能力。

（3）判断和改进论文结构清晰度的能力。

（4）判断和改进论文逻辑严密性的能力。

（5）判断和改进论文语言表达水平(可读性)的能力。

（6）判断和改进论文图表水平(规范性)的能力。

（7）判断和改进参考文献引用格式规范化的能力。

（8）判断和改进论文的其他部分格式规范化的能力。

（9）选择和邀请专业审稿人的能力。

（10）协调和裁决审稿人及论文作者关于审稿意见和反驳意见的能力。

当论文作者具备良好的编辑素养和审稿人专业水平后，写出的论文就能有效避免期刊编辑和审稿人可能指出的众多问题，使论文顺利发表。

4.3 学术写作方法

4.3.1 避免四项低级错误的措施

发表能力等于科研能力、写作能力、投稿能力的总和。学术写作不同于小说、散文、演讲词、商务书信等其他文体。学术写作本质上属于议论文，围绕论点展开，在文学辞藻的运用上没有很高的文采要求，无须具有很强的艺术感染力，而是要求语言严谨平实，例如使用平铺直叙的短句子。学术写作的要求体现在第4.2节的审稿标准中，其中普适于论文所有部分的最基本的四个要求是无常识性错误、结构完整、语法正确和逻辑清晰。

常识性错误包括缺失某些关键而不可忽视的参数。如果业界的研究习惯表明某个参数必须在论文中展示，而论文中却有所缺失，那么这种低级错误会被审稿人认为是水平极差、缺乏常识，而导致直接拒稿，不会给予修改和补充的机会。同理，对于关键参考文献的梳理，在引言部分也应当注意尽量保持完整和追踪最新的研究状态。结构完整是指具有规定的格式和内容(如引言中的文献综述、讨论中的文献对比或机理解释)，缺一不可。语法正确是指在语言、用词、拼写、数字、标点符号、单位和图表格式等问题方面准确无误，比如中文论文在该用分号或句号的地方大量误用逗号。逻辑清晰是指具有明确的论点，并且在段落之间和句子之间具有逻辑或因果关系，服务于论证论点这一中心目的。

在这四个基本要求中犯错误属于低级错误，是学术写作中首先需要注意避免的，这也是依靠严谨治学而最容易纠正的错误。在这四项要求中相对比较难把握的是清晰的逻辑陈述能力。多数论文在写作方面的主要问题是逻辑断裂和重复啰唆。逻辑断裂是指各段落之间没有逻辑关联，或者上下句之间没有因果关系，导致读者看不懂推理过程。重复啰唆是指说过的论据或论点反复地说，造成重复论证。出现在逻辑上少说或多说的原因是，作者没有采用自顶向下的系统工程式写作方式，即没有做到从核心内容开始层层扩展。

系统工程是广泛适用于各个领域的通用科学原则。其核心思维方式就是提倡元素分类的清晰性、逻辑的关联性、组织的完整性，达成在广度和深度这两方面的覆盖。系统工程用于发动机产品研发的例子是,先在研发初期自顶向下地产生系统设计指标,指导各专业开动从系统到部件的分析、设计、测试等工作,最后自下向上地汇集验证数据,满足系统设计指标的要求。

写论文也是类似的道理。在科研项目初期,需要自顶向下地构造论点和论据。然后,针对每条论据给出详细数据和论述,整个过程像构建一个金字塔。有人说做科研的时候不知道论点是什么,只能摸索着寻找论点。这种说法是错误的,因为任何科研工作都应当是有计划和预期目标的。如果科研工作只依靠局部视角进行探索,缺乏系统设计,效率会比较低。高质量的科研工作通常是先通过顶层设计进行策划,然后通过底层数据予以验证。

撰写论文时产生逻辑问题的原因是,作者淹没于金字塔底部的科研成果,既没有高屋建瓴地从顶部向下以系统设计的方法统筹论文的论点,也没有从底部向上以系统集成的方法归纳论文的论点。因此,采用系统设计方法撰写论文,能够避免在论点之间发生分类不清、逻辑混乱、逻辑缺失、重复啰唆等写作问题。另外,将这种先写论点、标题再写段落框架的方法用在句子层面的写作中,能够有效避免句子之间出现逻辑断裂和缺乏衔接的问题。

4.3.2 科技论文写作的总体框架和顺序

科技论文的主流写作格式是 IMRAD,代表 introduction(引言)、materials and method(材料和方法)、results(结果)和 discussion(讨论)。论文内容需要紧密围绕3W主旨原则构造内容,即 Why、How、What(为什么而做、怎么做的、做了什么,分别对应论文的引言、方法、结果)。在写作顺序上,需要先草拟结论部分的论点,然后撰写各部分的提纲(逐级标题和段落大意),避免结构的重复和缺失,最后按照逻辑推理清晰的原则针对每一节和每一段填写具体内容。由于结果是围绕图表展开,讨论是围绕机理解释或参考文献对比展开,这两部分直接论证论点,是最容易写的,应当先写。材料和方法部分通常属于补充说明性质,也容易写,可以先写。结论、引言、摘要、标题的写作难度依次增大,应当放在最后写。

具体来讲,分为以下七步:

第一,一篇期刊论文论述一个论点即可,合理收缩范围,避免面面俱到。论点来源于新发现或新方法。论点从数据中产生,而数据用图表或公式表达。因此,构造图表或公式的过程就是产生论点的过程。

第二,需要围绕论点撰写讨论。如果说结果部分是科研项目的核心,那么讨论部分就是论文的论点核心。讨论是对结果的详细深入解释,用以支持结论。讨论需要解决在引言中提到的每个问题,需要解释现象,陈述原因和机理,分析假设条件是否成立,指出新发现的价值和意义(重要性),并提出存在的问题和局限性。

第三,需要围绕创新性撰写结论。结论总结论点,重申最重要的发现和创新性,强调论文的意义,并对未来工作提出展望。

第四,需要围绕重要性撰写引言。引言以文献回顾的方式论述研究背景、目的、价值、意义、新颖性,然后概述方法和结果。

第五,需要围绕假设条件撰写材料、方法及附录。理工科或医学论文涉及大量材料、仪器和设备。在材料部分需要描述所用实验硬件及其精度。方法包括模型、假设、公式、理论分析方法、统计分析方法、模拟计算方法、测试实验方法、实施流程等。关于材料和方法的论述，是为了帮助读者理解结果中的数据、明白数据是如何产生的，并便于论文被别人重复验证。在方法部分最好有一套全文的概念流程图，让审稿人迅速理解工作。

第六，在材料、方法和结果中写不下的内容可以放进附录。附录不是论文的必需部分，通常包括以下内容：①比正文更为详尽的材料和方法，但不适合进入正文的内容；②正文中不便列出的重要的原始数据、冗长的数学公式推导过程、计算程序代码、框图、符号和缩略语说明等；③排入正文后篇幅过大的结果、插图、表格等。附录是便于读者掌握细节用的，论文需要做到在没有附录的情况下仍然能够独立存在。

第七，用缩写全文的方式提炼摘要。摘要是对全文的每个部分使用一两句话概括，包括研究目的、意义、方法、结果和结论。

4.3.3 医学论文的写作注意事项

医学论文写作有四项特殊要求：①医学名词的术语规范；②撰写关于伦理批准书和受试者同意书的声明；③大量使用表格报告精确数据；④试验设计与样本的统计学意义分析。

医学名词需遵循全国科学技术名词审定委员会发布的《医学名词》《医学主题词表(MeSH)》以及《医学主题词注释字顺表》《中华人民共和国药典》《中国药品通用名称》等，计量单位需遵循《法定计量单位在医学上的应用》等。

很多医学论文存在统计学错误，包括方法描述不全面、方法误用、指标错误等。原因包括缺失医学统计学的扎实基础，没有正确使用统计学软件，对统计描述和统计推断把握不足。常见的统计学错误包括以下六种：

（1）统计学概念混淆。将统计学意义较大与因子效果强烈这两个概念混淆。两个总体均值之间的差异具有统计学意义，是指这两个均值之间具有本质差异，而这差异不是由于抽样误差引起的。但是，这并不代表两个均值之间的差异很大或因子的影响效果强烈。

（2）缺乏统计学处理。在从样本信息推断总体规律时，关于样本的假设检验统计量计算有缺陷，甚至直接根据统计指标观察值的绝对值做出结论，而忽略统计学处理。医学科研的统计设计是运用统计学方法减小误差，进行差异显著性检验（例如求 p 值），保证样本的代表性和样本之间的可比性，确保试验结果的准确性、可靠性和可重复性。由于个体差异较大，医学试验数据必须进行统计学分析才有意义。例如，如果样本数量过少，很难排除抽样误差对试验结果的影响。

（3）误用统计学方法。未根据试验资料的设计方法选择正确的假设检验方法，因而导致错误的结论。乱用 t 检验、P 检验、卡方检验、秩和检验、方差分析。对于相同的数据，不同的假设检验方法可能会给出相反的结论。例如，当把适用于成组设计数据的假设检验方法误用到配对设计数据时，可能会将具有统计学意义误读为无统计学意义。

（4）统计学分析结果不完整。在做假设检验时只列出 p 值，而没有说明所选用的统计学分析方法（例如 t 检验、卡方检验、方差分析），或者没有给出计算的统计量取值。

（5）因果关联统计学分析缺失。在病因分析的因果关联上缺乏抽样误差、虚假关联和间接关联的统计学分析。当试验数据显示病因与疾病之间存在统计学关联时，只说明这两者之间的关联能够排除随机误差的干扰,但并不说明两者之间必然存在因果关联。如需确定因果关联,还需要排除选择偏倚、测量偏倚、混杂偏倚等系统误差的干扰,避免出现虚假关联。当两种疾病都与某因素有关联时,这两种疾病之间也会呈现明显的统计学关联,这种关联称为间接关联。在排除了抽样误差、虚假关联和间接关联后,两个事件之间的关联才可能是因果关联,才能从致病因素推导出疾病发生的结果。

(6) 统计学符号书写错误。

4.3.4 人文社科论文的创新性和写作方法

人文学科和社会科学的期刊论文,与理工农医学科论文在格式和内容性质上略有不同。理工农医人员需要了解人文社科论文的写法,因为在学科交叉高度发展的今天,哲学素养及撰写文科论文的组织能力对于培养理工农医人员建立系统观、全局意识和领军能力至关重要。而且,在学术素养被高度倡导的今天,学术素养研究及教学并不是哲学学科人员的专属任务,理工农医学科人员亦应全力介入。另外,在工程伦理和医学伦理等高校研究生必修课程的教学实践中,撰写课程论文进而发表期刊论文,针对理工农医学科中的各种伦理问题进行深入探讨,也是这些学科人员拥有独特实践优势的研究方向。

人文社科论文在内容上也需具有重要性、创新性(原创性)、正确性(科学性)、深广性(完整性)、可读性(规范性)。在原创性方面,人文社科论文没有理工农医论文所独有的新技术或新产品,但仍需要有新发现或新方法。

关于创新性的评价指标,"中国社会科学院社会科学成果评估指标体系之二(论文类)"的第一项标准将理论创新和方法创新的创新程度划分为以下四个级别(这些分类级别也适用于理工农医论文)。

(1) A级(最高级别),具备下列任何一项即可:①提出新的重要理论观点,研究取得突破性进展;②提出新的研究方法,使研究取得突破性进展;③通过新的论证,丰富和完善了某种学说或重要理论观点,使研究取得突破性进展;④对重要领域或重要问题做出新的系统的分析和概括,得出新的认识。

(2) B级(次高级别),具备下列任何一项即可:①提出新的理论观点,研究有所深入;②运用新的研究方法,使研究有所深入;③通过新的论证,丰富和完善了某种重要理论观点;④对重要领域中的某一问题做出新的、较系统的分析和概括。

(3) C级(较低级别),具备下列任何一项即可:①提出具有启发性的见解;②使用新的研究方法,做出有新意的解释;③通过新的论证,得出具有启发性的新认识;④对某领域的某一问题做出新的分析和概括。

(4) D级(最低级别):缺乏深入研究,新意很少。

对于什么样的问题是"重要的"、什么样的研究是"突破性进展",每个学科对于热点问题都有内部的共识。对于非热点问题,只要作者能够说服同行评议审稿人员和期刊编辑为什么自己的新发现是"重要的"或"突破性进展",而非无关紧要的细枝末节问题或已经在同行中人所共知的细节,那就可以发表,这完全取决于作者个人的学术功力和论证能力。

关于原创性,综上所述,人文社科论文在创新性上可以是推翻某种旧观点、提出新见解;也可以是将分散的材料系统化,用新方法加以论证,得出新结论;还可以是经过自己的观察或实践,提出新发现。在判断自己论文的创新性时,可以思考以下几个问题:这个选题有没有人写过?别人是怎么写的?别人写到了什么程度?自己从材料占有和论点上有无出新之处?如果别人写过而自己又不能出新,那就应该放弃。有些选题虽然别人已有定论,但是如果自己有足够的材料和充分的理由进行反驳,那就可以标新立异做出翻案式论文。

关于论文的内容性质,原创型人文社科论文可以划分为论说性论文、评论性论文、驳论性论文。相比之下,理工农医论文仅以论说性论文居多,而不太重视对他人论著的评价和反驳。

关于论文的写作规范,人文社科论文的正文结构由"六段论"组成,即引言(占大约10%篇幅)、文献回顾(20%)、研究方法及过程(20%)、研究结果(20%)、分析及讨论(20%)、结论或总结(10%)。引言说明研究的背景和意义。结论是论证的结果,需与引言中提出的问题呼应,需要总结论题、简要回顾研究过程、总结新观点、指明新贡献、评论不足之处,并展望未来研究内容。

■ 4.4 学术论文论证方法中的逻辑学和统计学基础

4.4.1 使用三大论据支持论点的方法

学术论文的本质在于使用论据支持论点或观点。社会科学和管理科学与理工科的论据形式非常不同。前者多采用考证和逻辑论述,后者多采用数据和图表证明。创新性、正确性、深广性构成论文的三大论据类型。创新性体现在新发现、新方法、新技术上。正确性体现在基于目前人类的认知水平在逻辑推理上的对错。正确性在人类进步的历史上是相对的,即过去被认为是正确的理论,将来可能变成错误的理论;反之亦然。深广性体现在所论证的内容在参数关系或元素间相互作用上究竟是一个孤立的个别现象,还是一个具有普遍意义的广泛现象。

既原创又完整的成果,水平最高,意义最为重大。原创但不完整的成果,具有发表价值,但需要后人加以完善。完整但非原创的成果,通常属于综述,也具有发表价值,便于同行学习。既非原创又不完整的成果,没有发表价值,这种科研工作需要按照科学方法重做,才能合格。

论点和论据围绕创新性、正确性、深广性构造和展开,就是论证所提出的观点为什么是重要、新颖而没人做过的,为什么机理解释是正确的,为什么在深度和广度上是完整的。如果能使用强有力的论据无懈可击地说清楚这三个问题,就是成功的论文。这三个问题并不需要在论文中设立三节分别论述。实际上,它们穿插在论文的各部分中。学术论文具有固定格式,通常包括摘要、引言、材料和方法、结果、讨论、结论这六个核心部分。其中,摘要是后五个部分的提炼;论点需要在摘要、引言和结论中提出;论据需要分布在引言、材料和方法、结果(包括公式推导和数据)、讨论中;创新性的意义需要在引言中介绍问题背景后论述。

深广性论据体现在论文的各级标题和图表的数据构造中。每个学科或课题根据元素划分均有不同的内容。对于某个论点,可以根据系统工程方法对其深度和广度的内涵予以定义。例如,在动力机械及工程学科,如果想论证某种喷气式发动机是否具有优良的效益,需要根据四大元素加以论证,包括产品实体、产品属性、工作职能、产品用途。在产品实体这个元素中,包括发动机系统、空气子系统、燃烧子系统、冷却子系统、润滑子系统、喷嘴、燃烧室等。在产品属性这个元素中,包括性能、耐久性、封装性、成本。在工作职能中,包括分析(如模拟计算)、设计和测试,而且在分析(或测试)中需要划分为系统分析(或测试)和部件分析(或测试);分析和测试之间存在误差和矛盾,需要协调统一。在产品用途中,包括远航程和近航程等不同需求。另外,元素之间存在相互影响。例如,在性能与耐久性之间存在权衡折中。完整论证发动机是否具有优良的效益,需要综合考虑上述各种元素。所谓深度就是指在一个元素或子元素内部(例如性能)将各种参数之间的依变关系研究得多么深入,包括因果关系、相关性、相互作用和机理解释。所谓广度就是指在元素或子元素之间的横向对比研究得多么广泛。

显而易见,深度和广度在科研工作中都是必需的。至于说论文在深广性上需要走多远,作者有权给出明确的界定和理由。由于一篇论文不可能包括深广性方面的所有内容,因此完整性是相对的。重要的是需要勾勒清楚所涉课题的完整性轮廓,并指出论文处于哪个位置及做出的贡献。

综上所述,论文需要在引言中提出论点,在结论中总结论点,在结果和讨论中按照逻辑推理顺序给出理由和证据,并且避免在段与段之间和上下句之间出现逻辑断裂和重复啰唆。在三大论据的安置上,需遵循以下三原则:①将创新性论据无重复地布置在引言、材料和方法、结果、讨论中;②将正确性论据无重复地布置在材料和方法、结果中;③将深广性论据根据系统工程元素分类方法布置在材料和方法、结果、讨论中。

4.4.2 学术写作中的逻辑推理方法

4.4.2.1 四种常用的逻辑推理方法

学术写作是依靠论据支持论点的严密逻辑推理过程,用以论证新发现、新方法或新技术。常用的逻辑推理方法包括演绎推理、归纳推理、类比推理和因果推理。

1)演绎推理

演绎推理是从一般性、普遍性知识或结论推理个体性、特殊性结论,是由大到小、由普遍性前提到特殊性结果的推理过程。如果论证的前提正确,那么结论也必然正确。演绎推理包括四种形式:肯定前件式、否定后件式、假言三段论和选言三段论。

(1)肯定前件式。指"如果条件 p 成立,那么结论 q 成立;因为 p 成立,所以 q 成立"。例如,如果开车使用手机会增加事故发生率,那么应该禁止开车使用手机;因为开车使用手机确实容易发生事故,所以应该禁止开车使用手机。

(2)否定后件式。指"如果条件 p 成立,那么结论 q 成立;因为 q 没有发生,所以 p 没有发生"。例如,如果想事业成功,必须经过不懈的努力;因为"你"不努力,所以"你"不会成功。

(3)假言三段论。指"如果条件 p 成立,那么结论 q 成立;如果 q 成立,那么结论 r 成立;因此,如果 p 成立,那么结论 r 成立"。例如,如果学习了其他国家的文化,就会意识到人类文明的多样性;如果意识到人类文明的多样性,就会变得更加包容;因此,如果学习了其他国家的文化,就会变得更加包容。

(4) 选言三段论。指"如果条件 p 或 q 成立,那么如果不是 p 成立,就一定是 q 成立"。例如,他是教师或律师;因为他不是教师,所以肯定是律师。再比如,要么甲得冠军,要么乙得冠军;因为甲没有得冠军,所以乙得了冠军。

2) 归纳推理

与演绎推理相反的方法是归纳推理,即通过多项个体性、特殊性事实,概括总结出一般性结论。它是从个别到一般的推理过程。作者需要通过一个或多个事例概括归纳出一条具有普遍性的结论。例如,在低转速下,零件的损伤随温度升高而增加;在高转速下,损伤也有相同的变化趋势;因此,在所有转速下,损伤都随温度而增加。

3) 类比推理

类比推理是根据两个事物在某些属性上相同或相似,从而推断出它们在其他属性上也相似的推理方法。它是一个从个别到个别的推理过程。例如,人们每隔几个月就对他们的汽车做一次检查和维修,否则就可能出现大问题,那么他们也应该对自己的身体每隔一段时间就检查一次。

4) 因果推理

因果推理是指根据两个事件之间有规律的联系寻找原因的推理过程。其一般形式是因为事件 1 以某种方式与事件 2 产生有规律的联系,因此能够得出事件 1 导致事件 2 的结论。例如,因为人们读书越多就越可能产生新思想,所以阅读能够使人思想开放。

4.4.2.2　图尔敏论证模型和奥卡姆剃刀理论

除了上述四种常用的逻辑推理方法外,在逻辑学中还有两个常用的理论或方法:一个是图尔敏论证模型(Toulmin Argument Model),另一个是奥卡姆剃刀理论(Occam's Razor)。

1) 图尔敏论证模型

图尔敏论证模型包含以下六要素:

(1) 论点,即待证明的观点、主张或论题;

(2) 论据,即能证明论点的事实根据或数据;

(3) 依据,又称正当理由,即支持论据和论点之间逻辑推论关系的根据,其在论文中的作用是告诉读者为什么这个论据能够证明作者提出的论点;

(4) 支撑,即证明论据具有正当性和合理性的陈述;

(5) 限定词,即"大概""可能"等副词,用以弱化论点的强度和确定性;

(6) 反驳条件,即论证中关于某种特殊情况的陈述。

2) 奥卡姆剃刀理论

奥卡姆剃刀理论阐述的是一种最小假设原理,即在几种可能的解释中,最可靠的解释应该是最简单的。换言之,在解释物理现象时,应当尽量使用最少的假设。所谓剃刀指的是刮掉无关的材料和假设。例如,当人们看到窗外闪过一道强光,需要判断它是闪电还是不明飞行物造成的。这时,较大概率的可能性是闪电,而不太可能是不明飞行物,因为闪电只需要一个简单假设(外面有暴风雨),而不明飞行物则需要好几个更加复杂或更不确定的假设(如存在外星人、空军飞行器或发射物等)。奥卡姆并不是第一个发现这一原理的人。托勒密也赞成使用最简单的假设解释现象往往是很有效的方法。

奥卡姆剃刀理论并不是说最简单的答案就是正确的答案。它仅表明,在一个问题有多个竞争解决方案时,最好的选择(或最安全的"赌注")通常是需要最少假设的那个。其本意是建议与其让问题变得过于复杂,不如去掉多余的假设,将精力集中在可控的、明显更能奏效的解决方案上;或当已有可行方法后,在没有很好理由的情况下,不要把问题变得更为复杂。

当然,如果误用奥卡姆剃刀理论,会导致情况过于简单化。例如,当医生检查高烧咳嗽患者时,医生并不应该选择最简单的假设来判定患者只是感冒,而非其他更为复杂的疾病。医生需要检查所有证据,确保不会漏掉其他症状和能对病症做出正确判断的全部合理假设。

4.4.3 学术写作中的十二种逻辑谬误

很多人都能回忆起在中学写作议论文时被指出的逻辑推理错误。学术论文也有类似的逻辑谬误问题。由于在教育体系中长期缺乏足够的逻辑学训练,很多学生和科研人员在撰写学位论文和研究论文时仍然频繁产生逻辑谬误,造成文章出现论据不当和逻辑混乱。逻辑谬误是一个独立于语言和语法问题而单独存在的严重问题,不仅存在于英文写作中,也存在于中文写作中。它是科研人员在学术论文写作中必须重视和解决的一个重要问题。解决这个问题才能使论文具有足够的说服力。

避免逻辑谬误的总体原则是运用事实和严密推理方式进行论证,克服情绪化和片面推理方式。逻辑谬误虽然独立于语言和语法而存在,但确实会受到语言风格影响。与英语相比,汉语体现为"意合法",即语言更加注重语义组合,而轻视形式结构,体现在词汇没有严格的形态变化,句子没有严谨的主谓约束,关联词用得少,语法关系、句子衔接和逻辑联系常隐而不显,喜欢运用带有感情色彩和激情气势的排比句等。因此,中文的语篇多体现为意识流或漫谈式思维模式,淡化主题句,经常把事情或意思排列起来,让读者去领悟其间关系。这种写作风格在文学作品或社会科学的论文中体现得比理工科论文更为明显。

与汉语相反,英语体现为"形合法",即语言注重形式,词汇遵循严格的人称和数格一致,句子遵循严谨的主谓结构,使用关联词较多,重视语法严格性,语篇突出主题句,段落呈直线式展开——先写观点,然后逐层围绕主题安排论据,后面的句子从前面的句子产生或分化出来。如果以较为松散和带有感情化的汉语写作风格,撰写在语法结构和事实陈述上要求更为严格的英语文章,便更容易产生逻辑谬误问题。因此,中国学生在撰写英文论文时,需要特别注意语言风格习惯上产生的逻辑问题。

逻辑学是一门重要的基础学科。联合国教科文组织认为,基础学科包括数学、逻辑学、天文学、地理科学、物理学、化学、生命科学等,由此可见逻辑推理的重要性。早在古希腊时期,亚里士多德就曾对辩论中出现的逻辑谬误进行过系统的分类。在学术论文中经常出现的逻辑谬误可以总结为以下十二种。

(1) 不当推断。又称假性因果或不当结论,即从第一件事不能推断出第二件事成立,两者之间没有因果关系。这种谬误也体现为论据不支持论点,或者论据与论点无关。这是学术论文最容易犯的逻辑谬误。例如,"因为他在免疫学方面发表了许多论文,所以他是火箭发动机方面的专家"。

(2) 草率概括。又称以偏概全,指基于有限的或不充分的数据进行推断时所发生的错误。例如,仅基于三个患者的数据,就草率做出结论,推断说适用于所有患者。

(3) 逻辑断裂。又称缺乏铺垫,指从第一句无法推出第二句,前言不搭后语,前后两句没有逻辑关系或衔接关系,使读者无法看懂句子的意图、逻辑跳跃的含义或论点与论据之间的逻辑关系,严重影响阅读效果。例如:"统计发现,这棵最大的果树结了 20 个果子。实验组的五个研究人员针对最小的果树共分析作图 300 张。"这段例子中的第一句陈述果树产量,第二句陈述果树的科研作图数量。很明显,果树产量和科研作图数量之间没有任何逻辑关系或因果关系。因此,在缺乏铺垫的情况下,这两句话不适合前后强搭在一起。造成这种错误的原因是作者没有在句子(或段落)衔接时写清楚为什么要写下一句(或下一段),以至于读者产生这样的疑惑:"你为什么在写完果树产量后要写科研作图数量?"

(4) 简化原因。又称单因谬误或非黑即白,指把某件复杂事情的多个原因简单归结为一个或部分原因,忽视其他原因。当作者错误构建了一个非此即彼的情境时,就会产生这种谬误。例如,某个发动机响应参数本来应该受五个主要因子影响,但是作者却忽视其中两个因子,而仅仅大谈其他三个因子,这样的结论就不能令人信服。

(5) 循环论证。又称缺乏论据,指用不同的说法不断重复已经说过的论点,却不通过事实举例或详细分析等论据证明论点,导致堆砌华丽辞藻,甚至纠缠于某些术语不能自拔,从而陷入文字游戏。这种逻辑谬误在文字上有时看似气势如虹,实则空洞无物,没有实质性内容。最简单的循环论证的例子有:"It is good because it is not bad. (译文:这个事情很好,因为它不坏。)""有意义就是好好活,好好活就是有意义!"再如另一个例子:"这个城市的经济滑坡正是由于三号地铁线项目失败造成的。地铁项目如果能够成功,经济就不会恶化,人民的生活就会变得富足。因此,我们必须全力做好其余几条地铁线项目。"这段话翻来覆去强力呼吁的就是一句未经论证的废话结论,即把经济滑坡归罪于地铁项目失败,而不论证为什么一个地铁项目失败会导致整个城市的经济滑坡。

(6) 自相矛盾。指论点与论据互相矛盾。例如,明明论点说的是指针指向南方,论据却说指针指向北方。虽然这种谬误一般属于低级的粗心错误,但是,当数据比较复杂时,这种谬误很容易出现。

(7) 偷换概念。又称转移论题或类比不当,指把所论证的事物与一个表面与其相似但实质却不相同的事物进行比较,从而得出错误结论。

(8) 红鲱鱼悖论。指开列与文章主旨无关的华丽论点或论据,就像熏鲱鱼一样,气味很强,吸引猎犬的注意力,猎物就跑掉了。这种悖论造成论证无效,俗称"跑题"或文不对题。换言之,一个强有力的说法,听起来似乎很有理,但实际上却与需要证明的论点没有直接关系。

(9) 滑坡悖论。指通过一连串因果推论得到消极结论的错误推论方法。它往往夸大每一段推论的因果强度,从而将可能性扭曲为必然性,即"上纲上线"的强词夺理式辩论方式。

(10) 稻草人谬误。指论点不是事实存在,而是被作者刻意扭曲的说法。例如,看电视就是浪费时间。

(11) 诉诸权威。指动辄引用所谓权威人士的话作为论据,而不考虑这个权威及其话语是否与文章的主题或论点相关。例如,不分场合地滥用"爱迪生说过,天才是 99% 的汗水加上1‰的灵感成就的……因此,在人才学术评价体系中,根据爱迪生的理论,需要将论文的数量作为99‰的权重,而将论文的期刊影响因子作为1‰的权重"。很明显,这样断章取义和张冠李戴地截取名人话语用于论证是完全荒谬的。

(12) 诉诸情感。指作者不是通过事实或数据说服读者,而是通过讲述动人的故事试图影响读者,即所谓的"动之以情"。这样的做法可能会削弱学术论文的说服力,因为论文和议论文主要应该"晓之以理",即通过理性的推断和充分的论据进行论证。诉诸情感在议论文中应当仅作为辅助的论证手段,而不是主要手段。

4.4.4 从部分到整体的有效推论方式——推断统计

推断统计学是研究如何根据样本数据推断总体特征的方法,是在对样本数据进行描述的基础上,对统计总体的未知数量特征做出用概率形式表述的推断。推断统计包括总体参数估计和假设检验。相比之下,描述统计学研究数据反映客观现象的特点,并通过图表形式对样本数据进行加工处理和显示,得出规律性数量特征。

1) 总体参数估计

总体是研究对象的整个群体。样本是从总体中选取的一部分数据。样本量是指有多少个样本,又称样本大小或样本容量。样本的置信区间是对某个总体参数(如均值)的区间估计,展示该参数的真实值以某个概率落在样本测量结果周围的程度。置信区间给出的是样本测量值的可信程度,即前面所说的某个概率。这个概率即为置信水平,亦称置信度。置信度β与显著性水平α之间的关系为$\beta=(1-\alpha)\times100\%$。例如,95%置信度的置信区间意味着,如果以完全相同的方式用新样本重复研究100次,可以预期,估计值在指定的取值范围内的次数能够达到95次。

总体参数估计是指通过样本对总体特征进行估计,即如何从局部结果推论总体情况。总体参数估计可分为点估计和区间估计。

(1) 点估计。指在用样本统计量估计总体参数时,估计结果以一个点的数值表示。点估计总是存在误差的,并且无法指出对总体参数进行正确估计的概率有多大。因此,点估计只能作为一种不精确的大致估计。更好的办法是对总体参数进行区间估计。

(2) 区间估计。指根据样本统计量,利用抽样分布原理,用概率表示总体参数可能落在某数值区间内的推算方法。在区间估计中,给定置信度,可以根据估计值确定真实值可能出现的区间范围,且该区间通常以估计值为中心。区间估计的种类有很多,主要包括总体平均值的区间估计、总体百分数的区间估计、标准差和方差的区间估计、相关系数的区间估计等。构造估计值的方法包括矩法估计、最小二乘法估计、最大似然估计、贝叶斯估计等。区间估计通常需要解决两个问题:①求出参数的估计值;②在一定置信度下指出所求估计值的精度或误差。例如,由于发动机产品投试样品的数量通常较少,造成可靠度估计带有较大的不确定性。使用带有置信区间或给定置信度(如90%)的可靠度区间估计方法比使用仅具有50%置信度的可靠度点估计方法更为重要。

2) 假设检验

在统计学中,可以通过样本统计变量得出的差异判断总体参数之间是否存在差异,并且判断样本与样本、样本与总体之间的差异是由抽样误差引起的还是由本质差别造成的。这种推论过程称为统计假设检验。抽样误差是测量样本值与真实总体参数值之间的差值,其产生原因是样本数量总是小于总体数量,所以样本数据无法捕获某些总体特征。

在假设检验中,如果计算的估计值在置信区间范围内,则接受原假设,否则拒绝原假设。例如,在十个地点进行森林间伐后,树木的生长速度提高了25%,而在另外十个地点没有进行森林间伐,要求使用推论统计决定增长率的增加究竟是出于偶然的,还是真实的。如果原假设是森林稀疏对树木生长速度没有影响,那么这种原假设称为零假设。

假设检验分为参数假设检验和非参数假设检验。若进行假设检验时总体的分布形式已知,需要对总体的位置参数进行假设检验,称其为参数假设检验。若对总体分布形式所知甚少,而需要对未知分布函数的形式和其他特征进行假设检验,这称为非参数假设检验。显著性检验是假设检验中最常用的一种方法,也是一种最基本的统计推断形式。其基本原理是先对总体特征做出某种假设,然后通过抽样研究和统计推理,对于应该拒绝假设还是接受假设做出推断。常用的假设检验方法包括 Z 检验、t 检验、卡方检验、F 检验等。

推断统计是广泛用于生物医学和可靠性工程等概率性(非确定性)问题的常用分析方法,也是学术素养中论文论证方法和数据处理方法中的重要组成部分。在学术论文中运用推断统计时,需要注意在"材料与方法"部分对相关概念和假设的运用给出完整严谨的论述。

4.5 学术论文各部分的撰写要领

4.5.1 标题页和作者信息等内容的写法

期刊论文的标题页(title page)是包括论文标题、作者署名和地址信息、短标题、经费声明、利益冲突声明、伦理声明和知情同意声明、作者贡献声明、致谢等内容的一个文件。它是很多期刊为了实施双盲评审而要求作者提供的文件,将与作者身份有关的信息从论文稿件中拉出来单独放置。作者信息具体包括所有作者的姓名、排序、通讯作者标识、作者单位名称及地址、通讯作者联系方式、共同(并列)作者声明、作者贡献声明等。

1) 标题页的必要性

随着学术论文同行评议制度的改进和发展,为了使审稿结果更加公平公正,多数期刊已经从过去的单盲审稿模式改变为双盲审稿模式。在单盲审稿中,审稿人知道作者是谁,但是作者不知道审稿人是谁。在双盲审稿中,审稿人和作者都不知道彼此是谁。双盲审稿要求作者在提交稿件时将涉及身份信息的内容全部删掉,包括作者的姓名、单位、地址、资助基金项目的名称和号码,伦理委员会的名称和地点,作者贡献声明,致谢等,而需将这些信息转移到标题页文件中。

有些期刊在投稿指南中明确规定作者必须这样拆分,否则期刊编辑会直接拒稿,免去花费时间替作者从长篇论文中删除、抽取和编纂标题页信息的麻烦。但是,有些期刊虽然没有明确规定,却也针对不拆出标题页的做法拒稿。因此,为安全起见,在投稿时应将文稿和标题页拆分成两个文件提交,除非期刊明确规定两者必须合二为一在同一文件中提交。需要注意的是,在提交标题页后,文稿中就不应重复包括标题页中出现的内容(除论文标题外)。

2) 标题页中的论文标题、作者信息和短标题

论文标题包括描述性标题、声明性标题、疑问性标题。中文副标题用冒号或破折号开头,英文副标题用冒号开头,跟随在主标题之后。论文的标题应当准确概括论点或中心论题,尽量突出新观点。标题需要避免太短或空泛不够具体。标题应尽量让所有读者都能看懂,而非仅是某个狭窄领域的读者能看懂。标题通常使用名词、动词或动名词等描述性短语对主题范围进行限定,偶尔也可使用句子格式。英文标题以名词短语加前置或后置定语作为主要形式,尽量少用或不用动词。标题应包含尽可能多的检索关键词。标题不应含有赘词,例如"一个关于……的研究"或"一份关于……的调查""……浅谈""试论……""……之我见",以及 study、investigation、analysis、preliminary observations 等词。

中文论文的标题通常不应超过 20 个汉字。英文论文的标题通常具有 10~20 个单词,最好 15 个单词左右,通常不应超过 30 个单词。论文的标题是全文的浓缩,是最难写的,因此建议在写完摘要后撰写。

有些期刊还要求作者提供精简版的短标题(running head 或 short title),放在论文的每一页左上角,作为论文的"别称"。短标题的英文字符总数(包括空格)通常不超过 50 个。短标题的英文字母有时要求全部大写。

依英文惯例,位于标题首位的冠词(The、A、An)可以省略,但是位于标题中间的定冠词(the)一般不能省略。英文论文的标题需避免出现公式、化学式、上下角标、希腊字母、罗马数字、拉丁文、不常用的专业术语、非众所周知的首字母缩略语、商标、标点符号(但可以使用问号,以及副标题中的英文冒号和中文破折号)。

英文论文的标题可以采用仅第一个单词首字母大写、其余均小写的格式,也可以采用对所有实词的首字母均大写而虚词均小写的格式。虚词包括 a、an、the、of、in、on、to、for、and、but、or、nor、from、with、about、between、among、through 等。有些期刊规定五个或五个以上字母的虚词应首字母大写,而少于五个字母的虚词应小写。

论文的标题应居中排版,使用大号粗黑字体(例如 14 号 Times New Roman 粗体)。当论文标题多于一行时,标题的第二行长度应小于第一行长度。

论文标题下方是所有作者的名字及排序。作者署名是文责自负和拥有著作权的标志。中国作者的姓和名在英文中往往难以区分,例如 Liu Lin,中文名字既有可能是刘林,也有可能是林刘。因此,经常有必要在投稿时对姓全部使用大写字母,即用 Liu LIN 表示林刘,而用 Lin LIU 表示刘林,便于让期刊编辑分辨清楚。当然,很多期刊在最终排版印刷时并非对中国作者的姓全部使用大写字母。在作者的姓的右上角用上角标 1 和 2 等标识作者单位。每个单位均需具体到科室名称,并需包括单位全称、门牌号码、城市名字并紧跟邮政编码(例如 Tianjin 300124)、省份和国家。在作者的姓的右上角用星号上角标 * 表示通讯作者(corresponding author)。

如果两个作者是共同第一作者(或称并列第一作者,joint first author),需在单位地址的下一行书写共同作者声明:"Note: XXX and YYY have equal contributions to this article"或"XXX and YYY contributed equally to this article"。

然后,在下一行书写第一作者(first author)的姓名、学衔、职称(例如教授、Professor)或头衔(例如博士、Ph. D. 或 Ph. D. candidate)、主要专业领域。换行书写通讯作者的姓

名、学衔、职称、主要专业领域、电子邮箱。如果第一作者或通讯作者拥有重要背景材料（如获得国家级成果奖和政府特殊津贴等），可以添加。

通讯作者往往是项目的负责人、学术指导人或研究生导师，通常具有正高级或副高级专业技术职称。中级或初级专业技术职称或研究生较少作为通讯作者出现。在很多研究生的期刊论文中，导师经常以通讯作者身份出现，当然也不排除导师以第一作者身份出现。目前，中国很多高校和科研单位的业绩考核制度规定，通讯作者与第一作者具有相同的业绩效力，而其他作者排名在很多情况下是不算数的。第一作者和通讯作者的署名单位也是单位业绩考核制度审查的重要内容。

论文的第一作者通常是核心论点的提出者、主要工作的执行者、第一线工作的实施者、原始数据的收集和处理者、论文初稿的执笔者。作者的资格和贡献度可以按照贡献者角色分类法（CRediT）确定和撰写（详见第4.5.2节）。致谢的写法详见第4.5.11节。

3）标题页中的经费声明示例

Funding statement

This research did not receive any specific grant from funding agencies in the public, commercial, or not-for-profit sectors.

4）标题页中的利益冲突声明示例

Conflict of interest

All authors have no conflicts of interest. On behalf of all authors, the corresponding author states that there is no conflict of interest.

5）标题页中的生物医学伦理声明和知情同意声明示例

Ethics declaration

The ethics committee approval from the authors' institution and patients' informed consent have been obtained for this study.

6）标题页中的作者贡献声明示例（CRediT格式）

Author contributions

Author name 1: methodology, investigation, formal analysis, writing-original draft.

Author name 2: conceptualization, methodology, visualization, project administration, supervision, writing-review & editing.

Author name 3: investigation, formal analysis.

4.5.2　作者中的贡献者角色分类法

作者排名是个敏感、复杂而重要的问题。很多作者有过这样的投稿体验，即不少学术论文均要求在文末公示每位作者的贡献。这个问题涉及作者署名权。如何按照贡献类别区分作者的角色，现有的评价体系是什么，以及有哪些局限性，本节将根据贡献者角色分类法解释这些问题。

在学术论文发表方面，众所周知的痼疾包括很多署名权问题，例如真正从事科研工作的人或真正撰写文章的人并不能被如实反映在论文的作者名单或排序中，而关于虚假署名和作者排序不公平的争论比比皆是。而且，对于具有多个作者的论文，如果只看作者列表，并无法看到每位作者的具体贡献种类。从2012年起，设计贡献者角色分类法

(Contributor Role Taxonomy，CRediT)的专家们便开始讨论并创建一个评价体系，试图解决这一问题。CRediT 系统从 2014 年开始推广使用，演绎到今天的 14 类标准，见表 4.4。2020 年 4 月 23 日，美国国家信息标准组织(NISO)宣布正式启动贡献者角色分类法工作，将该方法正式发展为 ANSI/NISO 标准。该方法将作者的贡献划分为 14 个类别，并对每个类别的角色详细精确地给予定义。

表 4.4 贡献者角色分类法

编号	贡献者角色（中文）	贡献者角色（英文）	贡献定义
1	论文构思	conceptualization	产生想法，构造或演绎发展主要的研究目的
2	数据管理	data curation	为数据的首用和后续复用产生元数据，整理数据，维护研究数据（包括软件或程序）
3	形式分析	formal analysis	使用统计、数学、计算或其他技术分析或合成研究数据
4	获取资助	funding acquisition	为了项目研究成果能够发表而去争取并获得资助
5	调查研究	investigation	实施研究和执行调查过程，特别是从事实验研究或收集数据和证据
6	方法论	methodology	开发或设计研究用的方法，建立模型
7	项目管理	project administration	为研究活动的策划和执行进行管理和协调
8	提供资源	resources	提供研究材料、试剂、病例、实验室样品、动物、仪器、计算设备资源或其他分析工具
9	软件	software	编程，研发软件，设计计算机程序，实施执行计算机程序及支持算法，测试已有的程序
10	指导	supervision	监督和领导研究活动的策划和执行，包括对核心成员以外的人员进行指导
11	验证	validation	对研究结果、实验或其他研究输出内容的复制和重现进行核实验证，包括整体和部分的核实验证
12	可视化呈现	visualization	对发表的内容进行准备、创建或表述，特别是内容或数据的可视化展现
13	初稿写作	writing—original draft	对发表的内容进行准备、创建或表述，特别是撰写初稿，包括实质性翻译
14	审核与编辑写作	writing—review & editing	对原始研究团队提出的发表内容进行准备、创建或表述，特别是评论、注释或修改，包括发表前和发表后所发生的这些工作

目前，很多高水平期刊使用 CRediT 系统，要求作者按照上述 14 个类别填报公示作者的贡献，有时在投稿系统中也要求作者在线填写或勾选。在投稿论文中呈报作者角色时，每位作者可以承担多个角色。然而，在上述 14 类角色中，并不是每一类角色都必须有人承担。

CRediT 的实施，能够进一步严格完善衡量作者的投入和影响的评价方法，其不仅能够采用一个统一正规的标准公平评价作者贡献、减少作者纠纷、虚报或不公平感，而且可以确保整个学术出版领域的透明度。CRediT 系统对于作者、出版商、大学、资助者都有好处。对于作者来讲，在投稿时明确填写贡献者角色，能够表达对合作者给予应得的功劳，避免由于被忽视或感觉不公平而产生作者之间的争论，并且能够为将来的合作提供明确的档案记录作为参考。对于期刊出版机构来讲，在论文中公布贡献者角色，能够为读者提供更为详细的信息，并能依据所填报的贡献内容从投稿论文中更好地为其他论文选择同行评议专家。对于大学来讲，在评价作者的晋升请求和学术能力时，论文中明确记载的贡献者角色便于形成更为科学公正的审议结果。对于基金资助者来讲，了解每位作者的具体贡献，便于选择未来的资助对象和寻找基金申请的同行评议专家。

值得注意的是，虽然 CRediT 系统对作者的贡献类别给出了明确定义，但并没有对"论文的贡献者"和"所涉科研工作的贡献者"加以严格区分。学术界有一种争议是"虽然论文作者肯定是贡献者，但是科研工作贡献者不一定能够算是论文作者"。有些专业甚至明确界定了什么算是"作者（authorship）"，以及什么算是"非作者的贡献者（non-author contributorship）"，而后者仅有资格被在论文中致谢，而不能列为作者。另外，CRediT 系统也没有对每类贡献所应具有的作者排名顺序和贡献百分比写法给出指示。

4.5.3　两个第一作者或通讯作者的情况

论文的作者排名历来是科研人员最关注的话题之一。几十年前的论文基本都只有一个第一作者，并很少强调通讯作者。近 20 年来，通讯作者大量出现，而且出现了共同（并列）第一作者和共同（并列）通讯作者。这种演变情况是如何发生的？论文究竟能否有两个或多个第一作者或通讯作者？本节简要讨论这些话题。

4.5.3.1　第一作者、作者排名和通讯作者

作者署名代表著作权，能够宣示自己的学术成果。在职称晋升、科研基金申请、求职和人才称号评定等方面，作者排名是最关键的评价指标之一。很多高校在资格评定时看重第一作者和通讯作者的论著。由于作者署名与学术声誉和经济利益密切相关，科研人员对作者排名格外关注。

按照排列顺序，作者分为第一、第二、第三作者等。按照分类，作者分为普通作者和通讯作者。通讯作者又称通信作者，因为这种作者负责回复来信。作者排列顺序分为姓氏英文字母排序法、首末作者排位法、贡献排位法三种：①姓氏英文字母排序法用于无法区分每个作者贡献程度的情形，在署名处注明按照姓氏字母排序。这种方法虽确有使用，但不被学术界提倡，因为它有两个缺陷：第一，论文被他人引用时，一般引用第 1～2 个（最多 3 个）出现的作者名字，后面排列的作者只能用"et al."即"等人"或"等"代替，这导致重要作者的名字不能出现在引文中，极大地削弱了这些作者的学术影响力。第二，高校在统计业绩时要求注明作者排名，字母排序法实际上体现的是共同（并列）作者，谈不上排名。

②首末作者排位法是指学生或团队成员作为第一作者,导师或课题负责人作为最末位作者,其余有贡献的人员居中排列。这种方法虽然曾在某些国家或某些领域达成约定俗成的共识,但目前这种共识已经不复存在。相反,人们更多地认为末位作者是最不重要的作者。③目前论文中用得最多的是贡献排位法,即贡献最大的人排第一位,在后面的排名中按照贡献程度依次递减。贡献排位法的缺点是只有第一作者是最重要的,而这在现代科技合作条件和考核制度下无法满足学术界的需求。

现代科技发展具有两个特点:一个是跨机构和跨国家的科研合作剧增,导致每个单位都希望把论文算在自己名下;另一个是信息技术发展使文献计量学得到快速发展,每个单位都在量化科研绩效考核方法,而最简单有效的做法就是统计第一作者的成果。研究生毕业需要成果,教师晋升和申请经费也需要成果。这就导致一篇论文只有一个主要作者(第一作者)无法满足所有人的需求。于是,通讯作者应运而生,成为被每个高校所认可的、与第一作者同等重要的作者类别。这样,发表一篇论文便能同时满足两个作者的考核需求。通讯作者的初衷是在合作作者中推举一个代表回答审稿人和读者的通信问题。这个人选需要具备较高的学术水平,并熟悉论文内容。然而,当人们发现通讯作者能够缓解大家争抢第一作者的问题时,通讯作者便迅速获得学术界的认可。通讯作者通常是在作者姓名的右上角用星号"*"并加脚注标记。

4.5.3.2 共同第一作者和共同通讯作者

由于科研合作越来越多,而且大家越来越希望分享重要作者的地位,尤其对于发表在高影响因子期刊上的论文,一篇论文具有两个重要作者(第一作者和通讯作者)的做法也变得不够用了。因此,就出现了共同第一作者(又称并列第一作者)和共同通讯作者(又称并列通讯作者)。如果作者们不愿意把一篇论文拆开而各自作为第一作者去分别发表,那么在合写的论文中并列第一作者确实是个合理选择。虽然在名字排列上仍然具有先后显示次序,但是共同第一作者可用类似双星号"**"的右上角符号配脚注文字予以标记。

如果一个通讯作者无法回答全部问题,而必须使用多个通讯作者,那么可以使用星号"*"标记多个通讯作者,并在脚注中说明他们是共同通讯作者。如果不强调是共同通讯作者,那么约定俗成的规则是名字排在前面的作为第一通讯作者,名字排在后面的是第二通讯作者。

多数国内外期刊接受共同第一作者和共同通讯作者,虽然在投稿系统中通常只能指定一个作者的电子邮箱接收联系邮件。作者在投稿前需要致信编辑部确认发表政策,避免在违反政策后被迫撤稿的麻烦。为了防止学术不端和乱署名,很多期刊要求论文提交合作者的贡献内容列表,包括在文末刊登作者贡献者声明。

需要注意的是,高校在考核科研业绩时,应当对共同作者的论文乘以合适的权重系数,使得这种论文与只有一个第一作者的论文有所区别,以确保公正。例如,对于具有两个并列第一作者或并列通讯作者的论文,业绩权重应当乘以一个小于1的系数,这样能够避免多个第一作者使用同一篇论文作为唯一第一作者去赚取违反学术道德的额外收益。因此,高校在权重系数方面应当严格管理,避免出现政策漏洞。

共同第一作者或共同通讯作者的署名方式是一把双刃剑——用好了能够促进科研合作,提高合著论文的水平;用坏了会导致虚假署名和学术不端。作者需要自觉遵守学术道德,单位需要制定完善的政策来合理统计共同作者的绩效,让论文署名方式得到健康发展。

4.5.4 论文摘要的写作要点

4.5.4.1 学术论文摘要的重要性

在知识爆炸的今天,人们被大量信息包围着。很多人的阅读习惯已经变为快速浏览文章,只挑选阅读最重要的内容。那么,迅速抓住读者注意力在学术论文写作中变得格外重要。一篇吸引人的摘要就是抓住编辑和读者的首要环节。摘要应具有独立性和自明性,使读者不阅读全文就能获得论文的主要信息。

研究型论文是一次文献,摘要是二次文献。摘要通常置于论文标题和作者信息之后,在关键词和正文之前。摘要是读者继标题之后首先看到的论文部分。期刊编辑在初审时主要查看投稿信、摘要和结论。其中,摘要是最重要的初审和送审依据。评审人很可能只阅读摘要,而非阅读引言和结论,便做出是否接受审稿邀请的决定。如果摘要写得好,读者会有兴趣继续阅读全文;如果写得不好,读者就会到此止步,更谈不上引用。因此,写好摘要至关重要。

4.5.4.2 学术论文摘要的定义

学术论文的摘要不同于图书的内容提要和章节目录或 PowerPoint 演讲稿目录。学术论文摘要的篇幅比图书内容提要通常更长,但不像"章-节-子节-段落群标题"的四级目录那么详细。论文摘要包括以下五部分的概述:背景、目的、材料和方法、结果和讨论、结论和意义。

摘要很接近但还不完全是引言的简述版,因为引言重点介绍研究的背景、理由、目的,而摘要侧重介绍研究的目的、方法、结果、结论,而且摘要必须是整篇论文的独立浓缩精华版,需要概括论文各部分的全部关键内容。引言通常不简述讨论中的机理解释和文献对比,而摘要可以简述。

4.5.4.3 摘要的类型

(1) 说明型摘要。包括论文各部分的完整浓缩信息,最为常见,尤其是原创型论文。中文摘要通常不少于 300 个汉字,英文摘要通常有 200~250 个单词。

(2) 指示型摘要。比较简短,通常少于 100 个英文单词,仅简述研究背景、目的、方法,省略结果和结论。这种摘要有时见于综述型论文。

(3) 评论型摘要。概述文献范围、评论论点和学科展望,也仅限于综述型论文。

4.5.4.4 摘要应当包括的内容

摘要通常在完成论文的其他部分之后撰写。摘要是论文各部分的精练概述,每部分用 1~2 句话概括,具体包括以下内容。

(1) 研究背景。简述论文的背景和该项研究为什么重要。

(2) 研究目的。简述论文解决了什么科学问题,填补了文献中的哪些空白。

(3) 方法和材料。简述论文如何解决问题,采用了什么理论和试验方法等,有什么新方法。

(4) 结果和讨论。简述论文的核心发现、机理解释和论点,包括新发现或新技术。

(5) 主要结论和贡献意义。简述论点,并展望未来研究工作,预期论文对相关领域的影响。

在摘要下方撰写关键词(通常 3~8 个),用分号分隔。不能使用无法反映论文主题的无效关键词,例如"应用""对策""问题""管理""设计""措施""影响""现状""研究""发展"

等。英文关键词通常采用小写和单数形式,不采用缩略语形式。关键词用于文献检索,需从论文的标题、摘要和正文中选取能够代表全文主要内容的单词或术语。

4.5.4.5 摘要应当避免的内容

(1) 过度展开。由于摘要的前几句话尤其重要,而且篇幅有限,必须避免过度论述研究背景和目的,应尽快撰写提出的科学问题、研究发现和结论等重点内容。

(2) 扩大范围。不要在摘要中扩大并超出论文正文的论述主题范围。

(3) 赘述已知。避免在摘要中详细论述行业内熟知的常规方法和标准。

(4) 费解术语。摘要应避免使用首字母缩略语或令人费解的、并非人们普遍了解的符号或术语。

(5) 引用文献。摘要通常不引用参考文献,以增强独立性。

(6) 图表公式。摘要中不能出现插图、表格、化学结构式、数学公式,便于数据库录入。

(7) 非关键性的具体数值。应当仔细斟酌是否有必要在摘要中开列具体数值。

(8) 未经定义的缩略语。在摘要中首次出现缩略语时,必须写出中、英文全称。

4.5.5 制作SCI论文图文摘要的要点

随着信息时代的爆炸式发展,信息的呈现和传播方式均发生了巨大变化,简短直观的信息越来越受到读者的欢迎,例如社交图片帖文。这一趋势也冲击到学术论文摘要。为了满足读者需求,期刊越来越多地要求作者提供图文摘要(graphical abstract),即一幅展示论文主要成果的带有少量注释文字的图片(图4.1)。这一趋势在SCI高区期刊中尤为

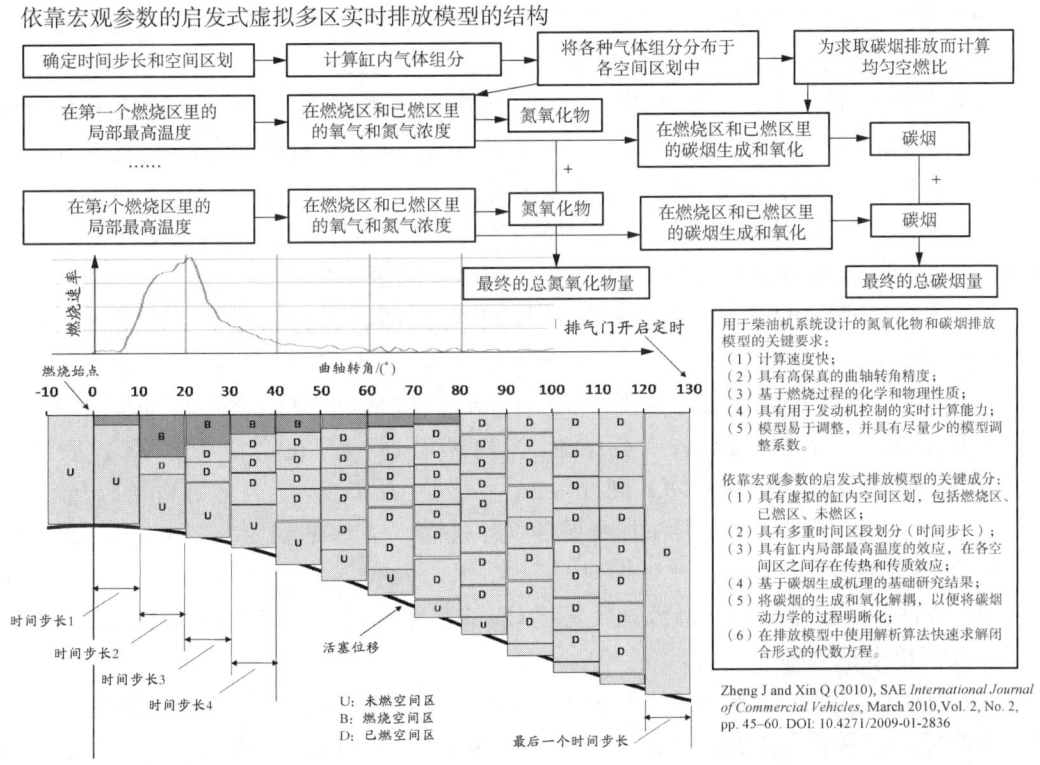

图4.1 图文摘要示例

明显。这幅图片可以是摘自论文中的插图，也可以是专门为图文摘要制作的独特图片。图文摘要能够在数据库中被检索到，但有时不出现在论文的在线版和印刷版中。图文摘要的目的是在传统的文字摘要和全文之间增加一个让读者判断是否需要深入阅读论文的机会。

很多作者都在各种会议或讲座上针对论文内容使用 PowerPoint 格式宣讲过。在那些场合宣讲论文时，拿着论文原稿照念是不行的，必须使用一种图文并茂能吸引观众的形式。图文摘要从本质上讲就是要求作者不仅提交论文全稿，而且提交一份图文并茂的类似于 PowerPoint 格式的宣讲稿，因为传统的文字摘要已经不够吸引读者。目前，这份宣讲稿是一张综合性图文，将来这个要求是否会演变发展成为一段 1~3 分钟的视频或多张图文宣讲稿，尚不得而知。但是，这种将学术写作能力和吸引读者的学术汇报与交流能力相结合的更高要求，作为一种学术出版趋势，已经明显地发生了。

摘要图形化的根本原因源于"一幅好的插图胜过千言"。图片能把文字不易表达清楚的内容直观快速地表达出来。在很多领域（例如生物、医学、化学），插图的作用尤为重要，能够简洁表达论文主旨，达到更好的推介效果。图形化是营销文化的核心。互联网营销的要点是追求点击量和流量。网络营销文化正向各领域全方位渗透，学术研究领域也不例外。产品或服务营销中最重要的推介工具就是图片，因为它远比文字更加直观，具有极强的视觉冲击力，能够快速抓住顾客。

期刊希望吸引读者，摘要图片化是现代学术媒体发展的必然结果。读者使用关键词搜索到论文后，如果有图文摘要，便能获得一个新机会迅速了解论文内容，决定是否更加深入地浏览。统计表明，带有图文摘要的论文在阅读数量和媒体传播方面比不带图文摘要的论文大约多出一倍。对于作者而言，图文摘要也是有益的。它具有反复利用的价值，能够用于演讲、会议海报和社交媒体等很多学术推广场合。

在提交论文时，图文摘要通常是需要单独提交的一个文件，在投稿系统中的 "Graphical Abstract" 菜单处上传。需要注意的是，并非每个期刊都允许发表图文摘要。作者在制作图文摘要时，需要注意以下十个要点。

（1）格式。需要依据期刊投稿指南中规定的格式要求制作图片，包括文件格式、字体类型、字体大小、线宽、颜色、图形尺寸等，避免因格式问题返修。

（2）图形。图片可以是流程图、仪器符号图、数据图、线条图、化学结构图、组织细胞图、动态图等。

（3）内容。图片可以类似于一张 PowerPoint 演讲稿，汇集多个插图和表格，并包含一行带有关键词的文字标题、若干行结论、机构标识（logo）、论文作者名字、发表年份、DOI（数字对象标识符）号码或 DOI 网址等。

（4）文字注释。图片中需要添加必要的文字注释。有些期刊要求图文摘要必须带有一句说明，大约 30 个英文单词。

（5）关键词。在图片中巧妙添加关键词，能够引起读者的共鸣和确认，因为读者通常使用关键词检索论文摘要。

（6）自明性。图片需要一目了然和不言自明。切忌让读者花费时间解读复杂图形，因为这会导致读者马上放弃阅读论文。作者需要善于利用图文摘要这一宝贵机会，使用最简洁清晰的手段让读者快速看懂论文要点。

(7) 突出重点。尽量避免分散读者的注意力,删掉无须强调的细节。

(8) 扫清障碍。使用约定俗成的图例或公知公用的符号,为读者能够快速看懂内容,扫清一切障碍。

(9) 避免图不对文。在提炼论文的重要信息时,避免使用误导性内容。否则,读者看了文字摘要或论文全文后发现图文不符,会很恼火并有受骗感。图不对文就好比在网店售卖产品时使用虚假图片把顾客吸引进来,但顾客看了具体内容后却发现完全不是那么回事,影响恶劣。这一点是图文摘要容易产生新的学术道德问题的表现。

(10) 视觉冲击。需要设计具有视觉冲击力的结构布局和元素,要点凝练,逻辑流畅。视觉冲击的目的是快速说服读者继续深入阅读。这就好比网店产品的图片需要使用强烈的视觉效果,说服顾客迅速决定购买产品。对于作者,这一点是图文摘要制作中最具难度的地方。

每个期刊对图文摘要的格式可能具有不同要求。例如,Elsevier 的格式要求如下:

(1) 图片尺寸:像素最小为 1 328×531,宽高比为 5∶2,分辨率至少为 300 dpi。

(2) 图片中的字体需为 Times New Roman、Arial 或 Courier。字号需足够大,在图片缩小成 200 像素高度时,字体仍能清晰可读。

(3) 首选文件类型为 tiff、eps、pdf 或 MS Office 格式文件。

(4) 图片中不应包括详细的论文提纲和"Graphical Abstract"这种文字标题。图片中的文字必须是与图片直接相关的内容。

制作精美而吸引读者的推介图片,对于作者来讲,既是在学术汇报与交流方面的挑战,也是一个扩大学术影响力的机遇,裨益良多。

4.5.6　以定义问题为导向的论文引言"五段论"写法

引言作为论文的开场白,应以简短篇幅介绍论文的写作背景和研究目的,以及相关领域内前人所做的研究工作和目前研究热点的概况,进而说明前人工作中存在的问题、本研究与前人工作之间的关系和本研究的意义。在课题背景方面,需要开门见山、不绕圈子,避免大篇幅讲述历史渊源和立题过程,也不应过多叙述同行熟知的内容和教科书中的常识性内容。在提及他人研究成果和确有必要提及基本原理时,只需以参考文献的形式标出即可,无须赘述详细内容。在研究目的方面,需要回答"为什么要研究这个问题"和"这个问题为什么重要"。在论述论文的工作意义时,应当注意分寸,切忌使用"具有很高的学术价值""填补了国内外空白""首次发现"等不适之词,因为这些地位性评价不是作者自己能够说了算的。同时,也需要注意不应使用客套话,如"才疏学浅""水平有限""恳求指教""抛砖引玉"等语言。引言中通常不开列数学公式,也不使用插图或表格。引言的内容在文字上不应与摘要或结论雷同,也不应写成摘要或结论的注释版或扩展版。总之,引言的作用是提出问题,并在结尾处简要概括论文后续几个部分的内容,以便引出后续部分的详述。引言应与结论互相呼应,即在引言中提出的问题,在结论中应有解答。

引言相比论文的其他部分之所以难写,是因为其他部分能够在科研项目具体计划指导下将产生的数据和论据解释并讨论清楚即可。然而,引言则需要撰写论文的研究背景、重要性和贡献度,内容范围相对来讲松散自由,写作规范不明确,造成撰写难度较大。因此,论文的作者通常将引言和摘要留到最后撰写。

引言是仅次于摘要的最难写的部分,以至于很多人感觉很难把握其写作标准和元素结构。然而,引言往往是论文中最引人入胜的部分,因为它介绍研究工作的来龙去脉和逻辑思路。因此,引言并不是一个简单的开场白,而是一个能够让论文大放光彩的关键部分。本节提出以定义问题为导向的论文引言"五段论"写法,创立了一种标准化学术写作格式,以便广大科研人员掌握。

"问题"在英文中具有三个含义,分别是课题(topic)、难题(problem)、疑问(question)。定义问题的过程就是确定课题、指出难题、提出疑问及假说的过程。确定课题是为了限定研究工作和论文的范围及标题。指出难题是为了论述研究工作的重要性。提出疑问是为了策划论点和论据,以便满足论文在重要性、创新性、正确性、深广性方面的要求。

期刊的编辑、审稿人和读者通常会带着以下五个问题阅读和评审论文的引言:

(1) 这篇论文是否适合在该期刊发表?——定义的课题是否对路。

(2) 这篇论文是否具有重要的研究意义?——解决的问题是否有用。

(3) 这篇论文是否具有创新性?——提出的问题是否新颖和权威,是否囊括了足够多和足够新的参考文献总结了过去的研究成果。

(4) 这篇论文是否具有科学性?——解决问题的方法是否正确合理。

(5) 这篇论文是否具有完整性?——课题的研究内容在深度和广度上是否足够深奥和复杂。

介绍引言撰写方法的文章和图书很多,提出的要素五花八门,令人无所适从。论文作者要么草率行事,将引言写成几句简单的开场白,要么生怕遗漏其中的一个要素,却又不知各要素之间的写作顺序和占比。实际上,引言的内容需要依次包括以下五个模块,即"五段论"格式:

(1) 研究背景。指出本研究在领域中的位置,介绍问题(problem)的产生、该问题在过去和当前的研究进展,提出论题陈述;仅需引用与课题密切相关的文献,无须写成文献综述。

(2) 研究理由。指出过去研究工作的缺陷、空白和难题,介绍本研究的价值和意义(重要性)。

(3) 研究目的。确定研究课题(topic),提出疑问(question)和假说(hypothesis),定义论文的论点范围。

(4) 研究方法要点简述。简要总结论文在方法发明或应用上的创新性,且文字不与方法部分重复。

(5) 研究结果要点简述。简要总结论文在结果上的创新性、工作范围完整性和贡献意义,而且不简述讨论中的机理解释和文献对比结果,文字不与结论部分重复。

这五个模块从写作范围上看犹如一个倒金字塔,从上到下逐渐收缩。如果按照正序撰写,较难把握素材范围。因此,更为容易的写作顺序是从下向上倒着写,即从论点着笔,在范围上从小到大逐步扩写。引言的篇幅通常是全文的 $5\%\sim10\%$,并无严格限制,可多可少。

提出疑问是确定研究课题后的细化分解,而假说则是对每个疑问的答案的推测。提出疑问和假说是为了策划论点、论据和数据图表,以便科研工作不仅能够具有论点的原创性和方法的科学性,而且能在论据的完整性上有序进行。如果把科研项目比喻成一个房子,论文的标题或选题陈述就是房子的名称和门牌号码,论点好比屋顶,数据则构成墙壁,指导产生数据的假说构成地板,提出的疑问就是地板下面的地基。换言之,在选题完成后,首先需要提出疑问来构建基础,然后才能在基础之上提出假说,最后再按照假说的思路去确定方法和收集数据。

关于提出疑问来分解课题的具体做法,每个学科各有不同。既可以按照系统论或系统工程的思维对所涉元素进行分组并探究其相互作用,也可以按照还原论的思维将运动形式逐级简化来研究其特征和属性。只要采用的理论推导、模拟计算或实验验证在逻辑上能够支持论文的论点,在元素覆盖范围上能够比较完整和令人信服,就是有效的做法。例如,"发动机制动器在缓速功率和气动噪声上的最优性能与制动排气门在发动机循环中哪个曲轴转角位置的升程最有关系?"再比如,在医学领域,人们开发出了特定的结构化或模板化提问模式,帮助和启发研究者按照各相关步骤和因素确定研究问题的深广度范畴,使收集的论据和数据图表能够有序反映这些步骤和因素,例如 PICOT 和 PESICO 等模式。有些期刊的编辑和审稿人会按照这种标准化模板思维审查论文的引言和其他部分是否缺失某些因素,就好比他们会使用上述"五段论"思维模式审查引言是否完整一样。上述 PICOT 等模式的含义如下。

(1) PICOT。表示人群(population)、干预(intervention)、对比(control)、结果(outcome)、时间范围(time frame)。使用 PICOT 确定研究问题的示例如下:P 采用成年患者的年龄段;I 采用某综合疗法;C 采用某单一疗法;O 采用疼痛评分和副作用评价;T 采用手术后 24 小时的时段。提出的疑问是:对于成年手术患者,在术后 24 小时内,与某单一疗法相比,某综合疗法是否能够获得更高的疼痛评分或更低的副作用?

(2) PESICO。表示人员/问题(person/problem)、环境(environment)、相关者(stakeholder)、干预(intervention)、对比(comparison)、结果(outcome)。

(3) FINER。表示可行性(feasible)、科学性(interesting)、创新性(novel)、道德性(ethical)、相关性(relevant)。

(4) SPICE。表示环境(setting)、人群(population)、干预(intervention)、对比(comparison)、评价(evaluation)。

综上所述,论文的引言可以采用"五段论"写法,以定义问题为导向,确定课题,提出疑问和假说,以便在论文的后续部分收集论据支持论点。引言的写作提纲可以提炼为以下五点十一条:

(1) 研究背景。鉴于主题的大背景和具体方向,这个学科领域还存在什么问题?为什么需要解决?(三条或三句话)

(2) 研究理由。别人做了哪些工作试图解决这个问题?别人的工作的不足之处是什么?(两条)

(3) 研究目的。这个研究的科学问题是什么?解决这个问题存在什么困难,或者作者提出的方案能够解决什么问题?这个研究提出的理论假说或解决方法是什么?(三条)

(4) 研究方法要点简述。作者为解决这个问题采用的方法是什么?(一条)

(5) 研究结果要点简述。作者发现了什么结果?该结果为什么重要?(两条)

以下是引言的写作示例:"……已经成为……领域的重要研究对象。有 80% 的……

应用案例都使用了……理论[参考文献1]。……理论在……领域的应用可以创造……价值或发挥……作用[参考文献2]。然而,在……理论的应用中,存在……问题[参考文献3]。……试图解决这一问题,但是他们的方案存在……问题[参考文献4]。尽管……[参考文献5]和……[参考文献6]试图解决……方法中的……问题,但是他们的方法没有考虑到……因素。因此,本研究为了解决这一问题,研究了……关系,解决了……困难,提出了一种基于……的解决方法。采用了……方法,并设计了……,分析了……,测试验证了……。结果发现,本文提出的方法有效提升了……,为……的发展提供了……。在后续……部分分别论述了……方法、针对……数据范围开展的分析、针对数据结果开展的机理解释和文献对比讨论、论文结论和未来工作展望。"

4.5.7　撰写研究目的或论文主旨句的方法

在科研基金申请书撰写或学位论文答辩中,人们经常听到一个提问:"你研究的科学问题究竟是什么?"这个提问谈的就是研究目的。研究目的又称论题陈述、论文主旨句。实际上,"研究目的"比"论题陈述"或"论文主旨句"的说法更加广为人知。引言中关于研究目的的句子就是论题陈述或论文主旨句。研究目的包括三部分内容:确定研究课题的选题陈述,提出疑问,提出假说。

在学术论文的几个结构化部分中,研究目的以不同的形式出现在标题、摘要、引言中,并被结果、讨论、结论等部分支持。研究目的并不是结果、讨论、结论中的论点,无须出现在结论部分。论点是对研究目的中所提问题的回答。研究目的并不必须使用疑问句形式进行提问,其本质是对主题所定义的要解决的问题进行自我发问。研究问题可以隐喻在研究目的中。将研究目的浓缩成1~2行文字,可以作为论文的标题;将研究目的浓缩成一句话,可以进入摘要。在引言中论述完研究背景和研究理由之后,在总结研究方法要点和研究发现要点之前,将研究目的用几句话说清楚,就构成引言的中间部分或靠近结尾的部分。

在上节谈到的以定义问题为导向的论文引言"五段论"写法中,提出疑问和假说是为了策划论点、论据(例如数据图表)。仍然使用上节的例子,如果将科研项目比喻成一座房子,由此可见,在房屋名称暨门牌号码、屋顶、墙壁、地板、地基这房屋的五个元素中,研究目的占了三个,分别是房屋名称暨门牌号码(选题陈述,topic statement)、地基(提出疑问,question)、地板(提出假说,hypothesis);虽然篇幅不长,但足见其分量之重。

作为对整篇论文起导向作用的研究目的,其写法原则包括以下五条。

(1) 主题:研究课题(主题)必须具体清晰,具有确定的范围和容易管理,不能空泛、笼统、模糊、漫无边际。

(2) 疑问:提出的疑问必须具有争议性和可论证性,并能激发读者的兴趣看论文是如何支持其观点的。具有争议性意味着论文不应是大家都知道的简单的事实陈述。

(3) 假说:提出的假说必须有合理证据支持和明确的立场,具有原创性和完整性、超越表面现象的理论深度,避免以偏概全。这个假说就是论文的中心论点。"具有证据支持"表示在研究目的中陈述的内容必须在论文的其余部分能够得到具有合理逻辑推理的支持和解释。

(4) 从语法结构的主谓语等角度来看,研究目的的主语用词需要具体,谓语用词最好描述具体复杂的行动,宾语或状语需有具体丰富的补充。例如,"Competition for admission is fierce"(译文:入学竞争激烈)是一个很差和非常空洞的研究目的,而"The requirement of a doctoral degree in the talent evaluation system and the strict evaluation system of the doctoral supervisor's qualification lead to increasingly fierce competition for doctoral admission"(译文:人才评价体制对博士学位的要求和博士生导师资格的严格评审制度导致博士研究生入学竞争日趋激烈)则由于比较具体而好很多。

(5)一篇论文最好只阐述一个主要观点。如果必须表达一个以上观点,那么必须阐明这几个观点之间的逻辑关系,以免让读者感到失去重点。

4.5.8 引言和讨论中的假说写法

学术论文的原创性由新发现、新方法、新技术中的任何一条所体现。对于新发现,通常涉及对现象的解释。如果这个解释不是通过严格的定理推导获得的科学真理,那么就需要提出某种推测性的假说(hypothesis),然后根据假说进行推理,导出预言(prediction),并根据实验或计算结果检验假说的预言,从而接受或否定假说。当系统化的规模较大的假说被验证后,可以上升为理论或"相对的科学真理"。在科研基金申请和论文评审时,经常会审查提交的稿件是否具有足够强大和足够新颖的科学假说。那么,究竟什么是假说?假说包括哪些类型?假说在论文中出现在哪些部分?是否每篇论文都必须具有假说?假说的作用是什么?如何建立假说?本节回答这些问题。

4.5.8.1 假说的定义和特征

简单地讲,假说在很多情况下就是机理解释或原因解释。假说(hypothesis)既不同于假设条件(assumption),也不同于预测或推论(prediction)。假说指经过科学研究后所提出的、没有最后定论的、带有假设性的、带有证据的新见解。假说的规模可大可小。大的假说如宇宙大爆炸、宇宙膨胀、大陆漂移、哥德巴赫猜想等,小的假说如发动机的噪声与某个设计参数有关。假设条件是在推论某个事物时所做的假设或简化,并不需要证据支持,例如,"假设某人今天不来出席",那么这个活动就需要取消;计算气缸压力时"假设气体具有理想气体的特征"。预测或推论是从假说中推导出来的结论,即如果某个假说成立,那么就预测会有某个事件发生;而这个事件可以用来判断假说是否成立。

假说在特征上具有不完备性,即需要经受长期的证明、修正或批判,才能演进为被广泛接受的成熟理论或相对科学真理,尤其对于规模较大的系统化假说而言。因此,在学术论文中对于大规模假说求全责备,是不现实和不正确的过度挑剔。在涉及假说的创新性科研中,目的就是以优质多证的假说向真理逼近。当假说上升为理论后,在科学进步过程中仍然可能会遇到质疑和挑战,例如爱因斯坦的相对论就推翻了牛顿古典力学的很多内容。

假说具有逐渐改进的近似性或不准确性,即没有人能够一下子拿出确凿的证据证明假说是真理。换言之,从方法学上看,如果从一开始发现的就是真理,那就不需要经过假说这个阶段。例如,数学中的勾股定理就是真理而非假说。勾股定理指的是直角三角形的两条直角边的平方和等于斜边的平方。勾股定理是毕达哥拉斯首先发现的,他是最早论证这个定理的人。既然能够直接从公理或定理论证,那就没有必要提出假说——这是理论推导学科的特征。

假说具有证据性,即没有根据的猜测谈不上是科学假说。例如,在出土一件考古文物后,有人根据证据和调查,引经据典,提出这件文物的主人和年代,这就是假说;而还有人凭空猜测这件文物的辗转经历,这就属于瞎猜和编故事,不是学术研究中的假说。

4.5.8.2 假说的类型和在论文中出现的位置

假说可以细分为前设假说和后证假说。前设假说是在非常有限的事实基础上提出的,用以指导有关课题的设计和实施。后证假说则基于较多的事实依据对机理进行解释。

假说还包括统计性假说和专业性假说。最著名的统计性假说是统计无效假说(null hypothesis)和备择假说(alternative hypothesis)。统计无效假说是对试验结果进行统计分析的零假说,通常针对随机事件,其形式为:A 与 B 无关;A=B;A<B。它的备择假说的形式对应为:A 与 B 有关;A≠B;A>B。针对统计性假说的工作是在一定概率水平上接受或拒绝零假说。

专业性假说是研究因子(自变量)对响应(因变量)的影响关系。典型的提法是针对"为什么 A 事件会发生"这种问题,提出"B 是 A 发生的原因"这种假说,并在试验中验证——如果这个假说成立的话,将会看到什么结果,从而能够对假说进行证伪。

假说所涉科研过程包括三步:①提出疑问;②构造假说;③依靠假说的推论设计试验来证伪和检验假说。前两步发生在论文的引言中,第三步发生在论文的"材料和方法"及"结果和讨论"这两部分。论文的结果和讨论可以混在一起写。在陈述完结果后,讨论部分阐述研究中出现的问题和机理解释,与他人工作进行对比,论述假说或理论,指出结果的意义和解决问题的措施,简述研究局限性和未来工作展望等。

4.5.8.3 假说反映的讨论部分的理论水平

虽然并非每篇论文都必须有假说,但是假说是理论水平的体现。如果科研工作是从一个数学定理推导出另一个定律,这种具有严格逻辑性的理论推导所产生的结果就是科学真理。那么,就没有必要采用假说的形式进行论述。假说是针对那些不能使用严格逻辑推导出的研究内容而言,例如某个草原上斑马种群数量周期性变化的原因。假说最常见于具有新发现的论文中,但有时也出现在新方法或新技术的论文中。毋庸置疑,新发现的背后通常需要进行机理解释,而这个机理解释就是假说。低水平的假说可能会出现以偏概全的问题。高水平的假说会在论文的深广性(完整性)上考虑得更加周全。对于新方法或新技术,也可以采用假说的形式对其机理或功效进行解释。

假说通常是论文的主要论点之一。科研课题的创新性主要体现在其科学假说(并非表面现象)是否具有前无古人、现无他人的新说法。在论文中,假说的存在是讨论部分的理论水平标志。如果仅把讨论停留在对表面现象和数据趋势的描述上,而未进行机理性探讨,论文的理论水平将大打折扣。这是很多研究生论文的原创性水平不高的主要原因之一。

在科学史上由于忽视假说(机理解释)而流于表象从而错失建立重大理论机会的例子比比皆是。因此,在基金申请和论文评审时,人们非常看重科学假说。当然,假说在论文中的存在并不以是否明确采用"假说(hypothesis)"这种文字作为标志。在实质上进行具有一定深度的理论探讨的任何讨论(discussion)都可以被认为是假说。

很多审稿人抱怨学术论文写得不像是揭示原创性发现的论文,而像是企业的技术报告,或像是在已知理论基础上补充的渐进式(incremental)贡献,主要就是因为论文的讨论部分没有具备足够的假说或理论等深度。技术报告可以只罗列现象,而不深入解释机理,因为企业通常更关心技术性指标的设计确定,并不关心背后的深层原因和科学意义。

4.5.8.4 假说的作用

假说具有两个重要作用:第一,假说推动人类对自然世界的认识水平。自然世界的真理来自两个源头,一个是从公理或定理中严格推导产生的定律,另一个就是假说。例如,过去人们以为给人装上像鸟一样的两个翅膀就能飞起来,但是这样的假说失败了,才催生了后来发明的飞机。第二,假说能够为科学研究指明方法和路径,使人们少走弯路,避免漫无边际地盲目摸索。这一作用在论文中就体现在对材料和方法的设计上,以及对数据图表等论据的策划上。如果没有假说,虽然仍会有科学发现,但是科学发现的进程会减缓。

4.5.8.5 假说的建立方法

假说可以依靠类比、归纳或演绎等逻辑推理手段或统计学分析手段建立。类比推理是根据两个现象在某些性质上的相同点,推出它们在另外性质上也相同。归纳推理是从个别现象概括出一般性结论。由于一般存在于个别中,而个别包含一般,因此通过个别能够认识一般。演绎推理是从已知的一般原理出发,推知个别事物的结论。这是因为对于某类事物所共有的属性,其中的个别事物必然也具有。需要注意的是,科学不是只有逻辑和统计。实践表明,除了类比、归纳、演绎推理外,联想、直觉、灵感等非逻辑的思维形式也参与科学假说的形成。

综上所述,学术论文的引言部分需要概述假说,讨论部分需要详细论述假说。假说是超越数据和现象的表象对论点进行深度机理挖掘而提升理论水平所产生的结果。论文的作者需要高度重视假说的构造和撰写。

4.5.9 研究方法和方法论的五项区别

学术论文中有重要的一节称为"材料和方法",或单独称为"方法",通常在引言之后和结果之前。很多人对英文中表示研究方法的"method"和"methodology"这两个词感到困惑,不知道应该用哪个词。Method 在中文中译为"方法",而 methodology 译为"方法论",它们之间具有五个区别。

4.5.9.1 理论层次不同

"Methodology"的英文解释是"a system of methods used in a particular area of study or activity",翻译成中文是"用于某个研究或实践领域的多个方法的系统化汇总"。"Method"的英文解释是"a systematic procedure, process, technique, plan, or mode of inquiry employed by a particular discipline for attaining an object",翻译成中文就是"用于某个领域的系统化步骤、过程、技术、计划或探究方式"。

方法论比方法在理论层次上更高,在范围上更大。在学术研究中,方法论和方法均强调系统化,避免碎片化,这是由于学术论文"五性"之一的深广性所决定的。方法论强调多个方法的汇总,因此比方法具备更强的系统性和理论性。简言之,方法是指为解决某问题所采用的具体手段,而方法论则是将多个具体手段汇总提炼成为带有共性的概括,以及差别之间的比较,用于解释不同手段的异同原因和优化组合的办法。

4.5.9.2 研究重点不同

论文的创新性体现在新发现、新方法、新技术。只要在发现、方法、技术(含产品)三者中有一条是新颖的,即可构成创新性论点。因此,研究方法作为从事科研工作的手段,本身既可以作为新方法创造原创性论点,也可以作为实现新发现或新技术的辅助手段。

从研究新方法的角度看,研究方法和研究方法论具有不同的工作重点,两者均很重要,有各自不同的用处。既然方法和方法论都强调系统化,那么用系统工程的一个例子来比喻它们之间的关系最为恰当。系统工程是研究系统中各元素相关性的学科。一个系统的广度和深度由多个元素构成,这些元素按照不同的问题性质具有不同的划分类别。再以产品研发系统工程为例,它包括四大元素,即产品实体(系统、子系统、部件)、属性(性能、耐久性、封装性、成本)、工作职能(分析计算、设计、测试、协调管理)、产品应用(陆地用、河海用、航空用等)。系统工程研究元素或子元素之间的关系,例如子系统相关性,以及性能与耐久性之间的权衡。研究目的是获得最优的系统设计。对照来看,方法论对应的就是系统工程,而方法对应的就是系统中的每个元素或子元素。因此,方法论研究的是方法之间的关系,目的是发现方法之间的最优组合,以及发现最佳的方法。方法研究的则是每个元素或子元素的具体做法。一个方法自身达到最优,并不代表它是所有方法组合起来之后的最优。换言之,将几个自身次优的方法组合起来使用,效果可能远比只使用一个自身最优的方法更好。而寻找这种问题的答案,就需要依靠研究方法论来实现。

简而言之,方法是系统工程中的一个元素或子元素,而方法论则是整个系统工程。方法是局部,而方法论是总体。方法的研究特点是深而窄;而方法论的研究特点是浅而宽,更加关注方法之间的相关性。方法论是用来寻找最佳方法或最佳方法组合的理论。

4.5.9.3 分类方式不同

方法有定性研究和定量研究之分,也有计算方法和实验方法之分,在测试、分析、设计数据上可以有很多不同的工作方式,从问卷调查到仪器使用等。在学术论文中描述所用的方法,需要将这些内容论述清楚,包括数据来源、数据处理工具、处理方法,误差和局限性等。

相比之下,方法论关注的并不是方法本身的细节,而是所用方法在全部可能采用的各种方法中所起的作用、组合方式和局限性。换言之,当谈论的内容是涉及几个不同方法之间的关系而非其中一个方法时,就是在谈方法论。有人认为方法论是用于解释方法的理论,这是错误或片面的认识。对于一个方法本身的理论解释,仍然属于方法的范畴,因为它并不涉及其他方法与该方法之间的相互关系和相互作用,自然也就谈不上方法论所关注的不同方法之间的组合优化效应。

从上述系统工程的例子可以看出,方法论在定义其囊括的元素(方法)时,针对不同的领域可以有不同的定义方式。为使方法论达到其目的——找到最佳方法或最佳方法组合,方法论将不同的方法分成以下几种类别:①现象学方法;②参与式方法;③理论式方法。实际上,这种哲学层面的分类对于具体科研工作帮助并不大。因此,在每个学科领域中,仍然需要将方法论按照特定技术细节进行具体分类管理。例如,在发动机领域,方法论包括以工作循环平均值为特征的宏观变量方法,以及以曲轴转角瞬时值为特征的微观变量方法。

4.5.9.4 论述方式不同

如果在论文中讨论的是某一个方法,例如数据采集的具体方法,包括观察、问卷调查、采访、实验、计算等,则适宜采用"方法"作为节标题。如果讨论的是多个方法之间的比较和优选,而且讨论为什么要采用某个方法的逻辑和理论支持,则适宜采用"方法论"作为节标题。

在论文中论述方法,其实就是将科研工作的步骤一步一步地具体写出来,包括材料、工具、仪器、软件、过程、分析方法、误差处理等。撰写原则是让论文具有可重现性,让别人能够按照所述方法将科研工作复制出来。如果细节内容过多,可以放到论文的附录中。

对比来看,在论文中论述方法论,比论述方法要困难得多,因为方法只是一个孤立的元素,而方法论是整个系统。所以,在阐述系统中各方法之间的关系时,需要作者具有广博的知识和强大的协调能力。

4.5.9.5 对论文创新性的贡献不同

方法和方法论均能对论文的原创性和完整性做出重要贡献。它们不仅能够支持新发现或新技术,而且新方法或新方法论本身就是创新的论点。一般来讲,由于方法论的范围比方法更大,在方法论上做出原创性贡献的难度要大于在某个方法上获得突破的难度。

在研究方法上,方法和方法论就像是飞机的两个翅膀,都非常重要。如果没有方法作为基石,方法论就成为无源之水,无法起到协调优化各种方法的作用。如果没有方法论,方法就是离散的碎片,无法被整合起来发挥最大的作用,也无法根据理论的指引快速预测并找到最佳的方法。

4.5.10 结果、讨论和结论的不同写法

引言的作用是陈述研究问题的背景、目的和意义,并从文献综述过渡到提出的研究问题,最后简述研究思路,以便引出后续几部分的详细论述。方法和材料的写作也比较简单。相比之下,不少人搞不清楚结果、讨论、结论这三者之间的区别。

4.5.10.1 结果

论文的结果和讨论是围绕论点展开的,而论点在本质上就是针对研究问题的经过证实的假说。学术论文的逻辑结构与科研过程基本是一致的,通常包括五个环节:①提出研究问题(选题);②建立假说(未经证实的论点);③设计试验进行验证;④获得试验结果;⑤分析和推断新的理论或结论。科学研究就是提出假说和验证假说的过程。论文题目选择得好不好,可以用能否提出假说来判断。有人说:"我想研究发动机排气温度在燃料喷射角推迟3°曲轴转角时升高了多少;我假设是50 ℃,这算不算科学假说?"对这个选题的回答,取决于科学问题的凝练性、复杂性、有用性、公共性。科学问题及其假说必须足够凝练、复杂、有用、有公共性,这样才能构成一个有价值的研究题目。对于上述示例,它首先比较琐碎而不够凝练,即仅落在因子-响应参数关系的数值调查层面,而没有上升到机理理论或方法论层面。这种数值调查层面的研究需求在每个专业内都是无穷无尽的,但不值得写论文。而且,如果一个本科生只用10分钟时间就能使用别人建好的模型计算出答案,它也算不上足够复杂,因为它在专业人员眼中是显而易见的,不值得把这种"随处可见好奇心"驱动的数值调查数据记录进科技数据档案库。因此,好奇心不足以成为科学假说。另外,如果对这个示例问题的答案是以偏概全的、不足以形成一条普遍规律而被发动

机专业人员所广泛采用,那么这种带有狭窄局限性的研究问题和假说也是没有什么用处的,充其量只是一个特殊个案,不值得撰写学术论文。最后,选题如果在学科门类(例如工学)或一级学科(例如动力工程及工程热物理)内不具有广泛关注的公共性,很难得到高影响因子期刊的青睐。因此,要想构造论文的结果,必须首先提出合适的科学问题和假说。

所有结果均需与引言中提出的研究问题有关,而且不应以"论证严谨"为借口包含过于琐碎的"灌水"信息。有的期刊要求将结果和讨论分成两部分,多数是希望避免将讨论部分的机理解释(尤其是主观推断)混杂在对结果的客观描述中。实际上,更多的期刊允许将结果和讨论混合在同一部分中,因为这样便于作者在描述完一段结果后就马上展开讨论,从而避免讨论部分与结果图表相距过远而造成来回翻页不方便阅读。结果与讨论之间的最主要区别是结果是只包括数据图表、统计分析和客观描述的事实,不含主观推测、机理解释和文献对比。

4.5.10.2 讨论

讨论必须针对结果展开,不能抛开结果进行无根据的推测,也不能导出结果无法支持的结论。结果和讨论的共同点是均需按照论证论点的逻辑关系排列内容,并且在顺序上保持一致。这个顺序最好与方法和材料部分的内容顺序也保持一致。讨论包括以下七项内容:

(1) 重提引言中提出的研究问题。

(2) 解释论点所涉结果背后的机理或理论,包括使用公式解释。

(3) 指明结果如何能够回答引言中提出的问题。

(4) 在理论分析和文献分析的背景下,对比他人或自己过去已发表工作的结果和结论。

(5) 给出对论点的详细表述。

(6) 指出结果中存在哪些局限性、意外情况和负面结果。

(7) 指出针对未来工作的建议和展望(如果选择不将局限性和建议展望置于结论部分)。

4.5.10.3 结论

结论是对讨论部分所呈现论点的高度概括。在结论中不能出现在结果和讨论部分没有出现过的论据和论点。结论无须重复引言中的研究目的,也不能简单重复方法、结果、讨论和摘要,并切忌使用雷同的文字。

结论包括以下六项简要内容:①回答假说针对的研究问题,总结结果揭示的原理及其普遍性;②总结主要发现和论点;③论点的理论价值、实用价值和意义(重要性);④确有必要列出的具体数据值(需仔细斟酌是否列出);⑤关于本研究与过去发表的论文之间的异同点的简要概括(注意详细论述应放在讨论部分);⑥本研究中尚难以解决的问题和对未来研究工作的建议。

尤其需要注意的是,结论中应较少出现"结果式"的数据描述,除非这个具体数据确实具有论点般的重要意义,即除非新发现、新方法或新技术必须用某个具体数据来表达时。例如,发动机排气温度在燃料喷射角推迟 3°曲轴转角时升高 30 ℃,这种具体数据一般不适合作为结论出现。但是,很多作者(尤其是研究生)的论文都犯有这样的错误,将具体数据或结果当成论点作为结论,这会使学术论文在创新性论点上显得微不足道,在研究问题上显得不够凝练或没什么用处,在格式上显得像是一份企业技术报告。

另外,结论与引言的写法不同。引言的作用是以文献综述的方式介绍研究问题的背景、目的和意义,提出假说,并在结尾处简要介绍研究思路,包括方法、材料、结果和结论,以便铺垫引出这些后续部分的详细论述。结论的写法与引言相比,在句子结构顺序上刚好相反。引言是按照从大到小的范围撰写,从宽泛的大领域背景写到具体的小方向问题,然后论述研究空白,遵循"倒金字塔"模式。然而,结论采用"正金字塔"模式,先总结用具体的方法得到了什么结果,再评论成果在领域中的贡献和意义,最后展望未来的研究工作,即从小到大、从具体到宽泛。

4.5.11 致谢的写法

论文和著作的致谢部分是个非常重要却易被忽视或难于处理的部分。很多人有如下疑问:"致谢的价值究竟是什么?是否只是为了表示感谢?""致谢的写法有哪些规定?""什么是不当致谢?"本节论述这些问题。

4.5.11.1 致谢的功能、重要性和对象

致谢具有区分知识产权和表达感谢两个功能,因此属于尊重知识产权的学术道德行为。致谢所起的作用类似于参考文献的著录,能够界定知识产权,分清作者与非作者对论文的贡献。

《科学技术报告、学位论文和学术论文的编写格式》(GB/T 7713—87)中规定:"在正文后对下列方面致谢:国家科学基金、资助研究工作的奖学金基金、合同单位、资助或支持的企业、组织或个人;协助完成研究工作和提供便利条件的组织或个人;在研究工作中提出建议和提供帮助的人;给予转载和引用权的资料、图片、文献、研究思想和设想的所有者;其他应感谢的组织或个人。"

《中华实验和临床感染病》期刊的投稿指南指出,被致谢者包括:①对研究提供资助的单位和个人、合作单位;②协助完成研究工作和提供便利条件的组织和个人;③协助诊断和提出重要建议的人;④给予转载和引用权的资料、图片、文献、研究思想和设想的所有者;⑤做出贡献又不能成为作者的人,如提供技术帮助和给予财力、物力支持的人,此时应阐明其支援的性质;⑥其他需致谢者。该刊还指出,致谢应避免以下倾向:①确实得到某些单位或个人的帮助,甚至用了他人的方法、思路、资料,但为了抢先发表,而不公开致谢和说明;②出于某种考虑,将应被致谢人放在作者的位置上,混淆了作者和被致谢者的权利和义务。

总之,以下人员适宜在致谢中对其本职工作之外的额外贡献和劳动表示感谢,但不宜作为作者:在论文的选题和构思过程中进行过指导的人;在论文完稿后进行过审阅的人;对论文的部分内容提供过咨询意见的人;仅参加小部分工作的合作者;按研究计划分工负责具体小项的工作者;某小项测试任务的承担者;接受委托或外包进行分析检验和观察的辅助人员;参与常规劳动的人员(包括打字排版、图表清理绘制、行政管理、汽车驾驶、食堂供餐、后勤服务等)。

需要注意的是,对实验室管理员和出版社的论文校对、编辑、排版等例行公务人员,对于他们在本职工作范围内且不产生知识产权的帮助行为,无须在论文中致谢,这样可以避免过度致谢。然而,对于审稿人和期刊编辑提出的重大修改意见,可以采用匿名方式致

谢。当然，有些期刊明确规定不准匿名致谢，如 *Scientific Reports*。

4.5.11.2 致谢的价值、格式和写法

致谢位于期刊论文的结论之后，在参考文献之前。有些期刊论文出于简化格式的考虑，将资助项目名称开列在论文的第一页脚注处，而非单独在文末列为一节。学位论文具有单独的致谢部分。有的专著和教科书将致谢内容放在作者前言或后记的末尾，有的则列为一个独立部分。期刊论文的致谢由于篇幅所限，需比学位论文更加简练，而且结构和写法也有所不同。

硕士和博士学位论文的致谢包括反思语步、致谢语步、提出声明语步，其中致谢语步是主体。由于致谢内容涉及大量对研究背景、资助基金和参与者身份的描述，从中能够提炼很多有用的科技信息和管理信息。因此，从 2004 年开始，学位论文的致谢研究逐渐引起人们的关注，而正式的语步分析也是从那时开启的。反思语步是指作者对科研经历的回顾性评价。致谢语步是指作者对个人或机构的感谢，具体包括三部分：感谢学术支持，感谢提供资源，感谢精神支持。提出声明语步是指作者声明文责和表达受到的启迪，具体包括声明对论文中的不足和错误承担责任，以及将论文作为纪念献予某人。在专著或教科书中，将作品献予某人的声明一般单独展示在书的扉页，而非开列在致谢中。据不完全统计，有 80% 的学位论文致谢基金项目，50% 致谢具体人员，10% 致谢机构，2% 声明论文不代表资助机构的观点，1% 承认研究工作还不够全面（实际上，这种内容更适合放在结论中）。

期刊论文的致谢比学位论文的致谢简短得多，通常只包括致谢语步，而无反思语步和提出声明语步。在致谢语步中，通常只包括对学术支持和提供资源的感谢，而无对精神支持的感谢。所谓精神支持，通常是指配偶、父母、子女、朋友的支持、关心、耐心、亲情和友情。

由于被致谢者不是论文的合作者，而只在某方面对论文有所帮助，对论文的整体水平不承担责任。因此，如果泛泛感谢某专家对论文的帮助或审阅，就可能暗示该专家与论文的整体水平相关或完全同意论文的观点。这通常会造成被致谢者不悦或尴尬。因此，致谢内容在写法上必须具体化，应当言简意赅地说明具体贡献的要点，包括：

（1）致谢对象对论文的选题、思路、观点、论证给予的指导、启发或探讨。

（2）致谢对象在论文审阅时提出的修改意见。

（3）致谢对象为论文提供的参考文献或数据图表。

（4）致谢对象承担或协助的实验、数据处理工作或收集的资料。

（5）致谢对象提供的实验材料和仪器设备。

（6）致谢对象提供的资助项目。

致谢内容具体化的例子如下："本节作者非常感谢以下专家和人员提供的帮助：×××院士提供了用×××设备采集的照片，×××教授鉴定了×××产品的特征，×××博士和×××同学参加了工程采样，法国国家科学中心的×××主任提供了×××样本，美国加州大学伯克利分校的×××教授提供了×××计算模型，×××先生对×××产品的疲劳耐久性结论提出了宝贵意见，在此一并致谢！"

4.5.11.3 不当致谢的表现

擅自致谢、虚假致谢、过度致谢是不当致谢的三种表现。

(1) 擅自致谢。许多期刊在投稿指南的页面明确规定,作者必须取得被致谢人的书面许可,才能将对方的名字列入致谢部分,通讯作者负责获取这种许可。由于不同的人或单位对论文的观点结论和质量水平有不同的看法,并不是每个被致谢人或单位都愿意让自己的名字出现在致谢中,与论文发生关联。每家资助机构也并非都愿意公开资助项目的行为和自己的名字。因此,在将任何人的名字写入致谢部分之前,必须征得对方许可。这确实增加了撰写致谢的负担,造成很多作者"多一事不如少一事"的规避麻烦的想法,降低了致谢积极性。推而广之,在将任何单位的名字写入致谢部分之前,实际上也必须征得对方许可。但是,目前的事实是,在向基金致谢时,多数作者其实并没有征得这些基金的许可,尽管致谢的内容是关于获得基金资助这一公开事实。如果是秘密资助,资助机构可能就不愿意被披露名字。

(2) 虚假致谢。如果以名人、知名专家包装自己的论文,抬高论文的身份,将未曾参与工作的、也未阅读过该论文的知名专家写在致谢中,属于虚假致谢。例如,有的作者并没有与知名学者讨论过,却在致谢部分感谢其指导或讨论;有的作者谎称某知名学者审读过论文或论文是被某著名基金资助,希望借助名人和著名基金的权威性使审稿人产生错觉而顺利通过同行评议。

(3) 过度致谢。它是不当致谢的第三种表现。对于某人或某单位在其本职工作范围内的普通帮助行为,无须在论文中致谢,例如实验室管理员为实验提供药剂。语言夸张、内容夸大的致谢或与论文无关的赞赏,都属于不当致谢,例如感谢歌星、玩伴、食堂美食对自己精神的激励或慰藉。

4.6 学术写作格式规范

4.6.1 学术写作和科研方法的权威参考资料

关于学术素养课程的核心教学参考书,需要从以下三方面选择权威教材满足训练要求:①关于格式要求的中国国家标准(见书末参考文献);②关于内容要求的理工科和医学论文写法;③关于内容要求的社会科学论文写法。推荐以下 14 本书,供教学参考使用。

(1)《科研方法导论(第三版)》,张伟刚著,科学出版社,2020 年。

(2)《科学研究方法概论》,杨建军编著,国防工业出版社,2006 年。

(3)《学海引航——中国名校名师谈论文写作》,章培恒、陆谷孙、杨立新等著,上海高教电子音像出版社,2005 年;尤其是其中郑时龄院士所著文章"如何撰写建筑学学科领域的学术论文"。

(4)《科技论文写作教程(第二版)》,吴勃编著,中国电力出版社,2014 年。

(5)《科技创新与论文写作(第三版)》,戴起勋、袁志钟编著,机械工业出版社,2022 年。

(6)《学术规范与科技论文写作》,李德华主编,电子科技大学出版社,2010 年。

(7)《科技论文写作(第三版)》,郭倩玲主编,化学工业出版社,2023 年。

(8)《中英文科技论文写作教程》,刘振海、刘永新、陈忠财等编著,高等教育出版社,2007 年。

(9)《量和单位规范用法辞典》,王以铭主编,上海辞书出版社,2001年。

(10)《学术期刊论文写作必修课》,[美]Wendy Laura Belcher 著,孙众、温冶顺等译,教育科学出版社,2014年。

(11)《学术写作原来是这样:语言、逻辑和结构的全面提升》,易莉著,机械工业出版社,2024年。

(12)《学位论文写作与学术规范(第二版)》,李武、毛远逸、肖东发著,北京大学出版社 2020 年。

(13)《博士论文写作技巧:博士论文的计划、起草、写作和完成》,[英]邓利维著,赵欣译,东北财经大学出版社,2009年。

(14)《医学科研方法与论文写作(第 3 版)》,殷国荣、郑金平主编,科学出版社,2017年。

4.6.2　学术论文写作规范精要

人们在学术素养方面的最大缺陷之一是论文的格式混乱和错误,严重影响论文的可读性和读者体验,也体现出治学不够严谨认真的学风问题和编辑素养缺失问题。本节简要总结格式要求(出版单位不同,要求略有差异)。

1) 排版格式

论文稿件通常需使用单列排版格式,上下左右页边距 1 英寸(1 英寸=2.54 厘米),每段开头右缩 0.3 英寸,文本向左对齐。正文使用双倍行距,在图表注释、表格、参考文献列表中使用单倍行距。页码置于每页的右上角。

2) 字体和字号

英文采用 Times New Roman 字体,12 号字。中文论文的正文建议使用小四号宋体,行距 20 磅。一级标题使用小三号黑体。标题与上段正文之间空一行。关键词使用小四号黑体。图题和表题使用五号黑体。图表内容使用五号宋体。表格中的文字和符号的字号应比正文中的小一号。参考文献使用五号宋体。注释使用脚注形式和小五号宋体。

3) 标点符号

中文学术论文里常见的标点符号错误是将句号误用为逗号和不用逗号断句。"一逗到底"的错误不仅造成阅读障碍,而且导致中文内容被翻译器翻译成英文时出现语意混乱,影响翻译效果。中文的标点符号与英文的标点符号在样式和大小方面非常不同,比如逗号、句号、问号、冒号、括号等,在文章中不能将中文和英文的标点符号混合使用。很多中文标点符号在英文中并不存在(如顿号和表示数字范围的波浪号)。在英文标点符号后面需空一格(而非两格)续写内容。在中文标点符号后面无须空格。

4) 斜体用法

物理量符号原则上只能使用一个斜体字母(除上标或下标外),不能使用两个字母,避免被误认为是相乘关系。物理量符号(例如压力 p)、代表物理量的下标(例如 c_v)、代表变动性数字的下标(例如 p_i)、代表坐标轴的下标(例如 v_x)均需使用斜体。诸如 $f(x,y)$ 等函数名称(f)及其自变量符号(x、y)、常数(例如 $a=1$)和矩阵元素(例如 A_i)应使用斜体。代表几何图形中的点、线、面、体的字母(例如点 A,线段 AB,弧 CD,$\triangle ABC$,平面Σ)、坐标系符号(例如 x、y、z)应使用斜体。矩阵、矢量、张量符号应使用粗黑斜体。

5) 正体用法

所有计量单位(例如 kg)和单位词头(例如 MJ 的 M 和 μm 的 μ)均使用正体。具有固定定义的函数(例如 sin、exp、ln)、数值不变的数学常数符号(例如自然对数的底 $e=2.7182818$、圆周率 $\pi=3.1415926$)、特殊算子符号(例如散度 div、拉普拉斯算子 Δ、梯度 grad)、运算符号(例如 $\sum$、Π、微分符号 d、偏微分符号 ∂、增量符号 Δ、变分符号 δ)应当使用正体。有特定定义的缩写词(例如最大 max、下确界 inf、按定义等于 def、实部 Re、虚部 Im、转秩 T)、仪器型号或代号(例如电子显微镜 JESM-200)、化学符号、粒子和射线符号(例如氢 H、电子 e、X 射线、γ 射线)均应使用正体。需要注意的是,表示物体的下标或不表示物理量的下标均应使用正体,例如势能 E_p、环境温度 T_a、输出功 W_o、初速度 v_i。阿拉伯数字和表示序号的连续字母(例如附录 A,图 1-a)需使用正体。

6) 数字用法

大于 999 的整数和多于三位数的小数,一律用半个阿拉伯数字符的小间隔分开,不用千分位撇号。纯小数的小数点之前不能省略 0。所有数据应使用国际单位,因为国际单位是我国法定计量单位的基础。

以下场合需使用阿拉伯数字:公元世纪(例如 20 世纪)、年代(例如 90 年代)、年、月、日、时刻(例如 1998 年 2 月 15 日、18 时 6 分 25 秒、18:06:25)、物理量量值(例如 2 米)、非物理量的量词(计数单位)前面的数字(例如 1 根导线、4 组数据、第 5 届)、计数的数字(包括整数、小数、分数、百分数、比例,例如 5,0.5,2/5,67%,1:5)、仪器型号和代号(例如 TL5061 型测试仪、2 号卫星、GB 2483—97)、参考文献列表中的数字(古籍除外)。

以下场合需使用汉字数字:固定词语中作为语素的数字(例如二元一次方程、三氧化二铁、二极管、三相、星期四、第一作者、颠三倒四)、相邻两个数字并列连用表示的概数(例如一两千米,六七十岁)、带有"几"字的用数字表示的概数(例如十几)、中国和世界各国的非公历纪年(例如腊月二十九)、含有月日简称表示事件、节日或其他特定含义的词组中的数字(例如"二·二八"事变,五四运动)、古籍参考文献列表中的数字(例如:许慎.说文解字.四部丛刊本,卷六上,第九页)。

值得注意的是,《出版物上数字用法的规定》(GB/T 15835—1995)中有些规定与其他国家标准的规定不一致。关于数的修约的规定,需要遵循《数值修约规则》(GB 8170—87)和《有关量、单位和符号的一般原则》(GB 3101—93)附录 B 的规则。对实验测定或计算得到的数据经常需要修约。修约并不意味着简单地采用四舍五入的方法。数字的修约是用一个修约数代替一个原有数,而该修约数来自选定修约区间的整数倍。例如,如果修约区间为 0.1,对于 5.424,其修约区间的整数倍是 5.2、5.3、5.4 等。由于 5.4 最接近 5.424,修约数即为 5.4。

7) 公式编排

只需对重要或编有序号的公式居中排版。对于简单的、叙述性的公式可以在文字中嵌入接排。为了节省篇幅,可以将分隔分子与分母的横划线除号改为斜线(/),也可将占据横划线除号下面分母位置的正指数幂形式改为删掉除号变成相乘关系的负指数幂形式,还可将带有复杂上标的指数函数 e^R 改为 $\exp(R)$ 的形式。如果在一行内排不下公式而需要换行时,需要在紧靠=、+、-、×、/等运算符号后断开换行。矩阵和行列式不能转行。如果矩阵或行列式中的诸元素式子太长导致无法排下时，可以使用字符代替元素简化写法，并对每个字符进行说明。

8）插图编排

图表在顺序编排上，需要先见文字、后见图表。每幅插图应随文编排，即插图应出现在文中第一次提到它的文字段的后面，而不应先见插图后见文字，也不应将插图远移到后续的文章段落中，而且不宜将全文的所有插图集中起来放在文末。对于表格，也有相同的规定。插图或表格在其上沿和下沿位置均需与文字段落之间留一空行。图表不能跨节排列。图题置于图的下方。图题和插图必须放置在同一页。图的横纵轴的主尺标和副尺标均需显示容易分辨的坐标刻度（例如 0、10、20、30，或 0、2、4、6、8、10）；不得使用主尺标为 20、副尺标为 4 这种不便读数的搭配；而且需要显示横纵主网格线和副网格线，便于读数。

9）表格编排

期刊论文和学位论文的表格通常需采用三线表，即上、下底使用粗横实线，中间一条线为细横实线，无纵线。对于比较复杂的表格，可以增加横线和竖线。表题置于表格上方。表题和表格必须放置在同一页。如果表格在一页内排不开，可以使用续表形式排版，即在该表出现的页面选择合适的行线处断开，用细线封底，然后在次页重列表头，便于阅读，并在表头上方加注"续表"字样。表题在续表中不可省略。

10）参考文献

参考文献的著录格式可以参考具体的期刊规定和《信息与文献　参考文献著录规则》(GB/T 7714—2015)。该标准参考了《信息和文献　参考文献和信息资源引用指南》[ISO 690:2010(E)]和《文献工作　期刊编排格式》(ISO 8:1977)，并根据我国的情况予以增补。另外，《期刊编排格式》(GB/T 3179—2009)中提到了文章的编排格式，这个信息对于参考文献著录是有用的。参考文献格式规定详见第 5.7 节。

11）校对符号

《校对符号及其用法》(GB/T 14706—93)规定了校对各种排版校样的专用符号及其用法，包括改正、删除、增补、对调、接排、另起一段、转移、上下移、左右移、排齐、正图、改变空距、分开、保留、代替等。这些标准化规定不仅对于出版社编辑是基本功，而且对于审稿人和修改稿件的作者也非常重要。然而，多数科研人员对此非常陌生，甚至不知道还有这样的规定。认真学习校对符号及其用法，对于展现专业化学术素质非常重要。因此，人们经常说，是否懂得使用标准化校对符号是观察一个人是否经历过足够的正规化学术训练的试金石。

4.6.3　撰写学术论文所需的 Word 特殊技巧

学术论文的特点是拥有大量标题、插图、表格、公式和参考文献。学位论文还有目录和页眉、页脚。掌握关于这些内容的 Microsoft Word 排版技能，对于撰写论文有很大帮助。Word 软件的很多基本功能都能够在互联网上或用户帮助手册中方便地查到用法，本节不予赘述。下面介绍九个比较特殊的功能。

1）版式设置

论文排版时需要按照期刊或学校的要求进行版式设置。以 Word 2007 版为例，在"开始"菜单,针对选中的文字,可以设置段落的行距、段距、首行缩进量、字体等。在"页面布局"菜单,可以设置页边距和分栏等。使用"引用"菜单可插入目录。使用"插入"菜单可插入空白页和表格等。

2) 标题和正文样式设置

论文的题目、各级标题、正文、参考文献等在字体、字号和行距方面均有各自的格式。因此,需要在"开始"菜单中的"样式"子菜单里,针对这些部分的内容设置各种样式,供撰写时选用。

3) 目录

目录用来列出学位论文中的各级标题及其页码。学位论文或图书采用四级标题通常已经足够,即章、节、子节、段落群标题,而只需在目录中显示前三级标题。在样式设置中,将各级标题的样式设置好后,在正文写作时即可对应选用。然后,在正文前面插入一空白页,写"目录"两字并换行,而后在"引用"菜单点击"插入目录"选项,即可自动建立目录。以后当章节标题和页号发生变化时,只需右击目录,点击"更新域",便能够自动更新目录。

4) 页眉和页脚

页眉和页脚主要用于学位论文和图书,例如在奇数页的页眉显示论文题目,在偶数页的页眉显示每章的标题,以便查阅。可以双击论文的页眉处进行编辑,选择"奇偶页不同",然后进行设置。

页脚的设置主要是页码的设置。在学位论文或图书中的目录、序和摘要等非正文部分,页码可能需要编排为罗马字母Ⅰ、Ⅱ、Ⅲ等,而非1、2、3等阿拉伯数字。这便涉及多重页码的编辑。对于这种具有不同格式的多个页码系统,需要先分节,再设置页码,即先把目录等部分设置为一节,另外把正文部分设置为另一节,然后针对每节单独编辑页码。双击页脚后,可以选择不同的页码格式。

5) 插图

插入插图后需用鼠标右击插图,在"文字环绕"菜单中选择"嵌入型",以便将插图锁定在插入的光标位置,而不选"浮于文字上方",避免插图在排版过程中乱漂。

6) 公式

可以使用 MathType 软件或 Word 自带的公式编辑器编排公式。推荐使用兼容性相对较好的 MathType 软件。通常采用"嵌入式"版式将公式插入到一个单独的段落位置,即公式另起一段。

7) 图表和公式的自动编号

为了避免在大量插图中插入新图后重新手工编号的麻烦,可以使用题注功能实现自动编号。用鼠标右击第一幅插图,选择"插入题注",然后选择"新建标签",针对每个章节分别设置。例如,对于第一章,设置成"图1-",那么第一幅插图的题注就自动变成"图1-1"。右击第二幅插图,重复此过程,第二幅插图的题注就自动变成"图1-2"。然后,对于第二章的第一幅插图,设置为"图2-",以此类推。表格的表题自动编号方法与插图类似,区别是表题位于表格上方,而图题位于插图下方。如果在插图1-1和表格1-1前面分别插入一张新图和新表,Word会自动修改原图和原表的编号分别为图1-2和表1-2。类似地,可以对公式右击选择"插入题注",将公式编号自动插入公式右侧。

8) 参考文献尾注及引用

所谓尾注是指在文中用数字引注,并将参考文献列表置于论文末尾。为使正文引用处与参考文献列表之间具有自动编号链接功能,需要使用"插入尾注"的功能。如果一篇参考文献在多处被引用,则可以在引用处使用"交叉引用"的功能。

插入尾注的步骤如下:在引用位置选择"引用"菜单中的"插入尾注",此时 Word 会在引用处自动添加编号,并且会将光标移到文档末尾,此时在光标处输入参考文献即可。由于默认的编号形式是 i、ii、iii 等,因此,需要在尾注设置中将编号形式改为 1、2、3 等。当把所有参考文献都写完后,可以一起把编号的上标形式修改为非上标形式,并添加方括号[ ]改为[1]的形式。

交叉引用的方法如下:在"引用"菜单,选择"交叉引用",然后选择适当的引用类型和引用内容。例如,在某处引用已经被引用的参考文献,那么就在引用类型处选择"尾注",引用内容选择"编号"。当在某处引用插图的编号时,就在引用类型处选择"图",引用内容选择"编号"。

9) 批注功能

批注功能(comments)可以用来针对亮色选中部分做笔记或添加注释。这个功能在"审阅"菜单里。批注框以小文本窗口出现在文档右侧。很多作者喜欢在正文中用不同颜色的文字添加注意事项提醒自己。实际上,使用批注功能比在正文中添加文字更加方便和易于区分。作者在看过和处理完批注后,可以使用鼠标右击方式删除批注。

4.7 本科生和研究生的论文写作

4.7.1 本科生和研究生毕业论文开题报告的撰写方法

学位论文开题报告是本科生和研究生开展学位论文工作的前提和基础,是毕业论文质量控制的关键环节。很多高校规定,研究生应在第一学年的课程学习结束后进入开题环节,并在入学后的第三学期结束前通过开题环节,包括在导师的指导下撰写开题报告并通过开题答辩。为了保证学位论文的工作时间,研究生通过开题的时间与论文答辩时间之间的间隔,硕士生一般应不少于一年,博士生一般应不少于两年。通过开题后,原则上不得更改研究内容,即申请答辩时提交的学位论文的研究方向和主要内容应与开题报告一致。

开题报告应当包括以下八个方面的内容:①研究背景:选题的目的、在理论和应用方面的意义和研究价值;②文献综述:拟选课题的国内外研究现状、发展动态和存在问题;③主要论点:重点研究内容、主要研究思路和在学术或实践方面的创新点,即拟解决的主要技术问题和预期成果;④实现途径:拟采取的研究方法和技术路线;⑤进度计划:包括各阶段计划完成的内容以及所需时间和资源等;⑥已有基础:包括个人业务水平、教研室或学科的技术和设备条件;⑦困难疑惑:研究中有待解决的问题,即主要关注的难点和不确定性;⑧主要参考文献。开题报告的格式一般为表格,将上述每项内容设计成相应的栏目,便于填空和避免遗漏。开题报告的字数没有统一规定,一般在 2 000~3 000 字。

开题报告答辩会采取汇报和答辩相结合的方式进行。研究生阐述开题报告的时间通常为15~20分钟。这决定了汇报上述八个方面内容的PowerPoint讲稿的长度需要控制在20~30页。

开题报告选题的课题所属性质通常包括基础研究、应用基础研究、应用研究、开发研究、工程设计等。选题时应当宁可"小题大作",也不要"大题小作",即开题在于精而不在于广,需要避免虎头蛇尾导致在有限的时间内无法完成学位论文。

一份好的开题报告实际就是学位论文的提纲和雏形。只要在试验完成后将数据和图表填入,并添加对结果的讨论,就能整理成学位论文。因此,撰写开题报告的核心是将论文的研究方案(包括主要论点、实现途径、进度计划)细化分解成具体的、可操作的工作计划或分析计划。

由于开题报告是针对研究工作的必要性和可行性所做的分析,那么开题报告就是一种申请书,而不是定论。在未来的研究过程中,可能会推翻原先的推测,也可能得不出想要的结果。成功的开题报告应当避免完全得不出预期结果的灾难性局面,这就要求指导教师在方向上给予指导,在风险上给予把控,而且要求学生在撰写开题报告之前认真完成文献调研和预研工作。在预研阶段和撰写开题报告阶段,学生对工作计划的编写越细致和深入(如从一级标题的章策划到二级标题的节、三级标题的小节甚至四级标题的段落群),就越容易发现问题。在预研阶段对所发现的问题做出调整补充后,开题报告中拟订的工作计划就更加接近毕业论文框架。

开题报告与期刊论文不同。在前述开题报告所应具有的八个部分中,研究背景、文献综述和主要论点的概述对应于论文的引言部分;实现途径对应于论文的材料和方法部分;主要论点的详述对应于论文的结果和讨论部分,区别是开题报告中的主要论点是推测的或最多只有预研结果支持的,而论文中的主要论点则是有论据和详细数据支持的;而进度计划、已有基础和困难疑惑是论文中没有的。

开题报告与科研标书之间的不同在于以下三点:①开题报告通常不需要详细论证科研经费的必要性,因为本科生和研究生的科研通常都是基于已有的科研条件进行,无须申购新的设备或软件。②为了达到人才培养的目的,开题报告的文献综述可以写得比科研标书更加广泛和深入。因此,有些研究生读文献需要耗费半年甚至一年的时间,而很少有人为了写一份科研标书专门读半年或一年的文献。③开题报告是作为学校内部使用的文件,其目的是获得教授或专家的指导。因此,开题报告经常着力暴露困难和疑惑,将问题提出来,并做足预案准备,请评审委员会提出指导意见,并马上据此调整和确定方向或细节。相比之下,科研标书是不能暴露或强调困难和疑惑的,否则不会中标,也没有人给出指导意见能让作者调整内容。

开题报告与企业内产品研发的分析计划或学校内科研项目的分析计划也有所不同。由于分析计划是针对已经确定需要开动的课题所制订的非常具体的、具有很强可执行性的行动计划,而且是由熟悉项目或参与策划的主管批准的,因此通常无须给出文献综述和论述已有基础,而且在困难疑惑和参考文献方面也可以按需从简或忽略。

分析计划包括目的(对应于期刊论文的引言),以及方法、目标和约束条件、关键输入数据、假设(这些对应于期刊论文的材料和方法)。分析计划还包括结果策划,对应于期刊论文的结果部分,但是需要按照What、Who、When、How的"4W"工作计划格式撰写,包括开列交付结果明细、计划用时(小时数)、计划完成日期、执行人、项目进展记录等的列表计划内容。在关于 How 的计划执行部分，分析计划需要策划插图和表格的具体格式和数量，包括定义在设计点和一维或二维参变量扫值中的多条曲线及其横轴和纵轴参数，以及定义试验设计的因子参数、响应参数和响应曲面方法的作图格式等。分析计划的预期结论部分对应于期刊论文的结论。分析计划中关于本项目不足之处的未来研究展望对应于期刊论文在讨论或结论部分的展望。

与分析计划相比，开题报告在文献综述、已有基础、困难疑惑、参考文献这四个方面的论述更多；在研究背景上对应于分析计划的目的；在主要论点上对应于分析计划的预期结论；在实现途径上对应于分析计划的方法等；在进度计划上对应于分析计划的结果策划，但是无须给出插图和表格的具体格式和数量。

4.7.2 本科学位论文的写作方法

大学的三大使命是人才培养、科学研究、社会服务，其核心是人才培养。本科学位是高等教育的第一个阶段，也是为后续研究生教育或职业发展打下坚实基础的重要阶段。由于本科学位论文不涉及很强的重要性、创新性、深广性要求，相比研究生论文，本科论文的正规化训练容易在教学中被忽视。成功撰写本科学位论文离不开在本科学习期间的论文写作训练和学术素养教育。很多大学（尤其是国外的大学）的本科课程要求学生撰写课程论文（term paper），使得课程的学习过程融入写作训练。有些学校在本科第一、二学年开设写作介绍和写作实践之类的课程，并在第三、四学年开设专业写作课程，进行开题、撰写、修改专业期刊论文等训练。相比之下，中国很多学校是在研究生阶段开设专业期刊论文的写作训练课程。

《科学技术报告、学位论文和学术论文的编写格式》（GB 7713—87）指出，学士（本科）学位论文应能表明作者已经较好掌握了本学科的基础理论、专门知识和基本技能，并具有从事科学研究工作或担负专门技术工作的初步能力。具体来讲，学士论文要求学生综合运用本科专业知识解决学科内的简单问题，可以重复或综合前人的工作，但要求具有一定的创见。

理工科学士论文要求在 6 000 汉字以上。文科学士论文的篇幅通常要求在 8 000 汉字以上。虽然在创新性方面要求不高，从学术训练角度讲，本科毕业论文通常建议撰写原创型研究论文，不建议撰写综述型论文。这样做的另一个重要原因是在 ChatGPT 等机器辅助写作工具被广泛使用的背景下，综述型论文更难识别究竟是学生自己写的，还是机器人代写的。

本科论文的质量要求体现在指导教师和评阅教师的评阅意见书中，具体针对开题报告、设计或研究内容、外文资料和译文、工作量、工作态度、设计或论文质量、创新性、应用性、论文写作、文本规范、存在的不足、综合评价等方面给出评阅意见。在论文答辩委员会的评审分数中，各校对各部分所占比例的规定有所不同。例如，有些高校规定开题报告占 5%，指导教师评分占 25%，评阅教师评分占 20%，答辩委员会评分占 50%，论文总成绩合计满分比例为 100%。

本科论文或毕业设计的类型分为设计类、论文类、软件类。在设计类中，学生必须独立完成一定数量的设计图纸，撰写一篇大约 15 000 字的设计说明书，而且工程设计类图纸折合成零号图纸不能少于三张。在论文类中，学生必须独立完成一项研究或实验，撰写一篇6 000~15 000字的论文。在软件类中,学生必须独立完成一个软件或一个较大的软件模块的设计,并撰写一篇大约15 000字的设计说明书。

本科毕业论文或毕业设计的存档资料包括任务书、开题报告、毕业论文(设计)、外文资料、中文译文、过程指导记录表、中期检查记录表、指导教师评阅书、评阅教师评阅书、答辩记录书,以及图纸、实验报告、计算程序或软件等。

本科毕业论文的任务书包括选题依据(包括工作基础、研究条件、应用环境、工作目的)、参考文献、研究内容和指标要求。开题报告要求不少于2 000字,内容包括课题的来源及意义、国内外发展状况、研究目的、内容、方法、计算或实验条件、可行性分析、进度安排、主要参考文献等。其中,课题来源可以是国家级、省部级或横向合作等。

本科毕业论文在内容结构上包括封面、独创性声明、中英文摘要及关键词、目录、正文、参考文献、附录、致谢。论文应当简明扼要、重点突出,对同行专业人员已熟知的常识性内容,尽量减少叙述;对非公知性术语,需解释清楚。论文中的作者姓名当有必要附注汉语拼音时,需按照国家规定,姓在名前,名连成一词,不加连字符,也不缩写。

中文摘要一般为300~400字,介绍研究目的、方法、结果和结论。关键词一般为3~8个。学位论文和专著的目录通常应列至第三级标题,即包含章标题(一级标题,形如1)、节标题(二级标题,形如1.1)、子节标题(三级标题,形如1.1.1)。目录、插图清单、表格清单、符号表、缩略语表是学位论文独有的,期刊论文通常不设置。图表清单需要包括插图和表格的编号、图题、表题和页号。学位论文的图表通常分章独立编号,便于后续添加或删减。符号表按照英文大写、小写、英文字母顺序和希腊字母顺序排列。符号表中还可以包括上角标表和下角标表。需要特别注意正体和斜体的规定。物理量符号需要使用斜体。数字和表示物体的上、下角标通常需要使用正体。代表物理量的上、下角标通常需要使用斜体。缩略语用于定义在论文中使用的本专业领域的缩略语、新定义的缩略语、频繁使用的规范缩略语。

正文包括研究背景、研究目的、国内外研究现状和文献、理论分析方法、模拟计算方法、设计方法和流程、实验装置、测试方法、设计、分析、测试的结果、机理解释讨论和文献对比讨论、结论、意义和展望等。理工科论文基本采用引言、方法、结果、讨论、结论的结构框架。

参考文献只应列出作者直接阅读过且在正文中被引用过的文献资料。应当尽量多引用期刊论文和专著,少引用会议论文、工具书和教科书。参考文献一般不应少于15篇。参考文献可以采用顺序编码制,也可以采用著者-出版年制,但全文必须统一。在正文中,如果有个别名词或情况需要解释时,可使用脚注添加注释说明,即在文中使用阿拉伯数字编号和上标脚注的模式。

4.7.3 硕士学位论文的写作方法

硕士学位论文按照研究课题类别可以分为基础理论研究、技术创新研究、实际应用研究。前两类论文适用于学术型学位研究生,第三种适用于专业学位研究生。

根据《中华人民共和国学位条例暂行实施方法》,"硕士学位论文对所研究的课题应当有新的见解,表明作者具有从事科学工作或独立担负专门技术工作的能力"。《科学技术报告、学位论文和学术论文的编写格式》(GB 7713—87)指出,硕士学位论文应能表明作者已经掌握了本学科坚实的基础理论和系统的专门知识,对研究课题具有新的见解,并具有从事科研工作或独立担负专门技术工作的能力。

硕士论文要求学生能够对本专业的疑难问题提出独立的、系统性的新见解,在学术上具有一定的理论意义和实践价值。但是,相比博士论文,硕士论文在重要性、创新性和深广性方面的要求并不很强,对从事科研工作的能力要求也不高,虽然需要明显高于本科论文。导师对研究内容难度的把握很重要。虽然硕士学位论文的内容应当基本能够达到期刊发表的水平,但是需要注意在难度上不应将硕士论文写成博士论文。理工科学术型硕士学位论文的字数通常要求3万~4万汉字,专业型硕士学位论文的字数要求在2万汉字以上。硕士论文通常不能是综述型论文,而必须是原创型研究论文。

硕士论文评审书通常按照优秀(100~90分)、良好(89~76分)、一般(75~60分)、较差(60分以下)四挡评分,并按照以下分项标准进行评审。

(1) 论文选题:能与工程实践相结合,有理论意义,有实用价值或社会效益。

(2) 文献综述:全面了解本领域的学术动态,并能很好地评述。

(3) 创新性及论文水平:理论运用灵活,论证严密;有创造性见解,成果突出。论文提出的新见解、新方法具有一定的价值。理工类论文成果对技术进步、经济建设、国家安全等方面产生一定的影响或作用;人文社科类论文成果对文化事业的发展、精神文明建设产生一定的影响和作用。

(4) 能力体现:论文体现的理论基础的扎实程度;本学科及相关学科领域专门知识的系统性;分析问题、解决问题的能力;研究方法的科学性,包括理工科论文是否采用先进技术、设备、信息等进行论文研究工作,人文社科类论文是否引证资料翔实、研究内容深入。

(5) 论文写作:引文的规范性,学风的严谨性;论文语言表达的准确性、流畅性;结构的严谨性,推理的严密性、逻辑性;书写格式及图表的规范性。

硕士学位论文的撰写步骤大体包括以下六步:①提出问题;②文献综述;③确定研究框架或提纲;④选择研究方法;⑤收集和分析数据;⑥做出结论。根据这些步骤,在指导方式上,如果说博士研究生的科研和写作是在导师的粗放指导下基本上独立完成的,那么硕士研究生的专业入门、科研和写作就是在导师的详细培训下一步步手把手地教出来的。

关于引言部分,为了考核学生确实已经掌握了坚实的基础理论和系统的专门知识,学位论文有必要给出关于历史回顾和前人工作的文献综述,并单独成章。因此,很多高水平的学位论文的引言章节比期刊论文更适合作为学科入门教材。需要注意的是,学位论文的读者是相关专业人员,由于不是给外专业人士看的,因此对本专业的名词术语不必解释。外专业人员如果想学习名词术语,需要查阅教科书,而非论文或专著。硕士学位论文的参考文献一般不应少于50篇。研究生学位论文通常由不止一个论点或子课题构成,可以分章分别论述每个论点。此时,引言章应当针对后续分章的各子课题进行协调统一的关联性论述。

另外,由于科研方法是研究生训练的重点,学位论文特别强调对本专业领域科研方法的全面论述和总结,用以展示学生的学习收获,而期刊论文则没有这种要求。

规范的硕士学位论文包括以下内容:封面(含标题、院系、专业、研究方向、作者姓名、导师姓名等),版权声明,学位论文独创性及使用授权声明,中英文摘要(各校字数规定不同),关键词(3~8个),目录,图表清单,缩略语表,引言,正文(含材料和方法、结果、讨论三部分,可按照每个子课题各写一章的方式在每章中论述这三部分),结论,参考文献,致谢(后记),研究生在校期间的科研成果(包括公开发表的论文或专著、经正式鉴定的科研成果、SCI等数据库收录情况、参加的科研项目或企业研发项目等)。

4.7.4 硕士学位论文与期刊论文的异同

随着很多学校对硕士研究生毕业发表期刊论文的要求逐步增加,硕士学位论文与期刊论文之间有何异同,是广大研究生和指导教师们普遍关心的问题。硕士论文要求达到能够在学术期刊发表的水平。不同的学术期刊具有不同的影响因子。硕士论文应当能够发表在低影响因子期刊,而博士论文应当能够发表在高影响因子期刊。

从表4.5可见,硕士论文与期刊论文之间的主要区别在于引言和方法的篇幅以及论点数量。

表4.5 硕士学位论文与期刊论文的对比

项目	硕士学位论文	期刊论文
目的	考核学位教育的研究生学习和科研成果,证明达到学位要求,可以并需要把学到的内容有选择地、有关联地写进学位论文	公布创新性科研成果,建立学术信誉,踏入学术圈
读者	导师和学位论文评审委员会的教授	专业学术领域内的同行科研人员
篇幅	几十页,几万汉字或英文单词。学位论文通常比期刊论文篇幅长	通常4~6页期刊版面,3 000~6 000汉字或英文单词
摘要	较长,至少300个汉字或英文单词	较短,一般300个汉字或150~250个英文单词
关键词	较多(因为各章内容不同)	较少(因为聚焦一个主题或论点)
辅文	需要有目录、插图清单、表格清单、符号表、缩略语表	无目录、插图清单、表格清单,有时可以有符号表和缩略语表
引言	详细展示文献的熟悉程度和课题的各方面背景。文献综述可以详细、全面而完整	简要叙述论题研究的目的、必要性、重要意义。文献综述需精练
材料和方法	可以完整论述各种相关方法,即方法论	只需介绍论文中用到的方法
结果和讨论	可以分章论述每个论点的结果和讨论	至少论述一个论点。可在"结果和讨论"部分按子节论述多个论点
结论(论点)	总结全局性大论点,局部的小论点(子课题论点)通常放在各章末尾的总结中	总结至少一个论点(可大可小),如果有更多论点或若干子课题论点,可以放在各节末尾的总结中
致谢	长篇(1页)回顾性致谢	几行字的简短致谢
参考文献	包括引用的期刊论文、会议论文、专著、工具书、教科书、专利等	包括引用的期刊论文、会议论文、专著等,通常不包括工具书、教科书、专利
附录	针对计算、设计或测试的详细数据和介绍	满足重现性要求的简要数据和介绍

1) 引言和方法的篇幅

文献综述和方法论调研是研究生创新性训练的基础。由于研究生学位论文需要展示研究生对科研工作方法和专业文献的熟悉程度和学习收获并经受学位论文委员会考核,而期刊论文只需报告科学发现,因此研究生学位论文在引言的文献综述部分和方法的方法论部分所论述的内容要比期刊论文更加庞杂,篇幅也更长,能够允许甚至鼓励包括与论点不太相关的在文献综述和方法论方面的学习体会总结,展示研究工作量。相比之下,期刊论文不得包括任何与论点无关的学习体会总结。

2) 论点数量

硕士和博士研究生学位论文通常具有不止一个论点,分别使用多章对应多个相互关联的课题或子课题。相比之下,一篇期刊论文只需具有一个论点(可大可小),对应一个课题或子课题。当把学位论文按章拆开发表成期刊论文时,每章可以是一篇期刊论文。当把学位论文浓缩发表成期刊论文时,学位论文中关于每个子课题(分论点)的每一章中的结果和讨论就是期刊论文中"结果和讨论"部分的每一节。

4.7.5 博士学位论文的写作要求和误区

获得博士学位是人生发展中最重要的里程碑之一。博士学位也是任职高校、研究所、大公司产品研发中心等单位的必需资格。很多学术名家在年轻时期的博士论文都成为他们所在学科的开山之作。博士论文不仅具有学术训练意义,而且是对学科发展做出原创性重大贡献的成果总结。本节简述博士学位论文的写作要求和八个误区。

1) 博士学位论文的写作要求

《科学技术报告、学位论文和学术论文的编写格式》(GB 7713—87)指出,博士论文应能表明作者已经掌握了本学科坚实宽广的基础理论和系统深入的专门知识,并具有独立从事科研工作的能力,在科学或专门技术上做出了创造性的成果。具体来讲,博士论文要求具有较高的学术价值,并能够以创造性成果对学科发展起到重要的推动作用。博士论文的篇幅通常要求至少 7 万汉字,一般为 10 万~20 万汉字,篇幅的规模相当于完整而系统的学术专著,具有发表的价值。博士论文不能是综述型论文,而必须是原创型研究论文。

博士论文评审书通常按照优秀(100~90 分)、良好(89~76 分)、一般(75~60 分)、较差(60 分以下)四挡评分,并按照以下分项标准进行评审。

(1) 论文选题:选题的前沿性、开创性,对国民经济、科学技术或社会科学发展具有的理论意义、实用价值。

(2) 文献综述:对本学科及相关领域发展状况和学术动态的了解及评述。

(3) 创新性及论文价值:探索了有价值的现象、新规律,提出了新命题、新方法;纠正了前人在重要问题的提法或结论上的错误,从而对该领域科学研究起了重要的作用;创造性地解决了自然科学、社会科学或工程技术中的关键问题。

(4) 能力体现:在本学科及相关领域掌握了坚实宽广的理论基础和系统深入的专门知识。已具有很强的独立从事科学研究工作的能力;采用了先进技术、设备、方法、信息;论文研究的难度较大、工作量饱满。

(5) 取得的成果及效益:在国内外重要刊物上发表与论文有关的学术论文;获得专

利、奖励、专著等成果；论文成果创造了一定的社会经济效益。

（6）论文写作：引文的规范性，学风的严谨性；论文语言表达的准确性、流畅性，结构的严谨性，推理的严密性、逻辑性；书写格式及图表的规范性。

（7）创新点的评分。

如果评审结果达到"优秀"，说明论文达到博士论文要求，可以答辩。如果达到"良好"，表示论文达到博士学位论文要求，但需对论文内容及文字进行适当修改后才能答辩。如果达到"一般"，说明论文基本达到博士学位论文要求，但需对论文内容进行较大修改后重新送审。如果被评为"较差"，说明论文未达到博士学位水平，不能答辩。

2）博士论文的写作误区

第一个误区是认为两个硕士学位等于一个博士学位。虽然扣掉修课时间后在学制的研究时间上四年博士与两年硕士相比只增加一倍，发表的期刊论文数量可能也只增加一倍，但是博士论文在重要性、原创性和深广性上比硕士论文增加的倍数远不止一倍，因为博士研究与硕士研究的性质完全不同。打个比方，硕士生的科研就好比是学习打一只奔跑的兔子，导师告诉学生兔子在哪里，并教给学生瞄准和射杀兔子的本领；而博士生的科研则好比是学习打一只看不见的活狮子，导师确定这只狮子是存在的，但是并不知道其确切位置，需要学生先自己将这只狮子找到，再独立发明创造一种新方法捕获狮子。

第二个误区是认为好的科研工作能够自然造就好的写作成果。实际上，科研能力与写作能力是两种完全不同的能力。尽管好的科研发现能够增加论文的含金量，但并不能保证论文在可读性上是合格的。写作行为是思考行为的必要延伸。博士生作为独立科研人员，有责任成为学术写作专家。

第三个误区是好的语法能够自然造就好的逻辑。其实不然，语法和逻辑是两个不同的概念。正如语法给人们提供了运用语言的规则一样，逻辑给人们提供了思维的规则。概念明确、判断恰当，推理富有逻辑性、论证富有说服力，这是对学术论文从逻辑学角度观察的基本要求。逻辑学作为哲学的一部分，一直是广大科研人员所欠缺的训练内容。逻辑思维过程包括形成概念的过程、运用概念构成判断的过程、运用各种推理形式从已知判断推出新的判断的过程，而且包括综合运用各种推理形式和逻辑规律提出和验证假说以及进行逻辑论证的过程。虽然人们很多时候能够根据中小学时代学到的简单自发的逻辑思维做到在布局谋篇时条理清楚，但是如果出现严重的逻辑混乱、条理不清、概念模糊、因果倒置、推理错误、论据缺乏等问题，就有必要接受正规的逻辑学训练，掌握关于概念、判断、推理、假说、论证、逻辑规律的基本知识，并在逻辑学理论指导下产生自觉的逻辑思维。逻辑学训练能够帮助科研人员准确表达思想，严密进行论证，识别谬误和诡辩。正如所有理工科人员都应当接受一些系统工程、可靠性工程、试验设计与优化这三大通用基础训练一样，所有学术作者都应当接受一些逻辑学训练。

第四个误区是分不清两种博士学位论文体例之间的区别。第一种博士论文称为非文集式论文，又称"大部头"论文，是采用一系列内容结合紧密的章论述一个主题。第二种博士论文称为文集式论文，是将几篇能够独立发表为期刊论文的具有一定关联的内容汇集起来。社会科学经常使用非文集式论文。理工农医领域经常使用文集式论文。

第五个误区是将博士论文写成文献综述或教科书。博士学位论文需要有文献综述部分,但不能过度或写成教科书。仅靠文献综述和教科书式的写作,无法满足硕士和博士学位论文的原创性要求。有些博士生由于花费了太多时间阅读文献,舍不得删减文献综述。虽然文献综述能够体现学习工作量,但是过多的文献综述会让大量只关心原创性内容的评委失去耐心。

第六个误区是使用错误的紧缩模式撰写学位论文。论文的核心部分是原创性内容,它揭示新事实的发现或展示独立判断能力的运用。其余部分称为非核心部分,包括导入内容和导出内容。导入内容是指为了让核心内容容易理解而增加的铺垫内容,包括文献综述。由于很多读者喜欢快速翻过导入内容而直奔核心部分,导入内容不宜过多。导出内容是指在论文末尾对研究发现进行综合性概括重述以及对研究成果进行展望的部分。一般来讲,导入内容最多只能占据两章篇幅,核心内容应占据五章,导出内容占据一章。由于核心内容是体现作者作为原创性角色的重要部分,如果导入内容过多,或者在介绍自己的原创性工作之前过度评论他人工作,评委很可能并不相信你的评论。所以,最好是将要对他人研究的一些文献评论后置融入核心部分的讨论中。正如邓利维所著《博士论文写作技巧:博士论文的计划、起草、写作和完成》指出的,学位论文的写作模式分为紧缩模式、展开模式、折中模式。在紧缩模式中,前几章使用超过论文一半篇幅的大量篇幅论述大范围的文献综述和方法及材料,而只留一小半篇幅撰写核心内容。这种模式是由于博士生在文献综述和科研前期准备工作上花费了过多时间,导致虎头蛇尾不得不草草收场。相比之下,在展开模式中,只用很少的一章篇幅进行简短的小范围文献综述,留出大量的篇幅给核心内容,并留出足够的几章在核心内容之后分析相关文献和进行范围更加广泛的文献论述。展开模式的章节内容篇幅顺序与紧缩模式刚好相反,是一种值得提倡但难度较大的写作模式。介于紧缩模式和展开模式之间的模式称为折中模式,它将全部文献综述前置在核心内容之前,但不像紧缩模式的综述那么多,并在核心内容之后留出大量篇幅撰写分析和讨论。

第七个误区是忽视使用四级标题提纲进行写作。四级标题是指章(如第 1 章)、节(如第 1.1 节)、子节(如第 1.1.1 节)、段落群标题(如第 1.1.1.1 节,或不编号的黑粗体)。仔细通盘策划和调整四级标题结构在写作上是一件事半功倍的高效率做法,能够避免信马由缰地逐段写作造成的大量无用功。

第八个误区是未能在引用参考图书时标注完整页号或章节。博士学位论文与期刊论文的一个不同之处是审查人员有更大的责任预防错误和防止剽窃。这造成很多评委去查找并核对每处引用内容的来源。如果不完整标注页码或章节号码,会造成评委阅读不便,并对论文产生不良印象。博士学位论文的参考文献一般不应少于 100 篇。

4.8 发明专利写作

4.8.1 专利的种类和费用

关于专利申请,很多科研人员存在以下三个疑问:首先,哪里能够查到最新的官方申请收费标准,并据此能够判断和比较不同的专利代理机构的服务收费是否合理?第二,专利的维护费用(年费)是多少?第三,是否需要和如何申请国际专利?本节讲述这三个问题。

最新的专利官方收费标准发布在国家知识产权局的网站,具体包括以下两个位置。

(1) 收费标准开列在"首页＞服务＞专利＞办事服务＞专利申请指南＞费用"的位置:https://www.cnipa.gov.cn/col/col1518/index.html,包括两份公告文件:"专利和集成电路布图设计缴费服务指南"和"专利收费、集成电路布图设计收费标准"。

(2) 收费管理政策发布在"首页＞专题＞收费管理"的位置:https://www.cnipa.gov.cn/col/col2468/index.html,包括多份公告文件,例如:《关于执行新的行政事业性收费标准的公告》(第 244 号)、《关于印发〈专利收费减缴办法〉的通知》(财税[2016]78 号)、《国家知识产权局关于外观设计专利年费、单独指定费有关事项的公告》、《国家知识产权局关于调整专利收费减缴条件和商标注册收费标准的公告》(第 316 号)、《关于停征和调整部分专利收费的公告》(第 272 号)。

现将国家知识产权局的专利最新收费标准简要总结如下。发明专利、实用新型专利、外观设计专利的申请费分别为 900 元、500 元、500 元。如果只有一个申请人,满足减费要求后对这三种专利分别应缴 135 元、75 元、75 元。如果有两个及以上申请人,满足减费要求后分别应缴 270 元、150 元、150 元。权利要求附加费从第 11 项权利要求起每项加收 150 元。说明书附加费从专利说明书的第 31 页起每页加收 50 元,从第 301 页起每页加收 100 元。发明专利公布印刷费为 50 元。优先权要求费每项为 80 元。发明专利申请实质审查费为 2500 元。满足减费资格后,如果只有一个申请人,应缴审查费 375 元;如果申请人多于一个,应缴 750 元。发明专利、实用新型专利、外观设计专利的复审费分别为 1000 元、300 元、300 元。如果只有一个申请人,满足减费资格后对这三种专利分别应缴复审费 150 元、45 元、45 元。如果有两个及以上申请人,满足减费资格后分别应缴复审费 300 元、90 元、90 元。维护费用(年费)见表 4.6、表 4.7。

表 4.6 发明专利的年费(引自中国国家知识产权局网站)

费用种类	全额/元	一个申请人减费后应缴/元	两个及以上申请人减费后应缴/元
1~3 年(每年)	900	135	270
4~6 年(每年)	1 200	180	360
7~9 年(每年)	2 000	300	600
10~12 年(每年)	4 000	600	1 200
13~15 年(每年)	6 000	900	1 800
16~20 年(每年)	8 000	无减费	无减费

表 4.7　实用新型专利和外观设计专利的年费（引自中国国家知识产权局网站）

费用种类	全额/元	一个申请人减费后应缴/元	两个及以上申请人减费后应缴/元
1～3 年（每年）	600	90	180
4～5 年（每年）	900	135	270
6～8 年（每年）	1 200	180	360
9～10 年（每年）	2 000	300	600

申请费、发明专利实质审查费、自授权当年起十年内的年费、复审费按照《专利收费减缴办法》及一个申请人 85%、两个及以上申请人 70% 进行减缴。如果想废除别人的专利，需要缴纳无效宣告请求费，这笔费用对于发明专利、实用新型专利、外观设计专利分别为 3 000 元、1 500 元、1 500 元。

各国对于发明专利的规定基本一致。有些国家没有实用新型专利或外观设计专利。专利具有国家性，即在哪个国家申请了专利，就在哪个国家获得专利保护；如果没有在某个国家申请专利，那就不能在该国获得专利保护。申请国际专利主要是因为相应的产品有国际化需求。如果不打算进入国际市场，就没有必要申请国际专利，因为申请国际专利的费用比较昂贵。

国际专利的申请方法分为按照巴黎公约途径申请和按照 PCT 途径申请。PCT 是 *Patent Cooperation Treaty*（《专利合作条约》）的英文缩写。在没有建立 PCT 途径之前，如果想在多个国家申请发明专利，只能通过巴黎公约途径向每个国家单独提交申请，这个过程重复、烦琐而昂贵。为了简化流程和节省费用，使申请人只需递交一次申请即可申请多个国家的专利保护，世界知识产权组织建立了 PCT 途径。

PCT 专利申请分为国际阶段和国家阶段。国际阶段由国际受理、形式审查、国际检索、国际公布（颁发公开号）、国际初步审查（非必须）等步骤组成。当中国的个人或单位向中国专利局提出用中文撰写的国际专利申请后，在国际阶段，除国际公布是由世界知识产权组织国际局（简称国际局）执行外，其他程序均由中国专利局执行。中国专利局作为国际初步审查的受理单位对国际申请进行审查后，会将报告送交国际局转交申请人和指定国家。申请人根据报告自行决定是否启动国家阶段的申请，以期向希望获得专利的国家的专利局寻求专利授予。申请人需在自优先权日 20～30 个月内办理进入指定国家的申请手续，缴纳国家阶段费用，递交翻译成该国语言的国际申请译本。

相比巴黎公约途径，使用 PCT 申请国际专利有以下三个好处：

(1) 简化向外国申请专利的手续，并延长优先权期限。申请人只需提交一份 PCT 申请，即可在自申请日起 20～30 个月内向多个国家申请专利，而不必赶在 12 个月的优先权期限内向每个国家分别提交专利申请。12 个月的优先权期限指的是当中国的个人或单位向中国专利局提出国家申请后，可以按照巴黎公约在 12 个月内提出国际申请，并要求优先权。这样，申请人就有 12 个月的时间考虑是否有必要向外国申请专利。当然，中国的个人或单位也可以不向中国专利局申请而直接向外国提出国际申请。

（2）PCT申请给出的国际检索报告和国际初步审查报告能够帮助申请人了解现有技术状况，判断发明是否具备授予专利的前景。如果报告表明该发明不具备新颖性、创造性和工业实用性，则申请人可以考虑不进入国家阶段的申请，以便节省费用。

（3）某些国家对通过PCT途径申请的国际专利的国家阶段费用比通过巴黎公约途径申请的更低。

4.8.2 发明专利申请书的撰写方法

很多高校为了促进科研成果的实用性，在科研绩效考核政策上鼓励教师申请发明专利或实用新型专利，将专利与高水平论文在学术水平认定上同等看待。这两者在学术水平上是否等效，是个复杂话题，姑且不详细讨论，这里只需要强调专利写作非常重要，不可忽视。作为一名高水平科研人员，既需要有论文，也需要有专利，这就好比不少理工科院士既需要有论文，也需要有专著一样。对于某些具有商业化前景的科研成果，可以并应该先申请专利，然后再发表论文。专利与论文在格式和内容上均非常不同，都不容易撰写，而且都需要具有新颖性。很多高校、科研院所和企业的科研人员不了解专利的写作方法。本节简要介绍发明专利申请书和专利代理技术交底书的写法。

在申请发明专利时，需要提交四份文件，包括专利说明书、说明书附图、说明书摘要、权利要求书。多数科研人员不熟悉专利写作和审查的格式要求，因此需要专利律师事务所的代理人员代笔写作这四份文件。那么，为了配合代理人员完成格式化写作，发明人需要向代理人员提供详细的专利技术交底书。技术交底书虽然在行文格式上要求不那么严格，但在实质内容上仍需包括上述四份文件的内容。技术交底书需要充分描述背景技术，准确界定发明点（创新点），充分公开技术方案，描述设计思路，详细论述技术效果，提供足够多的实例用于支持发明方案的保护范围。技术交底书的详细程度是以同领域技术人员看完后能够按照记载的内容解决问题为准。

专利说明书主要包括名称、技术领域、背景技术、发明内容、具体实施方式五部分。相比之下，学术论文通常包括引言、方法和材料、结果和讨论、结论和展望、参考文献、附录六个主要部分。专利的说明书附图必须单独成文，不能混在发明内容的文字中，而且附图多为无须标注尺寸或数据的黑白线条示意图。在专利说明书的发明内容和具体实施方式部分，需将附图内容用文字表述出来。相比之下，论文中对于插图的文字描述则没有如此严格的规定。

关于什么内容不能写成专利，我国专利法规定："对下列各项，不授予专利权：（一）科学发现；（二）智力活动的规则和方法；（三）疾病的诊断和治疗方法；（四）动物和植物品种；（五）用原子核变换方法获得的物质；（六）对平面印刷品的图案、色彩或者两者的结合做出的主要起标识作用的设计。"而且进一步规定："智力活动的规则和方法是指导人们进行思维、表述、判断和记忆的规则和方法。如果一项权利要求，除其主题名称以外，对其进行限定的全部内容均为智力活动的规则和方法，则该权利要求实质上仅仅涉及智力活动的规则和方法，也不应当被授予专利权。""疾病的诊断和治疗方法，是指以有生命的人体或者动物体为直接实施对象，进行识别、确定或消除病因或病灶的过程"，其不能被授予专利权的主要原因是："出于人道主义的考虑和社会伦理的原因，医生在诊断和治疗过程中应当有选择各种方法和条件的自由。另外，这类方法直接以有生命的人体或动物体为实施对象,无法在产业上利用,不属于专利法意义上的发明创造。因此疾病的诊断和治疗方法不能被授予专利权。"

发明专利审查通常按照以下三个环节进行:①确定与发明方案最接近的现有技术;②确定发明方案的区别技术特征和实际解决的问题;③判断申请的发明方案对该领域的技术人员来讲是否显而易见。因此,专利说明书需要围绕这三个环节的要求撰写。

在专利说明书或技术交底书的具体内容写作方面,发明名称需要简短准确地指出发明创造的名称(最多25个汉字为宜)。所属技术领域需要简单说明发明创造属于什么具体领域,便于分类和检索。

背景技术需要介绍同类现有技术的状况,介绍现有方案如何实施,针对发明方案进行比较,可以引述现有专利文献、文章、论文、教科书等,说明现有技术存在的缺点。发明目的需要指出本发明的目的是什么,解决什么技术问题或克服现有技术中的什么缺点。发明内容需要结合附图,清楚详细地叙述该发明创造的技术内容,并导出具体实施方案。

具体实施方案详细描述本发明的实现过程。对于公式类、模型类发明,需要写明公式推导的原理或建模原理,说明改进后的公式或模型的由来。对于机械类和电路类发明,需要写明部件组成、系统组成、连接关系、位置关系、工作原理、每个模块的功能、模块之间的交互关系等。对于方法类发明,需要依据流程图写明方案,针对每个步骤写明实现过程。另外,需要详尽写明所有替代方案,以便扩大专利的保护范围,防止他人绕过本发明去申请具有同样效果的发明。

发明的权利要求保护点应当是基于发明内容提炼出来的关键创新点,便于专利代理人撰写权利要求书,包括独立权利要求和从属权利要求,确保上位概括的技术特征能够解决本发明要解决的技术问题,而且上位概括的技术特征不能囊括现有技术。

技术优点和有益效果需要指出本发明是从什么技术优点导出了什么有益效果,结合发明点详细分析为什么能够解决前面提到的技术问题,可以定性或定量地描述质量、效率、成本、环保、精度、使用寿命等指标。

第 5 章
文献检索与引用

学术研究是基于文献的。学术写作离不开文献检索与引用的支持。文献检索与引用中存在大量新鲜内容对于科研人员是陌生的，比如文献计量学和新兴的文献管理数据库。本章论述文献检索与引用中的概念和方法，夯实文献引用基础，开拓情报意识视野。

■ 5.1 专业技术人员应当了解的文献计量学

文献检索有三个作用：①文献计量学分析；②科技查新；③查阅文献和下载文献。文献计量学（bibliometrics）是文献学、情报学与数学、统计学等相互交叉和结合而产生的边缘学科，也是情报信息科学体系中的一个重要分支学科。它对学术文献的数量、被引用次数（又简称引用次数）、相关性等指标进行定量分析。初看起来，文献计量学分析似乎只是图书馆人员、科技情报人员或科研管理人员的工作。实际上，文献计量学作为学术素养中的重要内容之一，是各个学科领域的每个专业技术人员都应当熟悉和善于运用的。而且，专业技术人员能够从"发表后同行评议"的角度对文献计量学指标进行补充。另外，文献计量学作为能够规划学科发展的强大工具，是科研人员尤其是系统设计人员应当擅长使用的。本节简述文献计量学在专业技术人员日常工作中的重要作用。

情报工作和情报意识在任何领域历来均被高度重视。在军事领域，侦查情报工作与作战参谋和训练业务一样，在司令部建设中极为重要。在科研领域，情报工作不仅能够帮助规划科研方向，而且能够帮助判定科研工作绩效。各领域专业技术人员应当熟悉和善于运用文献计量学，原因有三：第一，关于论著的文献计量学数量指标和质量指标通常被各单位逐级分解后用于业绩考核。因此，科研人员必须在开展工作和发表论著之前熟知单位的考核要求。第二，文献计量学能够分析揭示每个专业方向的文献数量、影响因子、资助资金来源、文献引用次数、作者合作强度、国际合作广度、机构排名、聚类热点和高被引论文等，产生"知识地图"，发现科研空白。这一点对于从事学科规划的系统设计人员尤为重要。第三，文献计量学用于学术评价的论文数量和被引次数等指标饱受质疑和诟病，急需引入发表后同行评议机制予以补充完善。

在对个人、单位和国家的科研能力评价方面，可以选择的指标有很多，比如科研经费、课题结题成果、获奖科研成果、学术论文、学术著作、发明专利、科研人员资历、项目进展情况、经济效益、社会效益等，可以分别赋予不同的权重。其中，文献计量学指标，特别是关于学术论文数量和质量的评价指标占据主导性地位,包括论文和专利的被引频次、高被引论文、基金论文比、期刊影响因子(impact factor)、H 指数等。影响因子是指某期刊前两年发表的论文在报告年份中的被引用总次数除以该期刊在这前两年内发表的论文总数,即期刊的篇均引用次数。如果一个作者的 H 指数等于 6,表示该作者有 6 篇论文分别被引用了至少 6 次。

被引次数是反映论文影响力的重要指标,它是衡量一个学者或科研机构被同行认可的标志之一,也反映某个研究方向的活跃程度。科研人员发表的学术论文的影响力体现在同行关注程度上,而研究成果被同行在论文中引用是最重要的表现形式之一。不被别人引用或很少被引用的论著基本上是价值不大的。被他人引用的次数越多,说明受到的关注就越多,影响范围就越大。这就是被引次数通常能够说明论著的学术水平或质量的原因。文献计量学在科技实力评估中的作用集中体现在使用科学引文索引(SCI)和期刊引证报告(JCR)进行引文分析的实践。它奠定了文献计量学在科技评估特别是科技论文和期刊评估中的重要地位,得到各国学者和单位的普遍认同。可以说,没有 SCI,就没有文献计量学的实际运用和发展。重视科技情报工作,就要推崇文献计量学。推崇文献计量学,就要尊重 SCI。这些都是一脉相承的关系。

文献计量学分析包括数量分析、引文分析、相关性分析(又称选择因子分析或同行评议分析)。各大数据库的表征论文的数量和质量的各种文献计量学指标在世界各国的各种机构排名、大学评比、基金申请评定、成果申报、职称评审等活动中发挥着不可替代的重要作用。例如,在比较国际论文的被引用情况时,很多量化指标来自基本科学指标(Essential Science Indicators,ESI)数据库。期刊的影响因子和个人的 H 指数也都是基于引用次数的统计指标。当然,学术能力和学术成果是复杂的,如果单靠引用次数等文献计量指标来衡量一切,是片面和错误的。引文分析应当只是同行评议的补充,而不能完全替代。

相关性分析不是指数量分析和引文分析中的各种数据关联,而是特指基于同行评议的专业内容相关性或优劣性的评分。所有这些分析都能够按照作者个人、机构单位、国家地区、期刊种类、科研方向等进行归类分析。这些分析能够由科技情报人员完成,也可以由专业技术人员完成。数量分析和引文分析其实并不能完整回答应当如何建设一个学科的问题,因为建设规划一个学科并不能根据文献计量学统计出来的所谓"热点"和某个方向的高数量文献去盲目跟风。在对学科方向进行规划细分并评价学科热点或专业内容相关性时,这种分析通常需要由专业技术人员参与完成,因为只有他们才知道应当如何细分方向和如何给专业相关性打分。

例如,在发动机系统设计领域,可以将发动机文献分为三类:核心文献(系统设计领域本身的论文和著作)、重要支持文献(其他领域内对系统设计领域的建设有显著帮助的论文和著作)、一般支持文献(其他领域内与系统设计领域的建设有关却质量较差或者没有显著帮助的论文和著作)。可以定义一个文献选择因子,作为核心文献和重要支持文献的数量总和与发动机全部三类文献数量总和之比值。很明显,只有专业技术人员才有资格在阅读了每篇论文后确定某个科研方向的文献选择因子。确定文献选择因子的过程其实就是一种发表后同行评议的过程,根据不同的目的确定不同的选择因子,如系统设计相关性选择因子或文献优劣选择因子。

因此,如果说论著数量和引用次数是文献计量学在文献学领域自带的经典评价指标,那么文献选择因子就是各学科领域的专业技术人员经过发表后同行评议而能够贡献的一个新指标。这种相关性分析实践将极大促进文献学与各专业技术领域之间的渗透和融合，为文献计量学发展注入新的活力。当然，文献选择因子由于带有同行评议的主观判定色彩，因子取值不会像数量分析和引文分析那么客观固定。实际上，在文献计量学领域开展以同行评议为实质的相关性分析（选择因子分析），也符合必须将论著数量和引用次数与同行评议相结合的学术评价体系改革的呼声。《柴油发动机系统设计》一书（参考文献[7]）的第17章"柴油发动机系统设计的结束语和展望"中的第17.2节"柴油发动机系统设计的文献学研究和学科规划与建设"开展了文献计量学中相关性分析的先例工作。

综上所述，专业技术人员应当熟悉文献计量学的各种指标，并以同行评议的视角在相关性分析方面大力介入和发展文献计量学，并从文献学的角度系统地策划和发展自己的专业学科领域。

5.2 文献检索的科技查新作用

科技查新是对科研项目的创新性进行评价的一种方法。它通过文献检索和综合分析对比等方法，为有待立项的科研项目是否具有新颖性、创造性、适用性提供文献依据。查新对于保证科研项目质量和防止低水平重复具有重要意义。查新的文献检索报告已经成为科技立项和成果申报时不可缺少的内容，是同行评议的有力补充。

5.3 数字对象标识符

人们在英文或中文论文的首页和末尾的参考文献部分经常能看到以 DOI 或 doi 开头的一串号码。DOI 的英文全称是 digital object identifier，通常译为数字对象标识符。DOI 技术克服了过去 URL 网页技术的失效死链问题，能够永久标记和链接参考文献，从根本上解决了全球期刊一体化管理中的很多问题，极大促进了各期刊内容的相互引用和集成利用。

1) DOI 的概念和由来

DOI 是 20 世纪 90 年代起源的一项数字产品识别技术，被誉为数字网络行业的条形码。大家都知道条形码的作用是用来管理全球化的实体产品，由国际和国家的标准化组织为企业的每款产品赋予一个独特身份标识代码，将产品与制造商联系起来。条形码印刷在产品的包装上，以便产品在流通流域内能被扫描或识别。条形码注册在标准化管理系统中，人们能够通过登录系统查询产品的详细信息。在出版物管理领域，书号（ISBN）和期刊号（ISSN）是用来标识图书和期刊的，但是它们不能用来标识每篇论文或每件数字出版产品。

随着互联网的发展，人们起初是采用 URL(Uniform Resource Locator，俗称网址或网页链接)查看网上的内容。对于数字化出版而言，URL 有三个缺点：第一是经常出现变动，例如网页重整或版权变更，导致链接失效。第二是无法以一种注册的统一管理方式来宣示文章的所有权等知识产权信息，例如同一篇文章发布在不同的网页，造成有很多个 URL 网址，其中有些可能是侵权网页。第三是各数据库之间各自为政，拥有自己的文献识别码体系,但是无法实现数据库之间的引文检索互通。为了克服这些缺点,人们发明了 DOI 技术,力图通过标准化注册来统一管理引文资源,明确宣示数字产品的知识产权和网页发布权威性,并通过非常简单易用的引文网页链接功能为读者检索文献提供方便。

2) DOI 对于读者的作用

对于读者来讲,DOI 的最重要功能就是通过参考文献的 DOI 号码把读者引向全文链接。这个链接的文章可能是需要付费的,也可能是免费的,取决于订阅或出版情况。期刊出版机构为每篇论文向 DOI 注册机构申请 DOI 号码并提供网页链接。当读者点击 DOI 链接或使用 DOI 服务网站查询时,能够找到所对应论文的网页。因此,使用 DOI 能够极大地方便读者查阅参考文献。

3) DOI 对于期刊的好处

DOI 能够很方便地把读者引向参考文献的全文链接网页,使读者有更多的机会访问、下载和引用所涉期刊的论文,从而使期刊的影响因子得以提升。这会有助于吸引更多的优质稿源,增加期刊被 SCI 等重要数据库收录的可能性。这一点对于中国的期刊来讲尤为重要。因此,中国出版社尤其需要重视 DOI 的网络引流作用。

4) DOI 对于作者的要求

很多期刊目前都要求作者在参考文献中添加 DOI 号码。DOI 号码的规范著录格式一般是在参考文献著录条目的末尾增加 DOI 号码。多数国内外期刊目前都为每篇论文注册 DOI。著录标准已经建议或规定使用 DOI 取代 URL 进行著录,即将 DOI 作为参考文献的标准标识符或获取和访问路径进行著录。

5) DOI 的注册

DOI 的管理机构是一家由美国出版商协会于 1998 年创立的非营利性组织——国际 DOI 基金会(International DOI Foundation,IDF)。IDF 在全球范围内有很多家代理注册机构,包括著名的 CrossRef(http://www/crossref.org,用于注册英文 DOI)和中国的万方数据(http://www.chinadoi.cn,用于注册中文 DOI)。出版机构是 DOI 注册的主体,需要缴纳一定的会员年费,并为每篇文章的 DOI 号码缴纳一小笔费用(例如 1 美元或 1 元人民币)。出版商将数字产品的 DOI 号码、元数据(metadata)和 URL 网址发给 DOI 注册机构进行注册。

DOI 号码由前缀和后缀两部分组成,中间用"/"斜线隔开。DOI 的前缀由 10. 开头,后接由 IDF 的注册机构分配给每个 DOI 注册者的独特的四位编码数字。后缀是注册者自行确定的编码,长度和字符形式不限,可以由字母、数字和符号组成。例如,DOI 号码可以是 10.4271/2010-36-0147。

6) DOI 的检索方法

如果论文提供了参考文献的 DOI 网页链接,直接点击链接即可跳转到参考文献的全文页面。另外,还可以根据论文的 DOI 号码,在 DOI 官网(http://dx.doi.org)查到该文。或者,可以把 DOI 号码(例如 10.4271/2010-36-0147)加在 https://doi.org/后面,在浏览器的地址栏里直接输入,例如 https://doi.org/10.4271/2010-36-0147。

DOI 技术中的解析功能指的是每个 DOI 都有一个单独的 URL 信息与之对应。用户点击文章的 DOI 号码,解析系统将通过查询数据库把与该 DOI 相对应的 URL 网址返回给用户,用户的网页会自动跳转到该网址,就能看到文章的全文或介绍了。这个"点击

DOI，返回 URL"的简单功能称为 DOI 的单一解析。由于其控制权归属非常清晰，所以它与 DOI 用于保护知识产权的目的相一致。由于元数据包含关于文章的诸多信息，DOI 还具有多重解析功能，即能够在点击 DOI 号码后返回多个 URL 网址和作者介绍、相关文章、出版商目录等信息。多重解析的功能仍在发展中。

只要出版商和 DOI 管理系统为需要变更网页地址的论文随时更新 DOI 注册资料，DOI 号码指向的网页链接就永远是最新有效的网址。如果文章的网页链接发生了变化，而出版商没有在注册机构更新 URL 网址，那么 DOI 就会产生无效链接。如果同一论文出现在不同的数据库中，DOI 指向哪一家数据库的页面，可能会存在知识产权等方面的争议，这是出版商和 DOI 注册机构需要关注的内容。

DOI 作为数字出版行业的主流标识技术，对论文作者的文献检索方式和著录方式都已经产生了重大影响。科研人员应当善于利用 DOI，提高文献管理水平，满足期刊投稿要求。

5.4 参考文献链接注册查询系统 Crossref

Crossref 是由全球多家著名出版商联合创建的会员制机构，同时也是 DOI 的注册管理机构。Crossref 的开放式参考文献链接系统建立了在不同的出版商网站之间的期刊论文引文链接。

5.4.1 Crossref 的起源

当今的大多数期刊已经为每篇论文注册了 DOI 号码。Crossref 是由出版商国际链接联合会（Publisher International Linking Association，PILA）于 2000 年创建的使用 DOI 技术的跨出版商参考文献链接注册查询系统，过去记为 CrossRef。Crossref 建立了在论文的参考文献列表和引文全文之间的跨数据库链接，使得读者能够非常便捷地获取文献全文。Crossref 是全球第一家也是最大的一家 DOI 代理注册机构，为期刊的论文 DOI 注册提供服务。

出版商通过向 PILA 缴纳年费而成为会员，从 Crossref 获得 DOI 前缀号。Crossref 要求出版商为每篇论文提供 DOI 号码、元数据和 URL。如果论文的网页网址在出版商的在线平台发生变化，出版商必须通知 Crossref 新的网址，使得具有该 DOI 号码的论文在全球 DOI 系统中永远指向最新的有效网址。对于读者来讲，DOI 系统的作用就是当在参考文献著录条目中点击 DOI 链接时，网页能够自动跳转到出版商的引文全文网址。全文可能是免费的，也可能是需要付费的，具体取决于出版商的选择。Crossref 就是维护这一基本功能的系统。

5.4.2 Crossref 的功能

Crossref 作为 DOI 技术的执行系统，具有以下五个功能，能够帮助读者、期刊和作者：

（1）提供引文的一站式链接。人们在阅读论文时，希望能够通过点击参考文献的网页链接迅速获得相应的引文，而不是花费时间再去数据库中检索查找。Crossref 依靠集中注册管理论著的 DOI 号码并将其解析成网页网址这一功能，将期刊论文、会议论文、技术报告、专著、教科书等文献整合起来，为读者提供从检索到获取文献的横跨大量出版商网站的一站式服务。

（2）提供 DOI 文献的被引用情况。这个统计限于在 Crossref 系统中注册的出版商的期刊。

（3）保护论文著作权。由于 DOI 指向的是版权拥有者的网页，这凸显了对著作权的权威性注册认定和保护，从而能够帮助人们识别和远离盗版网站。

（4）增加期刊访问流量。Crossref 为新发表和过去发表的期刊论文注册 DOI 号码。在 Crossref 注册的各个出版商的全部论著都会自动互相建立引文链接，从而引导读者很方便地浏览期刊和访问各个出版商的网站，这就大大增加了期刊论文被访问和引用的机会。因此，越来越多的出版商正在加入 DOI 注册体系。在世界出版业的一体化数字出版潮流影响下，过去依靠增加网络版来补充印刷版的做法已经不能满足图书馆和读者的需求。跨平台引文链接功能已经成为未来在线期刊的最重要特征之一。出版商如果不加入像 Crossref 这种注册管理 DOI 的跨平台链接体系来适应出版业、图书馆和读者的需求，那么其出版物将面临落伍和被淘汰的危险。

（5）查找参考文献的 DOI 号码。很多在线期刊在参考文献的 DOI 号码上提供网页链接，使得读者能够通过点击 DOI 号码跳到出版商网站看到引文全文。另外，也可以根据引文的 DOI 号码，在 DOI 官网（http://dx.doi.org）查到文章。但是，目前仍然有很多论文作者在著录参考文献时没有包括 DOI 号码，而这并不意味着论文没有被注册 DOI 号码。作者可以使用 Crossref 提供的免费 DOI 查询功能（例如 Simple Text Query），根据参考文献的信息查找 DOI 号码。

5.5 文献检索数据库

5.5.1 国内外文献重要检索和收录系统概述

中国最为权威的期刊论文收录数据库包括中国科学引文数据库（Chinese Science Citation Database，CSCD）、中国社会科学索引、北京大学中文核心期刊目录。被这三个数据库收录的期刊通常称为核心期刊。例如，2021—2022 年 CSCD 数据库的来源期刊包括 1262 种，其中中文版期刊 1017 种，中英文版期刊 245 种。CSCD 数据库的来源期刊分为核心库和扩展库两部分，其中核心库包括 926 种期刊（用 C 标记），扩展库包括 336 种期刊（用 E 标记）。中国其他数据库收录的期刊称为一般期刊，包括中国知网、万方数据库、维普数据库等，这些数据库收录的期刊数量远大于核心期刊数据库收录的数量，收录的质量标准也更低。

中国高校图书馆订阅的主要中文数据库包括以下 29 个：①中国知网（CNKI）资源总库；②CNKI 中国博硕士学位论文全文数据库；③CNKI 中国学术辑刊全文数据库；④CNKI 中国重要会议论文全文数据库；⑤CNKI 国际会议论文全文数据库；⑥CNKI 中国引文数据库；⑦CNKI 中国专利全文数据库；⑧CNKI 中国科技项目创新成果鉴定意见数据库；⑨CNKI 中国重要报纸全文数据库；⑩CNKI 学术图片知识库；⑪CNKI 工具书库；⑫万方数据知识服务平台；⑬万方医学网；⑭万方视频；⑮维普中文科技期刊数据库；⑯维普知识

发现系统;⑰百度学术;⑱百度文库;⑲超星发现系统;⑳超星期刊;㉑超星数字图书馆;㉒超星学术视频;㉓读秀中文学术搜索;㉔中国生物医学文献服务系统(SinoMed);㉕中文社会科学引文索引;㉖HKMO(港澳博硕论文)全文资源库;㉗开放存取资源图书馆(注:开放获取);㉘NSTL国家科技图书文献中心(注:开放获取);㉙中外文核心期刊查询系统(注:开放获取)。

根据中国科技期刊编辑学会国际交流工作委员会和中国高校自然科学学报研究会对外联络工作委员会提供的信息,美国、俄罗斯、英国、日本、德国、荷兰、波兰等七个国家的30个国际著名收录暨检索数据库可开列如下:①科学引文索引(英文代码:SCI,美国);②科学引文索引扩展版(英文代码:SCIE[①],全称Science Citation Index Expanded,美国);③社会科学引文索引(英文代码:SSCI,全称Social Sciences Citation Index,美国);④艺术与人文引文索引(英文代码:AHCI,全称Arts & Humanities Citation Index,美国);⑤工程索引(英文代码:EI,全称Engineering Index,美国);⑥石油文摘(英文代码:PA,美国);⑦化学文摘核心刊(英文代码:CA-Core,美国);⑧化学文摘(英文代码:CA,美国);⑨生物学文摘数据库(英文代码:BA,美国);⑩医学索引(英文代码:M,又称MEDLINE,美国);⑪国际药学文摘(英文代码:IPA,美国);⑫数学评论(英文代码:MR,美国);⑬剑桥科学文摘-自然科学[英文代码:CAS(NS),美国];⑭剑桥科学文摘-工程技术[英文代码:CAS(T),美国];⑮剑桥科学文摘-社会科学[英文代码:CAS(SS),美国];⑯剑桥科学文摘-艺术与人文[英文代码:CAS(AH),美国];⑰英国海事技术文摘(英文代码:BMTA,英国);⑱国际农业与生物科研中心(英文代码:CABI,英国);⑲食品科技文摘(英文代码:FS,英国);⑳科学文摘(英文代码:N,英国);㉑高分子图书馆(英文代码:PL,英国);㉒英国皇家化学会系列数据库(英文代码:RSC,英国);㉓世界纺织文摘(英文代码:WTA,英国);㉔动物学记录(英文代码:ZR,英国);㉕数学文摘(英文代码:ZM,德国);㉖文摘杂志(英文代码:AJ,俄罗斯);㉗日本科技机构(英文代码:JST,日本);㉘医学文摘(英文代码:EM,荷兰);㉙哥白尼索引(英文代码:IC,波兰);㉚会议论文引文索引科学版(英文代码:CPCI-S,全称Conference Proceedings Citation Index-Science,即过去的科技会议录引文索引——Index to Scientific and Technical Proceedings,简称ISTP)。其中,SCI和EI是世界上著名的、被各单位广泛认可的两大权威论文收录系统,尤其在理工农医领域。

中国高校图书馆订阅的主要外文数据库还包括以下20个:①Web of Science(包括SCIE、SSCI、CPCI、AHCI等多个数据库);②Engineering Village工程索引网络版(EI);③Elsevier Science Direct(爱思唯尔科学数据库);④Springer Link(斯普林格数据库);⑤Wiley-Blackwell(约翰威立数据库);⑥SAGE Journals Online(世哲期刊在线);⑦Hans Publishers(汉斯出版社)(注:开放获取);⑧BioMed Central(注:开放获取);⑨SciFinder Academic[美国化学文摘(CA)网络数据库];⑩IEEE/IET Electronic Library(电气与电子工程师学会/工程与技术学院电子图书馆);⑪American Institute of Physics(美国物理联合会期刊);⑫American Physical Society(美国物理学会期刊);⑬American Chemical Society(美国化学学会全文数据库);⑭American Society of Mechanical Engineers(美国机械工程师学会数据库);⑮Society of Automotive Engineers(国际汽车工程师学会)论文

---

① 中国科技部规定从2000年起,SCI论文统计使用SCIE,故以下对SCIE均简称SCI。

数据库；⑯RSC Publishing（英国皇家化学学会电子期刊数据库）；⑰NSTL外文回溯期刊全文数据库（注：开放获取）；⑱Dissertation Discovery System（DDS）学位论文集成发现系统；⑲Science Online（《科学》在线）；⑳Nature（《自然》全文数据库）。

中国很多高校在科研绩效论文成果认定时规定，SCI收录为A类，EI收录为A或A−类，CSCD核心收录为B类，CSCD扩展收录为C类。在研究生评定奖学金时，1篇SCI中国科学院分区一区论文加20分，SCI二区加18分，SCI三区加12分，SCI四区加10分，EI加10分，等等。

在最近出台的"三类高质量论文"政策导向中，业界公认的国际顶级或重要科技期刊、国内外顶级学术会议由各单位学术委员会结合学科领域选定，而具有国际影响力的中国科技期刊按照中国科技期刊卓越行动计划入选期刊目录确定。

5.5.2　Web of Science包括的数据库及学术影响力评价工具

Web of Science（WoS）是获取全球学术信息的最重要数据库集成平台。它收录了全球最高水平的权威学术期刊、专著和会议，内容涵盖自然科学、工程技术、生物医学、社会科学、艺术与人文等领域，并且具有强大的引文索引功能和学术影响力评价功能。

WoS包括多个数据库集或数据库，例如Web of Science Core Collection（WoS核心收录）、Chinese Science Citation Database、KCI-Korean Journal Database、MEDLINE、SCIELO Citation Index。WoS核心收录数据库集包括五个数据库：科学引文索引扩展版（SCIE），社会科学引文索引（SSCI），会议论文引文索引科学版（CPCI-S），最新化学反应扩展版（Current Chemical Reactions-Expanded，CCR-E），化学索引（Index Chemicus，IC）。由此可见，著名的SCI其实是WoS核心收录数据库集中的一个数据库，也是最权威的一个数据库。其中，CPCI-S会议名录可以在WoS数据库中通过输入关键词查看收录论文的会议名称查到。

在WoS的四个非核心收录数据库中，中国科学引文数据库（Chinese Science Citation Database，CSCD）收录中国出版的从1989年以来（举例，实际回溯日期可变）的核心科技期刊论文。韩国期刊数据库（KCI-Korean Journal Database，KCI）收录韩国从1980年以来出版的期刊论文。KCI数据库由韩国国家研究基金会（National Research Foundation of Korea）管理。MEDLINE收录从1950年以来由美国国家医学图书馆（US National Library of Medicine）收录的生物医学、生命科学、生物工程、公共健康、临床护理、植物科学、动物科学等方面的文献，包括4 900多种以30多种语言出版的期刊。SCIELO Citation Index收录从2002年以来拉丁美洲、葡萄牙、西班牙和南非出版的科学、社会科学、艺术与人文方面的水平领先的开放获取期刊。

WoS除了提供上述收录数据库外，还提供多个文献计量学评价工具，包括期刊引用报告（JCR）、基本科学指标（ESI）、InCites。

JCR是基于WoS引文数据的期刊评价工具。JCR使用量化统计信息公正严格地评价全球领先的学术期刊，包括自然科学版（Science Edition）和社会科学版（Social Sciences Edition）两个版本。其中，JCR-Science涵盖来自80多个国家或地区约2 000家出版机构的8 800多种期刊，覆盖179个学科领域。JCR-Social Sciences涵盖来自50多个国家或地区的700多家出版机构的3 200多种期刊，覆盖58个学科领域。JCR针对每种期刊定义了影响因子等指数加以分析。期刊的影响因子越高,这些论文的影响力就越大,期刊就被认为学术水平越高。JCR 以期刊影响因子为关键数据,对期刊进行评价。订阅机构每年根据 JCR 提供的数据制定期刊订购政策,论文的作者经常根据期刊的影响因子排名选刊投稿,大学和科研机构通常根据基于期刊影响因子的中国科学院 SCI 期刊分区(一区到四区)制定科研业绩考核和激励政策。

ESI 是基于 WoS 中的 SCIE 和 SSCI 这两个数据库的深度分析研究工具,也是当今世界范围内普遍用于评价学术机构的国际学术水平及影响力的重要指标。ESI 基于期刊论文的发表数量和引文数据,提供在 22 个学科领域中的国家、机构和期刊的科研绩效统计和科研实力排名,以及 22 个学科领域中的高被引论文、热点论文和新兴研究前沿。ESI 设置的 22 个学科详见第 12.2 节,包括所有理工农医和社会科学学科。ESI 对全球所有高校和科研机构在 SCIE 和 SSCI 数据库中被收录的近十年的论文数据进行统计,按照被引频次的高低排出居于世界前 1% 的研究机构、学者和研究论文(称为高被引),以及居于世界前 50% 的国家或地区和居于前 0.1% 的热点论文。ESI 的六个指标包括论文数量、论文被引频次、论文篇均被引频次、高被引论文、热点论文、前沿论文。ESI 的统计数据每隔两个月更新一次。

InCites 基于 WoS 核心收录数据库集中的引文数据进行出版物计数和指标计算,从而进行科研评价,数据每月更新。InCites 也能帮助政府和学术研究机构中的决策者和科研管理人员分析本机构的研究产出、学术表现和影响力,并与全球同行的研究成果进行比较,发掘机构内具有学术影响力和发展潜力的研究人员,并寻求潜在的科研合作机会。

关于文献检索操作,WoS 提供两个检索页面,分别为按照文献内容检索的"Documents"页面和按照作者姓名或学者代码检索的"Researchers"页面。

5.5.3 Scopus 在科研中的重要作用

科研人员在数据库使用上关心两个问题:①如何利用数据库统计自己的科研成果和引文数据;②如何使用数据库查阅文献。Scopus 在这两个问题上能够提供很大帮助。

影响因子代表期刊的篇均引用次数,只能评价期刊的整体影响力,无法全面评价一个作者、学科或单位的学术能力。科研成果的计量学指标除了影响因子,还包括发文数量、被引次数和 H 指数等。影响因子可以从 JCR 查到,但其他指标需要从 WoS 数据库中统计获取,不很方便。

Scopus 是 Elsevier 出版集团推出的目前全球规模最大的摘要型和引文型数据库,是收费的。它收录的期刊和文献数量均远超 SCIE 数据库,包括大量会议论文和非英文论文。由于收录数量庞大,权威性和含金量目前被认为不如 SCI。因此,Scopus 收录的论文尚未在各高校业绩评定时像 SCI 那样被广泛认可。Scopus 的期刊评价指标是 CiteScore,计算某期刊连续三年发表的论文在第四年度的篇均引用次数,类似于影响因子的定义。但是,由于收录期刊和文章统计方法的差异,CiteScore 与影响因子虽然具有较强的正相关,但仍存在较大差别。CiteScore 正在被越来越多的单位接受,打破了 SCI 影响因子作为期刊评价指标的垄断状况。

Scopus 数据库收集内容全面,涵盖自然科学、生命科学、医学、社会科学等领域,不仅收录论文摘要和参考文献,而且收录全球五大专利局(美国专利局、英国知识产权局、欧洲专利局、日本专利局、世界知识产权组织)的专利信息和大量科技网页信息。由于收录范围广泛，对 SCI 评价指标具有良好的补充性。很多机构建议同时采用 SCI 指标和 Scopus 指标这两大体系综合评价学术影响力。

Scopus 数据库的一个优点是界面简洁易用，能够方便地查到作者和单位的引文评价指标，提高科研绩效评价的工作效率。Scopus 设有基于 H 指数的个人评价工具(author evaluation tool)，为个人和单位的绩效评价提供论文发表数量和引文数量的数据支持。H 指数是引文分析的一个重要指标，不仅能够指示引文数量，而且能够指示论文数量，因此比仅统计引文数量的评价方法更为合理。

由于收录范围广泛和数据方便易用，Scopus 数据库目前被全球几千所大学作为科研评价工具。全球重要的高校排名机构(例如泰晤士高等教育世界大学排名、QS 世界大学排名)都采用 Scopus 数据库的数据作为排名依据。有些国家在科研人员能力评价中也开始认可 Scopus 收录的论文。

5.5.4 数据库链接文摘的兴起与发展

数据库链接文摘(overlay journal)是在传统订阅期刊、开放获取期刊、文献检索数据库、预印本数据库之后出现的第五种文献交流形式。这一概念于 1996 年首次提出，它本质上是一种按照某个主题编纂导读的开放获取期刊论文标题及网页链接的免费列表，属于文摘汇编的性质。Overlay journal 按照英文直译的意思是覆盖式期刊。所谓覆盖(overlay)的意思是涵盖大量数据库的论文。使用期刊(journal)这个词的本意是想表达从期刊里选择论文。但是，overlay journal 这个英文称呼并不准确，而且具有误导性，不宜使用，需要纠正。这种文献的实质并不是期刊，而是开放获取期刊或预印本数据库中的论文的标题网址汇编。因此，它既不具备期刊的接受投稿和同行评议的核心特征，也不具备刊载论文全文的核心特征。它其实是一种按照专题编纂的二次文献检索结果列表。所以，将它称为数据库链接文摘是最适宜的称呼，英文名称应该改为 overlay digest(OD)或 journal paper link digest(JPLD)。下面对该称呼中的每个要素进行剖析，包括期刊、链接、文摘、数据库，并论述这种文献交流形式的兴起原因和发展前景。

首先需要澄清期刊的概念。众所周知，无论纸质期刊还是在线电子版，传统期刊(又称传统订阅式期刊)接受作者投稿，发表经过同行评议的论文，期刊出版机构拥有版权。由于传统期刊通常已经是某个领域精选出来的论文，所以传统期刊很少将论文再筛选汇集起来发表第二次。如果有集中于某个专题发表论文的需求，传统期刊通常采用出版特刊或专刊的形式征稿发表论文。

当期刊价格上涨过高，从而导致开放获取运动兴起后，出现了开放获取(OA)期刊。传统期刊与 OA 期刊的主要区别在于，前者是读者付费订阅、作者通常免费发表论文，而后者是读者免费阅读、作者通常付费发表论文。传统期刊与 OA 期刊都需要经过同行评议，而且都刊载论文的全文。传统期刊论文的版权通常归出版社所有。OA 期刊论文的版权通常归作者或出版社所有，并且在论文的使用权限方面比传统期刊宽松很多。

文摘有三种形式：第一种是摘录式文摘，即从某篇论文的全文中摘录某一部分内容，例如摘要、引言或结论。最常见的摘录式文摘是汇集各种二次文献的摘要检索数据库，例如 Scopus。第二种文摘是按照某种汇编标准或专业主题摘录论文的摘要，称为摘要式文摘。第三种文摘是数据库链接文摘这种标题链接式文摘，即从很多篇论文中按照某种汇编标准或专业主题摘录论文的标题或标题及网页链接，但是由于版权限制而不摘录每篇论文中的具体某部分内容。由于读者自行使用Scopus（摘要数据库）或万方数据（全文数据库）等数据库进行检索非常方便，另外由于人们尚未意识到专业文献导读的重要性，因此目前尚未大规模出现按照某个专题编纂的论文摘要文摘和论文标题链接汇编这两种文献交流形式，例如"自动加工技术2015—2021年经典论文精选摘要（或标题）汇编"。数据库链接文摘应读者的要求，将各个开放获取数据库中的论文的标题和全文网页链接按照某个主题（例如"自动加工技术"）汇编在一起，定期或不定期发布。另外，由于已经使用了读者可以免费查看的OA期刊或预印本的全文链接，因此没有必要添加摘要，这样还可以规避摘要版权归属的问题。

摘要检索数据库与数据库链接文摘之间的第一个区别是前者只发布摘要，读者并不能看到全文，除非是解决了版权问题的全文数据库；而后者由于调用开放获取期刊的网址，读者可以免费查看论文全文。它们之间的第二个区别是前者没有按照专业主题进行细分编纂，而后者的核心价值就在于按照专业主题进行细分、选择、评议和编纂，例如编著者作为专业导师或文献提供服务者指导读者在某个特定专业领域阅读一批经典的精选论文。毋庸置疑，从事这种专业编纂需要具备高深的专业知识，并可能能够提供巨大的专业指导价值。因此，数据库链接文摘是具有强烈需求和重要存在意义的。期刊、预印本和检索数据库的作用是提供论文全文和找到全文的检索方法，但是它们并未解决应当阅读哪些专业文献的问题。数据库链接文摘的作用恰好是或者说应该是解决根据专业导师的推荐意见应当优先阅读哪些文献的问题。而且，这种将论文标题编纂在一起的汇编内容具有编著的版权价值。因此，数据库链接文摘具有广阔光明的发展前景。

学术交流的数据库包括五种：①经过同行评议的传统订阅期刊的论文全文数据库。②经过同行评议的开放获取期刊的论文全文数据库。③没有经过同行评议的作者自行上传的论文全文数据库，例如预印本数据库。④只检索和展示论文摘要的二次文献数据库。⑤数据库链接文摘，它主要展示论文标题和全文的网页链接。由于版权限制，这种网页链接的全文必须是开放获取期刊的论文或预印本论文，并且必须是在线的电子版资料。

关于标题链接文摘的功能和价值，通过以上分析可见数据库链接文摘（overlay journal）并不是期刊，因此英文的期刊（journal）字眼具有误导性。论文的作者并不能向这种文献交流形式投稿，而且它也不具备"发表前同行评议功能"。目前来讲，如果论文在这种汇编形式中出现，尚未被各单位的学术成果评价体系承认具备某种特殊价值，例如像被权威的SCIE数据库收录的SCI期刊论文那样的被认可价值。但是，由于数据库链接文摘潜在具有特殊的"导师导读和专业评论"性质，因此在其未来的发展中能够具有两个重要的潜在功能：第一，如果汇编的论文是经过权威人士挑选和评价的，这就具备了"发表后同行评议"的二次评审宝贵功能，达到剔除差文和优中选优的导读目的。第二，由于发表后同行评议的宝贵价值，被这种标题汇编收录的论文，能够成为被业界广泛认可和尊重的专题论文，从而能够弥补在SCI收录权威性上关于期刊影响因子的缺憾。SCI收录资格之所以被广泛认可，是因为论文发表在影响因子较高的期刊上；而影响因子是基于整本期刊的引用次数，其实并不反映每篇论文的单篇引用次数和准确价值。数据库链接文摘的发表后同行评议功能能够针对每篇论文统计发布引用次数,并添加权威评审专家的审核意见,这无疑能够使得学术成果评定更加科学合理,打破影响因子垄断局面。然而,数据库链接文摘的论文收录权威性要想达到 SCI 这种被广泛认可的权威程度,还有很多年的漫长道路要走——前途是光明的,道路是曲折的。

综上所述,数据库链接文摘是一种新兴有益的数据库文献交流形式。它并不是一种期刊。它具有广阔的实用前景,值得大力建设和提倡。它的最恰当英文名称应当改为 overlay digest。

5.6 选择参考文献的原则

参考文献的引用分为指示性引用、继承性引用和批判性引用。指示性引用是指作者没有引用参考文献中的具体结果和结论,只是给出专业背景说明。继承性引用是指作者引用他人的具体结果和结论,目的是为自己的研究结果或论点提供证据。批判性引用是指作者否定他人的研究成果或结论,目的是提出不同的观点或纠正他人的错误。选择参考文献的原则包括以下六条:

(1) 时效性。参考文献应当以近五年和当年的文献为主,尽量少引用 10～20 年前的科技文献。

(2) 相关性。参考文献应当与论文主题密切相关,而不应为了凑数而罗列不相关文献。而且,需要注意避免学术不端的滥引。另外,参考文献应当是作者真正阅读过全文的,而不应未经查看就直接转引他人提及的参考文献,也不应只依靠阅读论文的摘要而引注。

(3) 代表性。参考文献应当包括国内外具有代表性的相关文献,而不应主次不分地大量堆砌。

(4) 可靠性。参考文献必须真实可靠,著录项目齐全,便于检索查证,避免错误引文。不宜使用来源不可靠或内容有疑问的网络文章。

(5) 客观性。学术论文的参考文献应当客观公正。在引用时,应当对出于某种意见而带有偏见性的观点或出于某种利益而带有倾向性的观点予以甄别和评论,以便维护学术氛围公正。

(6) 权威性。权威性体现在参考文献的作者和发表期刊。既要注意引用与自己论文相关的权威作者的论著,使得研究具有较高的起点和较大的深度,也要注意避免"崇引",即不宜将不太相关的知名论著强拉硬拽过来作为展示重要性的门面点缀。另外,参考文献应尽量来自具有良好学术声誉的出版机构。

5.7 参考文献的引用格式

参考文献引用方法包括脚注和文末列表两大类。脚注指在论文中的标引处使用数字代表被引用的文献(如[1]),并在页面底部按照数字列出参考文献的条目信息(如作者和论著标题)。脚注方法很少使用。文末列表指在论文中的标引处使用某种引用格式进行标引,并在论文末尾的参考文献列表(references)中开列条目信息。引用格式又称著录方式,通常包括两类:作者-顺序编码格式,作者-年份格式。在作者-顺序编码格式中,参考文献列表按照在正文中出现的顺序编号,在文中标引处使用阿拉伯数字或数字上角标编号的方式标记被引用的参考文献,在有些格式中数字需要用圆括号或方括号括起。在作者-年份格式中,参考文献列表按照作者的姓的英文字母顺序排列,并在文中标引处用圆括号括起作者的姓和年份。

作者-年份格式的优点是读者能够在文中直接看到被引作者的姓和年份,便于对所引文献加深印象,而且在插入新的引用文献时无须编号。作者-年份格式的缺点是参考文献列表必须按照作者的英文姓氏字母顺序排列,造成不如作者-顺序编码格式查找方便。作者-顺序编码格式的优缺点正好相反。

参考文献的引用格式在国家标准和期刊投稿标准中均有明确规定,而且很多期刊的标准均有所不同。比较常见的引用格式包括温哥华(Vancouver)格式、芝加哥(Chicago)格式、MLA格式、APA格式等。

(1) 温哥华格式。使用作者-顺序编码格式,被许多医学、自然科学和工程技术领域的期刊采用。文内引用示例:According to Schwekendiek [1], the current work assesses the demographic, social, and economic states of the southern half of the Korean peninsula ... 参考文献列表示例:[1] Schwekendiek D J. The Data Atlas of South Korea: Demography, Society, Economic Activity. First Edition. Brennfoerder A, editor. Seoul, Republic of Korea: Jimoondang; 2014.更多指南详见 https://wordvice.cn/citation-guide/vancouver。

(2) 芝加哥格式。有时也被称为杜拉宾引注格式,其作者-年份格式是在文内引注作者的姓氏和出版年份。文内引用示例:The current work assesses the demographic, social, and economic states of the southern half of the Korean peninsula ... (Schwekendiek, 2014, pp.45-56).参考文献列表示例:Schwekendiek, Daniel J. 2014. *The Data Atlas of South Korea: Demography, Society, Economic Activity*. Edited by Andrew Brennfoerder. First Edition. Seoul, Republic of Korea: Jimoondang. 更多指南详见 https://wordvice.cn/citation-guide/chicago。

(3) MLA格式。它是美国现代语言协会(Modern Language Association)制订的论文引用格式,属于作者-年份格式,其引用特征是作者加页码。MLA格式多用于文科论著,很少用于理工科。文内引用示例:Critics note that Dickens dares to believe that an honest and true world — in which good and upstanding people can thrive without the advantages of money and high social status — can exist (Brown 86).参考文献列表示例:Brown, Julia Prewitt. "Class and Money." The Victorian Novel, edited by Harold Bloom, Chelsea House Publishers, 2004, pp.69-89.更多指南详见 https://wordvice.cn/citation-guide/mla。

(4) APA格式。它是美国心理学会(American Psychological Association)制订的论文撰写格式,也属于作者-年份格式,其引用特征是作者、年份加页码。文内引用示例:The current work assesses the demographic, social, and economic states of the southern half of the Korean peninsula ... (Schwekendiek, 2014, pp.45-56).参考文献列表示例:Schwekendiek, D.J. (2014). The Data Atlas of South Korea: Demography, Society,

Economic Activity (First Edition; A. Brennfoerder, Ed.). Seoul, Republic of Korea: Jimoondang。更多指南详见 https://wordvice.cn/citation-guide/apa。

在不同的著录格式中,需要注意著录项的顺序、作者的姓名拼写方式、论著标题中每个英文单词的首字母大小写形式、标题和期刊名称是否使用斜体、标点符号等。例如,在参考文献列表中的作者姓名方面,MLA 和芝加哥格式采用全姓名,而 APA 和温哥华格式则只列出名的首字母和姓的全拼。当有多个作者时,MLA 和芝加哥格式使用"and"连接,APA 格式使用"&"连接,而温哥华格式用逗号分隔作者姓名。APA 格式还规定,年份使用括号,论著标题不使用引号,期刊名称和卷号使用斜体,刊号用括号括起,后跟页号范围,使用英文句号(点号)结尾。

5.8 参考文献管理软件

不同的期刊对于作者姓名、卷刊号、起止页码、标点符号等格式具有不同的要求。在向不同期刊投稿时,需要将参考文献引用格式修改为期刊接受的格式。由上节可见,那些复杂烦琐的文献引用格式规定对于作者是个大负担,难于记忆,而且手工录入参考文献非常费时,且容易出错。使用能够灵活高效地管理参考文献的商用软件是解决这个难题的办法,其中比较流行的软件包括 EndNote、Zotero、Mendeley。EndNote 的功能最为强大和易用,其收录的引用格式和期刊格式大概是所有文献管理软件中最齐全的;而 Zotero 和 Mendeley 的优点是免费。

文献管理软件能够将检索到的文献按照指定的引用格式快速整理为论文需要引用的参考文献,包括在引用处中标引并在论文末尾自动创建参考文献列表,而且在删除或移动文献标引时能够自动更新参考文献列表,还能根据选用的引用格式一键自动生成想要的文献格式内容。

文献管理包括以下五步内容:①在电脑上设置文件夹结构,按照主题分类存放下载的文献;②在文件夹结构中存放检索导出的文献列表信息文件,即以 RIS、BibTex、RefWorks 等格式存放的文献标题、作者、期刊名称、卷刊号、页号、摘要等检索信息;③在文献管理软件中导入从不同数据库中搜集的文献列表信息文件,建立参考文献库文件,经排序、删除或分类重组后,供撰写论文时反复调用;对于无法自动导入的文献列表信息,可以打字或拷贝录入作者姓名和论文标题等信息,手工创建文献列表信息;④在引用文献时,借助 Microsoft Word 软件中的文献管理软件插件菜单,在引用处从参考文献库插入文献,产生引用标识(如作者-年份或作者-文献顺序编号格式),并自动在文末生成参考文献列表;⑤在论文投稿前,按照期刊要求的引用格式,在参考文献库文件中选择想要的格式,自动快速修改引用格式。这五步克服了手工引用文献的低效且容易出错的缺点,是高效的自动引用文献模式。尤其当多名作者共同撰写一篇论文时,在文献管理软件中共享同一个整合的参考文献库更是非常方便的。

综上所述,在文献管理软件中建立和维护按照论著主题分类的参考文献库,是科研人员平时需要注意积累的一项重要工作。其重要性等同于建立和维护在电脑的文件夹结构中分类存放每一篇论文的 pdf 全文。与其花费精力在 Word 文件中打字录入文献列表信息,远不如付出少得多的时间和精力直接在文献管理软件中建立文献列表信息。

第 6 章
数据处理方法与学术图表

文献能力和数据能力构成学术写作的两大基石。学术图表构成学术研究的主要成果,其根基在于数据及其处理方法。数据处理方法是科研方法论在学术素养中的具体体现,体现在以系统工程、可靠性工程、试验设计与优化为通用教育基础的数据方法论,培养人才的系统思维、动态时变思维、概率思维、失效控制思维、优化思维。本章在论述这些思维方法的基础上,阐述学术图表的构造方法和格式要求。

■ 6.1 相关性研究和干预性研究的数据特征

所有试验数据可以分为分布性(描述性)研究、相关性研究、干预性(因果性验证)研究(图 6.1)。例如,医学参数相关性包括因果关系和噪声关系。因果关系指的是原因与结果之间的关系。噪声关系包括非因果关系的其他影响关系。在分布性研究中,所有参数均称为特征参数,不存在自变量(因子)和因变量(响应)之间的划分,因为分布性研究只描述事物或其分布的存在(如某地区人口的年龄分布特征),而不关心相关性。在相关性研究中,需要划分因子和响应,将能干预改变的因子称为控制因子(如血红蛋白化验指标),将不能干预改变的因子称为噪声因子(或称非控制因子,如受试者年龄)。相关性研究通常包括噪声因子。干预性研究又称控制试验,指使用试验设计(design of experiments,DoE,图 6.2)改变因子取值(如试验药物剂量),观察响应变化,并验证因果关系;它包括无噪声因子和有噪声因子两种研究。

图 6.1 展示研究目的与数据类型之间的匹配。在分布性研究和相关性研究中使用的

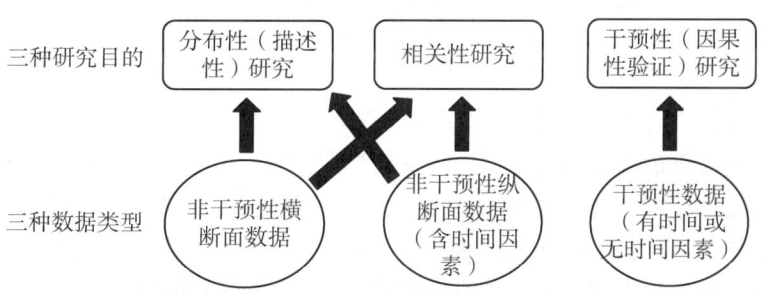

图 6.1 研究目的与数据类型之间的匹配

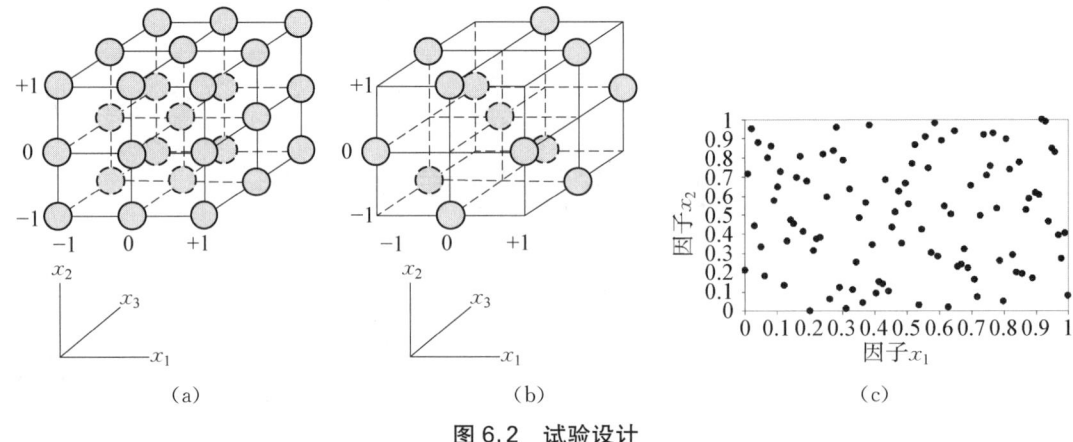

图 6.2　试验设计
（a）带有 27 个点的 3 因子 3 水平的全析因设计；（b）带有 13 个点的 3 因子 3 水平的部分析因设计（Box-Behnken）；（c）带有 100 个点的多因子部分析因设计（拉丁超立方设计，又称空间填充设计）

数据称为横断面数据（cross-sectional data）和纵断面数据（longitudinal data，又称时间序列数据 time series data）。横断面和纵断面数据的特点是易于收集（如体检或流行病数据），缺点是无法进行干预试验。干预性研究使用的数据称为干预性数据或控制数据、试验设计数据，通常使用 DoE 获得。试验设计与优化被广泛用于理工科领域，目前在制药行业和生命科学领域正在获得越来越多的关注。由于横断面数据通常带有比干预性数据更多的控制因子和噪声因子，用它揭示相关性更困难，但是这种研究非常重要。通常应先使用横断面数据和相关性研究揭示因果关系，然后使用干预性研究验证因果关系。在干预性研究中，当因子多于两个时，尤其当因子的水平值（取值）较多时，使用全析因试验设计会造成试验次数过多。因此，通常使用部分析因设计高效率收集数据（图 6.2）。如果有 k 个因子，它们构成试验设计的 k 维空间。试验设计中的每个算例代表所有因子的某些水平值的一个组合，或者说代表因子空间内的一个点（如图 6.2 中的点）。以图 6.2 中的 3 水平和 3 因子为例，因子记为 x_1、x_2、x_3，其水平值假设为 -1、0、1，那么因子的全部取值组合数目是 27，即 $3\times3\times3=27$，这就是全析因设计[图 6.2a]。实际上，在这 27 个因子取值组合中，有些组合可以舍去，从而不太影响因子与响应之间关系的信息完整度，而试验次数则能大幅度减少，例如从 27 次减少到 13 次，这称为部分析因设计[图 6.2b]。部分析因设计的优势在因子或水平值数量众多的情况下变得非常明显和必要。

对于相关性研究，由于无法事先针对因子设计数据，它在控制因子和噪声因子的水平值数量上呈现随机不确定性，可视为一种特殊的、各因子具有不同水平值数量的仿拉丁超立方设计[类似于图 6.2c]。很多相关性研究的特征是多因子、多响应、多相互作用、多目标优化。

连接因子与响应之间的数学关系称为拟合器（emulator）。它可以是多项式或人工神经网络等。优化计算需要拟合器。因此，通常需要将复杂的理工科试验结果或基于物理机理模型的微分方程所产生的数值计算结果用响应曲面多项式拟合器的形式表达。医学问题有时更加复杂，因为缺乏物理机理模型，那么也需要将试验结果用多项式拟合器的形式表达。拟合会引入误差，导致拟合器的预测值偏离试验或数值计算真值。拟合准确性与拟合数据量、因子-响应相关性、多项式结构和数据误差有关。

相关性研究与干预性研究的另一个主要区别是后者能在获得优化解后使用预测出的优化因子取值获得响应真值，从而验证拟合器产生的优化预测值；而前者无法验证优化解。因此，干预性研究需要两次验证，包括拟合器的准确性验证和优化解的准确性验证。然而，相关性研究只能进行拟合器的准确性验证。实际上，优化解的误差来源于拟合误差。由于优化解是属于因子空间内的一个解，其本质与用来验证拟合器准确性的其他数据点并无区别。那么，对于相关性研究，通过验证拟合器的准确性推测优化解的准确性是合理可行的。这意味着尽管缺乏对优化解的直接验证，在使用横断面数据进行相关性研究后进行优化计算仍然是有价值的。

■ 6.2 现代通用系统工程应用研究的数据特征

系统的数据是非常复杂的。系统由实体和属性组成。系统不仅限于实体（如人体器官），也可以是属性参数（如生化指标）的集合。产品系统从实体上划分，包括子系统和部件；从属性上划分，包括性能、耐久性、封装性、成本。生命系统从实体上划分，包括器官、组织和细胞；从属性上划分，包括生理功能、寿命持久性（life durability）、维护成本。寿命持久性可以指人体，也可以指一个器官。维护成本指从一个健康状态跃迁到另一个状态的路径管理所需付出的成本。

现代通用系统工程在各学科的应用研究的特征主要包括以下五类问题。

1）系统工程研究特征之一：子系统或属性之间的矛盾权衡

系统工程的首要任务是识别系统中存在的子系统或属性之间的矛盾权衡。权衡通常指当某个因子的取值变化时，两个响应的变化趋势互相矛盾。例如，当柴油机的空气燃料比下降时，发动机循环最高气缸压力与排气管气体温度呈现矛盾趋势，即气缸压力下降势必伴随排气温度增加。类似地，有些药物能够改善一个器官的健康指标，但会损害另一个器官的健康指标。这种矛盾称为系统的固有矛盾。当矛盾发生在试验点映射到响应域上的边界时，就出现帕雷托（Pareto）前沿曲线（图6.3）。

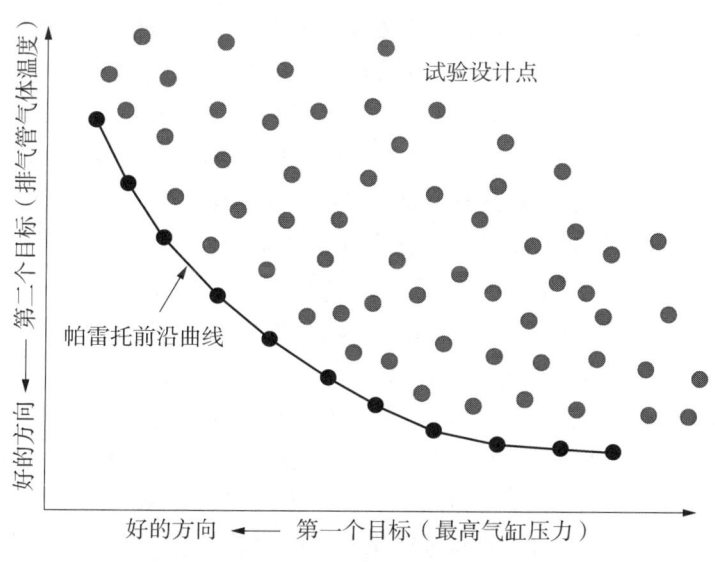

图6.3 双目标优化中的帕雷托前沿曲线

2) 系统工程研究特征之二:产品设计点、健康状态点及其跃迁路径优化管理

系统工程的第二个任务是在状态平面上识别和选择最优状态点,即产品设计点、系统运行点或人体健康状态点,并实现从一个优化状态点到另一个优化状态点的最优路径规划。系统的状态平面是平面上的横轴和纵轴围成的区域。横轴和纵轴可以放置时间、因子(如试验药物剂量,或热力学理想气体方程 $p=\rho RT$ 中的密度 ρ 和温度 T,其中 p 是压力,R 是气体常数),也可以放置响应(如人体衰弱指标)。状态平面上的点是试验点在因子空间内映射产生的状态点。状态是描述系统或子系统的属性参数(如性能或耐久性)。状态包括不随时间变化的稳态和随时间变化的瞬态。对于具有循环变化特征的系统,稳态也包括不随时间变化的循环平均值状态,如内燃机的稳定工作循环可被视为稳态。从统计角度看,状态还可分为确定性状态和概率性状态。因此,相对简单的系统参数是稳态的,更加复杂的系统参数是瞬态的或概率的。当时间维度和概率密度分布函数被引入时,可视化简洁表达数据的难度急剧上升。产品设计点或人体健康状态点可以用二维平面上的横纵坐标值确定,例如发动机的耐久性目标、人体营养健康状态、运筹学或控制论中的系统状态。而且,目标状态点通常是不确定的或需要优化改变的。比较选择不同的目标状态点是一种优化。

3) 系统工程研究特征之三:系统核心方程组的构建和系统参数量化相关性分析

系统方程组是指描述响应与因子之间关系的方程组。它可以是代数方程、常微分方程、偏微分方程、带有积分限的概率方程。系统方程组包括基于物理机理的模型(如理工科的能量守恒方程、质量守恒方程、理想气体方程、牛顿第二定律)和基于响应曲面拟合多项式的模型,分别简称机理模型和拟合模型。机理模型在描述相关性和子系统相互作用方面更加准确和深刻。拟合模型能够通过多项式项的显著性分析反映相关性和子系统相互作用,但是可能会受到随机误差的干扰和拟合误差的影响。当拟合数据量足够大时,拟合模型给出的因子相关性结论与机理模型给出的结论是一致的。对于医学来讲,由于在很多情况下不存在机理模型,可以使用基于试验数据的拟合模型分析系统参数之间的量化关系,而且这种拟合模型通常比机理模型在形式上更加简单和容易构造,而且能够有效揭示因子-响应相关性。

4) 系统工程研究特征之四:子系统或属性之间的重复冗余和等效替代

系统工程的第四个任务是识别系统中存在的重复冗余,这对于简化系统设计具有重要意义。这个任务可以划分为两种情况:此消彼长的因子互相补充,以及因子删减替代。以比较简单的前一种情况为例,对于具有机理模型的学科(如机械工程)来讲,不同子系统的因子是否具有等效替代性,能够从物理机理模型中显示的乘法关系(相互作用项如 $x_1 x_2$ 或 $x_1^2 x_2^2$)看出;当某个因子仅存在于与另一个因子具有相同幂指数的相互作用项中,它就具有取代另一个因子的等效替代性。例如,当方程具有 $y = c_0 + c_1 x_1 x_2 + c_2 x_1^2 x_2^2$ 的形式时,x_1 和 x_2 可以互相取代,或者说 x_1 减小的份额可以用 x_2 增加的份额补充,以便维持响应 y 值不变。反之,如果方程具有 $y = c_0 + c_1 x_1 + c_2 x_1^2 + c_3 x_2 + c_4 x_2^2 + c_5 x_1 x_2 + c_6 x_1^2 x_2^3$ 形式,因子 x_1 和 x_2 则不能在不改变模型系数的情况下简单地互相取代,因为当 x_1 和 x_2 在方程中互换位置时,响应 y 的值会发生变化。对于更加复杂的后一种情况,比如将四个水龙头注水简化为两个水龙头注水,因子的删减会导致模型系数发生变化,最精简的模型等效因子结构需要通过优化并根据因子-响应关系和各种约束条件确定。

子系统 A 的某个因子是否能够完全取代子系统 B 的另一个因子,不能只观察一个响应参数,而需要观察它们对所有相关响应的影响才能确定,如温度、压力、流量等。而且,机理模型中的加减乘除等运算形式通常比较复杂,不易直观看到存在重复冗余的因子。解决的办法可以是使用响应曲面方法对机理模型进行拟合,简化成多项式形式,根据多项式系数的相关性分析,揭示因子的等效替代性。

5) 系统工程研究特征之五:子系统或属性相互作用在因子域和响应域上的表达

相互作用可以体现在因子之间,也可以体现在响应之间。因子-响应相关性可以表达为根据因子(如药物剂量)求响应(如疗效),也可以表达为根据期望疗效(响应)求所需药物剂量(因子)。系统工程的第五个任务是揭示一个因子对另一个因子的影响,或一个响应对另一个响应的影响,即一个子系统(或属性)对另一个子系统(或属性)的影响。不同的子系统存在相互作用的图形定义是如果第一个参数(以响应为例)随第二个参数(以因子为例)的变化斜率与第三个参数(以因子为例)的取值有关,则称第二个参数与第三个参数之间存在相互作用。反映在图 6.4 的响应-因子域上,它表现为两条曲线的斜率不同。当两条曲线平行时,没有相互作用。当两条曲线不平行或交叉时,存在相互作用。

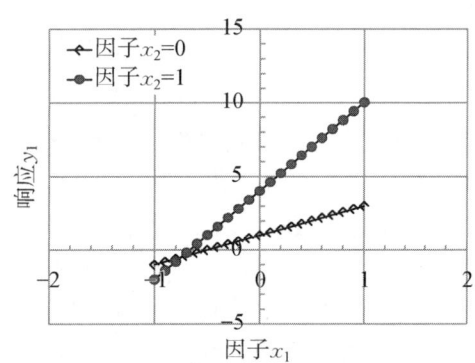

图 6.4 因子相互作用

因子相互作用的例子如下。某种化肥和某种添加剂都对农作物的产量有影响,而化肥和添加剂是互相独立的因子。当添加剂的用量是 1 kg 时,将化肥的用量从 10 kg 增加到 20 kg,导致农作物产量从 1 t 增加到 1.2 t,即增加了 0.2 t。然而,当添加剂的用量是 2 kg 时,将化肥的用量仍然从 10 kg 增加到 20 kg,却导致农作物产量从 1.1 t 猛增到 1.7 t,即增加了 0.6 t。这时,就称化肥用量与添加剂用量之间具有相互作用。

6.3 试验设计与优化简述

优化方法从简单到复杂分为参变量扫值、响应曲面方法(response surface method, RSM)、蒙特卡罗模拟(Monte Carlo simulation)等。前两种方法是不涉及概率的确定性优化方法,后一种方法是涉及概率的非确定性优化方法。记 x 是因子(自变量,如轴承间隙、喷油定时),y 是响应(因变量,如磨损量、气缸压力)。

对于具有 1~2 个因子的简单问题,参变量扫值法能够通过计算响应函数值和 Excel 作图(图 6.5),直观有效地寻找最优解。扫值指的是将因子取值从小到大在取值范围内像席卷扫描似地以一定的间隔取一遍。对于多于两个因子的复杂问题,需要使用试验设计进行优化计算。

当从实验或模拟计算中获得响应数据后,通常需要进行优化来搜索最优解。响应曲面方法中的拟合器模型通常是一个包含因子项(一般最高为 3 阶)和相互作用项的多项式函数,例如

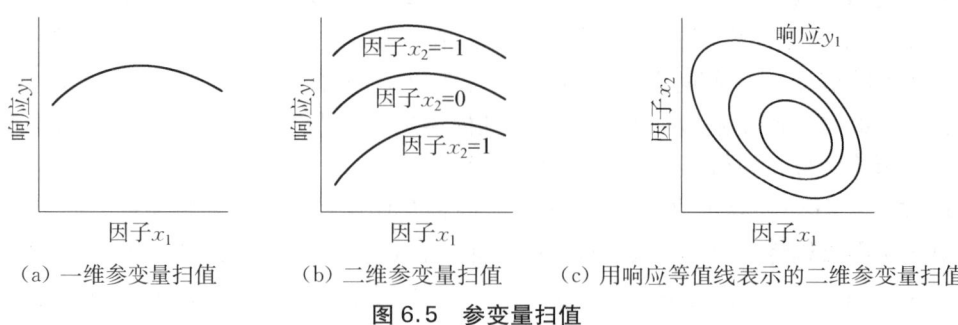

(a) 一维参变量扫值　　(b) 二维参变量扫值　　(c) 用响应等值线表示的二维参变量扫值

图 6.5　参变量扫值

$$y_1 = c_0 + c_1 x_1 + c_2 x_1^2 + c_3 x_1^3 + c_4 x_2 + c_5 x_2^2 + c_6 x_2^3 + c_7 x_3 + c_8 x_3^2 + c_9 x_3^3 + c_{10} x_1 x_2 + c_{11} x_1 x_3 + c_{12} x_2 x_3$$

式中,y_1 是一个响应参数;x_1、x_2 和 x_3 是因子,$x_1 x_2$ 是相互作用项;系数 c_i 用最小二乘法确定。

使用响应曲面方法干预性研究的优化过程通常包括以下六步,其中,拟合器项数的构造和试验设计矩阵的选择是影响优化精度和效率的两个至关重要的步骤:

(1) 选择因子及其水平值,构造试验设计矩阵。
(2) 用实验测试或数值模拟产生响应参数值。
(3) 构建拟合器,用多项式或其他连续函数拟合因子与响应之间的关系。
(4) 用富余的试验设计算例(那些在构造拟合器时没有用到的算例)检查曲面拟合的预测准确度,验证拟合器模型。
(5) 用拟合器和先进搜索算法进行优化,在约束条件下搜索全局最优解。
(6) 对优化结果进行确认测试或计算。

6.4　可靠性工程简述

6.4.1　可靠性工程中的"一根曲线"问题

可靠性工程教育培养在科研方法上的时变思维、概率思维和失效控制思维。产品的可靠性是指产品在规定的条件下和规定的时间内完成规定功能的能力。可靠度是产品实现规定功能的概率,记为 $R(t)$,是时间 t 的函数。例如,出厂的 100 个产品在使用了 2 年时有 1 个产品失效了,可靠度等于 99%。失效概率(又称累计故障概率)与可靠度之和等于 1。在上例中,失效概率 $F(t)=1\%$。可靠性工程中的"一根曲线"问题说的是可靠度或失效概率相对于时间的函数,例如"浴盆曲线"(图 6.6)。

可靠性与耐久性不同。耐久性是产品的一个属性,反映了结构方面的抗失效能力,按照失效机理划分,例如疲劳断裂、磨损、腐蚀等。耐久性与其余两个属性(性能和封装性)一起构成产品的质量。可靠性是产品质量在用户使用时间域上的度量,可以发生在任何属性。耐久性研究关注的是失效机理问题,可靠性研究关注的是有多大概率在什么时间失效的动态统计问题。因此,可靠性问题的特征是涉及时间和统计概率计算或测试。耐久性问题的特征是涉及部件应力等参数的空间分布计算或测试。

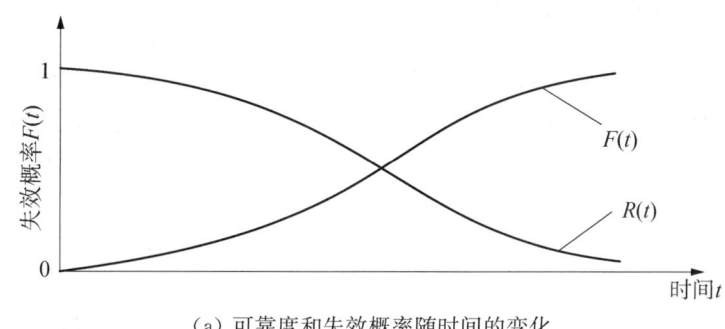

(a) 可靠度和失效概率随时间的变化

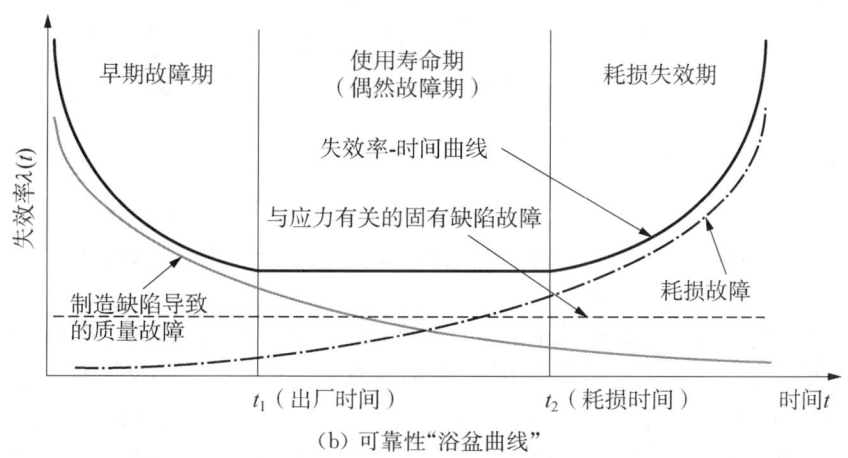

(b) 可靠性"浴盆曲线"

图 6.6 可靠性工程中的"一根曲线"问题

在图 6.6 中的失效率（又称故障率）λ 是单位时间内产品失效的概率。例如，$\lambda = 0.0025/(10^3 \text{ h}) = 0.25 \times 10^{-5}/\text{h}$，表示在 10 万个产品中，每小时只有 0.25 个产品失效。因此，平均失效率是指在一个规定时期内的失效数与累积工作时间之比。失效（故障）概率密度 $f(t)$ 与 $F(t)$ 和 $R(t)$ 之间的关系为：$F(t) = \int_0^t f(t) \mathrm{d}t$，$R(t) = \int_t^\infty f(t) \mathrm{d}t$，$f(t) = \dfrac{\mathrm{d}F(t)}{\mathrm{d}t} = -\dfrac{\mathrm{d}R(t)}{\mathrm{d}t}$，$\lambda(t) = \dfrac{f(t)}{R(t)} = -\dfrac{\mathrm{d}R(t)/\mathrm{d}t}{R(t)} = -\dfrac{\mathrm{d}\ln R(t)}{\mathrm{d}t}$。由此可见，可靠性特征量中的 $R(t)$、$F(t)$、$f(t)$、$\lambda(t)$ 是四个基本函数，只要知道其中一个，即可求出其余三个。关于概率密度函数曲线的概念，可见第 6.4.2 节的图 6.7 中的任何一条曲线。

对于产品工程来讲，设计与维修的目标是在产品寿命期内达到预定的失效率或可靠度。反过来讲，如果产品投入市场后能够观测到在每个时间节点的可靠度，即可绘制可靠度 R-时间 t 曲线或失效率 λ-时间 t 曲线。可靠度 R-时间 t 曲线或失效概率 F-时间 t 曲线通常在正态分布或威布尔分布的概率纸上绘制，从而能够使用这些假设的概率分布形式估算其分布参数。不论是采用可靠度、失效概率或失效率，这种沿时间变化的"一根曲线"的分析能够揭示产品的实际可靠性状态，并据此调整全寿命周期内失效率曲线的设计目标，即可靠性"浴盆曲线"的设计目标。根据该曲线，在达到耗损故障期前，能够安排维修或大修，降低失效率，使得产品能够继续服役。

6.4.2 可靠性工程中的"两根曲线"问题

虽然"一根曲线"问题能够管理可靠度沿时间的变化趋势或设计目标,但它并不能够揭示可靠度与设计参数和载荷参数之间的关系。分析这种关系就需要用到"两根曲线"(图 6.7)。

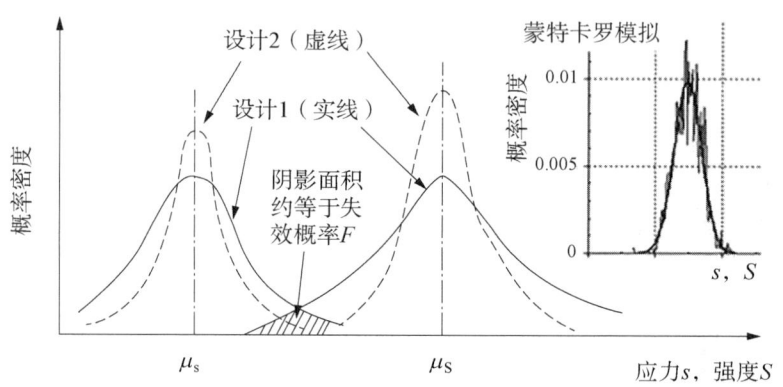

图 6.7 可靠性工程中的"两根曲线"问题——应力-强度干涉模型

产品失效是由于应力(实际载荷)大于强度(所能承受的最大载荷极限)造成的。图 6.7 的横轴表示任何一个用于分析的因子或响应参数,比如产品的尺寸或发动机气缸压力,通常为能够代表损伤的设计或运行参数。由于产品具有公差和各种复杂的使用情况,其应力分布或强度分布均不是一个确定值,而是一条概率密度函数曲线。这条曲线能够通过实际测量获得,也可以通过蒙特卡罗模拟计算得到。图 6.7 中左边的曲线是应力曲线,或代表广义应力,即任何可能会导致失效的载荷;右边的曲线是强度曲线,或代表广义强度,即任何反抗失效的能力。应力曲线如果与强度曲线相交(发生干涉),就表示有一部分产品失效,而且相交部分的阴影面积近似等于失效概率 F。从数学上看,这种两条曲线的干涉关系可以表达为

$$F(t) = 1 - R(t) = 1 - \int_{-\infty}^{\infty} \mathrm{d}R = 1 - \int_{-\infty}^{\infty} f(s) \left[\int_{s}^{\infty} f(S) \right] \mathrm{d}s$$

失效率 λ-时间 t 曲线的测量就是可靠性寿命实验,本质上是应力-强度干涉在每一时刻的作用结果。反过来看,在失效率 λ-时间 t 目标曲线的设计上,需要在每一时刻改变应力-强度干涉情况,使得失效率或可靠度达标。如果应力或强度随时间变化,干涉面积和失效率会随时间发生变化。因此,浴盆形失效率曲线形成的原因是随机载荷的统计风险效应与强度退化行为相互作用的结果。最安全的设计方法是对应力采用寿命期间可能出现最大载荷的概率分布,而对强度采用产品服役到寿命期末时的剩余强度的概率分布。

"两根曲线"的设计问题是在给定的时刻,根据想要的可靠度,移动或拉伸应力曲线和强度曲线,使得两条曲线的干涉面积达到预设的失效概率。如果将图 6.7 中的应力曲线的均值(μ_s)向左平移或缩小曲线的标准偏差(散度),或者将强度曲线的均值(μ_S)向右平移或缩小曲线散度,都可以减小干涉面积。这就达到了按照给定的寿命和可靠度目标确

定应力和强度设计参数的目的。

强度均值 μ_S 与应力均值 μ_s 的比值是传统意义上的平均（中心）安全系数。从图 6.7 可见，设计 1 与设计 2 虽然具有相同的均值故而相同的平均安全系数，但是它们的干涉阴影面积大不相同，导致这两个设计方案的可靠度也大不相同。因此，在没有统计概率信息下的安全系数是落后的、无法反映可靠性的概念，会导致盲目设计，既不安全，也不经济。

蒙特卡罗模拟是产生应力或强度概率密度函数分布曲线的有效模拟工具（图 6.7）。它采用对模型因子的概率分布函数进行随机抽样，而且往往采用对若干因子（如部件尺寸）的取值同时进行独立和随机的组合，产生响应参数（如气缸压力）的概率分布。蒙特卡罗计算通常是采用数千个随机抽样的样本，通过探索在因子组合范围内的数以千计的各种可能的组合结果，预测出因子的不确定性对响应的不确定性的影响规律。每个因子可能有多达 1000 个随机的水平值（或称取值）。每个蒙特卡罗模拟算例是所有随机因子的某个随机取值组合。例如，如果有 8 个因子，蒙特卡罗模拟的算例个数可以是 1000 到 1000^8 之间的任何数。这 1000 或 1000^8 个算例所产生的响应会形成一个统计分布。通常情况下，1000～10 000 个算例可以给出足够精确的概率分布结果。更多的算例并不会显著改变概率分布结果。

综上所述，"一根曲线"和"两根曲线"的学术素养训练就是要帮助树立科学的动态（时变）思维方式、概率思维方式和失效控制思维方式。

6.5 学术素养中的数据处理能力

数据处理能力包括图表制作能力和数据的设计和分析能力。它是科研人员的基本功，也是学术素养的重要组成部分。科研成果可以通过定量的数据和定性的内容（例如概念、方法、流程）予以反映。因此，数据处理方法涵盖定量化数据和定性化示意图表这两大类别。数据的展示方式通常包括插图和表格。处理图表的原则包括准确、快速、提炼。制作图表的方法包括示意图、Excel 电子表格、MATLAB 编程等。数据设计方法主要包括前面论述的试验设计和蒙特卡罗模拟。数据分析方法包括误差分析、方差分析（ANOVA）、统计分析、回归（拟合）分析、寻优算法、数据挖掘（data mining）、数据融合（data fusion）等。

数据图是基于定量的数据做出的插图，包括散点图、折线图、柱形图、条形图、饼图、面积图、曲面图、气泡图、雷达图等。示意图是指不具备定量数据关系而仅具备定性内容的插图。示意图、数据图和照片构成了插图的几乎全部种类。理工农医类学科多使用数据图表，而文史哲管等学科则更多地使用示意图表。

数据图与数据表的主要区别在于数据图偏重展示数据之间的比较关系和走向趋势，而非强调显示数据的具体数值。数据表则偏重展示数据的具体数值，或展示比较不同类别或不同单位的数据。与文字相比，图表由于在形状、色彩、线条、指向和位置关系等方面具有优势而非常直观，能够让读者用最短的时间将内容理解得最为透彻。

在处理图表的三项原则中，"准确"不仅是指工作态度认真仔细，更多地是指在数据处理的操作方法上具有良好的习惯，从而在机制上消除出错的根源，具体包括分组对应的数据在位置分布上格式统一和整齐可比、数据说明齐全、公式采用蓝色标记等手段。"快速"

不仅是指操作手法上的敏捷,更多地是指在数据作图的操作方法上需要制作插图模板,甚至编写 Excel 宏(Macro)指令,使得能够在一秒钟内快速生成几十张插图,并且在数据变更后能够快速反复使用作图模板出图。"提炼"是指不拘泥于原始数据的作图表达,能够从数据中提炼出更为本质的或带有总结性的数据作为论据去支持论点。

在数据处理形式上,示意图和数据图是两类最常用的形式。示意图和数据图均需遵循学术图表的七项制作原则,即科学性、精选性、简洁性、自明性、辅助性、规范性、美观性。凡是遇到无须展示精确数字的场合,都可以考虑使用示意图来直观有力地表达,达到精简文字描述的目的。示意图主要包括 PowerPoint 软件中的 SmartArt 图形功能所涵盖的以下七类图形:列表(blocks)、流程(flowchart)、循环(circulation)、层次结构(hierarchy)、关系(relationship)、矩阵(matrix)、棱锥图(pyramids);以及以下四种使用专用软件制作的图形:词云图(word clouds)、时间轴图(timelines)、节点网络图(node-link network)、地理图(geovisualization)。示意图除了可以使用 PowerPoint 制作外,还可以使用 Adobe Illustrator 制作。

数据图的处理方法主要包括 Excel 电子表格和 MATLAB 编程作图。MATLAB 具有强大的计算和作图能力,具体内容不赘述。需要指出的是,能够通过 MATLAB 编程将大量数据和插图自动生成到 Excel 文件中,极大提高数据处理速度。李云雁和胡传荣(2017)在《试验设计与数据处理》中的第 10 章《Excel 在试验数据处理中的应用》简要而系统地总结了 Excel 的数据处理功能,包括图表制作、内置函数计算(用于统计计算,避免查表麻烦)、方差分析工具和回归分析工具及其分析工具库等。

数据处理能力除了前述图表制作能力外,还包括数据设计能力和数据分析能力。如果说数据作图能力着重于可视化表达,那么数据设计和分析能力则着重于试验策划、揭示数据之间的因果依变关系和寻找最优解。它们都是最重要的几项科研能力。

另外,数据可以分为确定性数据和非确定性数据(概率性数据)。确定性数据由一个值代表,例如无随机误差的模拟计算数据或经过三次平均的带有误差的实验数据。概率性数据由一条曲线代表,横轴是参数值,纵轴是概率密度(参数值出现的概率)。概率性数据可以由实验统计或蒙特卡罗模拟产生,而且可以使用某种概率分布函数进行拟合和参数估计,例如使用正态分布估计其均值和标准差。概率性数据比确定性数据更为复杂,但是在揭示数据发生的可能性方面更加科学合理,能够根据事件发生的概率进行分析,避免过度设计或设计不足,并摆脱了陈旧的安全因数概念。蒙特卡罗模拟是设计和分析概率性数据的主要手段。

数据设计的目的是用最少的数据(最小的代价)获取足够多的信息,人为建立因子与响应之间的关系,并寻找最优值。数据设计通常针对第 6.1 节中讲的干预性数据。因子是输入的自变量,包括可以人为改变的控制因子和无法人为改变的噪声因子。响应是输出的因变量。数据分析的目的是揭示误差根源和模型的准确性,并建立数据之间的依变关系,从而达到预测或寻优的目的。试验设计是确定性数据设计的主要手段,包括全析因设计和部分析因设计。部分析因设计包括正交设计、传统设计、拉丁超立方设计、均匀设计。拟合方法主要包括具有明确的函数关系式的响应曲面方法和"黑箱式"的神经网络等。

方差分析是一种统计假设检验方法,广泛用于数据相关性分析和拟合模型准确性分析。其中,原假设(零假设)是假设所有数据组都是整体测试对象的完全随机抽样,即假设所有干预手段都没有效果。如果测试结果显示是有效果的,而且这效果不是因为随机的运气,则在统计学上称为显著,即原假设成立的可能性的 p 值小于临界显著值。通常情况下,当 p 值小于给定的显著性水平(通常为 0.05 或 0.01)时,人们认为观察到的数据与原假设不一致,拒绝原假设。反之,当 p 值大于显著性水平时,接受原假设。

数据挖掘是与数据设计相反的概念,通常针对第 6.1 节中讲的非干预性数据(相关性数据,如横断面数据)进行相关性分析。数据挖掘的研究对象数据通常不是通过人为干预性试验设计出来的,而是自然存在的数据(如医院一天内几千个病人的验血数据或可靠性数据)。数据挖掘是指从已有的因果关系不明的数据(如互联网电商销售大数据)中通过拟合(回归)、聚类分析、专家系统、决策树、神经网络、遗传算法、关联规则、自然语言处理、模式识别、异常检测等概率统计方法或人工智能和机器学习算法归纳出相关性关系甚至因果关系,从而达到预测和寻优的目的。简而言之,数据挖掘就是从一堆自然存在的数据中找出输入与输出之间的关系,然后根据新的输入条件预测和优化输出参数。与数据设计相比,数据挖掘是在预先并不知道控制因子和噪声因子是什么却已经获得响应数据的情况下,通过某种算法寻找因子,或对数据进行聚类和分类,搜索数据中隐藏的相关性甚至因果关联规律,并建立拟合模型进行预测和寻优。数据设计则是基于预设因子来人为设计试验并产生响应数据,然后拟合假设的模型。可以这样说,数据设计是主动的干预性因果关联构造,而数据挖掘是被动的相关性关系搜索。数据设计更多地发生在容易控制的科学试验中(如发动机的排放研究),而数据挖掘更多地发生在无法控制的客观行为或自然现实中(如销售数据、体检数据或自然灾害数据)。

最后,数据融合是指将多个信息系统的数据融合在一起,形成更加完整而准确的模型,例如融合两个卫星搜集到的导弹运动轨迹数据。数据融合主要用于图像或网络领域,例如多源影像复合、机器人和智能仪器系统、战场和无人驾驶飞机、图像分析与理解、目标检测与跟踪、自动目标识别等。

6.6 学术图表的选用原则和制作原则

鉴于学术图表在展示科研成果上的高度重要性和核心地位,有必要从以下几方面全面分节论述图表技巧:图表选用和制作原则、矢量图和像素图、插图清晰度、图表内容构造方法、复合图、示意图、数字表达、表格格式、图表英文。本节先阐述学术图表的选用原则和制作原则。

1) 学术图表的选用原则

学术图表有以下四条选用原则:

(1) 作者在策划论文的插图和表格时,首先需要关注期刊投稿指南对图表数量是否有限制,以及图表是否必须是黑白的、是否可以是彩色的。这些要求直接影响图表的数据范围和构造方式。

(2) 如果能用文字表达清楚,就不要使用图表。避免在期刊论文中出现文字较少、图表较多的情况,即出现轻视讨论和论点结论、重视数据展示的错误倾向。这种倾向多来自于撰写实验报告或内部科研报告的写作习惯,因为这两种报告多倾向于堆砌图表和数据结果,而且多采用 PowerPoint 形式,而非 Word 形式。学术论文应当以使用文字论述论点为主，以图表展示数据为辅。

（3）由于表格的优点是列举精确的数据，当需要展示精确的数值，或者当数据具有很多不同的度量单位时，最好使用表格，而不使用插图。

（4）由于插图的优点是直观表达数据的变化趋势或差异比较，如果需要显示数据之间的差异关系，或者说明数据的变化趋势，最好使用插图，而不使用表格。

2）学术图表的制作原则

学术图表的七条制作原则包括科学性、精选性、简洁性、自明性、辅助性、规范性和美观性。具体论述如下：

（1）科学性。又称正确性。图表必须具有明确的目的和逻辑，使用合适的插图类型或表格形式，正确反映事物的变化规律和数量关系。常见的科学性错误是图表内容设计失误或插图类型不当。

（2）精选性。又称必要性。期刊论文中的图表不是越多越好。自然科学、工程技术、生物医学等领域的期刊论文确实大量使用图表。相比而言，在社会科学类论文中，图表数量少得多，包括经济管理、文化、文学、艺术、教育、体育、语言、政治、法律、历史、哲学等学科。据调查，社科类论文的篇均使用插图数量大约是三个，而篇均使用表格的数量大约也是三个。这个例子体现了论文图表的精选性原则在科研实践中的运用情况。科研人员经常纠结在论文中放多少张图表。这个问题要以期刊投稿指南的图表数量和篇幅局限以及支持论点的要求而定。学术论文不是内部科研报告，没有必要事无巨细地展示所有科学发现进行存档。很多科研课题涉及大量因子（自变量）和响应（因变量），而且往往涉及瞬态（时间维度）和多变性（概率维度）。如果将这些因素之间的复杂关系从广度到深度都表达出来，用以揭示科学发现、新方法或新技术，几十张甚至几百张图都不够用的。实际上，期刊不是科技数据档案库，而是展示最精华的新发现的地方。为了论证期刊论文中的主要论点，精选几张总结图就足够了。其余为了满足重现性要求的图表可以放在附录或在线补充材料中。审稿人、期刊编辑和广大读者通常都不要求也不渴望阅读几百张插图。因此，无须将原始数据和中间步骤全部展示在论文的正文中。科研人员需要提高在复杂多维度情况下提炼数据和精选作图的表达能力，而非简单地堆砌图表数据。这种提炼作图的表达能力是一种高水平的核心科研能力。

（3）简洁性。指在内容上通常应当用一个插图或表格说明一个问题。当然，图表可以设计得很复杂，用以说明多个论点。但是，需要注意标记清晰，便于读者理解，避免发生含糊不清的表达缺失问题。在形式上，应当少用大图、彩图、照片，多用小图、黑白图、线条图。图表应突出主题内容，首先表现在图表的标题必须简明扼要。众所周知，撰写高水平的论文标题是不容易的。类似地，由于图表具有独立性（例如很多中国期刊要求图表的标题配有英文翻译），撰写高水平的图表标题也是非常重要的，而这一点经常被忽视。另外，图表内不能放很多文字。图表中通常不使用粗体或斜体，除非需要突出强调少量内容时。

（4）自明性。又称易读性，是指当读者单独阅读一个插图或表格时，应当无须查看正文的文字表述，即可从完整的图表信息中了解它所表达的内容。图表信息包括图表序号、图题或表题、插图的标目、图例和坐标轴、图注或表注、表头等。图表的各项信息应当完整、清晰、准确、易读。图表自明性差的表现包括以下几种：研究对象或方法不明确，图表内容不清楚，图表缺乏图例、计量单位、尺标刻度、图注或表注等。如果把图注或表注的内容写在正文中,图表虽然变得更为简洁,但是失去了自明性,得不偿失,导致读者需要在正文中查找才能完全明白图表的含义。图表中应当尽量避免使用缩略语。如果必须使用,即使在正文中做过解释,原则上也应当在图注或表注中给出缩略语的完整写法,以体现图表的独立性。如果图表中的信息来自别处,必须注明引用出处或引用许可。

（5）辅助性。指图表在论文中相对于文字而言,在表达方式上实际仍然居于辅助性地位,需要依靠文字点明图表所示论点。因为图表直接体现科研计划的逻辑性和研究的深度及广度,所以图表是科研结果的核心内容。而且,由于图表的可视化优点,期刊编辑和读者经常喜欢跳过文字而直接阅读图表去捕捉结论。但是,由于图表包含很多复杂的信息,导致不同的读者会有不同的解读。图表的作用是支持文字论点。因此,每个图表必须在正文的文字中有所提及。图表需要在段落上紧随文字。说明图表的文字应先于图表出现,与图表处于同一节,并尽量与图表排列在同一页。图表与正文之间不能有重复的描述,即不能用文字重复描述图表中的具体数值,而只能用文字讨论结果和阐述论点。

（6）规范性。指图表在格式和用语上必须遵循国家颁布的编辑规范。多个图表在格式上必须保持全文一致。图表的序号必须从 1 开始,连续编号。表格的标题位于表格上方居中,英文 Table 没有简写形式。插图的标题位于插图下方居中,英文 Figure 可以被简写为"Fig."。不应在图表四周设置边框。插图的主副标尺、横纵网格线和标目必须齐全,并适当添加趋势拟合线和统计检验结果。物理量和单位的标注必须规范。法定计量单位一律使用国标规定的符号。对于同一指标的数字,有效位数应当相同,不足者用"0"补足。

（7）美观性。指由于图表是独立创作的作品,因此排版需要协调美观和清晰,具有良好的视觉感受,满足图表的格式要求。

6.7 学术图表中的矢量图和像素图

插图和表格是学术论文中结果部分的核心,在内容和格式上均非常重要。图表制作不仅是科研基本功,而且是非常专业化的美工编辑技术。很多科研人员对图表的制作技巧和格式要求一知半解,造成在发表论著时提交错误的图片格式,达不到发表要求。有人说："做科研就是作图表。"这话无论从科研内容还是成果形式上讲都很有道理。

科研人员在向出版社提交论文或著作的稿件时,图片类型通常是矢量图（vector image）或像素图（pixel image）。像素图又称位图（bitmap image）、栅格图（raster image）或点阵图。照片都是像素图。线条图在编辑时是矢量图,在编辑后能被保存为矢量图格式或像素图格式。矢量图是以计算机图形学数学公式为基础构造的,而不是由一个个像素构造的。因此,矢量图与像素图之间的最大区别是矢量图不受分辨率影响,在无限放大后仍能保持清晰；而像素图放大到一定程度后就不再清晰,只能看到一个个像素,而且图像边缘有崎岖毛刺。另外,矢量图能够编辑修改,而像素图不便于修改线条。所以,矢量图能够极大提高排版质量和效率,是出版社的首选图片类型。

1）矢量图

矢量图使用直线和曲线描述图形和线条,构造组成图形的元素,包括点、线、多边形、圆弧等。矢量图有以下四个特点：

（1）矢量图在编辑修改时非常方便。由于矢量图是依靠软件内置的图形学数学公式计算所得，矢量图保存的是线条和图块的信息，这些信息可以很方便地被编辑修改，例如线条的长度和颜色。

（2）矢量图文件较小且打印清晰。矢量图与像素和分辨率无关。矢量图文件所占存储空间较小。将矢量图放大后，图像不会产生锯齿模糊效果，能够确保印刷清晰，可以用打印或印刷设备的最高分辨率印制。

（3）Microsoft Excel、PowerPoint、Word、Adobe Illustrator、CorelDRAW 等制图软件都能绘制矢量图。矢量图的常用格式包括 pdf、ppt、ps、eps、emf、wmf、cdr、ai。

（4）矢量图一旦保存成像素图，就丧失了编辑能力。如果把矢量图粘贴到只能处理像素图的软件中予以保存，也会失去矢量图格式所固有的图片编辑能力。

2）像素图

像素图是由像素点的网格组成。每个像素(pixel)是一个具有特定颜色和灰度的小方块。像素图具有分辨率的概念。分辨率通常用 dpi(dots per inch)表达。图片通常必须具有 300 dpi 甚至 600 dpi 的精度，才能打印清晰。300 dpi 表示在 1 英寸见方的图形上有 300×300＝90 000 个像素。如果将这张 300 dpi 的图片放大为 3 英寸见方，每平方英寸中只有 10 000 个像素，相当于 100 dpi 的分辨率。这时的图像与 300 dpi 相比会更加模糊。因此，如果需要把矢量图转化成像素图，需要尽量选择高分辨率保存，例如 1 200 dpi。如果像素图的分辨率高于打印机的分辨率，打印效果不会由于类型转化而受影响。像素图具有以下五个特点：

（1）放大像素图后会使得图片的清晰度（或称精度）下降。很多作者提交的像素图在清晰度上达不到要求。

（2）像素图的常用编辑软件包括 Paint、Photoshop 等。像素图的常用格式包括 jpg、tiff、gif、png、psd、bmp 等。

（3）像素图分为有损耗和无损耗两种。有损耗像素图是指图片在存储时被压缩而损失精度，此时图片文件变小，图像变模糊，例如 jpg 格式。无损耗像素图是指图片在存储时不会被压缩而造成精度损失，但是文件较大。最典型的无损耗像素图格式是 tiff。因此，tiff 格式的图片是最清晰的，也是向出版社提交像素图时的最佳格式。

（4）矢量图可以保存为像素图。支持矢量图的很多软件也支持像素图。例如，在 PowerPoint 或 Adobe Acrobat 软件中，图片可以被保存为诸如 jpg 格式的像素图。

（5）像素图不容易转化为矢量图。对于简单的像素图，虽然可以通过 Illustrator 软件的图像临摹功能将其转化为矢量图，但是原图中的某些信息和清晰度会在转化后有所损失。而且，如果原图比较复杂或具有互相遮挡覆盖的图形，则转化效果不佳。因此，出版社希望论文作者能够提供矢量图，以便对图片进行编辑。如果作者无法提供矢量图，期刊编辑只能被迫采用像素图修改加工，这经常会导致图片质量问题。

6.8 学术图表清晰度的四个要点

6.8.1 图片的格式、尺寸和分辨率

图片的分辨率和过度放大后图片产生模糊的锯齿毛刺问题都是针对像素图而言的。

矢量图没有分辨率的问题,无论如何放大都是清晰的。

关于像素(pixel)的概念,以扫描一张 5 英寸×3 英寸的照片为例,如果选择的分辨率是 1 000 dpi(dots per inch),那么扫描后的图片就有 5 000×3 000 像素,即 1500 万像素。

期刊在投稿要求中会指定图片的种类和尺寸,并且根据图片的颜色和灰度规定分辨率。如果有些期刊不接受矢量图,那么只能将矢量图保存成像素图提交。矢量图通常为 eps 或 pdf 格式。像素图通常为 tiff 格式,该格式采用无损压缩方式,保留所有像素信息。不优先使用 jpg 格式的原因是 jpg 会丢失信息,损失清晰度。因此,期刊通常要求提供 tiff 格式图片。

有些出版社将图片分为黑白格式的矢量线图(vector line art)、灰度图(grayscale image)、彩色图(color halftone image)。照片类图片属于后两种。

Elsevier 要求矢量图具有 eps 或 pdf 格式或 MS Office 文件格式(PowerPoint、Excel、Word),像素图具有 tiff 格式(黑白图的分辨率为 1 000～1 200 dpi,彩色图的分辨率为 300～500 dpi)。Springer 要求矢量图具有 eps 或 MS Office 文件格式,像素图具有 tiff 格式(黑白图的分辨率为 1 200 dpi,彩色图的分辨率为 600 dpi)。Public Library of Science(PLoS,科学公共图书馆)出版社要求所有插图具有 tiff(分辨率为 300～600 dpi)或 eps 格式。实际上,600 dpi 是很多打印机的最高分辨率。

关于插图尺寸,Elsevier 规定插图的宽度可以是 9 cm、14 cm、19 cm,高度不超过 24 cm。Springer 规定插图的宽度可以是 3.9 cm、8.4 cm、12.9 cm、17.4 cm,高度不超过 23.4 cm。PLoS 规定插图的宽度范围是 6.68 cm 到 19.05 cm,高度不超过 22.23 cm。

当按照期刊要求调整插图的分辨率和尺寸时,如果原始图片的分辨率仅为 72 dpi,图片尺寸是 12 英寸×8.5 英寸,而期刊要求 300 dpi,可以使用 Adobe Photoshop 软件将分辨率改为 300 dpi。修改图片时,不要勾选"重定图像像素",表示不重新设定即不改变图片的总像素大小,即要求将原图所有信息都集中到新的缩小尺寸的图片内,使得单位面积内的像素值即分辨率提高。原图的像素值是 864×612(72×12=864,72×8.5=612)。当分辨率提高到 300 dpi 后,图片的尺寸变成 2.88 英寸×2.04 英寸,即 7.32 cm×5.18 cm,即图片的边长尺寸变成原来的大约 1/4。但是,期刊还要求图片的宽度是 8.4 cm。那么,这张缩小后的图片就无法同时满足期刊对图片的分辨率和尺寸的要求。这时,必须重新采集具有更高分辨率的原始图片。

6.8.2 高分辨率原始图片的制作和保存

照片类插图属于像素图,清晰度与分辨率有关。照相机照片应当使用 2 560×1 920 dpi 或更高的分辨率进行拍摄。显微镜彩色照片的分辨率应当不低于 300 dpi,灰度照片应当不低于 600 dpi。显微镜照片应当添加标尺,便于参照。对于检测仪器输出图,例如超声波图和核磁共振图,彩色图片应当不低于 300 dpi,灰度图片应当不低于 600 dpi。扫描的图片的分辨率至少应当是 300 dpi,以 600 dpi 为佳。像素图的输出格式首选 tiff 格式。

对于线条图(矢量图),如果期刊要求必须转化为像素图,则转化格式应当首选 tiff,分辨率不低于 1 200 dpi。矢量图格式可以通过源文件格式(例如 Excel 或 PowerPoint)、pdf 或 eps 格式保存。多数期刊接受矢量图格式的图片。

在对矢量图或像素图进行编辑修改前,均需永久保存高分辨率的原始格式文件,不能丢弃，以便应对投稿时的图片要求。另外，准备在图片编辑过程中出现问题时，使用原始格式文件重做。

由于像素图经过 PowerPoint 编辑后会损失清晰度，因此如果不是必须进行编辑，不要将像素图导入 MS Office 进行格式转化。

6.8.3 使用 Excel 制作数据图表的方法

使用 Microsoft Word 或 Excel 制作表格非常方便清晰，而且可以直接提交 Word 或 Excel 格式的文件，因此在表格尺寸和清晰度上通常没有复杂的问题或困难。

Microsoft Excel 是最常用的制作数据图的软件。虽然 MATLAB 也能制作数据图，但是多数期刊并未提到能够接受 MATLAB 格式的插图，而却能够接受 Microsoft Office 格式的插图。

Excel 的数据图能够被存为 pdf 格式的矢量图，任意放大后，图中的线条和数字仍然清晰，没有模糊的锯齿毛刺像素问题。但是，如果将 Excel 中的图片复制粘贴到 PowerPoint 中，然后再存成 tiff 格式的像素图，放大后图中的线条和数字就会出现模糊的锯齿毛刺像素问题。因此，使用 Excel 或其他软件（例如 SPSS 统计软件）制作的插图，不仅需将结果保存成源文件格式（例如 Excel 的 xls 格式），而且需直接保存为 pdf 格式。

多数出版社要求插图的编号和图题不出现在图片中，并且建议使用图号作为插图的文件名。

6.8.4 使用 PowerPoint 制作示意图和拼接图的方法

对于示意类图片（例如 MS Office 软件中 SmartArt 模板里的流程图）和对像素图的组合拼接编辑，通常使用 Adobe Illustrator、Adobe Photoshop、PowerPoint 软件制作。很多科研人员没有前两种软件，但是对 PowerPoint 非常熟悉，因此，可以重点使用 PowerPoint 制作矢量图（保存成 ppt 和 pdf 格式）和像素图（保存成 tiff 格式）。

制作拼接图时，尽量使用插入图片的功能，尽量避免复制粘贴，并且避免使用屏幕截图导入，以便能够最大程度地减少图片精度损失。Windows 系统的默认屏幕分辨率是 72 dpi。如果截屏后将图片保存在 PowerPoint 或 Word 中，会导致图片只有 72 dpi 的低分辨率，无法满足出版的图片至少需要 300 dpi 的分辨率要求。如果必须使用屏幕截屏（按 PrtScr 键）导入图片，则需在电脑屏幕上尽量放大图片，保存为 TIFF 格式后再导入 PowerPoint。

Windows 自带的画图软件 Paint 使用方便，能够接受复制粘贴或经文件读入的图片，可以保存为 tiff 格式，可作为中间过渡软件使用。

另外，可以使用 Adobe Photoshop 检查图片的尺寸和分辨率。或者，用鼠标右击图片的属性，也可以查看像素值和分辨率，进而计算图片尺寸。

6.9 学术图表的构造方法

6.9.1 数据的类型和可视化的重要性

插图分为数据图和示意图，各有其用途。数据图是理工科论文结果部分的主要展示手段,无论对于揭示新的科学发现还是展示新的科研方法,都具有关键作用。因此,策划数据图不仅是可视化问题,而且在本质上是规划科研成果在深广性方面的体现。

能够从数据图上有效准确读取数据的最大维度是二维,即一个由横轴(x)和纵轴(y)围成的平面。如果维度再多,就读不准了。如果维度再少,则没有充分利用人眼能够准确读取数据的全部空间潜力,即没有将数据摆放到极致数量。零维是一个点。一维是一条线。二维是一个平面。三维图(或称立体图)由于具有倾斜的透视效果,并不利于准确读取数据。因此,人们通常将三维图压扁转化为二维等值线图,将原本属于在立起来的第三根轴(z)上的数据投射到 x-y 二维平面上,用一圈圈的曲线表示 z 方向的等值数据(第6.3节的图6.5c)。因此,数据图的策划目的就是如何使用 x-y 曲线图和 x-y-z 等值线图用满二维平面所能发挥的表达潜力。

任何一个系统,都可以用"输入-关联-输出"表征其科学内涵关系。学术论文的目的通常就是揭示输入如何影响输出,以及如何描述关联。例如,对于发动机系统,输入参数(因子)是燃料流量和环境温度。输出参数(响应)是功率和尾气排放。关联是发动机硬件或代表发动机硬件的性能计算模型。如果系统是稳态的,不随时间变化,那么该系统的因子和响应都是与时间无关的状态参数。但是,很多系统是具有动态变化的瞬态系统,即与时间有关的动力学系统。这时,时间便成为一个独特因子,经常占据数据图的横轴。这就导致在二维平面只能再放另外一个因子。这就是瞬态系统在数据表达方面非常困难的原因。

如果可以用确定性假设描述一个系统,那么其因子可以具有几个离散的水平值。例如,发动机的燃料流量可以是 0.01、0.02、0.03 kg/s。但是,如果必须用概率性参数描述一个系统,那么它的因子就需要使用诸如正态分布等概率分布函数来表征,例如某个参数的制造误差或发动机的环境温度变化规律。概率分布用概率密度函数(probability density function,PDF)表征,横轴是参数取值,纵轴是 PDF 值,概率分布曲线上的每一个点表征该取值出现的机会大小(第6.4节的图6.7)。对于概率性数据,由于 PDF 值需要占据一根坐标轴,这也导致在二维平面只能再放另外一个因子。这就是概率性系统在数据表达方面也非常困难的原因。

大多数的科研工作是稳态和确定性的,意味着这些工作可以策划为将两个因子放在二维平面。这时,有两种作图方式:第一种方式可以用 Excel 作图,将因子 x_1 放在横轴,将响应放在纵轴,做出一条曲线,此时因子 x_2 必须固定在某个取值。然后,将 x_2 取 3~5 个水平值,分别作出 3~5 条曲线。这种图称为"三线图"(第6.3节的图6.5b)或"五线图"。第二种方式需要使用 MATLAB 作图,将 x_1 放在横轴,将 x_2 放在纵轴,将响应值标记在等值线上。这两种作图方式都称为参变量扫值法(parametric sweeping)。它们的特点是将两个变量像席卷扫描一样囊括所有因子水平值的组合,因此是全析因设计。参变量扫值适用于 1~2 个因子,能够从数据图中直接准确读取最优值。

当因子数量超过两个时,尤其当因子水平值数量较多时,参变量扫值会导致作图变得非常烦琐而不现实。这时,需要使用部分析因设计的试验设计(第6.1节的图6.2)。如果比较试验设计的任意两个算例,会发现各因子的水平值都是同时变化的,而不像参变量扫值中的"一次变化一因子"那样固定所有其他因子的取值而只改变一个因子的水平值。因此,试验设计数据无法使用参变量扫值法绘制,而必须先使用多项式等拟合器构造因子与响应之间的数学关系,然后再计算或寻优。

6.9.2 单类型数据图

如果插图中只有一个类型,称为单类型图,否则称为多类型复合图。常用的论文插图类型包括散点图、折线图、柱状图、条形图、饼图、雷达图等。散点图和折线图适用于连续型数据,而柱状图和条形图适用于离散型数据,饼图则适合各构成比相加等于100%的数据。折线图和散点图的区别在于,折线图的横轴可以是数字或文字,而散点图的横轴只能是数字而不能是文字。柱状图和条形图的区别不仅在于条柱的横竖走向不同,而且在于条形图能够容纳比较长的分类项目的标签文字,而柱状图在处理长标签时会把标签倾斜,不便于读者阅读。

在选择插图类型时最容易犯的一个错误是把离散型数据用散点图或折线图处理,试图表达数据的变化趋势。例如,有五种疾病,需要绘制它们的某项共同检查指标。如果使用1、2、3、4、5作为这五种疾病的代号置于横轴,并使用指标值作为纵轴,用散点图绘制连接五个数据点的一条变化曲线,这种作图方式就非常误导,因为这五种疾病之间其实并不存在某种趋势关系。正确对比这五种疾病的插图类型应当是擅长处理离散型数据的柱状图或条形图。

科研人员最常用的是散点图(XY图),即带连线或不带连线的二维数据点图。以表6.1中的数据为例,表中的任务完成率等于实际销售量除以目标销售量,图6.8是散点图示例。图6.8的作图方式比较简单,将表6.1中的第2、3、5列数据选中,然后在Excel的

表6.1 某企业2020年的销售额

时间的文字表述	时间的数字编号	实际销售量/台	目标销售量/台	任务完成率
第1季度	1	240	300	80%
第2季度	2	360	400	90%
第3季度	3	320	500	64%
第4季度	4	410	600	68%

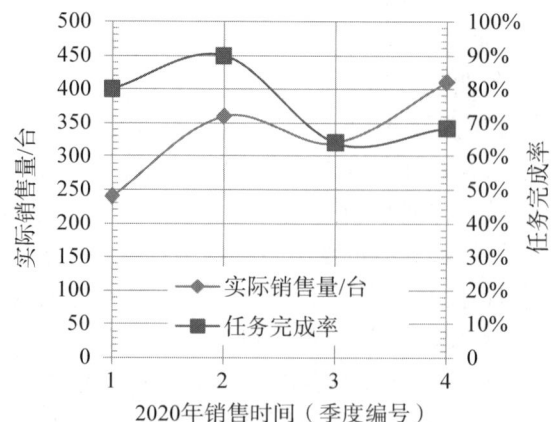

图6.8 散点图示例(2020年实际销售量和任务完成率,使用表6.1数据作图)

"插入"菜单中选散点图。唯一复杂之处是针对第二个图例"任务完成率"的数据使用了右侧第二条纵坐标轴,即在 Excel 中点击第二个图例,然后在"设置数据系列格式"中改选"次坐标轴"。这样,能够将两条在数值上差异巨大的曲线呈现在同一张图中,提高了插图的表达效率。

另一种非常有效直观的类型是雷达图(图 6.9),又称蛛网图。它便于在几个不同属性上(如图中四个季度)比较不同方案之间的优劣。在 Excel 中作图时,将表 6.1 中的第 1、3、5 列数据选中,然后在"插入"菜单中选雷达图。

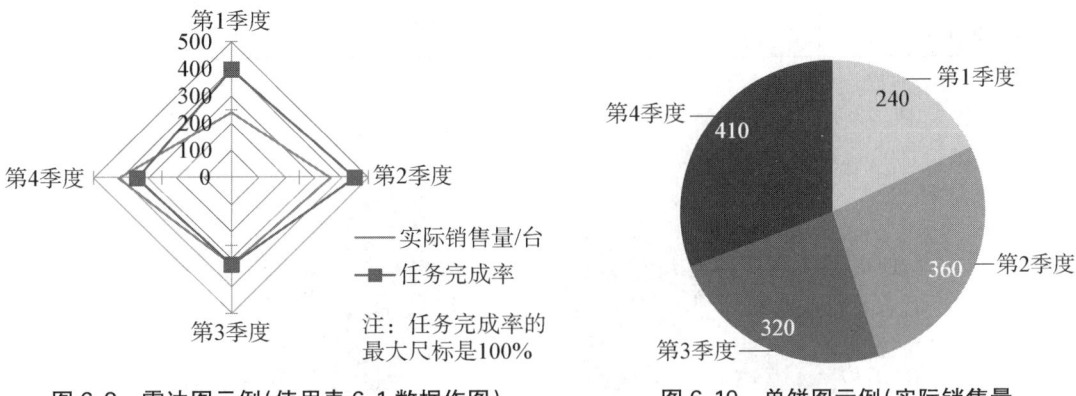

图 6.9 雷达图示例(使用表 6.1 数据作图)　　图 6.10 单饼图示例(实际销售量,使用表 6.1 数据作图)

饼图是另一种具有丰富表现力的常用统计图,尤其用于表达各项内容的百分比分布,各项总和为 100%。使用表 6.1 中的第 1、3 列数据,在 Excel 的"插入"菜单中选饼图,可得图 6.10。它是一张单饼图或称主饼图。

6.9.3　复合图

复合图包括分图式复合图、复合饼图、多类型复合图。分图式复合图是指在同一个插图编号下包括若干张分图,例如图 1(a)、图 1(b)、图 1(c)等,通常用于将具有紧密关联或属于同一主题的若干分图并排或上下放在一起,便于比较。分图式复合图不仅需要具有相同的主插图编号,而且需要在格式上尽量保持一致。分图式复合图能使插图的编排更加结构化和清晰。复合饼图是在饼图中同时包括主饼图和副饼图。副饼图用于详细展示或强调主饼图中的一部分内容。多类型复合图是在同一张插图内包括不同类型的图,例如折线图和柱状图。

图 6.11 给出复合饼图的示例,即从主饼图提取部分数值,将其组合到副饼图中,并与主饼图用连线相关联。复合饼图常用于解释或强调主饼图中的具体数据分布,或用放大的副饼图提高主饼图中小面积项的可读性。复合饼图的做法是先用副饼图的数据(如表 6.2 中的第 4 季度 10—12 月的 3 行数据)取代表 6.1 中的第 4 季度的 1 行数据,然后选中表 6.2 中的第 1、3 列数据,在 Excel 的"插入"菜单中选复合饼图,即可获得图 6.11。用鼠标右击饼图,在"设置数据系列格式"中的"系列选项"中,在"系列分割依据"中选择"位置",并在"第二绘图区(即副饼图)包含最后一个"的选项中选 3,表示把表 6.2 中的最后 3 行数据纳入副饼图。

表 6.2　某企业 2020 年的销售额(适合绘制复合饼图的数据格式)

时间的文字表述	时间的数字编号	实际销售量/台	目标销售量/台	任务完成率
第 1 季度	1	240	300	80%
第 2 季度	2	360	400	90%
第 3 季度	3	320	500	64%
第 4 季度 10 月		130	200	65%
第 4 季度 11 月		135	200	68%
第 4 季度 12 月		145	200	73%

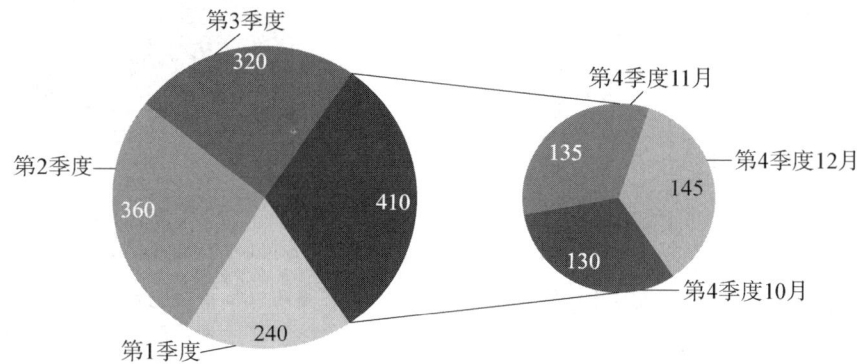

图 6.11　复合饼图示例(使用表 6.2 数据作图)

常用的多类型复合图的示例见图 6.12 和图 6.13。这两图之间的区别是图 6.12 的横轴数据是表 6.1 的第 1 列文字,而图 6.13 的横轴数据是表 6.1 的第 2 列数字,即折线图的横轴可以是数字或文字,而散点图的横轴只能是数字而不能是文字。图 6.12 和图 6.13 均将折线图(任务完成率)和柱状图(实际销售量)混合在同一张图内,因此称为多类型复合图。这种图能使数据一一对应、便于比较,比拆开作成两张图具有明显优势。作图时选择表 6.1 的第 1 列(图 6.12)或第 2 列(图 6.13)、第 3 列和第 5 列数据,然后在 Excel 的"插

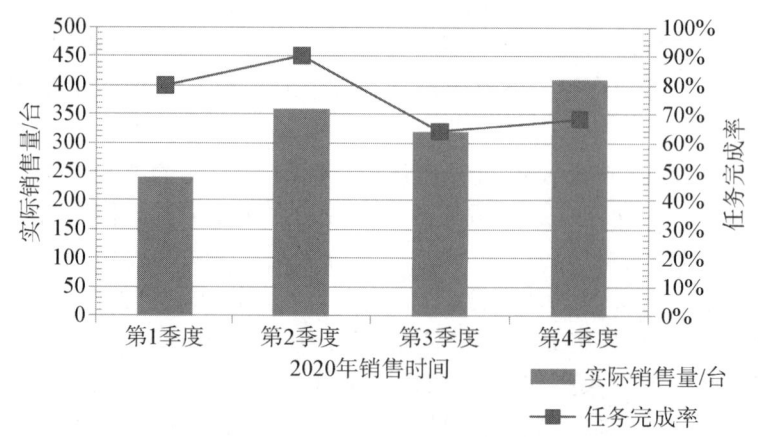

图 6.12　带柱状图和折线图的多类型复合图示例(横轴为文字,使用表 6.1 数据作图)

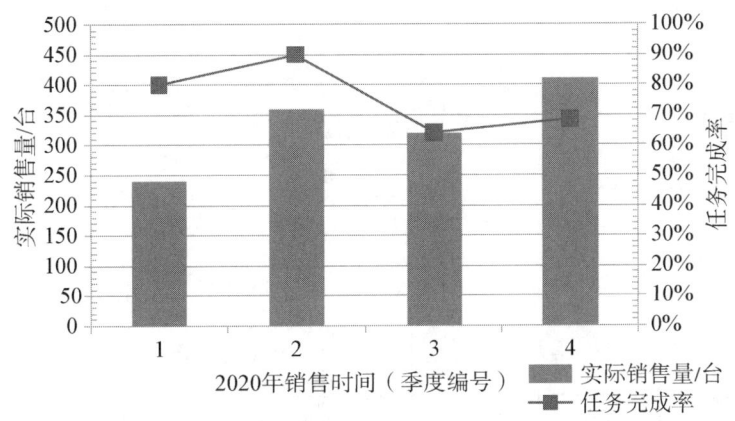

图 6.13　带柱状图和折线图的多类型复合图示例(横轴为数字,使用表 6.1 数据作图)

入"菜单中选柱状图;再用鼠标右击第二个图例(任务完成率),在"更改系列图表类型"中改选折线图,并在"设置数据系列格式"中改选"次坐标轴"。由于图中两个图例对应的数据在数值上相差悬殊,因此分别使用左侧的主纵坐标和右侧的次纵坐标展示。

6.9.4　高效率数据图模板的制作方法

本节以科研工作中最常用的 XY 散点图为例,说明五线图的模板做法。绝大多数的科研问题都是具有两个或更多因子和多个响应的问题,甚至多达几十个响应。使用 Excel 针对这么多响应参数在一分钟内快速绘制几十张插图,而且在经常反复修改数据后作图,是一个巨大挑战。因此,需要编制作图模板,以便能够在将数据复制粘贴到 Excel 中后,能够自动产生几十张插图。五线图模板对于科研工作中常见的二维(两因子)参变量扫值非常有用。

在散点图的模板设计中,将第一个因子放在横轴,将第二个因子的五个水平值分别对应五条曲线,如图 6.14 所示。针对第二个因子取五个水平值的原因是确保能对数据使用三阶多项式拟合。如果只有三个数据点,只能进行一阶拟合(直线),使得三个数据点距离拟合直线的误差平方和最小,即拟合误差最小。如果有四个数据点,则能拟合二阶曲线。如果有五个数据点,则能拟合三阶曲线。

由于 Excel 数据页的各列是按照 A,B,C,$\cdots$,Z,AA,AB,AC,$\cdots$,AZ,BA,BB,BC,$\cdots$,BZ,$\cdots$ 顺序排列,可以将第一条曲线在作图模板中设置对应于 A 系列数据,即 AA,AB,AC,$\cdots$,AZ 这 26 列数据,而将第二条曲线在作图模板中设置对应于 B 系列数据,即 BA,BB,BC,$\cdots$,BZ 这 26 列数据;依此类推,完成五条曲线的数据位置设置。26 列通常足以容纳因子的水平值数量。这样,第一条曲线反映的是当第二个因子的取值是其第一个水平值时,纵轴响应相对于第一个因子的变化规律。第二条曲线反映的是当第二个因子的取值是其第二个水平值时,纵轴响应相对于第一个因子的变化规律。假设图 6.14 的纵轴对应的是第一个响应,可将图 6.14 复制后修改纵轴数据设置,即可产生第二个响应的插图模板。在图 6.14 的上方可以添加非正式图题或图注,书写适用于图中所有数据点的共性内容。在正式论文中,图题需要放置在插图下方。

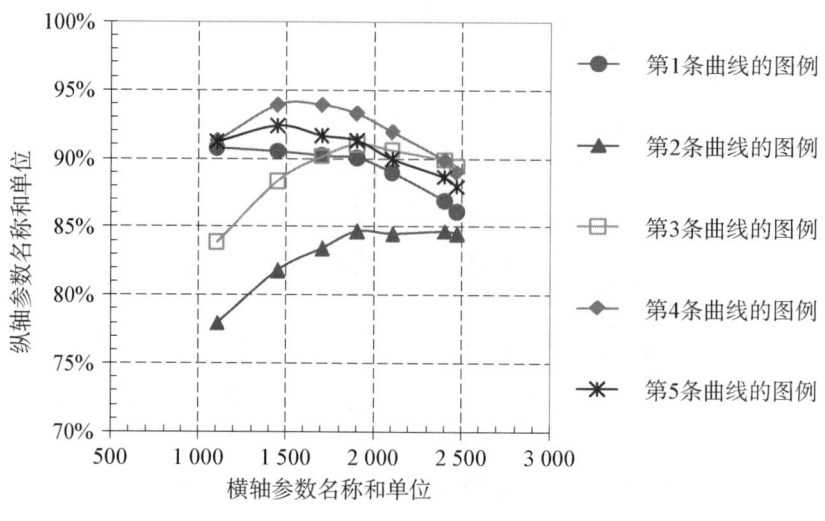

图 6.14　五线图模板示例

6.9.5　文字示意图的制作方法和用法

除数据图外，科研工作中还经常用到文字示意图，包括流程图、逻辑关系图、层级关系图、循环关系图等，例如介绍试验步骤、层级结构、逻辑推理关系。在 Microsoft Office 2007 版出现之前，绘制文字示意图非常麻烦，通常需要在 PowerPoint 中使用线条、方框、箭头等基本作图元素自己逐个拼接，并需要在统一格式和对齐位置等美工细节方面耗费大量时间。从 Office 2007 版开始，在 PowerPoint、Word、Excel 中，在"插入"菜单下均增加了一类极为方便的文字示意图，称为 SmartArt 图形，使用户能够调用大量预置模板轻松快捷地创建列表、流程、循环、层次结构、关系、矩阵、棱锥图这七种类型图形，而且每种类型均包括很多种不同风格的布局格式供用户选择。在 SmartArt 图形的左侧会显示文本窗口，用户能够输入和修改示意图中想要的文字内容。图 6.15 展示 SmartArt 图形的功能示例。

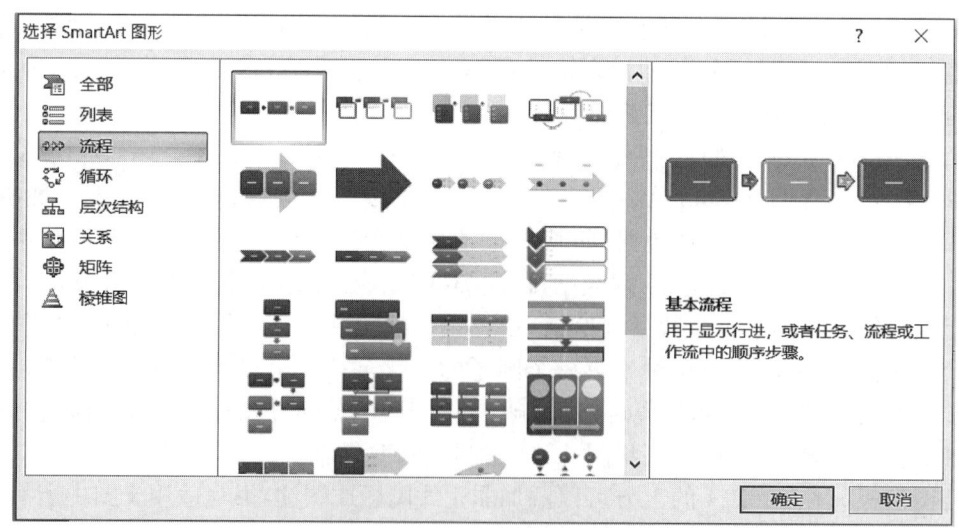

图 6.15　PowerPoint 中 SmartArt 图形的流程类型的不同布局格式

示意图与数据图之间的最大区别在于示意图能够在表达思路或概念方面摆脱数字的束缚。因此，在策划工作方案和发表论著时，只要遇到无须展示精确数字的场合，都可以考虑使用示意图来直观有力地表达，达到精简文字描述的目的。PowerPoint 中的 SmartArt 菜单具有以下功能：

（1）列表类型的 SmartArt 图形能够用合适的颜色和几何形状展示非有序信息块或分组信息块。这对于总结论文的论点或内容提要非常有用。

（2）流程类型的 SmartArt 图形能够用各种箭头和长方块展示流程，显示工作任务流程中的顺序步骤。用户再也不需要去花费时间拼接箭头和色块位置。这对于介绍论文所用的科研方法和试验步骤非常有用。

（3）循环类型的 SmartArt 图形能够用各种箭头和色块展示具有循环性质或迭代性质的流程。

（4）层次结构类型的 SmartArt 图形能够用各种组织结构形式或逻辑结构形式展示层级关系或平行关系。这对于介绍组织结构或事件的逻辑推理非常有用。

（5）关系类型的 SmartArt 图形能够用各种汇总、分解和比较的逻辑关系形式展示各因素之间的关系。这对于论文的结果总结部分和讨论部分的逻辑推理非常有用。

（6）矩阵类型的 SmartArt 图形能够用四个象限的形式表达二维平面上的元素逻辑关系，或显示部分与整体的关系。这对于使用排列组合方法介绍论文中的逻辑分类非常有用。

（7）棱锥图类型的 SmartArt 图形能够用金字塔形式表达系统工程中自顶向下的系统设计思路和自下而上的系统集成思路。这对于总结论文中的科研方法和产品研发流程非常有用。

6.10　学术图表的数字表达

6.10.1　数字的用法

《出版物上数字用法的规定》(GB/T 15835—1995)对数字用法做了详细规定。当使用相连的两个数字表示大概数量时，必须使用汉字数字，不能使用阿拉伯数字，也不能加顿号或逗号分隔，例如一两个人、三五百个、六七千尺、八九十元，而不能写成 12 个人（或 1、2 个人）、35 百个、67 千尺、8 910 元。

物理量的量值必须使用阿拉伯数字，即与单位符号在一起连用的数字，均需使用阿拉伯数字，而不能使用汉字数字或英文数词。例如，2 m 不能写成二米、二 m 或 two m，但是可以写成 two meters。近似数字的量值也需使用阿拉伯数字，例如 20 多 W 不能写成二十多瓦或二十多 W。计数单位前的数字均需使用阿拉伯数字，例如 4 条电线、6 组数据、500 多台、800 余只。

年份必须使用阿拉伯数字，例如 2014 年，而且不能简写为 14 年。公历年代的规范写法通常使用阿拉伯数字，例如 20 世纪 80 年代，而通常不写为二十世纪八十年代。时间的时、分、秒均应使用阿拉伯数字，中间用英文冒号分隔，例如 20 时 4 分 11 秒应写为 20:04:11。注意中文冒号"："比英文冒号"："后面的空格稍大一些。

在句子中,对 1～10 的数字,需用英文全拼写出,例如 one、two、…、ten。对大于 10 的数字,需用阿拉伯数字写出,例如 11、12。但是,对于数字后面紧跟单位的情况,需使用阿拉伯数字,除非在句子开头时,例如 4 min、6 ml、8 g。

英文句子不能以阿拉伯数字开头。如果必须在句子开头使用数字,需要使用英文全拼写法,将 100 以下的阿拉伯数字改为英文数词。对于 100 以上的数字,可以在数字前面加"A total of"或"Totally"之类的英文词。或者,可以把句子调换个写法,把数字放到不是句子开头的地方。

6.10.2 数字的格式

对于多于三位的整数和小数点后面多于三位数字的情形,应当从小数点开始,向左或向右按照每三位数字分成一组,组间留一个英文空格,或在整数位上使用英文千分位逗号分隔,例如 1 234.5、1.234 567 89 或 1,234.5。多位数字必须在一行内写完,不能中间断开换行。关于四位以上的数字最好每隔三位用英文空格分开的做法,目前仍有歧义,许多书刊仍然使用英文逗号作为分隔符号。鉴于有些国家用逗号表示小数点,为了避免混淆,国际标准化组织建议科技书刊使用英文空格分隔数字。

对于不是计量或计数的数字,例如邮政编码、专利号、基金号、账号等,不应使用三位空格分节法。

6.10.3 数字的单位

《有关量、单位和符号的一般原则》(GB 3101—93)对物理量和单位的用法做了明确规定。表格内的数字一般不带单位,百分数也不带百分号(%)。单位和百分号应当放在表格的表头或插图的标目中。但是,插图中可以使用百分数,这时插图的坐标轴的数字形式应当使用百分数。表格中的同类数字应当以小数点上下对齐,而且具有相同的有效位数。

数字与单位之间通常必须留有一个英文空格,除了角度单位"°"必须紧跟数字而不留空格。百分号"%"不是单位,必须紧跟在数字后面。多数期刊规定温度单位"℃"前面必须留一个空格,但是少数期刊规定不留空格。需要注意的是,开尔文温度单位是 K,而非 °K。组合单位 km·h^{-1} 需要在使用除号/或 -1 幂次方上保持全文一致,并遵循期刊规定。

当使用角度单位"°"表示数字范围时,每个数字都必须带°号,例如 5° to 10° 不能写成 5 to 10°。当使用百分号表示数字范围时,每个数字都必须带百分号,例如 0% to 5% 不能写成 0 to 5%。

6.10.4 科学计数法

数字可以用科学计数法表示,例如 1 234 500 可以写成 1.234 5×10^6。数字的有效位数必须全部写出,不能省略零,例如 1.230 不能写成 1.23,因为它们代表不同的含义。

科学计数法能够将整数位数较多或小数点后面位数较多的复杂实际数字 a 科学地改写成简化数字 b 乘以 10^n 的形式,具有一定的表述优势。为了从理论上阐述清楚使用科学计数法对数据进行简化的方法,假设实际数据为 a,简化数据为 b,它们之间的关系为

$a=b\times10^n$,b 的绝对值在 1 和 10 之间,且 n 为整数。那么,对于表格或插图中的简化数字 b,有 $b=a\times10^{-n}$,而且由于表格的表头或插图的坐标轴标目中物理量的名称或符号代表实际数据 a,所以在表头或标目中需要注明 $\times10^{-n}$ 而非 $\times10^n$。

当使用科学计数法将表格内的实际数据进行简化时,将实际数据乘以 10 的多少次幂,在物理量的名称或符号上就应当乘以 10 的多少次幂。例如,表格中有很多百万数量级的实际数据,如果不想把每个数字都写成 1 234 500 这种长位数形式,而想简化成带有 5 位有效数字的 1.234 5 这种短位数形式,即乘以 10^{-6},则在物理量的名称或符号上就需要 $\times10^{-6}$。这样简化的意思是,实际数据是 $1.234\ 5\times10^6$,在经过"$\times10^{-6}$"换算后变成 1.234 5,并将这个换算结果简化表达在表格中。反过来讲,当解读表格中的简化数字 1.234 5 并想把它恢复成实际数据时,需要用 1.234 5 除以 10^{-6},即乘以 10^6,得到 $1.234\ 5\times10^6$ 或 1 234 500。

表 6.3 和表 6.4 展示使用科学计数法对数据形式进行简化的例子。这两个表格表示的是相同的数据。使用实际数据的表 6.3 更加直观,无须换算,不容易出错。相比之下,由于表 6.4 在物理量的名称和符号后面引入了 10 的幂次方进行转化,容易把实际数据弄反数量级,即把 10^{-6} 错写成 10^6,因此在使用时需要特别注意这种风险。

表 6.3 使用实际数据的表格示例

发动机转速 $N/(\text{r}/\text{min})$	雷诺数 Re	材料应变 ε
5 000	1 234 500	0.003 3

表 6.4 使用科学计数法简化数据的表格示例

发动机转速 $N\times10^{-3}/(\text{r}/\text{min})$	雷诺数 $Re\times10^{-6}$	材料应变 $\varepsilon\times10^3$
5.0	1.234 5	3.3

6.11 学术表格的注意事项

表格包括卡线表和三线表。三线表是国内外科技论著中最为常用的表格形式。卡线表在左上角栏头设有斜线,还有竖线和框线,不够简练,排版工作量较大。三线表由卡线表简化而来,在卡线表的左上角第一个单元格内取消斜线,并取消横、竖分隔线和框线,只使用上下两条粗横线(顶线和底线)和表头下面的一条细横线(栏目线)。虽然在必要时可以在顶线与栏目线之间增加辅助横线,但是无论增加多少条横线,仍然称为三线表。三线表的格式要素包括表号、表题、表头、表身、表注,详见图 6.16、表 6.1 和表 6.2。

1) 表号(表序)

表号与表题之间留一个空格,无标点符号。英文表题的末尾没有英文句号(点号)。表题居中排在表格顶线上方。表号从阿拉伯数字 1 开始,连续编号。如果有分表,可以在表号后增加"(a)、(b)、(c)"等分表号,例如表 1(a)。即使全文只有一个表格,也需要编号为表 1。

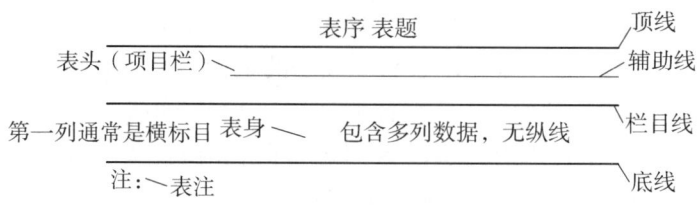

图 6.16 三线表的格式

2) 表题

表题是表格的标题,应当简明扼要地表达表格的主题和共性内容,包括时间、地点、对象、条件、关系、事项等。表题像论文标题一样,不宜过于简单或笼统,也不能过于繁琐冗长。表题通常比论文标题短,因为一个表格的内容比一篇论文的内容要简单很多。通常不应使用"纵向 XXX 数据相对于横向 YYY 数据之间的关系"这种简单的描述性文字撰写表题。表题很少使用主副两级,一般只使用主表题。

3) 表头

表头是位于顶线与栏目线之间的部分,又称项目栏或纵标目,一般对应多列数据。每列数据的表头包括数据说明或物理量的名称、符号和单位。每列数据需对应不同的表头内容。表格的标目是表内各项目的名称,用来表示表内数字或文字内容的含义和单位。

横纵标目颠倒,又称表格的主语和谓语颠倒,是制表时最常见的错误。横标目(又称左标目)是指表身中第一列的每行内容,通常在各行放置不同的数据说明或物理量的名称、符号和单位,以便不同行的数据对应不同的说明内容或变量。横标目可以不止占据第一列,还可以占据表格中间的其他列,将表格沿着横向在内容上分隔开。因此,严格来讲,横标目属于表身,不属于表头。横标目用来表示表格所叙述的研究对象(类似于主语)。纵标目位于栏目线上沿的各列,用来说明各项指标的名称、代号和单位(类似于谓语),沿纵向统领各列。

在物理量的名称或符号与单位之间,按照《有关量、单位和符号的一般原则》(GB 3101—93)的规定,应当使用除号"/"分隔。但是,使用除号分隔在科研人员中争议极大、意见颇多,原因是该除号容易与单位中的除号在视觉上混淆。因此,很多人喜欢用括号"( )"代替除号将物理量与单位分隔开,即把单位放在括号内;这是一种更加清晰的写法。

4) 表身

表身是在底线以上、栏目线以下的部分,包括表格内的数据或文字内容和一列或多列横标目。表身内的数字通常不能带单位或百分号(%),而应当把单位或百分号放在纵标目或横标目中。如果表中所有数据均具有相同的单位,则应将该单位标注于表格右上角,单位前可加写"单位:"或"Unit:"字样。

如果表内相邻行或列的数字相同,仍需重复填写,不能用"同左"或"同上"等字样代替。如果表内空白,代表此项无数据,一般不填连字符、减号或省略号,避免与其他含义混淆。另外,可以按需在表格的最右侧设置合计列,或在表格的最下面设置合计行。

5) 表注

表注是对表中内容予以说明的文字,例如关于缩略语全拼写法、表中符号的含义、公式、实验方法、统计方法、统计量指标、资料来源等。表注位于表格底线下面,通常缩进两个字符,以"注:"开头,以句号结尾。如有多条表注,应当采用阿拉伯数字顺序编号书写。也可以使用星号"＊"或双星号"＊＊"的上角标、阿拉伯数字上角标或英文字母"a""b"等上角标在表格中需要注释的地方予以标记,并用对应的星号、双星号、阿拉伯数字或英文字母在表注中逐条说明。上角标在表格中标记的顺序为先左后右、先上后下。

表注内容可以针对整个表格,也可以只针对表格中的某些单元格。表注内容不应与正文叙述内容重复。如果表格中的某些数据引自其他文献,必须引注出处。在表题上的引用方法与在正文中引用参考文献的方法相同。如果引用表格需要获得引用许可,在获得许可后,不仅需要引注出处,而且需在表注中注明"Reproduced with permission from ..."。

6.12 学术图表常见的 20 个格式错误

科研人员有一种不良倾向是轻视学术写作的格式要求,包括图表格式。实际上,虽然很多格式问题属于低级错误,但它们最能反映科研人员的治学态度是否严谨、学术素养是否合格。图表规范性在很多行业标准、国家标准、期刊投稿指南中均有规定。本节总结学术图表中常见的 20 个格式错误。

1) 图表的版权和著作权处理不当,引用和授权使用许可的标记缺失

在使用过去发表的图表时,不仅需要标引出处,而且需要获得并标注版权方和著作人的书面授权使用许可。

2) 图片的肖像权处理不当,授权使用许可标记缺失

在医学图片中可能出现人的脸部特征,在人工智能研究论文中可能会出现人的照片用于人脸识别实验。这些均需获得肖像人的书面授权使用许可,并需在文章中明确是否获得许可。

3) 图片中的商标处理不当,表达方式涉及商业利益

在描述材料和方法的插图中,可能带有仪器设备的商标,造成为该产品免费做广告,涉及商业利益。因此,需要删除商标信息和涉嫌商业广告的内容。

4) 图表未加整合,造成图表编号过多

对于共享相同横轴数据的图线,应当尽量放在同一张图内对比展示,包括使用左、右双纵坐标轴形式。如果插图能够作为分图使用 a、b、c 等编号,则不要作为主图独立编号 1、2、3 等。例如,同一个振动参数在 X 和 Y 两个方向的时变历程图更加适合作为两个分图存在。

5) 在图题和表题中使用标点符号

图题和表题在格式上类似于论文标题,通常不能使用任何标点符号,包括逗号和顿号。可以将使用标点符号的内容放到图注和表注中,或用"和"字尽量代替逗号或顿号。

6) 三线表的标目错乱,数据排列方向不佳,体现为横排而非竖排

由于取消了横、竖分隔线,三线表的意图是希望将数据按列(竖向)排列,用表头中的每个栏目名称竖着统领每列数据,包括第 1 列数据。因此,三线表编排一般是内容项目由左到右横读,数据依序竖排。相比之下,卡线表由于具有横、竖分隔线和斜线,在行和列上地位均等。因此,卡线表的数据既可以横排,也可以竖排,见表 6.5。三线表取消了卡线

表左上角单元格中的斜线,看起来似乎无法同时对横向(行)和竖向(列)的数据进行标识,但实际上仍可将第1列内容视为带有单位的标目,见表6.6。当然,也可以将第1列内容视为在"因子"标目下的"数据"或说明。另外,也可以将数据的横、纵走向颠倒排列,见表6.7,这样更加符合三线表将相同单位的数据按照纵向排列的习惯,这种做法的好处是能用竖长表格很方便地开列几十行算例。

表6.5　卡线表格式的试验设计算例

算例编号	组合算例1	组合算例2	组合算例3	组合算例4	组合算例5
发动机喷油压力 X_1/MPa	200	150	230	280	182
喷油定时 X_2/度	−15	4	−3	8	11
排气再循环阀门开度 X_3/%	30	21	78	2	45
涡轮流通有效面积 X_4/mm²	6.3	5.1	8.9	3.2	4.4

表6.6　三线表格式的试验设计算例(因子名称按纵向在第1列排列)

因子	组合算例1	组合算例2	组合算例3	组合算例4	组合算例5
发动机喷油压力 X_1/MPa	200	150	230	280	182
喷油定时 X_2/度	−15	4	−3	8	11
排气再循环阀门开度 X_3/%	30	21	78	2	45
涡轮流通有效面积 X_4/mm²	6.3	5.1	8.9	3.2	4.4

表6.7　三线表格式的试验设计算例(因子名称按横向在第1行排列)

算例编号	发动机喷油压力 X_1/MPa	喷油定时 X_2/度	排气再循环阀门开度 X_3/%	涡轮流通有效面积 X_4/mm²
组合算例1	200	−15	30	6.3
组合算例2	150	4	21	5.1
组合算例3	230	−3	78	8.9
组合算例4	280	8	2	3.2
组合算例5	182	11	45	4.4

7) 在三线表中使用过多的辅助横线

三线表没有竖线和斜线,但允许添加辅助横线。然而,通常不允许对每行数据均添加横线隔开,而只允许对需要按照数据隶属关系进行分层的数据行添加辅助横线。

8) 卡线表的横竖项目数量相差悬殊,未做成叠栏表或折栏表形式

如果表格的列多行少,即横向宽、竖向短,可以改为叠栏表,将表格沿着横向切断成几份,排成上下叠排的两段或多段表格。转在下段的表格应重复表头,两段之间用双线隔开。如果表格的列少行多,即横向短、竖向长,可以改为折栏表,将表格沿着纵向切断成几份,排成左右折排的两段或多段表格。转在右段的表格应重复表头,两段之间用双线

隔开。

9) 表格中乱填空白

当表格中没有数字或内容时,需要根据具体情况处置。《科学技术报告、学位论文和学术论文的编写格式》(GB 7713—87)规定:当没有测量或者无此项时,用空白表示;做了相应的试验,但是没有发现结果,用横线"—"或…表示;实际测量结果为零时,用数据"0"表示。

10) 图表的单位格式有误

标目中的单位与物理量符号究竟应该用前置的除号"/"隔开,还是用圆括号隔开,是非常有争议的。国家标准规定使用除号:"除加括号以避免混淆外,在同一行内的斜线(/)之后不得有乘号或除号,在复杂情况下应当用负数幂或括号。"按照该规定,以 $N/(r \cdot min^{-1})$ 为例,显然会造成分隔斜线即除号与单位本身自带的除号和括号发生严重的视觉混淆和混乱。因此,很多作者拒绝使用除号分隔物理量符号和单位,而是改用圆括号分隔,这其实是最为正确合理的做法,例如 $N(r/min)$。如果单位本身带有圆括号,则需使用方括号"[ ]"将单位与物理量符号隔开,例如 $\alpha[W/(m^2 \cdot K)]$。需要注意的是,物理量符号与单位之间不能使用逗号隔开。

11) 图表的百分号标记错误

百分号"%"虽然不是单位,但是可以按照单位的格式进行标记,数字与百分号之间不应留空格。在数字与单位之间,通常需要留一个空格,但是表示角度的单位"°"前不应留空格。

12) 用错指数

在表头或插图坐标轴的标目中用错指数,会造成数量级发生巨大的错反(例如将 10^5 搞错为 10^{-5})。应当尽量使用实际数据,避免使用指数形式的简化数据形式。如果必须使用简化数据形式,那么应严格遵循科学计数法的物理量表达规则,将实际数据乘以 10 的多少次幂作为简化数据写进表格,在物理量的名称或符号上就应当乘以 10 的多少次幂。

13) 插图缺失要素

插图必须具备的要素包括图号(图序)、图题、横坐标轴、纵坐标轴、横标目(横坐标轴标签,包括物理量的名称、符号和单位)、纵标目、主标值线(主刻度线)、副标值线、横网格线(便于读数)、纵网格线、图注、图例。

14) 插图中的图元注码和图元注文的格式出现错误

图元注码指标记部件用的数字(例如 1、2、3)或英文字母(例如 A、B、C)。图元注文指解释图元注码的文字。图元注码和图元注文构成一种特殊的图注,置于插图与图题之间,而非图题下面。在图元注码与注文之间应当使用一字线或英文句号隔开,在各注文之间应当使用分号隔开,在最后一条注文的末尾应当使用英文句号,例如"1. 流量计;2. 进气道;3. 气缸盖."。

15) 图表中的物理量、单位和上下角标的正体或斜体发生错乱

物理量符号应当使用《国际单位制及其应用》(GB 3100—93)、《有关量、单位和符号的一般原则》(GB 3101—93)、《量和单位》(GB 3102—93)中规定的斜体字母,单位符号应当使用正体字母。上、下角标中的数字和表示物体含义的字母应当使用正体,而表示计数或

物理量的字母应当使用斜体。具体来讲,以下符号应当使用正体:运算符号(如极限 lim、微分符号 d、复数的实部 Re、极值 max 和 min),缩写词,常数符号(如 e、π),特定函数符号(如 sin、cos、tan、lg、ln),特殊算子符号(如梯度 grad),计量单位(如秒 s、分钟 min、升 L),表示物体的下标。以下符号应当使用斜体:变量(如电压 V),常数(如 m),函数符号(如 f),坐标轴符号(如 x、y),计数变量作为下标(如 $F_i, i=1,2,3$),物理量作为下标(如定压比热容 c_p),向量或矩阵符号,几何图形中表示点(如 A)、线段(如 AB)、图形 $ABCDE$ 等的字母。

16) 插图的坐标轴格式出现错误

只有当坐标轴表述的是定性的变量,没有给出坐标值时,坐标轴末端才能按照增量方向添加箭头。带有坐标值的坐标轴不能标记箭头。

17) 插图的标值(坐标轴刻度)的数字位数或小数点位数过多,或者不规整

需要将 50 000 m 这种具有很多整数位数的标值修改为简洁的 50 km,并将 0.005 g 这种在小数点后带有很多位数的标值修改为 5 mg。对于主标值(主刻度)或副标值(副刻度,即在一个主刻度单位内的更小刻度),不能使用 4、8、12、16 这种不便于读数的刻度,应当改为 10、20、30 或 2、4、6、8、10 等刻度。

18) 插图的尺寸过大或比例不佳,造成排版后图中文字和数字过小而看不清楚

插图的宽高比通常以 7∶5 为佳,避免过扁或过高。大部分中国期刊的论文正文采用五号宋体字排版,摘要和参考文献采用小五号字。期刊论文图表中的文字和数字(包括图注和表注)在排版后一般为六号字,汉字字体为宋体,英文字体为 Times New Roman。图题或表题的字号不能大于正文的二级标题,通常与正文的二级标题字号一致。例如,图题和表题可以使用小五号字黑体。国外的绝大部分期刊要求插图采用 Arial 或 Times New Roman 字体,字号不小于 8 pt。Elsevier 的期刊要求插图使用 Arial、Helvetica、Courier、Times New Roman 字体,不小于 7 pt,线条粗细为 0.1~1.5 pt。Springer 要求插图使用 Arial 或 Helvetica 字体,字号为 8~12 pt,线条最细为 0.3 pt。PLoS 要求插图使用 Arial 或 Times 字体,字号为 8~12 pt,线条最细为 0.5 pt。

19) 插图的多条图线在彩色显示下能够区分,但是在黑白打印时无法区分

各条图线必须采用容易识别的不同标记符号,以便在黑白打印时能够清晰区分。

20) 插图数据范围显示失衡

插图的多条图线在纵轴或横轴上的显示范围差异过大,造成在全范围显示的情况下很多小范围图线塌缩得无法分辨清楚差别,而全图只能看清楚一条占据最大范围的图线。应对坐标轴和图线采用断口波浪线(或双斜线//)进行"打断"处理,只显示整个数据范围的低端和高端,不显示中间范围。这样,小范围图线在低端能被放大而看清差别,大范围图线在高端能看到最大值。

第 7 章
英文写作、翻译与编辑

在当前国际化交流的形势下,有能力撰写和发表英文论文已经成为科研人员的一项重要任务。在人工智能计算机辅助翻译及写作技术快速发展的背景下,英文学术写作的难点已经从过去的无从下笔改变为基于先进翻译技术的编辑写作方法。本章从识别英文科技写作的难点和建立写作原则出发,论述快速有效培养英文写作素养和技能的写作理论,并给出大量实战方法和示例。

■ 7.1 英文学术写作中的动词时态

7.1.1 英文动词时态三原则

英文学术写作通常使用第三人称、被动语态、短句子风格。英语的动词时态共有十几种,但是在学术论文中频繁使用的只有四种,即一般现在时、一般过去时、现在完成时、一般将来时。这几种时态在论文的各个部分交叉使用,反映不同的事件时间,表达不同的认知观点。时态的运用构成英文学术写作的一个难点。正确使用动词时态,不仅需要考虑事件发生的时间因素,而且需要考虑作者想陈述的主观立场。所谓立场,是指使用过去时描述一个曾经发生的偶然现象,而使用现在时宣称一个普遍适用的科学真理。英文时态问题在描述图表中的数据时表现得最明显。很多作者对于时态倍感迷惑,搞不清楚究竟应该使用一般现在时还是一般过去时。

图表的解释分为两种不同的情形——提及和描述。在论文正文中提及图表时,应当使用一般现在时。例如:"Figure 2 shows the engine temperature change over time."这是因为图表展示内容这一动作是作者在写论文时发生的,而且图表作为主语,那么其动作则属于表示当前状态的现在时。在论文正文中描述图表内的数据变化或操作过程时,通常应当使用一般过去时。例如:"The engine temperature shown in Figure 2 decreased over time."这是因为图中所示温度变化是在过去做科研工作时发生的动作或现象,而且温度作为主语,并且这个事实不是普遍正确的科学真理,而只是过去一次性出现的某个现象,因此应该使用过去时。很多作者在描述图表时误用一般现在时,即写成"The temperature shown in Figure 2 decreases over time."这就扭曲了原意,将发动机某种温度下降这一在某个实验中出现过的现象错误地表示或强调成为一个普遍存在的客观真理,导致读者产生误解。如果以描述即时写作的论文中的图表外观作为使用一般现在时的理由或借口,一则非常牵强,二则存在客观真理方面的误导。

在描述图表时将一般过去时误用为一般现在时,是很多作者容易犯的时态错误。类似的时态错误还包括在描述他人工作或讨论自己工作的意义时,在现在时和过去时之间误用。这类错误将改变论文所要表达的真正意思。实际上,避免这些时态错误并不太困难,可以遵循以下英文时态三原则(图7.1):①对于真理或评论,使用一般现在时;②对于过去的事实,使用一般过去时;③对于紧跟在论文(paper)、节(section)、图表(figure,table)这些作为主语用词后面的谓语动词,使用一般现在时。

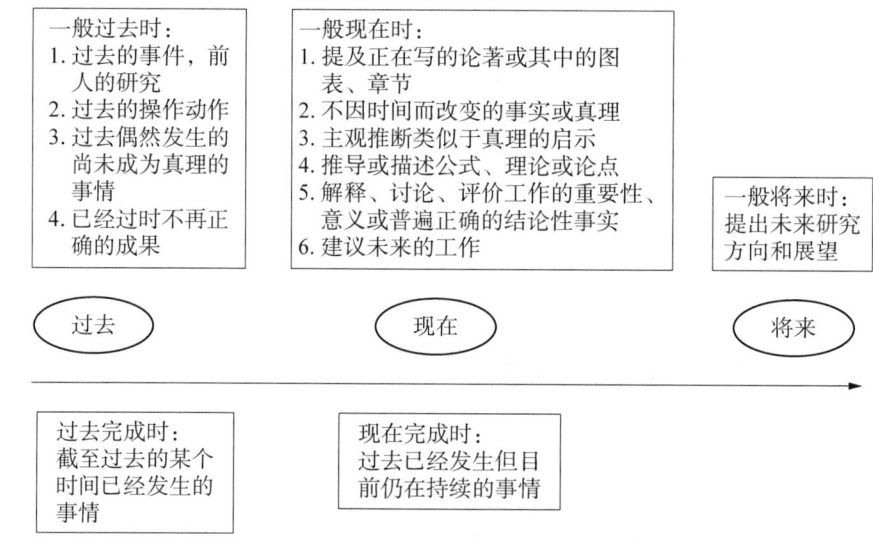

图 7.1　英文论文中的动词时态选择方法

7.1.2　一般现在时

(1) 提及正在写的论著或其中的图表、章节。

例 1:This paper discusses the engine temperature change at the rated power.

例 2(主动语态):Table 5 shows the results of this first isolated test.

例 3(被动语态):The results of this first isolated test are displayed in Table 5.

例 4:Figure 3 shows the engine temperature changes at the rated power.

例 5:Section 2.1 discusses the trend of the engine temperature.

(2) 陈述不因时间而改变的事实,比如科学真理。

例 6:Insulin and glucagon regulates blood glucose levels.

例 7:In the US, diabetes is the most common endocrine disease.

(3) 主观推断类似于科学真理的启示。如果使用一般现在时,表示作者相信某个发现或现象不是过去的一次偶然事件,而是具有普遍正确性的科学真理。

例 8:An elevated glucose level indicates a lack of glucagon hormones in the pancreas.

需要注意的是,如果为了将他人的科研成果作为无可辩驳的科学真理来尊重,表示坚信该成果的正确性，在引述时可以使用一般现在时。

例 9：Smith（1987）pointed out that there is a tradeoff between engine exhaust temperature and hydrocarbon emissions.

例 10：Smith（1987）concludes that there is a tradeoff between engine exhaust temperature and hydrocarbon emissions.

例 11：Ryuku（2005）concludes that there are no additional enzymes present in the liver, a finding this current study directly refutes.

（4）推导、提出或描述数学公式、物理公式、化学反应方程式、理论或论点。

（5）解释、讨论、评价科研工作的重要性、意义或普遍正确的结论性事实，建议未来的工作。

例 12：This study confirms that endogenous glucagon is even more essential in metabolism than previously thought.

例 13：The engine temperature level at the rate power that we found agrees with the result of Smith（1987）.

例 14：Further studies about glucagon receptors are needed.

7.1.3 一般过去时

（1）描述在过去某个时间发生的事件或工作。

例 1：Scientists in Wales discovered a new enzyme in the liver.

例 2：In 2016, diabetes was the most common endocrine disease.

例 3：The experiment yielded a number of results associated with the processing of glucose.

例 4：The study in this paper aimed to examine the engine temperature change at the rated power.

（2）强调过去的操作动作。

例 5：Protocol X was used to analyze the data.

例 6：The results were analyzed using Bayesian inference.

（3）强调过去偶然发生的非普遍现象、尚未被推断为科学真理的事情、已经过时不再正确的成果。

例 7：The CalTech glucagon studies were inconclusive.

例 8：The addition of 0.02 μg of glycogen activated receptor cells.

7.1.4 现在完成时

现在完成时用于描述过去已经发生但目前仍在持续的事情。这个时态多用于在引言中描述科研工作的背景。

例 1：Prior research in this area has been inconclusive.

例 2：Previous researchers have extensively studied engine temperature variations at rated power.

例 3：Results from this study have led to a deeper understanding about how different peptides interact in this enzyme.

例 4：Many studies have focused on glucagon as an important regulating hormone.

例 5：Efforts have been made to understand more about this process.

7.1.5 过去完成时

过去完成时强调截至过去某个时间已经发生的事情，在论文中很少使用。

例：The Dublonsky study had determined that X was Y, but a 2012 study found this to be incorrect.

7.1.6 一般将来时

一般将来时用于描述撰写论文后发生的动作或存在的状态，例如提出未来研究方向和展望。

例 1：The method reported in this paper will guide further research in the area of engine heat transfer.

例 2：Further clinical studies are needed/will be needed/must be carried out/should be carried out to isolate the cause of this reaction.

7.1.7 英文论文中各部分的动词时态用法

1) 摘要

由于摘要(abstract)浓缩文章的各部分内容，因此需要根据每句内容在发生时间和主观立场上的不同情况选择时态。英文摘要通常使用一般现在时和一般过去时，少用现在完成时或过去完成时，基本不用进行时和复合时态。

2) 引言

由于引言(introduction)包含对科学真理的论述、对过去的科研工作的描述、对持续到现在为止仍然在使用的科研方法的论述、对科研工作意义的评价，引言通常包含多种时态，以一般过去时和一般现在时为主。科研目的是在研究开始前设想的，在时间范畴上属于过去，因此应当使用一般过去时。

3) 材料和方法

材料和方法(materials and method)采用一般现在时描述业界的科研方法现状，并采用一般过去时描述在撰写论文前自己所做的工作和过去的操作动作。

4) 结果

结果(result)采用一般现在时提及图表或章节，而采用一般过去时描述过去发生的科研现象、动作或发现。在描述图表内的数据表现时，如果想强调数据反映的现象只是过去曾经发生的、偶然的、尚未被推断具备与时间或场合无关的普适真理性，应当使用一般过去时。一般来讲，论文的结果都只是源于某个特定的实验或计算，因此在撰写论文时尚不具备被业界普遍认同的科学真理性。如果想强调图表中反映的现象是一种与时间或场合无关的普适科学真理，则可以使用一般现在时。因此，动词时态的运用直接反映出作者对科研结果真理性评价的主观立场。

需要注意的是，实验论文与理论论文有所不同。实验步骤都是在论文写作之前就完成的,在时间范畴上肯定属于过去。然而,数学公式、物理公式或化学反应方程式等理论论述既可以视为过去发生的推导,也可以视为在撰写论文时进行的推导和描述。如果视为后者,这时就可以使用一般现在时;实际上,推荐首选使用一般现在时,通常不必使用一般过去时强调它们的推导或图线数据变化行为或理论提出是在撰写论文之前的某个时刻发生的。相比之下,测试、模拟计算、设计等工作产生的图表数据变化行为通常应该使用一般过去时,而不应视为在撰写论文时发生的数据变化行为,这样可以强调数据是过去产生的。

5) 讨论

讨论(discussion)涉及科研发现的分析、解释和意义。当陈述过去发生的动作或结果时,应当使用一般过去时。在陈述科学真理、论述结果的意义、表明自己的观点、比较不同的结果时,应当使用一般现在时。

6) 结论与未来工作

结论(conclusions)是从结果中抽象提炼出来的一般性原理。这些个人总结出来的原理或观点可能是带有规律性、普遍性和永恒正确的科学真理,但也有可能不是。如果为了强调自己或别人发现的科学真理或普遍认可的事实,应当使用一般现在时。如果为了强调发现的特定性、偶然性、不可重复性,而不强调普遍真理,即研究结论不具有普遍性而仅仅反映当时工作的个别现象,应当使用一般过去时。当展望未来工作(future work)时,可以使用一般现在时或一般将来时。

综上所述,遵守以上时态规则,不仅能使句子的含义在时间上正确,而且能够表达作者对于科研结果的肯定、否定、怀疑、认可、推断等主观观点,使得读者能够准确领会作者的用意。

7.2 英文学术写作中的清晰性和简洁性原则

英文学术写作的清晰性原则指的是句子结构和语义清楚,语法完整。常用的写法是使用短句子一句句有逻辑地写通顺。但是,这种写法在用词上会造成某种程度的重复啰唆,违反简洁性原则。这时,需要把重复用词合并简化,包括把短句子合并后改用修饰性从句,以及使用准确简短的词汇代替用词拖沓的同义词组。为了兼顾清晰性和简洁性,作者需要具备较高的、超越基本要求的语言水平,这也是期刊对论文作者的期望和要求。一些写作老手可能觉得自己已经掌握了写作方法,但是,投稿经常被审稿人和语言编辑指出很多问题,有时数量多得让人惊讶,出现了文章被修改得"满页红"和"体无完肤"的状态。这个问题的原因是过于重视作为写作基本要求的清晰性,而对作为写作高级要求的简洁性重视不足,因此导致相同的问题在全文反复出现几十次。如何平衡这两个原则,对于写作新手和老手都很重要。

清晰性与简洁性之间发生矛盾的原因是写作风格,每个人有不同的看法和侧重。英语口语经常出现可有可无的用词和重复,因而不够简练。学术写作力求简练,因此要在保证清晰的前提下,字斟句酌地检查每个词是否多余或重复。

简洁是写作的最高境界之一,也是最难掌握的技巧。简洁之难,不仅体现在英文,而且体现在中文。在简洁程度上没有对错之分,只有语言风格问题,有人喜欢啰唆清楚些,有人喜欢精练些。简洁程度的修改几乎没有止境。因此,一篇文章改来改去总是能修改得越来越简洁。

简洁包含两层含义:第一,内容不能重复。意思相同或相近的内容,在文章中一般不宜重复出现,尤其不能在同一段落中用不同的写法反复出现,而且不应为了体现"重要的事情说三遍"在学术论文中反复强调同一内容。第二,用词不宜啰唆。很多种用词风格都是正确的,应当在确保清晰的同时,尽量减少用词量,缩减篇幅。英文论文的简洁性体现在以下五个方面。

(1) 介词"of"和定冠词"the"的联合使用问题。通过调换"of"两边的名词顺序改变修饰结构而省略"of",能够减少用词,但是不能以牺牲清晰性和语法正确性为代价。例如,"The process of engine steady-state performance analysis with guided control"比"Engine steady-state performance analysis with guided control process"更为正确易懂。后者虽然通过调换"of"两边的名词顺序减少了"of"和"the"这两个词,但是这种精简是得不偿失的,造成修饰关系不清晰,句子含义混乱。

(2) 定冠词"the"在表示特指情况下的漏用和滥用。有些写作专家认为能够省略某些"the"而仍然保持清楚的特指含义,从而达到缩减文字的目的。但是,这种做法非常容易造成全文在是否能够省略"the"的特指地方的判据混乱而不一致,因此需慎用或不用。

(3) 虽然学术论文普遍采用被动语态以突出科学事实陈述,但在能使用主动语态的地方可以尽量使用主动语态,这样能够减少用词,而且语意表达也更加直接和易读。

(4) 避免用词重复。在一句话中出现两个相同的词,尽管其名词和动词的形式有所不同,一般是用词重复的信号,这时通常都能合并用词,例如,"in an extraction process to extract"。

(5) 删掉多余的词,并把啰唆的词组改为简洁的词汇(表7.1)。这要求作者具备比较高的选词能力。适当使用翻译器能够有效提示选词。纠正语言啰唆和用词偏多的问题时,不仅需要把"in order to"简化为"to",而且需要从用词结构上予以简化。示例如下:

不好:This experience was the motivation for me to pursue study in mechanical engineering.

较好:This experience motivated me to pursue study in mechanical engineering.

不好:This is an important stage during the growth of children.

较好:This is an important stage in children's growth.

不好:There are powerful voices to call for changes in systems engineering.

较好:Powerful voices are calling for changes in systems engineering.

表7.1 用词简洁程度对比

啰唆用词	简洁用词	啰唆用词	简洁用词
a certain amount of	several	a coefficient β in the range of 0 to 1	$\beta \in [0, 1]$
a large amount of data	large data sets	a great amount of	considerable
a short period of time	a short period	all of the	all

续　表

啰唆用词	简洁用词	啰唆用词	简洁用词
are explained as follows	are as follows	as a consequence	consequently
as shown in Fig. 7	Figure 7 shows	in addition	also
in order to	to	in this way	thus
involved in	in	It should be said …	慎用或不用
keeping unchanged	retaining	need to	must
Note that …	慎用或不用	satisfy the requirements of specifications	satisfy specifications
suffer a problem of	suffer from	that has 从句	with
the data processed in such a way	these data	use an approach of combining	combine
where 从句	with	which is 从句	with

英文科技写作中的清晰性原则和简洁性原则是一对矛盾，对作者在写作技能上提出很高要求。也正是由于这两个原则，英文论文写作才能超越语法的基本要求，在文采方面达到较高水平。

7.3　英文学术写作中的语言错误

7.3.1　语言错误的危害

高水平的英文论文不仅能够展示学术成就，而且能够体现作者的严谨态度。很多作者有个误区，认为稿件最重要的是专业技术水平，即原创性和完整性等内容，而语言表达的正确严谨性是第二重要的，而且语言问题可以依靠期刊编辑加以解决。这是完全错误的认知，原因有二：第一，语言体现态度。学术界衡量学术能力的首要标准是科学精神和严谨学风，广泛共识是态度决定一切。一个人的技术水平再高，如果态度不严谨，也会被人诟病或看不起。读者对作者严谨性的第一印象来自语言，而不是来自需要仔细琢磨才能看懂的技术逻辑。因此，作者切忌在论文语言上粗制滥造或恃才放旷。第二，语言体现水平。作者应当认识到，语言水平是与技术水平同等重要的学术水平的组成部分。随着时代的进步，科研质量要求和人员素质要求不断提升。过去那种只重视专业水平而将撰文写稿视为辅助打杂角色的认识，是完全错误的。试想，如果一个所谓的大学问家整天只动嘴而不亲手写稿，或者他经手的稿子在文字或语法上错误百出，怎么能够赢得尊重和认可呢？中国有句古话叫"以小见大"，文字上的瑕疵非常能够体现出治学的不严谨。

英文论文或中文论文的语言错误会导致一系列恶果。在投稿阶段，如果论文中充斥大量语言错误（包括句子结构、时态、语态、用词、拼写、标点符号等），会导致主编或编辑直接拒稿。首先，他们不能容忍"视编辑为下人或服务员"的傲慢态度。而且，国外很多期刊的审稿人是义务免费审稿。编辑不会把充满低级错误的稿件送给审稿人，因为这样不仅会冒犯审稿人,而且会极大损害期刊声誉。因此,论文作者必须摆正自己的位置,要认真谦虚,在投稿前确保语言方面没有大的错误非常重要。

由于作者或编辑的原因,可以经常看到已发表论文中仍然带有大大小小的语言错误,大到句子表达不清或用词错误,小到拼写或标点符号错误,这些都会严重损害作者声誉。人们看到一些著名专家有令人恼火的带有语言错误的论著发表,心中会想"你水平这么差,怎么获得那些称号的",或者"这东西是你写的吗?你看过没有?如果不是你写的,或者你根本没看过,为什么要沽名钓誉地署上自己的名字"。学术出版是一个追求完美的行业,错一个标点符号都不行。而且,在这个问题上,第一责任人是作者,第二责任人才是编辑。当作者用完美的高标准来严格要求自己的时候,还经常会出现百密一疏的错误,更不用说在思想和行动上故意放松要求的情况了。因此,必须在学术写作方面树立严谨踏实和兢兢业业的作风。

7.3.2 中文母语作者容易犯的语言错误

科研人员在掌握了初步的英文写作技巧后,基本能够写出句子结构清晰、语法正确的论文。但是,对比英文母语语言编辑修改后的文稿,仍然能够感觉英文用词欠佳或不够地道流畅。想要解决这些问题,必须从高级写作技巧上系统地总结问题出现的原因和纠正措施。

(1) 段落超长,句子超长,句子结构混乱,用括号修饰或补充陈述。不及时分段会导致文章的逻辑不清晰。应当尽量采用短段落,并在需要汇集成节的开头处添加小标题。这样的文章在结构上非常清晰易读。读者看不懂意思的另一个主要原因是句子结构不清晰。问题的根源是没有使用短句子按照有逻辑的顺序写出来,而且往往缺失谓语动词。英文中的谓语通常比主语更能让人快速抓住句子结构。因此,一定要按照动词断句,并快速搭建主谓结构,然后再补齐修饰性成分。应当少用括号来修饰或补充陈述。括号内的长句子或长文字应当单独拉出来作为单句陈述。

(2) 写法不符合英文表达习惯,即写法不地道。这类错误主要包括语序颠倒、语态问题、从句问题和用词不当(词不达意)。

主语和宾语的语序颠倒的示例如下:

不好:Changing people's perception of the nature of systems engineering is the key to the success of making positive changes in system science.

较好:The key to making positive changes in system science is transforming the perception of the nature of systems engineering.

误用被动语态,从而不符合英文表达习惯,例如:

不好:Some technologies are easy to be mastered and implemented by these companies.

较好:Some technologies are easy for these companies to master and implement.

忽略必须使用的从句及其时态,例如:

不好:There are great differences between the children receiving quality-oriented education and the children receiving exam-oriented education.

较好:There are great differences between the children who receive quality-oriented education and those who receive exam-oriented education.

未将带有"with"和动名词的状语短语变成动词从句,从而不符合英文表达习惯,例如:

不好:His effort will be rewarded with his careful plan and persistent pursuing.

较好:His effort will be rewarded as he pursues his careful plan with persistence.

未能正确前置状语短语。经常提倡的所谓状语后置原则是为了突出主语。但是,在安排状语短语的位置时,不应当牺牲修饰关系清晰性、语意连续性、特意强调性,例如:

修饰关系清晰性不好:Some education enterprises described their work as overturning traditional education and conducted online education in China.

修饰关系清晰性较好:In China, some education enterprises described their work as overturning traditional education and conducted online education.

语意连续性不好:I received support from my parents when I was young in learning math.

语意连续性较好:When I was young, my parents supported me in learning math.

特意强调性不好:I studied in Shanghai in mechanical engineering during my four years of undergraduate study.

特意强调性较好:During my four years of undergraduate study, I studied in Shanghai in mechanical engineering.

表达原因的写法不符合英文习惯,例如:

不好:I thought the reason was that I was not fluent in German.

较好:I thought this was because I was not fluent in German.

用词不当或词不达意是读者看不懂文章的另一个常见原因。解决方法是依靠翻译器、在线词典或语料库,多比较一些用词,挑选出最确切的词。另外,有些词在中文里经常出现,但英文并不需要逐词翻译,例如"规律"这个词。很多这种错误是由于直接硬译中文造成的,使得语句生硬、用词啰唆,或者不符合英文表达习惯。

中文例句1:在中国,一些教育机构打着颠覆传统教育的旗号从事线上教育。

不好:In China, some education enterprises conducted online education with a slogan of overturning traditional education.

较好:In China, some education enterprises described their work as overturning traditional education and conducted online education.

中文例句2:相比设备甲,我更相信设备乙。

不好:I believe device A more than device B.

较好:I believe device A would be more effective than device B.

中文例句3:从中国教育部的统计资料可以看出,截至2016年,中小学网络覆盖率达到87%。

不好:We have seen statistics from the Ministry of Education of China showing that the Internet access rate of elementary and high schools in China had reached 87% by 2016.

较好:Statistics from the Ministry of Education of China have shown that, by 2016, the Internet access rate of elementary and high schools in China had reached 87%.

中文例句 4：看到这些成就，我逐渐坚定了职业方向，希望能为机械工程领域做出贡献。

不好：I have observed these achievements, and I have gradually decided my directions of career development in order to make good contributions to the field of mechanical engineering.

较好：I have observed these achievements, which inspired me to direct my career development to contribute positively to the field of mechanical engineering.

中文例句 5：由于他们片面理解"技术"概念，导致失败。

不好：They failed due to their partial understanding of the "technology" concept.

较好：They failed due to their partial understanding of the role of technology.

中文例句 6：这些技术不论软硬都是有用的。

错误：These technologies, regardless soft or hard, are useful.

正确：These technologies, whether soft or hard, are useful.

（3）缺失冠词，误用和混淆定冠词（the）和不定冠词（a，an），尤其容易大量漏用定冠词"the"。这个错误是中国作者最容易犯的错误，也是最难把握的英文语法问题之一。

错误：Maximum efficiency was 80%, obtained with the inlet gas velocity of 12 m/s.

正确：The maximum efficiency was 80%, obtained with an inlet gas velocity of 12 m/s.

（4）用错单数和复数，动词与主语的单复数匹配错误。单数主语应当匹配动词的单数形式。

错误：At a temperature above 300 ℃, the thermal efficiency decrease slightly.

正确：At temperatures above 300 ℃, the thermal efficiency decreases slightly.

（5）介词错误主要有介词多余、介词缺失和介词搭配错误三种类型。

介词多余的示例如下：

错误：The analysis focus was on passing inspection.

正确：The analysis focus was passing inspection.

错误：The temperature is at 100 ℃.

正确：The temperature is 100 ℃.

介词缺失的示例如下：

错误：I searched solutions.

正确：I searched for solutions.

介词搭配错误的示例如下：

错误：He provided an answer for this question.

正确：He provided answer to this question.

（6）漏用撇号所有格形式。虽然名词能够修饰名词，但在很多情况下，使用带撇号的所有格形式能将修饰关系表达得更清晰。

不好：The measurement point A was at the dust collector inlet.

较好：The measurement point A was at the dust collector's inlet.

（7）对于以"Only"开头的强调式状语，未将动词反置在主语前面。这类问题涉及以

"Only after""Only if""Only in this way"等开头的句子。

错误:Only by changing the work condition, it is possible for them to finish the project.

正确:Only by changing the work condition, is it possible for them to finish the project.

(8) 没有适时强调否定式。

不强调否定(写法较差):The performance or the durability of the engine has not been changed.

强调否定(写法较好):Neither the performance nor the durability of the engine has been changed.

(9) 书名未使用斜体,误用引号或英文中不存在的中文书名号。文章标题未加引号或误用斜体。

错误:I read the books of "Principles of Vibration" and 《Fluid Mechanics》.

正确:I read *Principles of Vibration* and *Fluid Mechanics*.

错误:I wrote a thesis titled *Engine Performance Analysis at High-Altitude Conditions*.

正确:I wrote a thesis titled "Engine Performance Analysis at High-Altitude Conditions".

(10) 使用口语化的非正式用词(表7.2)。

表7.2　用词正式程度对比

非正式用词	正式用词	非正式用词	正式用词
a lot of	many	can't	cannot
come back	return	huge	significant
particularly	in particular	point out	argue
so many	numerous	then	consequently
very good at	skilled at		

7.4　英文学术写作中的首字母缩略语

使用首字母缩略语(简称缩略语)是在英文写作中保证简洁性的一个重要措施。一般需要使用业界公认的缩写词(但通常仍需全拼定义),尽量避免自造生僻或帮助不大的缩略语。英文学术写作中存在大量的缩略语,包括首字母拼音词(acronym)和首字母连写词(initialism)两种。前者是按照缩略后形成的整词读音,而不是按照单个字母读音。后者是按照缩略后形成的词的单个字母逐一读音。缩略语与缩写词和缩约词不同,后面将详述区别。

缩略语的构词方式有很多种,非常灵活,包括使用每个实词的第一个字母进行组合、使用每个实词和虚词的第一个字母进行组合、使用每个实词的多个字母进行组合等不同方式。缩略语通常由全大写字母组成（例如 DNA，即脱氧核糖核酸的英文"deoxyribonucleic acid"的缩略语），但有时虚词（例如 of 或 and）也可以使用小写的首字母（例如能源部的英文"Department of Energy"的缩略语 DOE）。另外，有些缩略语是以字母加数字的形式出现，例如二维的英文"two dimensional"缩略为 2D，n 个自由度的英文"n degrees of freedom"缩略为 n-DoF。

《科学技术报告、学位论文和学术论文的编写格式》(GB/T 7713—87)中规定，"如不得不引用某些不是公知公用的，且又不易为同行读者所理解的，或系作者自定的符号、记号、缩略语、首字母缩写字等时，均应在第一次出现时——加以说明，给予明确的定义"。这一规定的目的是在简化复杂拗口的文字的同时，确保语言的规范化和文章的可读性。

在线缩略语词典 Acronym Finder 能够在线查找几十万条缩略语词条，并以每天几百个新词的速度增加，在用词复杂的医学和生命科学领域发展尤为显著。缩略语数量庞大，增长迅速，一词多义现象异常多见。因此，在使用缩略语时，通常需要预先定义。

针对学术期刊的统计研究表明，有几乎一半的论文包含读者不熟悉的缩略语，而已经发表的很多论文中存在缩略语在首次使用时未被定义、被定义过但未被使用、被多次重复定义等使用不当问题。

在使用缩略语时，首先应当遵循词典中标准的、被广泛接受的写法。如果词典中没有收集而需要自创，应当按照专业化标准造词方式予以创立，克服非正规和随意性的造词方式。

缩略语与缩写词(abbreviation)不同。前者是将几个英文单词的首字母合并起来，组成一个新词（例如将试验设计的英文"Design of Experiments"缩略为 DoE）。缩写词则是将一个英文单词截掉一部分进行缩写，例如，将插图的英文 Figure 缩写为 Fig.，将八月的英文 August 缩写为 Aug.，将流行性感冒的英文 influenza 缩写为 flu，将钙元素的英文 Calcium 缩写为 Ca。代表参考文献类型的缩写词比较特殊，通常只有一个英文字母。这种简化标记只能用于参考文献列表，而不能用于论文的正文、摘要、图表等处。例如，M 代表 Monogragh（专著），J 代表 Journal（期刊），C 代表 Conference（会议）。另外，缩写词也大量用于标准的国际度量单位，例如，s 代表 second，min 代表 minute，h 代表 hour，m 代表 meter，kg 代表 kilogram。需要注意的是，在使用缩写词时，无须事先定义标注全称，可以直接使用。

另外，缩略语与缩约词(contraction)也有所不同。后者是省略英文短语中的某些字母，形成一个词，例如将"can not"缩约成"can't"。

在学术写作中使用缩略语时，应当遵循以下十二项原则：

（1）共知公认的缩略语。对于共知公认的缩略语，无须定义，可以直接使用。对于已经由缩略语转变成普通英语单词的词汇，不能定义，必须直接使用。例如，雷达的英文单词 radar 是从"radio detecting and ranging"缩略而来，但是已经变成人所共知的普通英语单词。

（2）缩略语的自创。应当尽量避免使用缩略语，更应尽量避免自造缩略语，因为缩略语会对读者快速阅读理解造成干扰。鼓励使用的缩略语通常是人们熟悉的、公知公认的缩略语。虽然缩略语允许自创，但是需要尽量避免。例如，将转子发动机的简单的英文双词 rotary engine 缩略成 RE 反复在文中使用，或者将 mast cell 缩写成 MC，不仅没有必要，而且得不到学术界的认可，甚至可能会让读者感觉论文作者有一种随意造词的傲慢态度。在"傲慢"与"啰唆"之间，应当宁可选择"啰唆"，因为这样更加规范和清晰，文章的可读性也更好。如果通篇论文充斥着几十处自造的缩略语，将非常影响可读性和语言规范性。

（3）缩略语的启用。所有缩略语必须在摘要和正文中第一次出现时均给出全拼词组定义，并在后文用到时缩写。虽然在后文用到时一般均需使用缩写形式，但是在结论中为了强调，可以使用非缩写形式。只有在全文中的使用次数超过三次时，才值得使用缩略语。如果缩略语只在全文中出现一次或两次，不应使用缩略语。如果缩略语在摘要、正文或图表中分别出现三次或以上，则应当使用缩略语。出现的次数是在摘要、正文、每张插图、每个表格中分别计算的，因为每张图表在引用时都具有不同于正文文字的独立性。如果缩略语在摘要中出现两次，在正文中出现三次，在一个插图中出现一次，那么在摘要中只能使用英文全称而不能使用缩略语；在正文中第一次出现时使用英文全称加缩略语，而在后文只用缩略语；在插图中则只用英文全称而不用缩略语。如果缩略语在摘要中出现三次，在正文中也出现三次，那么需要在摘要中先定义一次，然后在正文中再定义一次。所谓定义就是在写出英文全称后，在括号内给出缩略语形式。如果在图例、图题、表头中为了节省空间而使用缩略语，那么在图注或表注中需要给出定义。

（4）缩略语的字体。缩略语一般不使用黑体（粗体）或斜体予以强调。但是，有些期刊规定在第一次定义缩略语时需要使用黑体（粗体）。

（5）缩略语的位置。在段落或句子开始处一般避免使用在专业领域中不常见或在论文中不频繁使用的缩略语。如果必须在开始处用到，可以使用全拼词组代替缩略语。另外，可以转换句子结构，把缩略语放到后面去。

（6）标题中的缩略语。在论文的章节标题、图题和表题中，尽量不使用生僻或自造的缩略语。应当避免在论文的所有大小标题中出现缩略语，但是已被广泛使用且共知公认的缩略语除外。有些期刊禁止在标题中使用任何缩略语。如果必须在正文层次标题中使用缩略语，则通常应只使用缩略语，而不使用英文全称，确保标题的简明和精练。最好将缩略语出现的位置调整到标题出现之前的段落中或紧跟标题的正文中予以定义。

（7）摘要中的缩略语。应当尽量避免在论文的摘要中出现缩略语。有些期刊禁止在摘要中使用任何缩略语。

（8）关键词中的缩略语。在英文关键词中通常不应出现缩略语，而应使用英文全称。

（9）图表中的缩略语。当在插图或表格中使用缩略语时，需要在图题或表题中重新再次定义全拼词组的写法，或在插图或表格的下方使用注的方式予以定义。

（10）缩略语的英文大小写。虽然只有名词在缩写的时候通常需要大写，缩略语的英文全称其实有时也可以小写。缩略语中可以混有大写和小写的字母，可以使用大写和小写的英文字母区分不同的缩略语。比如，如果论文中有多个术语的缩略语形式相同，则通常对常见的术语使用小写缩略语，而对不常见的术语使用大写缩略语。例如，每分钟转速的英文 revolutions per minute 可以缩略成 RPM 或 rpm，均方根的英文 root mean square 可以缩略成 RMS 或 rms。虽然缩略语通常由大写英文字母组成，但在介绍英文全称时，不必须针对每个单词的首字母使用大写，而只需针对专有名词使用大写字母。

（11）缩略语的单复数形式。缩略语一般应当写为名词的单数形式。缩略语的复数形式通常是在大写字母缩略语的末尾加小写的 s 或 es（如果缩略语的最后一个字母是 S），例如 CNNs。另一个构造缩略语复数形式的方法是在单数形式或小写的缩略语后面添加诸如 values 之类的复数名词。

（12）缩略语与冠词的关系。在缩略语前添加不定冠词 a 或 an 时，具体取决于缩略语的读音而非拼写。如果拼写是辅音字母，但是发音是元音，则需要使用 an，例如"an HIV test"和"an SPG value"。反之，如果发音是辅音，则需要使用 a，例如"a SARS epidemic"。

7.5 英文学术写作中常用的六个拉丁文缩写词

英文学术写作经常用到六个拉丁文缩写词，即"et al.""etc.""e. g.""i. e.""viz.""vs."。由于形式简洁和语言的历史传承习惯，这几个拉丁词仍然经常出现在现代英文学术文献中。拉丁字母又称罗马字母（从 A 到 Z 的 26 个字母），源自希腊字母（α、β、λ 等），是世界上流传最广的字母体系。西方大部分国家均使用拉丁字母。中国的汉语拼音也采用拉丁字母。古拉丁语有 23 个字母。到了中世纪，字母 I 分化出 J，V 分化出 U 和 W，这样就形成了今天的 26 个字母。1000 多年来，英国一直使用拉丁字母拼写英文。从历史演变来看，古印欧语演化出希腊语、拉丁语和梵语。拉丁语分化演变后发展为以法语、意大利语和西班牙语为代表的罗曼语，以英语为代表的盎格鲁撒克逊语和以德语为代表的哥特语。

这些拉丁文缩写词只用于书面文字，而表达它们的含义的日常口语则使用现代英语词汇。例如书面语使用"i. e."，而口语则使用"that is"。有些科研人员搞不清楚这六个拉丁文缩写词之间的区别，而且在与英文的搭配使用时也常出现错误。本节简述这些拉丁文缩写词的用法。

1) et al. 的用法

"et al."是拉丁文"et alii""et alia""et aliae"的缩写，表示"and other people"，中文译为"等人""和其他人""等"。这个缩写词经常用于引用参考文献时省略其他作者的人名，即在只列出第一作者后，将其他作者的名字用斜体的"*et al.*"代替。关于开列多少个作者后才能使用"et al."，不同的期刊有不同的规定，但是多数期刊规定对于有两个或三个以上作者的作品，可以使用"et al."。对于只有一个或两个作者的作品，在引用文献时必须列出全部作者的名字。用法示例如下：

Smith *et al.* (2011) reported a very high exhaust gas temperature at the rated power.

Previous studies (Smith *et al.*, 2011) reported a very high exhaust gas temperature at the rated power.

This book was written by Smith, Johnson, Williams, *et al.*

2) etc. 的用法

"etc."是"et cetera"的缩写，表示"and so on""and other things"，中文译为"等等"，置于开列项目清单的最末。与"et al."代表人不同，"etc."只能代表事物。如果"etc."出现在句子中间，而且在它后面接文字，则可以在添加英文逗号后继续写。如果"etc."位于句子末尾，则不必添加第二个英文句号（点号）。

需要注意，不应当在使用"including"（包括）、"e. g."（例如）、"such as"（例如）、"for example"（例如）的开列项目清单最末使用"etc."，因为那些词已经表示并未囊括所有列举内容的"等等"之意味，如果再使用"etc."，就多余了。

使用"etc."时，前面不能加"and"，因为"et cetera"中的"et"就是"and"的意思。如果前面再加"and"，就重复了。可以用"and others"代替"etc."，但显然后者更加简洁。

学术写作强调用词清楚和含义明确，不希望让读者猜测省略的列举内容，因此不希望作者过度使用具有模糊意味的"etc."。"etc."的用法示例如下：

The following parameters were measured in the lab: engine speed, engine brake torque, air flow rate, intake manifold pressure, exhaust gas temperature, etc.

3）e.g. 的用法

"e.g."是"exampli gratia"的缩写，表示"for example""such as"，中文译为"例如"，目的是引出例子。在美式英语中，在"e.g."的后面需要使用一个英文逗号，然后书写举例的内容，而在英式英语中则无须加逗号。用法示例如下：

He wrote many books, e.g., *Engine System Design*, *Engine Performance Analysis*, and *Engine System Dynamics*.

4）i.e. 的用法

"i.e."是"id est"的缩写，意思是"that is""in other words"，中文译为"即"或"换言之"，目的是进一步解释前面所说的话。在美式英语中，在"i.e."的后面需要使用一个英文逗号，然后书写解释内容，而在英式英语中则无须加逗号。"i.e."与"e.g."不同，没有举例的意思。用法示例如下：

Dr. Smith told us exactly what we need to do, i.e., measuring the exhaust gas temperature in the second engine cylinder.

5）viz. 的用法

"viz."是"videlicet"的缩写，意思是"namely""precisely""that is to say"，中文译为"即开列为"。"viz."在含义上类似于"i.e."，但比"i.e."更加强调要详细解释的内容是列表项目。"viz."与"e.g."不同，前者需将它前面的话所指的项目全部列出，而后者仅仅选几个例子列举。另一个不同之处是在"viz."的后面不使用逗号。用法示例如下：

Each symbol represents one of the five elements, viz. metal, wood, water, fire, and earth.

6）vs. 的用法

"vs."是"versus"的缩写，意思是"against"，中文译为"相对于""对决于"。这个缩写词经常用于描述插图的横纵轴内容和体育比赛的竞争双方等两个事物之间的对照或对决关系。用法示例如下：

Figure 6 shows the engine air flow rate on the vertical axis vs. the engine speed on the horizontal axis.

The most exciting game of this month was Harvard vs. Yale.

It was an issue of better job opportunities vs. commuting inconvenience.

7.6　学术图表和标题的英文写法规则

中国多数中文学术期刊要求图题和表题配有英文翻译，便于国际交流。本节介绍学术图表的英文写法规则,尤其在论文的各种标题中容易出错的冠词使用问题。

学术图表中的英文主要涉及标目、图例、图题、表题、图注、表注。标目和图例均不是完整的句子结构,撰写原则是使用简洁的单词或短语,尽量省略虚词。标目的物理量英文名称通常应当使用名词的单数形式,常见的错误是使用复数形式。图注和表注通常按照完整的英文句子结构撰写,写作原则同正文。

英文图题和表题包括两个重要问题:常用句型和冠词用法。英文图题(或表题)与图号(或表号)之间需留一个空格,中间不加任何标点符号。英文图题以英文句号(点号)结尾。英文表题的末尾不加英文句号。插图的英文可以是简写的 Fig.,也可以是全拼的 Figure,全文需保持一致。但是,在插图的图题和句子开头,必须使用全拼形式,不能使用缩写形式。图题或表题中的常用英文句型举例如下。

(1) 对比:Comparison of C between A and B。

(2) 影响:Effect(s) of A on B; Influence of A on B; Impact(s) of A on B。

(3) 关系:Relationship(s)/Correlation(s) between A and B; A and B; A versus B。

(4) 变化:Variation(s)/Change(s) of A with B。

(5) 图的种类名称:schematic, diagram, flow chart, histogram, distribution, layout, arrangement, structure, experimental setup, contour map, correlation curve。

适用于正文和标题的冠词语法规则主要包括以下三条。

(1) 不定冠词(a 和 an)的作用是泛指,或指数量(意为 one,1 个)。

(2) 定冠词(the)的作用是特指(意为 this 或 that,这个或那个,尤其对某事物再次提及时)。

(3) 带不定冠词的单数名词、无不定冠词的复数名词、带定冠词的单数名词均可表示类属,例如:"A horse is a good animal.""Horses are good animals.""The horse is a good animal."

在冠词的使用和省略方面,插图标题、表格标题、论文标题、各节子标题均具有相同的英文写作原则,统称标题的冠词原则。

冠词(尤其是定冠词 the)什么时候能够省略,是一个非常难的语法问题,也是广大科研人员和语言编辑经常出错或莫衷一是的问题。很多英文语法教科书对此也没有给出简单易行的标准答案。这个问题之所以棘手,主要有两个原因:①英文冠词(尤其是定冠词 the)在词组搭配中有很多习惯性的特殊用法(详见张道真编著的《张道真实用英语语法:最新版》),对冠词的基本语法原则有所补充,较难记忆。②某些标题写作原则倡导比正文更为简洁的写作方式,造成人们在简洁程度上掌握的原则不一致。

关于标题的冠词原则,有两种写作方式:①比正文简洁的简化写法(较难,标准不一);②与正文相同的标准写法(较易,标准统一)。比正文简洁的写法源自报纸新闻标题的英文写法。例如,完整的句子本来应该是"The county council is to be in session on Monday."然而,记者将新闻标题简化为"County council to be in session Monday"。由于简化写法在学术写作中的语法规范尚不统一,使得科研人员无所适从,因此不适合用于学术论著的标题。在标题的冠词问题上,建议使用与正文相同的标准写法,不做任何简化。这样,在图题或表题中虽然会看到很多冠词,貌似不够"简洁",但是由于写法规范并与正文统一,冠词原则的掌握清晰易行,含义明确,语法功能健全,使得论文反而比随意省略冠词的简化写法更加流畅易读,利大于弊。

标题中最令人迷惑的是定冠词(the)的保留和删除问题。很多不该用定冠词的地方被误用定冠词,而必须用定冠词的地方却被遗漏。在学术论文中,标题中出现的名词通常是特指,而非泛指,因此经常需要使用定冠词。另外,对于可有可无的定冠词,应当省略。但是,在标题的题首并无确定的必须省略定冠词的语法规则。若干示例如下:

例1:图题"Comparison of the lift coefficient and the drag coefficient",由于这两个系数(coefficient)均为再次提及的特指名词,而非泛指,因此它们前面必须有定冠词。然而,在"Comparison"之前,就没有必要添加定冠词,因为这个地方的特指可有可无(特指这两个系数之间的比较,而非别的事物之间的比较),省略定冠词并不影响读者理解。同理,在图题"Schematic diagram of the laboratory setup"中的"Schematic"前面也无须添加定冠词,而在"laboratory"前面就不能省略定冠词。

例2:小节标题"3.2 The finite element model",如果包含定冠词,就是强调文章中特指的有限元模型。如果不包含定冠词,就是泛指有限元模型。这两种写法都可以,取决于作者想要强调的用意。

例3:在专有名词前应当省略定冠词,例如"Lee's model""Commander Wang"。

例4:标题中的定冠词不能盲目删除,必须发挥其特指或类属功能,或遵守固定搭配形式。例如图元注码与注文"1. The first peak"中的定冠词就不能省略。

7.7 翻译方法概述

世界上不同的民族和国家诞生了各自璀璨的文化和科技。由于语言不同,各国人民具有强烈的翻译交流需求,而且,在全球一体化的形势下,这种需求变得愈发强烈。中国历史上很多伟大的学者不仅发表用母语撰写的作品,而且非常重视将外国学者的优秀作品翻译介绍给中国民众,达到开启民智、洋为中用之目的。随着中国现代科技的发展,越来越多的科研人员迫切需要将中文论著翻译成英文在国外发表,展示中国的影响力。科技论著的"英译中"和"中译英"工作不仅对于改革开放和走出国门具有重要的现实意义,而且这种中英互译能力也是科研人员应当具备的一项重要学术素养。

翻译分为出版翻译、学术翻译、工作辅助翻译、生活辅助翻译。其中,出版翻译和学术翻译具有最为严格的要求,统称严格翻译,具体包括在文学艺术、科技文化、工商学习等方面具有出版要求或考核要求的翻译作品,例如诗文译著、学术论文和专著、产品说明书、商务合同、法律文件、入学申请资料、课程论文。工作辅助翻译和生活辅助翻译没有严格的出版或考核要求,统称非严格翻译,包括会议同程口译、日常工作交流文件、旅游购物等翻译内容。不同的翻译种类要求译者采用不同的翻译方法,从纯人工翻译(适用于文学翻译)、人机交互翻译(或称计算机辅助翻译,适用于科技翻译和学术翻译)到纯机器翻译(适用于旅游购物)。前两种翻译方法统称高级翻译,最后一种方法又称低级翻译。

翻译质量的最高境界是"信、达、雅",即忠实原意、通顺流畅、文采美妙。学术翻译工作的第一个原则是在满足"信"和"达"的前提下,尽量满足"雅"。不同的翻译类型对于质量具有不同的要求。翻译分为笔译和口译。口译对于专业词汇量积累和现场翻译速度均有很高要求,力求基本忠实原意、通顺流畅,但对语法和用词斟酌要求不高。笔译虽然在即席反应速度方面要求不高,但在"信、达、雅"这三方面均有较为严格的要求。在翻译中,被译的语言称为源语言,译成的语言称为目标语言。笔译中的文学翻译是难度最大的,这是因为让文笔达到"雅"的要求并符合目标语言的表达习惯,需要译者具有很强的文学功力。相比之下,由于科技翻译和学术翻译对语言没有很高的文采要求,只需使用程式化语言,而且专业词汇众多,因此更加适合使用计算机辅助翻译。

英译中作品中的"外国味"太重是不够"雅"的典型表现,因为它违反了中文语言习惯。例如,直译动词的被动语态或状语从句,会造成这个问题。再如,英文是用 engineer 和 scientist 分别表示工程师和科学家,而工程师和科学家在中文里更多的是作为职称使用,在一般场合应该称为科技人员。如果将英文直译为工程师和科学家,就显得外国味十足。另外,英文里还有很多反映民族文化习惯的热烈赞扬的形容词,比如"聪明""有才华"等。中文通常不那么夸张地形容人。因此,需要注意直译产生的外国味。在直译和意译这两种翻译方法中,用中文习惯重写句子的意译更为妥当。

学术翻译工作的第二个原则是修改润色必须适可而止,不能吹毛求疵。俗话说,世界上没有一模一样的两片树叶,而且没有哪片树叶是长得"正确的"。同样地,在翻译时要想表达某个意思,也有很多种不同的译法,这就是翻译的多形化特征。人们需要能够在遵循语法规则的前提下包容不同的语言表达方式。一篇译稿被修改十遍后,通常仍然会有很多能够改进或改写的地方。对于所谓的翻译质量,通常也是"仁者见仁、智者见智"的,各人有自己的喜好,并无一定之规。一个典型的例子如下,英文源语言为"We finished dinner and bought some fruits, then went back home",一种中文翻译是"我们吃过晚饭,又买了一些水果,然后就回家了",还有一种译法是"我们吃过晚饭,买了一些水果就回家了"。后一种译法当然比前一种更加简练些,虽然值得提倡,但是这个例子表明,相同的一句英文,其实可以有很多种不同的译法,没有必要吹毛求疵。在很多情况下,译者可以并应当使用"二八规则",无须没完没了地修改和"完善"。所谓的"二八规则",是指应当专注于花费 20% 的时间精力去获取 80% 的成果,而不应当痴迷于花费 80% 的时间精力去对剩余的 20% 内容进行所谓的"精益求精"。这并不是说在翻译工作中不应该追求卓越的质量,而是说对于文字的润色应当适可而止,不可偏执和走极端,因为润色永无尽头,而且根本不存在一个绝对正确或完美的标准译法。类似的逻辑也适用于中译英,因为英语国家在近几十年内一直致力于推广简明英语(plain English),英语的写法也不存在一个唯一正确的标准答案。

学术翻译工作的第三个原则是需要使用计算机辅助翻译和译后编辑润色。计算机辅助翻译(computer-aided translation)领域的发展类似于计算机辅助设计。虽然人脑具有创造性和辨别力,但是计算机检索信息的容量和速度是人脑完全无法匹敌的。正因如此,才出现了大量的计算机辅助工作,如设计、计算、制造、翻译。计算机辅助翻译是将译前编辑整理、机器翻译、译后编辑润色结合起来,将人脑和计算机的优势实现互补,以便快速和高质量地完成翻译。如果不使用机器翻译而单凭人工翻译,将会造成词汇贫乏、打字费力、查阅字典耗时等问题。机器翻译从最初的基于规则或基于统计的翻译方法演变到了目前的基于神经网络的人工智能翻译方法。在大量翻译材料和字典语料数据库的训练支持下,机器翻译的用词准确度和语句结构流畅程度已经大为改善。但是,机器翻译在严格翻译和高端口译领域仍长期无法取代人工翻译。曾经一度甚嚣尘上的"机器翻译将取代人工翻译并导致大量译员失业"是一个错误论断。

在中英互译领域，翻译质量比较好的两个机器翻译软件是中国的有道翻译(https://fanyi.youdao.com)和德国的 DeepL(https://www.deepl.com)。在学术翻译领域，CNKI 翻译助手(https://dict.cnki.net/index)能够在查找和对比选择专业词汇方面从语料库的角度对上述两个翻译软件做出很好的补充。对于语法通顺、语义清晰、标点符号正确的中文原稿，表现比较好的中译英翻译器在词汇选择和语句顺序结构方面的问题通常不很严重。翻译器产生的问题主要体现在以下几个方面：①定冠词(the)的漏用和多余；②动词的过去时和现在时混淆；③涉及"of"的修饰语写法不如名词修饰或使用所有格('s)等写法更为简洁；④名词的单数和复数错误；⑤漏译句子或分句；⑥吃掉一些空格字符(比如在数字与单位之间)，而在某些地方(如在英文句号前)增加空格，并把 TAB 键产生的长空格改为普通空格。因此，用户需要手动纠正译文中的这些错误，机器翻译后的人工编辑是必须的。

用户在使用翻译器时，可以将需要翻译的文字复制粘贴到翻译器左边的对话框中，然后选择需要翻译成的语种，点击翻译按钮，即可在右边的对话框中看到译文，并能够将译文拷贝到 Word 等文字编辑软件中。用户还可以上传整篇文章进行翻译。有些翻译器允许用户选择美式英语或英式英语(如 DeepL 翻译器)。

7.8 "翻四校润"法

如果有人说："我英文不好，但是我想快速写出合格的英文论文！"听者的第一个反应是不是"这怎么可能"？ 快速提高英文写作能力是每个科研人员极为关心的问题。而且，如何在英文基础比较差的情况下，写出漂亮文章并快速掌握写作技能，更是大家所关心的硬技术。

英文写作涉及摘要写作、论文写作和日常应用文写作。中国的学位论文、学术论文和科研基金申请书通常均需包括高质量的英文摘要。反映学术成就的 SCI 或 EI 论文通常也都是英文论文。向英文期刊投稿并撰写各种电子邮件信函均涉及日常应用文写作技巧。因此，在论文写作中，除了各部分的技术内容外，英文表达是发表 SCI 论文的核心环节。

关于英文写作的教学图书和论文浩如烟海，可能会让人无所适从。所述方法很多都是"正确的废话"，例如掌握词汇量、熟悉语法、纠正拼写和标点符号错误、写出清晰的句子结构和地道的英文母语风格、用英文思考和撰写等。这些道理人所共知，问题是每个人都没有十年时间去慢慢学习写作。现在要追求的现实目标是在英文基础较差的情况下如何能够快速写出合格的英文论文，并高效提高英文写作水平，有针对性地掌握学术写作技能。因此，本节抛开不切实际的教育方法，提供一套已经大量运用于实战的、立竿见影、行之有效的英文写作方法，供英语基础薄弱的广大科研人员使用，帮助他们迅速写出高质量的英文论文。这一方法称为"翻四校润"法。

"翻四校润"法分为以下四步，每一步均高效解决英文写作中的一个核心问题：

(1) 翻。使用翻译器或翻译软件(如有道翻译器)，从中文底稿快速产生英文底稿。这一步的写作质量取决于中文底稿和翻译软件的水平。

（2）四。使用中译英"四步英文写作法"（下段详述），修改翻译软件提供的英文底稿。这一步的写作质量取决于作者使用谓语动词快搭句子的水平。"翻四校润"法的要义是将英文写作从茫然无从下手的高难度问题转化为快搭句子的低难度问题。这是快速提高英文写作水平的关键举措。

（3）校。使用英文在线免费自动校对软件（如 Wordvice AI 的人工智能校对软件）初步消除语法和拼写错误，改善用词质量。这一步的修改质量取决于自动校对软件的功能。

（4）润。使用严格正规的专业化英文编辑服务（如 Enago 英论阁或 Wordvice 霍华斯）对自动校对稿进行人工润色，或在深入学习专业化英文编辑服务提供的反馈稿件后自行润色，大幅度提升写作质量。这一步的修改质量取决于具有博士或硕士学位的英文专业编辑的修编水平和论文作者自己的语言水平和悟性。

"四步英文写作法"（图 7.2）普适于中文底稿和中译英翻译器产生的英文稿件。它从复杂句子中快速抓取主要结构，并把句子按照结构层级拆分成易于写作的若干子块，以便能够快速写出英文。该方法具体包括以下四步，在每一步中，分号前面的步骤适用于中文底稿，而分号后面的步骤适用于英文稿件：

（1）在中文底稿中标记动词；或标记并修改翻译器产生的英文底稿中的动词。

（2）清点中文底稿中的句数后断句，包括把几个中文分句分割成几个英文整句；或调整翻译器产生的英文稿件中的句子个数和从句顺序。

（3）抛开修饰性细节文字，用谓语动词快速搭建英文句子；或从翻译器产生的英文稿件中选择并修改谓语动词，搭建英文句子。

（4）在句子结构框架内填充修饰性细节；或在翻译器产生的英文稿件中调整用词顺序。

"四步英文写作法"的本质其实就是将"先写提纲后填细节"的理念运用到句子层面。

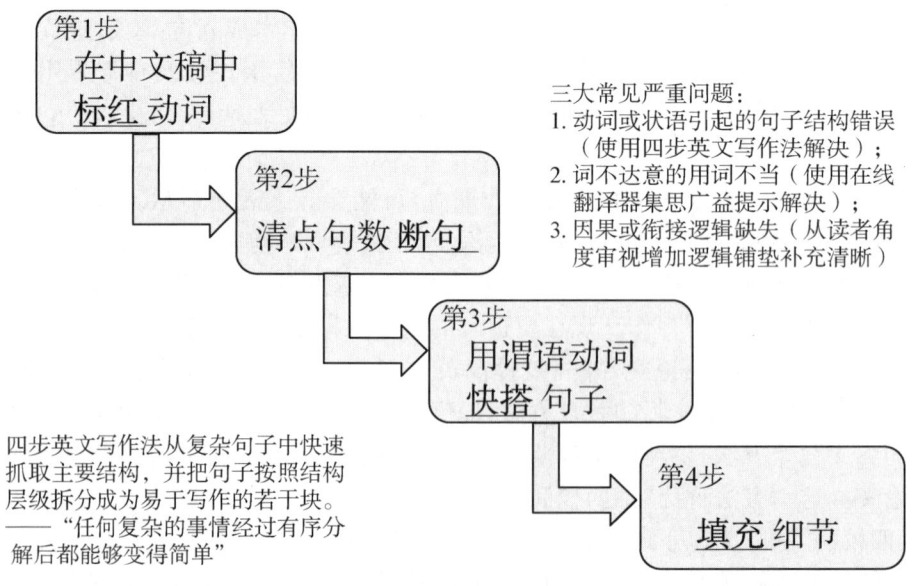

图 7.2 四步英文写作法

有人可能会疑惑,"翻四校润"法能使英文较差的人写出高质量英文论文的原因是什么?究竟克服了哪些认识上的误区?需要认识到,这一方法是针对英文写作学习中长期得不到解决的老大难问题创立的工作流程。它解决不知从何下笔的问题,解决词汇熟于心但就是写不出句子的问题,解决语法和用词错误一大堆的问题。这些问题的症结实际上是学习方法和写作方法不切实际,具体体现在以下四个误区。

1) 第一个误区:用英文思考并撰写论文

直接用英文撰写论文当然很好,但是用英文思考和撰写通常是典型的不切实际和好高骛远的做法,造成下笔困难。这种英文能力的培养需要十几年时间的勤学苦练,包括去英语国家攻读学位、用英语听课并撰写大量论文后才能获得,完全不适合没有留学经历的中国大多数科研人员。尤其对于初写英文论文的研究生来讲,直接使用英文撰写论文通常是一种既不切实际也没有必要的要求。随着机器翻译及基于人工智能的计算机辅助翻译技术的蓬勃发展,学术论文的中译英工作已经不再像是过去那种令人望而生畏或无从下手的艰难任务。因此,可以考虑先写中文,然后使用中译英在线翻译器。

要想做到用英文思考并撰写论文这种水平,可以使用"翻四校润"法先写出一篇英文论文,然后基于修改良好的英文样例的印象,锻炼用英文思考写出第二版。如此写作几篇论文后,就能逐步摆脱中文底稿,直接用英文思考并撰写了。但是,在英文写作水平提升的前期阶段,还是建议先撰写中文底稿,这样比较快速有效。实际上,撰写中文底稿的时间只是撰写英文底稿时间的几分之一,根本算不上费事。而且,中文稿件还能用于中文报告和演讲,不会被浪费。

撰写中文底稿时,需要特别注意两个地方:第一,必须使用简单的短句子结构,加上严谨的逻辑顺序,避免大量的修饰词和从句。第二,标点符号必须正确,尤其注意使用句号断句,不能过度使用逗号和分号。这两方面确保中译英翻译器能够将中文正确断句,并翻译成通顺的英文。使用翻译软件时,既可以一段一段地翻译,也可以整篇翻译。整篇翻译有时存在漏译句子的风险。

众所周知,中译英翻译器的质量通常起伏不定、时好时坏,尤其对于结构复杂、修饰成分较多或标点符号错误的中文句子来讲。那么,明知翻译器质量不稳定,为什么还要花时间准备中文底稿并使用翻译器呢?这是由于两个原因:第一,翻译器能够最为快速地将所有中文词汇一次性翻译成英文,提供良好的用词提示,避免作者挨个去词典、语料库、百度或谷歌浏览器搜索用词,实际上能够节省大量时间。第二,翻译器能够提供一个基本合理的语序框架和句子结构,供"四步英文写作法"进一步修改使用,这比自己凭空进行中译英去逐字撰写句子容易很多。

2) 第二个误区:主语是句子的写作核心

谓语动词比主语更容易识别句子结构。因此,实际上正确的做法是将谓语动词作为句子的写作核心,需要围绕谓语动词使用"四步英文写作法"快速搭建句子结构。

3) 第三个误区:只有 Microsoft Word 软件才会发现拼写和语法错误

众所周知,Word 软件能够用下划红线识别拼写错误,用下划绿线识别某些简单的语法错误。但是,Word 检查纠错的功能还不够完善。例如,Word 软件不能纠正用词不当、语言啰唆或句子结构不合理等写作风格问题。随着人工智能技术的进步,目前已经有相当成熟的在线英文校对软件,能够实现比 Word 更为强大的纠错功能。这种软件使用大量学术论著和日常应用文的英语范文,借助人工智能机器学习算法进行训练。因此,不仅能够成功识别写作错误,而且能提供最佳用词和英文母语写作风格的建议。这种在线免费校对软件通常具有两个对话框。用户将论文的文本内容逐段拷贝到左边的对话框内,在右边的对话框中能够查看错误提示和简要写作规则,并选择接受或拒绝修改。因此,正确的做法是使用人工智能在线英文校对软件迅速扫清语法、拼写、标点符号等错误,并改善用词质量和写作风格。

4)第四个误区:英文润色浪费钱且没有必要

实际上,正确的做法是非常有必要使用专业化语言编辑润色机构或期刊出版机构下属的作者语言服务机构提供的人工英文润色服务。有些作者不愿意请专业化语言编辑润色机构修改论文,认为英文润色浪费钱且没有必要,通常基于以下错误认识(而事实总是事与愿违):①认为自己的英文水平足够好,不会因为语言问题被编辑直接拒稿;②认为在审稿人评议并推荐发表后,期刊会免费负责润色语言;③认为在稿件被接受后,自己有能力根据审稿意见修改语言达到发表要求;④认为润色的"学费"太贵,不了解语言编辑润色修改返稿后那"满页红"的强烈震撼和丰硕收获。

事实上,很多论文就是因为英语不合格而被编辑直接拒稿,或在大修或小修后被拒稿。润色一篇论文大概需要几千元人民币,由此可以获得非常详细的修改服务和针对自己问题的写作指南,包括获悉大量错误和需要注意的细节,以及清晰性、简洁性等写作原则的运用指导。这种写作指导通过一篇论文即可对所有写作错误做到全面覆盖和纠正,因此极有价值,远比花时间看一堆派不上真正实战用场的语法教材要更加有效。虽然学习模仿别人论文中的好写法能够有效提高写作能力,但是毕竟不如用自己亲手写的论文进行实战修改更加印象深刻。由于它是针对作者自己的写作问题的定制服务,按照英语专家的修改学习英文写法,能够更有针对性,有助于更加迅速有效地掌握写作技能。通过一两次这样的润色指导,将写作问题全面暴露出来,并得到精准纠正,从而完全掌握英文写作技巧,这个"学费"是非常划算的。

7.9 用于学术写作的翻译器

在写作英文论文时,有几类辅助工具非常有用,包括在线词典、语料库、翻译软件。本节介绍在线翻译软件,又称翻译器。

英文论文有三种写法:

(1)直接用英文思考并撰写,不使用中文底稿。这种写法难度较大,要求写作者具备比较强的英文能力,包括词汇能力,写出来的内容也更加符合英文的表达习惯。这种写法的辅助工具主要是词典和语料库,通常无须用到翻译软件。

(2)先写中文底稿,然后用"四步英文写作法"将其翻译成英文。这是一种人工布置句子结构的写法。在翻译的过程中,如果感觉有词不达意的问题,可以使用翻译器对局部文字进行搜索,集思广益后获得英文提示来解决。

(3)与人工布置句子结构的做法不同,第三种写法是使用翻译器先把整段或整篇中文自动翻译成英文,然后再根据"四步英文写作法"逐句检查和修改。这种做法的优点是对于结构简单的句子,翻译器的质量是不错的。但是,对于结构复杂的句子,翻译器往往会错误地划分句子结构,使得作者反而需要花费更多的时间去甄别机器译出的英文是否合理,并人工修改句子结构。

目前来讲,虽然很多翻译器都经过人们的大量测试和比较,但是仍然没有任何一款翻译器在翻译质量上是绝对可靠的。对于不同的翻译内容,每款翻译器都有各自的问题。例如,翻译器 A 比翻译器 B 在某一句或某个领域的翻译质量更好,但在下一句或其他领域的翻译质量上可能更差。因此,在使用翻译器时,大量的人工干预和纠正总是必要的。

目前,以下五款免费的翻译器在学术翻译方面具有比较好的翻译质量。

(1) 有道(Youdao Translator):网址 https://fanyi.youdao.com,提供电脑客户端软件。

(2) DeepL Translator:网址 https://www.deepl.com/translator,提供电脑客户端软件。

(3) 谷歌翻译器(Google Translator):网址 https://translate.google.com,无电脑客户端软件。

(4) 微软必应翻译器(Microsoft Bing Translator):网址 https://www.bing.com/translator,无电脑客户端软件。

(5) 百度(Baidu Translator):网址 https://fanyi.baidu.com,提供电脑客户端软件。

7.10 用于学术写作的语料库

很多人对语料库比较陌生。它是一种未被充分利用的能够帮助学术写作的宝贵资源。语料库(corpus,复数 corpora)是指经过科学取样而形成的电子文本库,存放实际使用中真实出现过的语言材料,提供某种可搜索的语言集合,一般用于词典编纂、语言教学和传统语言研究等领域。语料库包括很多个,常见的有英国国家语料库(BNC)、美国当代英语语料库(COCA)、密歇根大学学术英语口语语料库(MICASE)、中文文本分类语料库等。语料库具有动态性,即语料是不断动态补充的,可以追踪到语言成分的产生、成长和消亡。随着各领域用词的流通应用和变化,语料库的容量、选材和抽样也都随之变化。

语料库需要并能够与在线词典、翻译软件和电子期刊库在帮助学术写作方面实现互补。词典的作用是解释单词含义和语法规则。翻译软件能够粗略翻译出句子结构和用词。电子期刊库能够通过标题、摘要或全文给出英文专业术语及其用法示例。语料库则具有以下五个重要作用:

第一,能对不确定的英文细节进行修订。例如,如果在美国当代英语语料库里搜索某词,比如"put on"和"put off",能够看到上百条实际应用的语料。这些各种用法的示例一目了然,比词典在语言运用方面所能提供的信息丰富得多。

第二,能够提供单词的同义词列表和应用示例,使得写作用词变得更加丰富。

第三,能够提供比词典更新得更快、更频繁的最新学术用词及用法示例。

第四,能提供美式英语和英式英语之间的差异和用法示例。例如,在美国杨百翰大学语料库网站有美国英语和英国英语语料库的链接,用户可以搜索和比较在这两种风格中使用的术语或短语。例如,美式英语喜欢用"in the hospital",而英式英语喜欢用"in hospital"。这种实际用法上的差异往往是词典、语法书中的理论和翻译软件所无法揭示的。需要注意的是,语料库通常不会解释什么是正确的、什么是错误的,它只是提供现实世界中常用的用法。

第五,能校验翻译器的译文是否正确。在复杂的语境下,即使一些常用的词汇也可能被翻译器译错。英文学术写作的主要困难是把握专业术语和生词,以及一些词汇在特定语境下的特殊含义。要想在细节上准确把握这些词语的用法,以及判断翻译器给出的译文是否正确,需要使用语料库。例如,中文的"结婚权"可以被翻译为"right to marriage"。对于这种组合词,查词典有可能查不到,而不同的翻译器则可能会给出多种译法,包括"matrimonial right"。这时,需要判断"matrimonial right"究竟是表示结婚权,还是表示婚姻中的权利。为了解决这种疑问,可以去语料库检索,甚至包括输入"matrimonial right*"这种带星号"*"的词。星号代表"right"后可能出现的任意字符。通过对语料库中最接近所译材料语境的文本例句分析,可以确认翻译器把"结婚权"翻译成"matrimonial right"是错误的。

国外著名的语料库包括以下五个:

(1) 美国当代英语语料库(COCA)。该语料库免费供人们在线使用,是一个珍贵的英语学习宝库,也是观察美国英语使用和变化的一个绝佳窗口。

(2) 英国国家语料库(BNC)。该语料库由牛津出版社、朗文出版公司和大英图书馆等机构共同建立,总词量超过1亿,其中书面语约占90%,口语约占10%。

(3) 杨百翰大学语料库(BYU Corpus)。由美国杨百翰大学(Brigham Young University)语言学教授创建,整合了美国当代英语语料库、美国历史英语语料库、美国时代杂志语料库、英国国家语料库、西班牙语料库、葡萄牙语料库等六个语料库的资源。该网站每月大约有6万人使用,或许是目前最为广泛使用的在线语料库。

(4) 英语整合语料库(Corpus Concordance English)。该语料库包括学术、法律、电视节目、历届美国总统演讲等内容,词量达高数千万,包括口语和书面语两种形式。

(5) 密歇根大学学术英语口语语料库(Michigan Corpus of Academic Spoken English)。该语料库由美国密歇根大学(University of Michigan)英语语言研究所建立,内容主要为学术英语口语,词量高达184万。

■ 7.11 论文的编辑、润色和校对

7.11.1 论文编辑、润色和校对的历史演变

润色在英文中称为polishing,有时也从广义上称为校对(proofreading)。有些作者可能会迷惑,校对是不是核对?与润色到底是什么关系?简单来讲,编辑(editing)包括润色和校对。很多人不熟悉润色的目的、必要性和工作内容。因此,有必要阐述与润色有关的几个概念。

专业化润色是编辑行业在知识爆炸时代的必然产物。无论中文和英文期刊论文,都存在润色问题,只不过当英语是非母语时写出的英文论文更需要润色。润色是增色,校对是灭错。它们都是指在不改变原文意思的情况下对用词和句子结构予以改进,并对语法、拼写、标点符号和格式等错误进行纠正,使得文章的原意能够正确无误地表达出来,并且

表达得更为精彩。

润色通常是编辑从事的工作，而不是作者本人从事的工作，因为写作水平极高而且一个字都不需要改的作者几乎不存在。论文中只要有一个字或一个标点符号被编辑改正过，就算是被别人润色过。这与被编辑修改 100 个错别字没有性质上的区别，只不过要看编辑有没有耐心和精力去修改这么多语言错误。编辑有权拒绝语言水平很差的稿件。如果文章整页全是错字，就不是润色问题了，而是需要重写内容的带著作权的创作，问题的性质就变了，这时编辑有权拒绝修改。

进行润色和校对的编辑可以是期刊专职编辑，也可以是期刊指定的出版社下属的作者服务机构的兼职语言编辑，或是专业论文润色机构的兼职语言编辑。这些编辑通常是具有博士学位的教授或行业顶级专家，在专业水平和语言水平上通常比普通的论文作者更高。期刊编辑决定论文是否录用。审稿人在论文的重要性、创新性、正确性、深广性等方面帮助期刊编辑做出判断和决定。语言编辑在可读性方面帮助期刊编辑或作者提高论文的语言质量。

论文的润色和校对具有两个目的：第一是确保文章通顺易读，节省审稿人审阅论文的时间。第二是确保文章没有语言错误，保证期刊出版质量。润色和校对不会改变文章的结构、实质性内容、论点、数据和图表。因此，润色和校对不产生著作权，文章的荣誉和责任归作者。从事润色和校对的编辑是文章背后默默奉献的"无名英雄"。

期刊的编辑包括主编、副主编、责任编辑、语言（文字）编辑、美术编辑等。编辑决定论文是否录用，并负责修改稿件和排版。编辑被尊称为"一字之师"，这来自 20 世纪 50 年代的一个故事。诗人公刘将诗作《五月一日的夜晚》投稿到《人民文学》出版社。诗中写到："整个世界站在阳台上观看，中国在笑，中国在跳舞，中国在狂欢！"同为诗人的责任编辑吕剑反复斟酌这四句诗文，最后决定删去其中的"跳"字，使文字更精练，节奏感更强——"中国在笑，中国在舞"。吕剑由此被公刘尊为"一字之师"。这个例子说明了编辑的工作性质和重要作用。

论文的发表流程包括以下几个步骤：作者撰稿，编辑初审，专家外审，录用决定，编辑润色，校样排版，作者清样，编辑清样，印刷出版。具体来讲，我国的期刊和图书出版社通常采用"三审制"和"三校一读"制。三审制包括责任编辑初审、同行评议专家复审、主编终审。决定录用稿件后，责任编辑进行编校处理，并由作者对照原稿完成初校，然后由责任编辑和主编分别完成通校和总校。经过这三次校对后确认无误的文稿，由主编批准将校样排版。很多出版社把排版（包括图表制作）工作外包到专业排版公司去完成。排版后的清样可能包含大量排版错误，因此需由作者再次对照校样进行校对和纠正修改，但是这时不允许作者进行大规模修改。然后，编辑或专家审读纠正的清样，并修改定稿。

在出版社内部，严格来讲，校对是指作者对照原稿核对编辑修改润色的稿件确认差别之处并纠正错误的工作、编辑对照作者的校对反馈和原稿核对修改润色的稿件确认差别之处并纠正错误的工作，以及作者和编辑分别对照校样核对排版文件检查差别之处并纠正错误的工作。润色则指纠正文字和图表中的语法和格式错误，或修改表达得更好。润色涉及纠错和改进，但不涉及核对。校对涉及核对和纠错，但不涉及改进。润色发生在校对之前。出版社的编辑工作包括润色和校对，需要由作者和编辑共同完成。

与出版社内部的工作流程及其严格术语不同,论文润色行业为了描述方便,一般对润色、校对、编辑的各自内涵不予严格区分,均简单通指在语法和格式等问题上纠错完善,具体需以学术服务项目的规定内容为准。

从上述出版流程可以看出,如果初审编辑接受了稿件,当稿件被录用后,过去通常是由出版社免费润色。但是,知识爆炸导致发文量剧增,出版社不堪重负,加上行业改革,因此便产生了两个新的主流模式:第一,编辑在初审阶段大量拒稿,并严格要求作者自行或自费完成论文润色,消除语言问题和格式错误。第二,编辑虽然在初审阶段不拒稿,但在专家外审并决定录用后,要求作者自行或自费完成论文润色,否则不予发表。第一个模式比第二个模式更为多见。由英语为非母语的作者撰写的英文论文通常都是因为语言问题而在初审时被拒稿。因此,在投稿之前及时寻求专业论文润色服务至关重要。

上述两个模式的区别在于是否将带有语法格式错误的论文送交外审专家,具体取决于期刊的外审费用和政策。由于很多国外期刊的外审专家是免费服务的,因此这些期刊不愿意把语言很差的文章送审而得罪外审专家。这两种模式的相同之处是很多出版社现在都不愿像过去那样免费为作者润色论文。因此,为了节省费用,并且为了提高专业性论文的润色质量,不缺稿源的出版社很多都已改为让作者自费承担润色费用。

论文出版业在稿件修改上的这一变化,说明了以下两个现状和正确的润色专业化发展趋势:

(1)润色可以并应当由作者以外的人或机构完成,而通常不宜由作者本人完成,除非作者有很强的语言能力。在写作领域没有完美无瑕的作者。任何人看自己的作品时,总是挑不出毛病;而在外人眼里,尤其是在专业润色人员眼里,很多错误一目了然。因此,过去是由出版社内部的专业编辑人员免费强制性修改作者的作品,以确保质量,而现在则是将润色工作改为在出版社旗下收费的专业润色机构(例如全球著名出版机构 Elsevier 旗下的作者服务机构)或其他专业润色机构中进行,并要求作者使用这些机构。这是知识时代的历史必然性,每个作者都需要认识并接受这种合理的行业转变。尽管智能校对软件(如黑马中文校对软件、Wordvice AI 等人工智能英文自动校对工具)能够查出很多语法、拼写和学术用词风格方面的错误,但仍然不能完全取代语言编辑的人工润色。

(2)润色需要由具有专业资质的或被权威期刊认证的学术编辑机构完成。很多英文学术期刊要求作者提供论文语言经过专业机构编辑、润色或校对过的书面证明。权威的美国科学院院刊(*Proceedings of the National Academy of Sciences of the United States of America*,简称 PNAS,属于中国科学院 SCI 期刊分区的一区综合性期刊,2023—2024 年影响因子高达 9.4)在其网站的作者服务栏目里按照英文字母排序开列了一批它认可的全球语言润色服务机构。再比如,英国的牛津大学出版社与 Enago(英论阁)合作,接受 Enago 提供的论文作者服务。

7.11.2 学术编辑服务机构及其人工智能英文语法检查工具

随着人工智能技术的应用发展,学术辅助写作领域也在经历深刻的变革和技术飞跃,为论文作者带来更加方便易用而强有力的写作辅助工具。正如有道引领着翻译器的技术变革,Enago 和 Wordvice 在引领着人工智能编辑软件的开发和运用,以及相关的学术写作编辑服务能力的提升。

7.11.2.1　Enago 公司及其 Trinka 软件

Enago(英论阁)是美国 Crimson Interactive, Inc.(克里门森互动有限公司)旗下的主要品牌之一。克里门森互动有限公司的总部位于美国新泽西州(New Jersey)纽瓦克市(Newark)，网址 https://www.crimsoni.com，是一家从事学术科研和商务咨询服务的大型跨国公司，在美国纽瓦克、英国伦敦、韩国首尔、中国北京/上海/台北、日本东京、土耳其伊斯坦布尔、哥伦比亚波哥大、印度孟买/海得拉巴/甘地讷格尔等 12 个城市设有办公机构，客户遍布全球 125 个国家。克里门森互动有限公司在全球的科研和商务交流领域享有盛誉。它通过先进的人工智能技术和机器学习产品推动企业、政府、科研人员、出版社、大学、生活社区中的跨国语言交流技术，并且积极组织研讨会议等活动，将涉及跨国语言交流需求的政府政策制定者、工商企业、出版社、大学、诺贝尔奖获得者、科研人员等连接在一起，共同探索推动有效的交流方式。

Enago 是克里门森互动有限公司的旗舰品牌和分公司，在学术和科学出版行业占有重要地位。自 2005 年以来，它一直致力于提高学术出版物的质量，赢得了全球认可。其业务关注于学术编辑润色服务(尤其针对英语非母语国家)和学术交流工具，包括文献引用管理工具(Enago 引文生成器工具)、抄袭检查工具(Enago 抄袭检查器)。另外，英论阁学术院(Enago Academy)提供很多免费的学术素养教育资料、出版道德规范和写作指南资源。Enago 还定期举办免费的在线网课、学术讲座和网络研讨会，帮助科研人员提升科研能力和学术写作能力，内容涵盖广泛的专业领域。

Enago 尤为擅长医学和生命科学的语言交流业务，并且擅长开发基于人工智能的学术写作工具。例如，Enago Life Sciences 专门关注于从研发阶段到商业化阶段的医药企业科研服务；Enago Read 是科研人员使用的人工智能在线检索阅读工具；Trinka 是 Enago 研发的适合学术写作的人工智能语法检查编辑工具，能够纠正拼写和语法错误，并且能够优化用词。

Trinka 是一款重要的具有全球影响力的产品。它除了为学术写作的特殊需求量身定制而超越普通的英文校对软件外，还具有另外一个重要的学术特点，即能够按照期刊投稿要求在 20 多个方面对论文稿件进行检查，英文称为"Publication Readiness Check"，具体特点如下：

(1) 期刊范围匹配检查(Journal Scope Match)。检查论文稿件是否与投稿期刊的内容范围相匹配，并推荐匹配的期刊名称。这个功能类似于 SCI 的 Clarivate(科睿唯安)网站或 Elsevier 网站的期刊匹配在线软件功能(Journal Finder)。

(2) 技术要求检查(Technical Compliance)。检查几项标准的论文发表格式要求，包括摘要、字数、各层级标题等。

(3) 伦理准则检查(Ethical Compliance)。检查论文是否满足期刊要求提供的知情同意书、伦理批准书、经济利益披露和利益冲突声明等，防止论文由于缺失这些要件而被编辑驳回。

(4) 作者详细介绍(Authorship Detail)。检查作者署名、单位名称、通讯作者标识、贡献度陈述等。

(5) 参考文献检查(Reference Detail)。检查参考文献的格式和有效性等内容。

(6) 图表检查(Figures and Tables)。检查图题、表题及在正文中被引用的情况，确保满足期刊投稿要求。

（7）临床试验信息(Clinical Trial Information)。检查临床试验的批准编号等所需信息是否完备。

（8）关键词和总结(Keywords and Summary)。能够基于人工智能技术为论文稿件生成一份简要总结，突出论文的重要主题和概念，并推荐关键词。

在涉及学术写作的拼写校对、语法检查和用词优化等方面，Trinka 着重注意在以下若干方面的功能提升：高级语法功能（Advanced Grammar），句子结构（Sentence Structure），用词优化（Word Choice），克服用词偏颇（Unbiased Language），克服用词模糊（Vague Language），专业术语（Technical Phrasing），学术语气（Academic Tone），写作风格（Usage and Style），美式英语和英式英语（US/UK Style），高级拼写检查（Advanced Spelling），字数缩减（Word Count Reduction）。这些都是论文作者在写作时需要注意的地方。

7.11.2.2　Wordvice 公司及其 Wordvice AI 软件

Wordvice(霍华斯)是总部位于美国艾奥瓦州(Iowa)得梅因市(Des Moines)的一家从事学术科研和商务咨询服务的大型跨国公司，成立于 2013 年，网址 https://wordvice.ai，在美国得梅因、英国里士满、韩国首尔、中国北京、日本东京等城市设有办公机构，客户遍布全球上百个国家。Wordvice 公司提供学术编辑润色服务，并致力于开发基于人工智能（AI）的写作编辑助手工具，包括 AI 支持的语法检查软件、标点符号检查软件、拼写检查软件、在线翻译软件、摘要总结软件、在线查重软件、疑似人工智能写作内容检测软件、人工智能写作助手 Word 插件软件、参考文献引用格式自动生成及管理软件等一系列高科技软件产品。Wordvice 公司服务于工商企业界和科研学术界，为商务人士提供写作辅助工具，帮助他们在商业文案撰写上获得竞争优势；为科研人员提供语法检查工具，帮助他们改善写作质量；为青年学生和专业人士免费提供写作指南学习资料，帮助他们提升学术素养、学术道德规范意识和写作能力。

Wordvice 公司不仅开发文献引用管理软件，而且研发提供专门适合学术写作的在线免费英文校对系列软件 Wordvice AI。它能够针对学术写作的特点，纠正拼写、标点符号和语法等方面的错误，并且能够改善用词、句子结构和写作风格。

学术写作要求客观、准确、结构清晰简练、用词正式。由于英文校对软件通常使用人工智能技术予以构建，因此其功能和适用性取决于训练这种软件时所采用的文献资料的类型和算法。如果训练所用的资料不是学术论文、专著或教科书等科研写作材料，那么调整出来的英文校对软件就很难满足学术发表的用词要求。因此，市场上很多普通英文校对软件只能处理商务英语、日常英语应用文或网络博客文章的写作需求，无法针对学术论文的特殊要求进行有效的语法纠正和用词优化。

7.12　ChatGPT 在英文论文润色编辑中的作用

ChatGPT(Chat Generative Pre-trained Transformer)是美国人工智能研究实验室 OpenAI 研发的聊天机器人程序产品，于 2022 年 11 月发布。ChatGPT 基于人工智能神经网络技术，能够根据与人类聊天的内容进行互动交谈，根据丰富的语料训练模型完成撰写文章、修改语法和翻译等任务。ChatGPT 能够提高很多信息技术产品的效能，例如改进搜索引擎以提供内容更为丰富和更具有针对性的材料。ChatGPT 一登场，便引爆了全世界的舆论，人们惊呼一个新的人工智能时代已经到来，很多人类的工作将被这类机器人取代。事实是否真的如此呢？本节论述 ChatGPT 作为人工智能计算机辅助创作工具和辅助翻译工具在英文论文润色编辑方面的作用。

实际上，ChatGPT 并不是第一个人工智能机器人，在它之前已经有数个让全世界舆论惊呼的产品出现，包括击败国际象棋大师的 IBM"深蓝"电脑、层出不穷的语法纠错软件和翻译软件、无人驾驶汽车等。每个带有智能研判功能的产品出现后，都推出了一个新词，称为"计算机辅助……"，例如计算机辅助训练、计算机辅助翻译、计算机辅助驾驶，但是并没有造成任何一个行业的人员彻底失业，只是提升了那个行业的人员工作效率和工作水平。这种辅助性变革并不是颠覆性变革，因此与数码相机淘汰胶卷行业的情况还不一样。ChatGPT 作为一种计算机辅助创作工具，也不例外，它并不会导致创作人员失业，而只会使得创作人员将更多的精力从枯燥费时的工作中解放出来而集中在更具有原创性的创作上。当然，ChatGPT 也会使学术不端的人单纯用机器来写文章而不投入人工干预，实现自动化的"天下文章一大抄，不管你会抄不会抄"。

学术文章的语言修改是高度复杂的工作。目前最好的语法纠错软件和翻译软件仍然远远不能达到人工润色编辑的完善程度。因此，英文论文润色编辑行业无须过度担心 ChatGPT 的存在。ChatGPT 对于修编文章来讲，其目前的水平充其量只不过是另一款比较先进的翻译软件而已，并未见到它具有远超有道翻译和 DeepL 等著名翻译器的优异表现。

ChatGPT 目前还具有很多局限性，其人工智能模型仍需极大改进。ChatGPT 拥有的知识是人类植入给它的，使它能对文献进行快速比对和综合整理，做出符合逻辑的判断，产生比较合理的答案。但是，它还无法产生具有原创性的内容。ChatGPT 的模型需要巨量的语料来拟合真实世界，对标注员的工作量和业务素质要求较高。另外，ChatGPT 可能会创造不存在的伪知识，或者主观臆测提问者的意图，这些都是它在技术上还不够成熟的表现。

人工智能相比人类的最大优势是能够不知疲倦地学习和极为快速地挑选和组合文字材料。越是比较肤浅或具有定式或较弱创造性的工作，就越容易被 ChatGPT 这类人工智能所取代。例如，ChatGPT 能够在几秒钟内快速写出一篇水平较差的综述型文章，因为它能够根据庞大的训练数据和模型按照某种格式编写出这样一篇文章。但是，这种文章通常经不起仔细推敲，因为缺乏思维深度，内容流于空泛，而且可能前后矛盾。简言之，ChatGPT 还不能像一个有水平的作家或学术作者那样写出富有逻辑性和创造性的作品。如果想要消除 ChatGPT 的那些缺点，人就需要花费大量时间逐点、逐句、逐段与 ChatGPT 进行对话，将文章改造得比较完善，而这个漫长的修改过程与人自己动手写文章的艰苦程度也差不太多了。

但是，需要承认的是，ChatGPT 确实能够作为一个高效的创作助手帮助搜集资料，甚至能够帮助人快速读文章和抓取人想要的信息。所以，使用 ChatGPT 作为计算机辅助创作工具是合理和必要的，但不能对 ChatGPT 产生的文章不加显著修改。至于说人工修改的幅度应当有多大，取决于 ChatGPT 的写作水平和学术共同体对 ChatGPT 机器文章的认可程度。如果 ChatGPT 写原创型论文的水平持续比较低,那么经过大幅人工修改的论文仍然可以被认为是人的作品而非机器作品,版权也应该归人而非机器。如果 ChatGPT 写综述型论文的水平将来发展得比较高,那么无须经过显著人工修改的论文就不能被认为是人的作品,而只能被认定为"不值钱"的机器作品。然而,当作者花费很多时间与 ChatGPT 反复对话来逐段逐句修改时,这篇文章或许可以并应当被认定为由人创作的,其创作过程的特征是使用了计算机辅助创作。

禁止使用 ChatGPT 或其他计算机辅助创作工具是不合理的规定。目前急需在学术道德方面增加计算机辅助创作工具的使用指南。正如论文编辑润色的质量控制部门拒绝翻译器或 ChatGPT 自动产生的稿件一样,大学教师也能识别并会拒绝学生用 ChatGPT 做的不加任何修改的机器作业。

类似于其他人工智能校对编辑软件,ChatGPT 可以在以下方面帮助英文论文的人工校对:检查语法和拼写错误,优化用词表达方式和句子结构,检查参考文献,纠正论文格式,建议修改论文的写作风格。正如英文论文学术编辑行业永远不会因为高性能翻译软件的出现而否定人工翻译和编辑的必要性,ChatGPT 的出现也不会取代编辑润色行业中的人工服务。ChatGPT 将作为一个较好的计算机辅助翻译工具而存在。

第 8 章
期刊投稿方法

学术写作的成果需要在成功投稿后才能实现。期刊投稿与答辩是一项专业性很强的高难度技术,也是学术素养的一项核心技术。只有在熟悉现代学术出版行业的概念和规则的情况下,才能顺利完成论文投稿并被期刊录用。本章从介绍期刊选刊方法入手,详细阐述投稿和发表流程,并针对学术出版的热点问题进行论述,包括同行评议制度、审稿答辩方法、版权规则等。

8.1 核心期刊和期刊影响因子

8.1.1 核心期刊的概念和作用

核心期刊的概念起源于国外关于"core journal"的文献计量学研究,其中又分为按照期刊发文的数量和引文的数量分别进行分类的两种不同方法。英国著名文献学家布拉德福于 20 世纪 30 年代提出的布拉德福定律表明,如果将科技期刊按其刊载某学科专业论文的数量多少以递减顺序排列,那么可以将期刊分为专门面对该学科的核心区、相关区、非相关区等几个区域;各区的论文数量相等,而核心区、相关区、非相关区的期刊数量具有以某种指数形式呈现的急剧递增关系。美国著名文献学家加菲尔德在 20 世纪 70 年代提出引文分析法,使用期刊的引文数据也揭示出类似的规律,即多数被引用的论文出自少数期刊,而其余少数被引用的文献分散在多数期刊内。正如联合国教科文组织在 1967 年的一篇文章中所指出的,"从物理学和化学领域的重要文摘杂志中发现了一条规律,它们所收录成文摘的 75% 的论文仅来自所收摘全部期刊的 10%"。

核心期刊对于图书馆人员使用有限的经费购买信息量最大、最对口的期刊很有帮助。核心期刊在中国也被用来判定期刊质量好坏甚至论文质量好坏("以刊评文")的学术评价工具,并被中国广大期刊和科研单位所使用。在国外,期刊的质量好坏直接由数据库收录情况决定,并不存在某个核心期刊评价系统。

比较著名或权威的数据库包括科睿唯安的 SCI、Elsevier 的 EI、中国科学院文献情报中心与中国学术期刊(光盘版)电子杂志社联合主办的中国科学引文数据库(Chinese Science Citation Database,CSCD)等。各单位在论文业绩考核体系中公认的论文质量级别通常是 SCI 期刊最高,EI 次之,CSCD 或核心期刊再次之,最低的是未被国内外高水平数据库或核心期刊目录收录但被普通数据库收录的期刊论文。

中国的核心期刊目录主要由五大体系构成，包括北大体系、中国科学技术信息研究所体系、南大体系、国务院学位办体系、中国社科院体系。这五个体系定义的核心期刊在收录范围、难易标准、收录期刊名单、出版间隔年限上均有所不同。

北大体系的核心期刊名录是由北京大学图书馆和北京高校图书馆期刊工作研究会联合研制的《中文核心期刊要目总览》一书，每隔3~4年对中国的期刊进行一次评定，采用刊发论文的数量、被数据库摘录的论文数量、论文被引用的数量、期刊影响因子、被国内外重要检索数据库收录资格、专家评议综合意见等作为若干定量和定性的评价指标。北大体系包括大约75个学科类目的大约1800种中文核心期刊。北大体系是目前中国最有影响的关于社会科学、自然科学、生物医学和工程技术的核心期刊收录名单。人们所称的中文核心期刊多指北大体系。它认为核心期刊是指那些发表某学科论文较多、使用率（含被引率、摘转率和流通率）较高、学术影响较大的期刊。

中国科学技术信息研究所体系的核心期刊名录是中国科技核心期刊目录，又称"中国科技论文统计源期刊目录"，其学科范畴主要为自然科学领域，是中国比较公认的科技核心期刊目录。该所还创建了中国科技论文与引文数据库（CSTPCD），并出版《中国科技期刊引证报告》，发布每年的科研论文排名。国务院学位办体系的核心期刊名录是国务院学位委员会办公室和国家教育委员会研究生工作办公室于1995年颁布的《学位与研究生教育中文重要期刊目录》，初衷是便于各高校研究生院选定供研究生发表论文用的期刊。它收录社会科学类期刊105种和自然科学类期刊305种。南大体系的核心期刊名录是由南京大学中国社会科学研究评价中心开发的中国社会科学引文索引（Chinese Social Science Citation Index，CSSCI）数据库。它参照SCI的建立方法，以中国出版的4000多种人文社会科学期刊为刊源，以15%左右的比例精选出400余种质量较高的期刊。中国社科院体系的核心期刊名录是由中国社会科学院文献信息中心和社科文献计量评价中心研制的《中国人文社会科学核心期刊要览》一书。

核心期刊与SCI、EI等数据库一样，基本上主要是以引文数量和影响因子确定期刊收录情况。影响因子是指某期刊前两年（或五年）所发论文在统计当年被引用的总次数与该刊物前两年（或五年）发表的论文总数之比值，即篇均引文量。由于被他人引用论文并不能准确反映论文的学术水平，加之期刊的影响因子并不能代表每篇论文的引用数量，核心期刊其实并不能完全反映论文的质量和水平，最多只能说由于各单位制订了必须在核心期刊发表论文的业绩考核规定，使得核心期刊的稿源蜂拥而至，导致发文竞争激烈而已。核心期刊评价中的另外一个主要指标是引用半衰期，指当某期刊在过去的某一年的被引用次数相当于目前的50%时，此年份与当前年份之间的间隔年数。它体现期刊的发展速度。

核心期刊与SCI、EI等数据库所不同的地方在于使用的遴选标准和计算方法不同。例如，各数据库在计算各学科期刊排名时，使用的都是来自所有学科的引文，这也是计算期刊影响因子的国际惯例。然而，《中文核心期刊要目总览》这个核心期刊列表采用的是本学科论文的引用次数，而其他学科的期刊论文对该刊文章的引用没有被计算在内。可见，在核心期刊的遴选方法中具有布拉德福法强调"某学科"的影子，但并不是计算刊文量，而改为计算引文量。

综上所述，核心期刊可以作为一种文献计量学成果，帮助读者粗略筛选信息集中或专业对口的期刊。如果简单粗暴地将核心期刊作为学术评价工具使用，可能会迫使科研人员出于非学术的利益考虑，而将论文投稿到并非最对口的核心期刊。这将违背科研工作的初衷，而且不利于科研业绩的准确公正评定。

8.1.2 SCI 期刊的 JCR 分区和中国科学院分区

SCI 论文在科研业绩评价中具有极为重要的作用。科研人员在发表 SCI 论文时，会面临选刊问题。很多高校和科研机构在学术论文质量分类政策中，把顶级学术论文定义为质量评价最高等级，然后是一类和二类学术论文等。有些学校规定顶级学术论文是在 Nature、Science、Cell 这三大顶级国际期刊发表的论文，ESI 高被引论文（统计至前 1%），并且规定一类学术论文是在 SCIE 数据库收录的中国科学院分区一区、二区期刊发表的论文，二类学术论文是在 SCIE 数据库三区、四区期刊发表的论文。

SCI 期刊分区包括大类分区（简称大区）和小类分区（简称小区）。大类分区是指 SCI 将期刊划分为以下 13 个大类学科：医学、生物、农林科学、环境科学与生态学、化学、工程技术、数学、物理、地学、天文、社会科学、管理科学、综合性期刊。小类分区包括 JCR (Journal Citation Reports) 学科分类体系中确定的 176 个学科领域。

根据影响因子进行分区的方法包括汤森路透（Thomson Reuters）分区法和中国科学院分区法。后者晚于前者，并被中国的高校和科研机构广为采纳，而且通常只看大区，不提小区。

汤森路透每年出版一本《期刊引用报告》（英文简称 JCR）。JCR 对 SCIE 期刊的影响因子等指数加以统计。按照期刊影响因子从高到低的顺序，将期刊数量划分为以下四个大区：①影响因子位于前 25%（含 25%）的期刊属于一区；②影响因子位于前 25%~50%（含 50%）的期刊属于二区；③影响因子位于前 50%~75%（含 75%）的期刊属于三区；④影响因子位于最末 25% 的期刊属于四区。

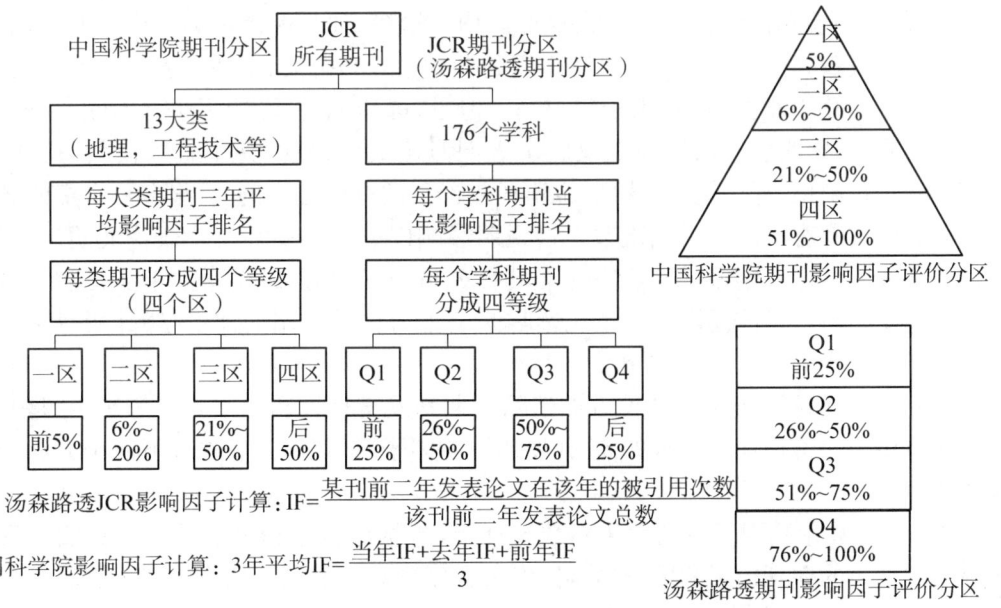

图 8.1 期刊影响因子分区

中国科学院文献情报中心根据 JCR 的数据,在 13 个大区和 176 个小区中,各自按照三年平均影响因子把期刊划分为以下四个大区:①前 5%的数量属于一区;②前 6%~20%属于二区;③前 21%~50%属于三区;④后 50%属于四区。

中国科学院分区法使得一至四区的期刊数量呈金字塔型分布,其中一区和二区的期刊很少,影响因子很高。汤森路透分区法使一至四区的期刊数量呈等额均匀分布。因此,中国科学院分区法(http://www.fenqubiao.com)在质量指标分区划分上更加严格。

8.1.3 SCI 期刊影响因子

影响因子由 Institute for Scientific Information(ISI)的尤金·加菲尔德(Eugene Garfield)创立。自 1975 年以来,ISI 每年发布 JCR 影响因子。ISI 于 1992 年被 Thomson Scientific & Healthcare 收购,更名为 Thomson ISI。2016 年,Thomson ISI 被 Onex Corporation 和 Baring Private Equity Asia 收购。它们成立了一个新公司,称为 Clarivate Analytics(简称"科睿唯安"),就是现在每年发布 JCR 影响因子的机构。

科睿唯安于每年 6 月或 7 月发布最新年度的影响因子。例如,2020 年 6 月发布的 2019 年期刊影响因子是指某 SCI 期刊在 2017—2018 年发表的论文在 2019 年的被引次数与 2017—2018 年发表论文数量的比值。影响因子反映的是一个给定统计时段,不仅限于最常见的两年影响因子,而且有三年、四年、五年影响因子等。SCI 期刊的影响因子每年都在发生变化,可以在 Web of Science 网站的 SCI 期刊数据库或其他网站查询和下载。

一般来讲,期刊的影响因子越高,期刊的影响力就越大。但是,这是针对整个期刊而言,并非针对每篇论文,因为在同一本期刊内的不同论文的引用次数可能会相差很大。影响因子是一种期刊评价工具。图书馆可以根据影响因子制定期刊订购政策。很多高校根据影响因子制订科研绩效考核指标并决定人员职称晋升。论文作者可以根据影响因子选择投稿期刊。

影响因子通常用于比较在同类学科内的不同期刊的学术影响力。影响因子的设计逻辑在于,最好的期刊往往也是论文最难被录用的或者说录用标准最为严格的期刊,而这些期刊通常具有较高的影响因子。声望卓著的期刊会严格把关,坚持发表高水平论文,导致这些期刊的引用率很高,影响因子就很高。但是,确切地讲,影响因子并不能完全用来评价论文的质量,因为引用次数只是反映了人们对论文的兴趣,并不直接代表论文的重要性、创新性、正确性、深广性、可读性,也不代表论文的有用性。例如,很多具有虚假数据或被撤稿的论文都有很高的引用次数。这说明影响因子并不能完全代表论文质量。另外,综述型论文通常比原创型(研究型)论文具有更高的引用次数,但这并不能代表前者比后者更加重要。由于目前还没有一个比影响因子更为科学易用的评价指标,所以它仍然是一个主流评价指标。

影响因子在期刊影响力评价方面消除了期刊发文规模和发文频率等影响,是一个比较客观易用的评价指标。尽管如此,在使用影响因子时,仍需注意在以下四个方面予以甄别和慎用:

(1) 在计算影响因子时的引用次数统计上,包括原创型论文和综述型论文。发表很多综述型论文的期刊的影响因子通常比发表原创型论文的期刊的影响因子更高。

(2) 引用次数有自引和他引之分。尤其当一篇论文有很多作者时,作者自引的次数可能会变得很高。虽然期刊有一定的自引率是合理的，但是由于担心过度自引，仍有很多人认为自引在影响力表征上不如他引更为权威。影响因子的统计有包括自引次数在内的，也有排除自引次数的。

（3）各专业领域由于从业人员数量差别很大，造成论文引用数量和影响因子相差很大。另外，有些需要引用较早期论文的学科（例如数学和化学）在影响因子计算上比较吃亏，因为影响因子的计算只考虑近期（当年）的引用次数。因此，不能在不同领域之间比较影响因子的大小。

（4）除了用于期刊评价，影响因子还经常被用来评价论文和作者。实际上，影响因子不仅不能代表某篇论文的引用次数，而且也不能区分多个作者对同一篇论文的贡献，因为影响因子是期刊的篇均引用次数。很多专家指出，单纯使用影响因子评价科研人员的学术影响力或水平是错误和片面的。实际上，一篇论文的一个重要的学术影响力指标是论文本身的他引次数。评价一个作者或一个单位的学术影响力的较好方法通常是采用总引用次数和 H 指数（H-index）。Hirsch 于 2005 年提出的 H 指数试图综合考虑某个作者的论文数量和质量的指标。其中，质量指标就是引用次数。H 指数的定义是，如果一个作者发表的论文中有 n 篇论文的每篇被引次数都大于或等于 n，该作者的 H 指数就等于 n。当作者的高被引论文篇数增加时，H 指数会增大。

8.1.4 CiteScore 在期刊评价中的作用

中国很多高校和科研单位把个人业绩考核与期刊影响因子挂钩，规定在 SCI 不同分区的期刊上需要发表的论文数量。2016 年 12 月，Elsevier 推出了基于其 Scopus 数据库的期刊评价指标 CiteScore（引用分数）。经过几年的发展，学术界一直在关注作为期刊影响因子最大竞争对手的 CiteScore 是否能够取代影响因子而重塑期刊水平等级划分。

影响因子是计算某期刊连续两年发表的论文在第三年度的篇均引用次数。CiteScore 是计算某期刊连续三年发表的论文在第四年度的篇均引用次数。在影响因子的计算中，分子是来自所有文章的引用次数，包括编辑述评、读者来信、更正信息和新闻等非研究性文章，而分母则不包括这些非研究性文章。在 CiteScore 的计算中，分子和分母都包括这些非研究性文章。因此，如果这些非研究性文章比较多，由于分母较大，相较于影响因子，CiteScore 计算出来的分数会偏低。

影响因子是科睿唯安基于其 Web of Science（WoS）数据库的引文资料计算的评价指标。CiteScore 的引用数据来自 Scopus 数据库中的 22 000 多个期刊，比 WoS 数据库的 11 000 多个期刊多了一倍。需要注意的是，WoS 的 SCIE 数据库里只有几十本中文期刊，而 Scopus 数据库里则有几百本中文期刊。因此，推广使用 CiteScore 对于推广中文期刊的影响力是有帮助的。Scopus 是 Elsevier 旗下的数据库，于 2004 年创立，号称比 WoS 数据库更大更全。全球很多重要的大学排名机构确实采用 Scopus 数据库的数据作为排名依据。

另一方面，近年来开放获取期刊的数量激增，其中良莠并存，颇受争议。Scopus 数据库中收录的一些质量较差或通过非正当手段操控提升引用次数的开放获取期刊会影响 CiteScore 的引用数据的权威性。

另外，影响因子只对付费订阅用户开放，而 CiteScore 是免费对所有人开放，任何人都可以通过 Scopus 的官方网址（https://www.scopus.com/sources）查阅。

由于研究人员数量规模和研究课题活跃度等因素，不同学科的期刊在论文引用数量上相差很大，导致不同学科的期刊影响因子是不可比的。CiteScore 也具有相同的问题，即只在同一学科领域中比较才有意义。

CiteScore 有两个令人关注的方面：一是其计算公式分子中的论文引用次数包括了大量非 SCI 期刊或低水平期刊；二是其分母中的文章总数里面包括了编辑述评和读者来信等非研究性文章。研究表明，CiteScore 与影响因子之间虽然存在较强的相关性，但也具有明显的复杂差别。

影响因子作为一个几十年来长期存在的传统科研评价指标，不会被轻易撼动或取代。目前的 SCI 期刊分区制度以及科研人员业绩考核和职称评定制度都是基于影响因子的。CiteScore 与影响因子相比，最明显的区别是论文引用次数中包含的期刊数量远为更加庞大。CiteScore 如果想取代影响因子重塑期刊质量分级，搞出自己的一个评级体系，并影响或改变高校和科研单位的论文考评政策，需要得到全球学术界的广泛认可才行，还有很长的路要走。科研人员可以持续关注 CiteScore 的发展。

8.2 期刊论文发表流程

8.2.1 期刊论文发表流程简介

本节简述发表流程中的相关概念。

1）出版周期

出版周期是指期刊的出版频率，分为周刊、半月刊、月刊、双月刊、季刊、半年刊、年刊。少数期刊采用不定期出版或不分刊连续出版制度。一般来讲，出版频率稀疏的期刊发文量小，竞争激烈，发表周期长。因此，应当优先选择出版周期短和不分刊连续出版的期刊。

2）期刊容量

期刊容量是指期刊在一期或一年内能够发表的论文篇数。从提高论文录用概率的角度看，应当优先向容量大的期刊投稿。很多不分刊连续出版的期刊的容量非常大。

3）出版流程

出版流程是指从作者投稿到论文见刊发表的过程，包括以下九个关键步骤：①作者投稿；②编辑初审；③同行评议专家审稿；④拒稿或退稿修改；⑤主编终审；⑥编辑修改润色；⑦作者校对；⑧排版校对；⑨印刷出版。每个国家和每个期刊的审稿制度有所不同。中国出版业采用三审制，即编辑初审、专家评审、主编终审。

4）编辑初审

编辑初审的工作包括：①审查稿件是否符合期刊内容范围；②论文格式是否符合期刊规定的基本要求；③稿件是否完整，有无缺页少图等问题；④语言是否达到值得交付给同行评议的基本要求；⑤论文查重，检查文字重复率，判断抄袭问题；⑥根据投稿信、摘要、引言、结论等部分，初步判断论文的重要性、创新性、正确性、深广性、可读性；⑦通读全文，判断主要缺陷，做出拒稿、退稿重修、提交给同行评议进一步审稿的决定。

5) 同行评议专家审稿

同行评议是指在稿件通过编辑初审后,对可能有发表价值的稿件进一步评审的过程,又称外审或送审。专家审稿多采用双盲制,即审稿人不知道作者是谁,作者也不知道审稿人是谁。由于期刊编辑不确定被邀请的审稿人是否能够接受审稿请求,因此经常发生实际审稿人数量多于所要求的至少 2 人的情况,有时甚至达到 5 人评审。专家审稿后将审稿意见提交给期刊编辑,意见包括拒稿、退回大修、退回小修、直接录用等几种情况。期刊编辑综合所有审稿人的意见,做出稿件的处置决定并通知作者,并且选择性地将审稿意见组合和修改后发给作者参考。论文在作者大修后通常需经相同的审稿人再次评审。论文经作者小修后可能无须再次外审,期刊编辑能够直接做出录用决定。

专家审稿时需要根据期刊编制的审稿书(又称审稿意见表),逐项打分或填写评审意见。有些期刊会将审稿书或其精选版发给作者知悉内容。第 4 章第 4.2.5 节的表 4.3"期刊论文同行评议审稿报告表格模板"对审稿标准做了统一规划。

目前各期刊的审稿书通常包括以下九个方面:①论文的内容是否过去发表过;②原创性评分;③科学性评分;④完整性评分;⑤分项打分或文字评价(标题、摘要、关键词、引言、方法、材料、结果、讨论、结论、致谢、参考文献、附录);⑥对语言表达打分或文字评价;⑦对图表打分或文字评价;⑧对计量单位打分或文字评价(是否使用国际标准单位,是否使用废弃单位或非标准单位);⑨总评分和审稿意见(拒稿,退回修改,直接录用,建议送其他专家再审)。与其相比,表 4.3 明确增加了对抄袭现象和重要性(创新性+公众兴趣度+实用性)的评分,并针对十项审稿标准制订了公平的、相同的分数权重,利于避免审稿标准随意化。

6) 主编终审

主编终审是指当期刊编辑和审稿人审核完直接录用的论文或经作者根据编辑意见和审稿意见修改的论文后,由期刊的主编、副主编或相关的学科编委再次审核,并做出论文是否录用的终审决定,又称审定。

8.2.2　出版社在学术出版中的角色

学术出版之所以重要,是因为它承载着传承学术文明的神圣职责。这种社会职责导致学术出版物需要具有足够高的学术水平和专业价值。学术出版之所以小众化,是因为它不像大众出版和娱乐出版那样具有广泛的受众。学术出版的读者范围很小,通常只局限于某个领域的专业技术人员。这种小众化导致学术出版物不能像其他出版物那样依靠较大的销量赚取利润。学术出版之所以特殊,是因为它在作者和读者这两端均有刚需。作者需要借助学术出版的学术评价体系的权威性发表自己的论文或专著,以便满足学校对授予硕士或博士学位的毕业要求,或满足单位的科研业绩年度考核要求,并获得同行的认可。读者则需要阅读文献,才能开展研究工作。这种两端刚需特殊性导致出版社这一中介暨评价机构在学术出版中处于获取利润方面的强势地位。正确理解出版社在学术出版中的角色、供需道德和出版道德、稿酬、版面费、审稿费、论文发表费用、作者利益、科研人员对版面费和审稿时间的合理期待,对于合理平衡各方需求和利益至关重要。

学术出版的形式主要包括期刊论文和著作图书两种。它们既不是纯粹的公共品,也不是纯粹的商品,而是介于两者之间的准公共品,同时具有公共品和商品的部分属性,而且根据作品资助来源的不同而具有不同的属性。公共品的创作和发表应当由政府或学术机构的财政补贴予以支持。例如,纳税人的钱被用来设立研究基金支持科研项目,作者接收基金资助并创作论文或专著,这种成果应当通过出版社免费发布给纳税人。然而,商品与公共品不同,商品需要营利。需要商品的人应当支付费用,创造商品的人应当收取费用并营利。例如,一个没有任何资助的学者创作了一篇论文并试图发表,这篇论文就不是公共品,因为它的经费并非来自公共社会,而是来自学者的个人积蓄。那么,这篇论文的作者就应当为创作这项成果收取劳动报酬,而不应当为了发表这篇论文而支付版面费。出版社作为商业机构希望获取利润。而且,学术出版的商品营利属性已经被垄断性商业出版机构介入学术出版领域并通过版权控制体现得淋漓尽致。

从事学术出版的出版社主要包括大学出版社、专业学会出版机构和商业出版社。关于出版社在学术出版中的角色,可以分为学术期刊和学术著作两个方面分别讨论。

1) 学术论文的出版

学术期刊的出版演进过程大体经历了以下三个不同的阶段:

第一阶段是从学术期刊发端到第二次世界大战结束。在第一阶段,大学、科研机构和专业学会等非营利组织作为学术出版机构经营期刊。由于读者规模和发行量很小,期刊的销售收入远远抵不上出版和印刷等成本。因此,学术出版一直依靠办刊单位的财政补贴或会员费予以维持。

第二阶段是从第二次世界大战结束到20世纪末开放获取运动发端。在第二阶段,学术出版的经费不仅来自上述非营利性机构以及政府和基金会的出版补贴,也来自大量涌入学术出版行业的商业出版机构的投资。商业出版社由于其更为完善和高效的出版业务流程、全球化营销网络和资本运作模式,逐渐成为学术出版领域的主导者,并且获得了极为丰厚的商业利润。

第三阶段是从开放获取运动兴起至今。在第三阶段,为了抵制垄断性大型商业出版社对期刊价格的不断上涨,大学、科研机构、图书馆(期刊的主要订阅者)纷纷大力开展开放获取运动,抵制期刊订阅,让读者免费获得期刊论文。但是,学术发表的负担从传统的期刊订阅费以论文处理费(article processing charge,APC)的形式转嫁到了作者身上。垄断性大型出版商对高额利润的追逐是造成开放获取运动的直接导火索。期刊订阅价格的一再暴涨导致图书馆等订阅机构不堪重负,试图减少订阅费用。出版商则从起初拒绝改变的消极态度,迅速转变为大量收取论文处理费的积极态度,从而并未在开放获取运动中成为输家。在这场博弈中,被牺牲掉的输家目前似乎是作者。

出版社在期刊论文发表方面承担着中介和评价的双重角色。作为中介机构,学术期刊需要将作者的论文手稿排版加工成为合格的产品交付给读者。需要注意的是,这个角色涉及论文的润色和编辑服务。过去,出版社通常免费为作者提供润色编辑服务。但是,目前多数出版社倾向于让作者自己付费使用出版社旗下的或独立的语言编辑服务机构对论文进行英文润色和编辑,以便减轻期刊编辑的工作负担。作为评价机构,期刊的影响因子一直是各单位广泛认可和使用的学术评价指标。为了维持较高的影响因子,期刊在筛选热点稿件和同行评议方面对审稿质量进行把关。

由于学术期刊和学术图书同属学术出版的范畴,都是学术成果展示和传播的媒介,它们拥有基本相同的作者群和读者群。很多出版社(例如大学出版社)在同时经营这两种学术媒介时,均会在策划选题、建设作者专家库、建设审稿专家库、举办学术会议等方面开展深度合作,共享优质出版资源。尤其当出版社在对专著进行同行评议审稿时遇到审稿人资源的困难时,可以求助于学术期刊的审稿专家队伍。

2) 学术著作的出版

出版社在专著出版方面与期刊论文的角色类似。它们之间的一个最大区别是专著没有影响因子,而只有单篇(本)引用次数这一统计评价指标,即使按章或节引用。影响因子是针对整个期刊而言的,并非针对每篇论文。如果需要细究每篇论文的统计评价指标,仍然需要用到单篇引用次数。专著的内容比论文更多,篇幅更长,出版费用也更高。

作者向出版社投稿专著不能像期刊论文投稿那么简单方便。专著的出版需要出版社的编辑进行立项策划和选题论证,包括学术评价、社会效益评价、成本核算、经济效益评价、定价、印数、开本、用纸、装帧等策划、营销发行策划、资金来源安排、签订合同等,力图将项目风险降到最低。

中国很多出版社的专著出版计划主要包括以下三类图书:①有资金支持重点学术图书,即获得国家级或省部级项目和资金支持的图书;②无资金支持重点学术图书,即具有较高的学术价值,但是未能获得外部出版资金支持,这类图书的出版经费通常由出版社资助或由作者自费协商解决;③水平一般的学术图书,即学术价值一般、不能获得出版社或出版基金的资助、但作者有出版需求的图书,例如高校教师考核、职称评定、科研项目结题用的书,这种书通常由作者自费或项目经费资助出版。所有这些专著基本都是高定价、印数少,而且属于补贴出版,很少能像教科书那样通过较大的销量获得利润。

具体来讲,通过出版社发表学术著作通常包括以下八步流程:

(1) 作者向出版社编辑提交著作选题提案,包括作者简介、著作提纲、篇幅、业界需求、样章等。已经出版的中文图书可以在国外的出版社出版英文版。同样,已经出版的英文图书也可以在中国的出版社出版中文版。这些翻译版需要译者获得作者和原版出版社的翻译出版许可,通过版权贸易方式合作出版。

(2) 出版社征询几位专家的选题评审意见和市场营销部门的意见。

(3) 出版社批准选题,与作者签订出版合同,约定书稿的内容、篇幅、格式、交稿时间、版税或报酬、出版费用等。

(4) 作者创作书稿并交稿。在取得拥有版权的出版机构的书面允许前提下,已经发表过的材料可以在书中再次使用。

(5) 出版社编辑对书稿进行初审,然后将书稿提交几位专家进行同行评议审稿。坚持对专著和教科书进行严格的同行评议制度的出版社,能够保证图书具有合格可信的学术水平。专著出版应该尽量远离掠夺性出版(predatory publishing)、自费出版(vanity publishing)、自助出版(self-publishing)。这些出版方式经常不能保证具有足够的同行评审资质,因而无法保证学术质量,而且要求作者支付大量出版费用。

(6) 作者根据审稿意见修改书稿并提交。

(7) 出版社对书稿进行语言润色和编辑,然后交付排版,并完成作者校对和出版社校对,完成三审制所规定的各项任务。每个国家和每个出版社的审稿制度都有所不同。

(8) 交付印刷纸质版图书,并出版在线电子版。

总而言之,出版社在学术出版中,除了需要依靠编辑团队付出巨大努力外,还需要获得审稿人、装帧设计、宣传、市场营销、销售、发行等团队的支持和配合,才能将合格的作品从作者手里转交到读者手里。

8.2.3 期刊编辑在论文发表的不同阶段中的作用

期刊编辑决定学术论文是否能够发表。期刊的编辑分为主编、副主编、编辑、语言编辑、排版编辑,不同的编辑在论文发表的不同阶段中具有不同的作用。

1) 投稿前问询阶段

在作者投稿前,如果无法从期刊官网了解清楚期刊的刊载范围、审稿时间、版面费等关键问题,作者可以发送电子邮件致函期刊的主编进行投稿前问询。期刊的主编很多都是由大学教授兼任。如果期刊官网不公布他们的电子邮箱,也很容易通过他们的姓名使用搜索引擎找到其在大学里的公开电子邮箱。

关于审稿时间和版面费的问询,热心的主编会回复作者。关于论文是否符合期刊内容范围的问询,大约一半的期刊主编愿意回答这种问题,因此作者能够避免盲目投稿而节省时间。另外一半的期刊主编不愿意回答,原因基本包括以下几种。有些主编要求作者直接投稿,遵循正式的投稿后评估流程,而不愿根据作者在投稿前问询信中提供的摘要和亮点(highlights)进行评价。另外少数主编会表示回复这种问题意味着某种偏倚,尽管这种说辞其实并无道理,只是托词罢了。还有不少主编则根本不回复。

2) 编辑筛选稿件阶段

当作者提交论文后,论文将被分配给按照专业领域划分的副主编或编辑对内容进行筛查,具体包括以下三类检查:①格式是否正确,声明文件是否齐全,是否存在抄袭或剽窃现象;②投稿内容是否符合期刊范围,关于论文水平(重要性、创新性、正确性、深广性、可读性)的初步评价,英文水平是否合格;③判断成功通过同行评议的概率。对于第一类检查内容,有些期刊依靠编辑的助手帮助完成。对于第二类检查内容,需要具有专业知识的编辑来完成。

对于比较容易做出直接拒稿(desk rejection)或送交同行评议的稿件,主编、副主编或编辑通常会在几天内做出决定。对于不太容易决定的稿件,有些期刊会使用两名或多名副主编或编辑对论文的内容做出初步评价,判断论文成功通过同行评议的可能性。如果多名编辑均认为稿件的水平很可能无法顺利通过同行评议,主编、副主编或编辑就会直接拒稿。

在编辑筛选稿件阶段,在论文被交付同行评议之前,如果编辑需要作者提供补充信息或做一些小修改,编辑可能会给作者这个机会,但是也有可能会直接拒稿。拒稿的署名编辑可能是编辑,也可能是直接处理稿件的副主编或主编。

3) 同行评议阶段

当论文被提交给同行评议后,经过2~3名(有时多达5~6名)审稿人的短则两个星期、长则几个月的评审,审稿意见会被提交给编辑。编辑根据审稿人的意见做出以下决定之一:直接录用而无须修改(accepted);大修(accepted with major revision);小修(accepted with minor revision);拒稿(rejection)。对于高水平期刊,如果几个审稿人中有一个人给出拒稿意见,而且如果编辑认为意见合理,那么编辑很可能会遵从这个审稿人的意见而拒稿,不给修改机会。当然,关于是否采纳审稿意见和是否录用论文的决定是由编辑最终独立做出的,审稿人的意见只是作为参考而已,编辑并不必须采纳。

在同行评议阶段结束后容易发生的一个现象是作者从投稿系统中注意到论文的状态已经从评审中(Under Review)改为同行评议结束(Reviews Completed),但是过了一两个星期后,作者却还没有收到期刊编辑的决定通知。这种情况通常不是因为编辑忘记通知,而是由于以下两个原因:①审稿人提交的意见不全,导致期刊编辑需要联系审稿人补齐审稿内容;②审稿人的意见让期刊编辑不够满意,或出现了非常矛盾的两个或几个审稿人的意见,导致期刊编辑正在追加和等待第三个或更多的审稿人的审稿意见。

如果作者对拒稿意见不服,可以按照期刊规定的程序申诉。但是,在申诉和等待仲裁结果期间,不能将论文改投别刊。一般来讲,申诉成功导致期刊编辑改变决定的可能性不大,而且容易得罪编辑,造成对以后投稿不利。

4) 论文修改和再评议阶段

对于需要大修的稿件,当作者修改和重新提交后,通常会被相同的审稿人再次评审。对于小修后重新提交的稿件,编辑可能会自己直接做出录用决定。无论何种修改,作者必须根据同行评议审稿意见和编辑的总结意见逐条清晰回复。

5) 出版制作阶段

当论文被录用后,便进入出版制作阶段。这个录用往往是有条件的,即编辑通知作者,论文已经被录用,但是需要按照某些要求对格式或语言问题进行修改。在作者满足这些要求提交稿件后,期刊的语言编辑会继续审查和修改语言。然后,排版编辑进行排版,作者需要对排版清样进行校对(proofreading)。

8.2.4 学术出版中的客座主编

客座主编(Guest Editor)是期刊创办专刊(又称特刊,Special Issue)时常用的临时负责岗位。它不同于期刊的常设主编(Editor in Chief),也不同于专著、教科书或工具书的主编。这个职务对于特刊所涉各方有什么用处,以及包括哪些职责,是本节简要论述的内容。

参加期刊编辑工作属于典型的社会学术活动。在很多大学的教职申请表中,都有一栏要求申请人填写参加过哪些期刊和学会的学术组织活动,尤其是 SCI 或 EI 收录的高影响因子期刊。社会学术活动通常都是免费的兼职义务劳动。很多高级学术社会职务需要具有一定的学术声望和职称才能够担任,因此通常被学术界认可为一种被广泛承认的荣誉,例如期刊的主编、客座主编、专业学会的主席、高校或重点实验室学术委员会的委员。

期刊通常都设有一位主编,一般由学术人员兼职担任,例如大学教授或工业界的技术人员。有些期刊为主编支付报酬,有些期刊则不支付任何报酬。期刊由主编牵头,设有编辑委员会(Editorial Board),简称编委会,由具有一定学术声望的人员组成。编委们为期刊的发展献计献策,并承担少量的审稿任务或撰稿任务。在主编之下,按照不同的专业领域划分,设有几名副主编或执行编辑(统称编辑),负责分流管理收到的论文稿件。这些编辑经常是义务性的兼职,不收取任何报酬或只收取少量报酬,但有些期刊也设有领取工资的专职编辑。

由于期刊的正刊通常无法在一期中针对某个专题汇集成为一个专辑,期刊经常需要创办专题特刊。特刊的主编被称为客座主编,是临时性的,以区别期刊的常设主编。客座主编通常从编委会人员或期刊编辑中产生。但是，当这些人员无法胜任时，客座主编也可以来自期刊公开招募或对外邀请的人选。应聘或应邀人员需要向期刊提交创办特刊的提案计划。

客座主编编纂的特刊在质量和稿件审稿水准上必须遵循正刊的发表标准。但是，由于有些期刊在增刊或特刊（专刊）上对稿件质量把握不严，造成期刊声誉受损，殃及特刊，以至于有些单位在科研绩效考核时出台政策，对在增刊或特刊上发表的论文均不认可。因此，是否接受邀请担任期刊的客座主编，以及是否向特刊投稿，首先需要考虑单位的科研绩效考核政策，以及特刊是否收取版面费。

客座主编，尤其是具有卓越声望的期刊的客座主编，由于其被认可的学术影响力，不仅是受人尊敬的学术社会职务，对于职业生涯进阶很有帮助，而且对于客座主编本人来讲，也是一种在领导组织能力方面的大规模历练，特别包括推广活动。这也正是这方面的经历备受各单位看重的重要原因之一。

科技活动大体可以分为两种：一种是学术科研，例如在高校或科研院所中的工作，包括从事研究、撰写论文；另一种是产品研发，例如在企业中的分析、设计、测试等活动，属于花钱的活动，不是赚钱的活动。与科技活动对应的另一类活动，也是很多科研人员经常欠缺的活动，是推广或营销活动，包括申请经费、推销产品、推广技术等。对于销售人员来讲，从事科研活动和撰写论文可能是很难的事情。但是，对于科研人员来讲，推广一件事情或销售一个产品，远远难于写一篇论文。有些人甚至连推广邮件都发不出去，更何谈大规模的领导组织能力。客座主编的工作之所以比期刊主编或编辑的组织工作更难，是因为特刊的稿源需要客座主编自己去推广弄来，而非像正刊那样能够依靠几十年积累下来的成熟投稿渠道自动吸引投稿。论文的作者们通常不知道也不关注哪个期刊在吸纳特刊稿源。因此，客座主编需要克服大量困难，通过自己的推广"营销"工作吸引组织稿源。这是一项无比艰苦的工作，因为即使发出上千份电子邮件，通常也收不到几份投稿。因此，有能力组稿成刊，实属不易。所以，客座主编是一项特别令人敬佩的工作，因为它代表了强大的推广营销能力。

除了构思专题、吸引具有专题凝聚力的稿源、挖掘潜在的投稿作者之外，客座主编需要从事的其他工作包括审查稿件、管理同行评议、撰写能够激发读者专题研究热情的社论文章（editorial）或导言文章（introduction 或 preface，大约3页）。客座主编在组稿时应该力图涵盖专题的所有相关角度，同时尽量减少论文之间的重复和冲突。另外，联系到足够多的同行评议专家顺利完成审稿，也是一件非常艰巨的任务。总之，客座主编需要对期刊的编辑政策和出版流程具有完整透彻的了解和强有力的执行力，才能从头到尾完成一本特刊的创建。

每期特刊通常都有自己的ISBN编号（国际标准图书编号）。特刊所具有的独特出版模式不仅能够集中展示某个领域的最新研究成果，也可以利用图书出版和期刊出版的两者综合优势。从某种角度讲，期刊特刊的客座主编类似于专著的主编，但有所区别，主要区别体现在以下两个方面：约稿形式不同，同行评议的流程不同。专著的各章通常是特约稿件，不是自由投稿；而特刊的每篇论文既可以来自特约稿件，也可以是自由投稿。与专著一样，特刊中既可以包括原创型研究论文，也可以包括综述型论文。

综上所述，期刊特刊的客座主编是一个令人尊敬的岗位，它不仅能够体现学术界对个人学术成就、声望和影响力的认可,而且能够展示从头到尾完成一件大型学术出版物的领导组织能力和推广能力。对于客座主编个人而言,虽然这份劳动是免费义务的,但通常是其学术生涯中值得回忆的一份宝贵经历。

8.2.5 期刊论文的良性约稿和恶性约稿

继985和211高校建设浪潮之后,建设"双一流"高校目前成为各地积极努力的工作目标。伴随各校对人才的争夺,高端人才的资格评价持续成为热点话题。在各校的高端人才引进申请材料中,经常会看到有一栏"国内外重要学术会议受邀报告",代表着学术影响力和被业界承认的程度。实际上,著名出版社的受邀书章和SCI或EI期刊论文的约稿也是一种类似的巨大荣誉,是很多科研人员所期望的,尤其对于刚踏上学术发展道路的青年科研人员而言。

约稿(又称邀稿)是学术期刊征集论文投稿的一种方式,通常是指由主编或编辑向具有一定学术声望的人员邀请投稿,又称良性约稿,即不以牺牲论文发表质量为条件的约稿。反之,如果约稿的代价是牺牲论文质量,例如取消或削弱同行评议,即构成恶性约稿。良性约稿对于学术期刊来讲非常重要,因为与自主投稿相比,约稿更能主动体现出期刊编辑的办刊理念、宗旨和定位,使得稿件内容更加可控、稿件水平更加权威,对于提高期刊的影响力、引用次数和影响因子也都非常有利。

有些期刊只接受约稿,尤其是各种综述性期刊。综述型论文容易被人引用,因此对于提高期刊的影响因子很有好处。实际上,对于只接受约稿的期刊,并不一定非要被动地等待期刊来约稿,论文的作者其实可以主动致函期刊主编,将自我介绍和计划撰写的论文的摘要发给主编。如果主编感兴趣,会安排约稿,然后作者按照期刊的要求投稿即可。如果期刊拒绝自荐,就不用尝试投稿了。

除了只接受约稿的期刊,对于接受自主投稿的期刊来讲,良性约稿发生在以下三种情形:①正刊的编辑希望针对科研热点问题组织一篇或几篇约稿的原创型论文;②正刊的编辑希望针对某些重要课题约稿综述型论文;③特刊(专刊)的主编或客座主编希望获得一批质量较高的或方向对口的原创型或综述型论文,以满足特刊的覆盖范围。无论是哪种情形,约稿的论文均需经过严格的同行评议,与自主投稿无异。有些期刊对约稿的论文在页顶位置标记为"特邀评论"或"Invited Review"等字样,彰显与自主投稿论文之区别,这可以被视为一种殊荣和证明;这样也能够激励被约稿者用心写出好文章。

约稿特别容易发生在期刊的特刊。特刊是一种非常有效的工具,可以增加期刊对热点问题、重大科研方向、重要纪念内容的集中关注度,并且能够增加论文在聚焦主题方面被引用的次数和期刊的影响因子,从而办出正刊无法达到的良好效果。创办特刊时最困难的事情是遇到的自主投稿无法满足主编或客座主编想要完整覆盖的多个专业方向。例如,特刊策划了八个方向,计划在每个方向发表两篇论文,这样能够完整覆盖一个领域。但是,收来的论文稿件只够满足三个方向的,其余五个方向没有收到任何投稿。当遇到这种缺乏稿件的情况时,正刊的回旋余地很大,因为正刊本来就没有严格固定的预设发表方向,在内容组合结构上可以比较松散。然而,特刊就没有那么大的回旋余地,因此造成特刊几乎无一例外地需要采用约稿的形式补充稿源。所以,特刊在公开征稿的同时,往往需要针对不太容易产生投稿的专业方向预约专家投稿。另外,特刊为了强调在专门领域的权威性,通常比正刊更加重视邀请具有声望的学者(尤其是高被引作者)投稿。研究表明,很多特刊的被引用率超过了正刊的被引用率,有力推动了期刊高质量内容的增长,这与约稿的贡献密不可分。

对于期刊来讲,约稿中最难控制的环节是交稿时间和延期管理。很多专家业务繁忙,答应了约稿后却抽不出足够的时间撰写论文,造成稿件一再拖延。有的学者甚至把写稿任务干脆交给自己的学生去代笔完成。这些问题都无疑在稿件质量和交稿时间上对期刊有所伤害。对于被约稿的学者来讲,既然承诺了写稿任务,就等于是承诺了将某份宝贵的论文素材贡献给了这个期刊,那么就不应该心猿意马,而需要遵守契约精神,按时完成约稿任务。

除了上述几种良性约稿之外,还有两种牺牲论文发表质量的恶性约稿,即为了弥补稿源不足而降低发表水准的约稿,以及为了赚取版面费的欺诈约稿。近些年来,有些质量比较差或经营困难的期刊打着约稿的旗号到处去拉稿源,以填补自主投稿的稿源不足,或者纯粹是为了赚取版面费。这种性质的约稿就算不上值得骄傲的荣誉,因为它并非是针对作者的学术声望慕名而来的约稿。因此,当遇到约稿邮件时,不要轻易兴奋,首先需要查看期刊的影响因子、资质、被 SCI 或 EI 等数据库收录的情况,以及是否收取版面费。实际上,很多良性期刊是为约稿提供优惠条件的,例如减免版面费或给予稿费报酬。

8.2.6 主编和论文作者眼中的征稿启事

在电子邮件和社交媒体高度发达的今天,每个专业人士的邮箱里可能每天都会收到一些征稿启事(Call for Papers,CFP),尤其当你的电子邮箱作为论文通讯作者的联系邮箱被公布之后。另外,科研人员也经常能从专业学会或行业协会的官网、大学院系的网站、期刊网站、征稿启事集中发布平台(如 WikiCFP)上看到论文征稿启事。如何发布好征稿启事,以便能够获得大量投稿,是主编或组稿者关心的问题。另一方面,如何鉴别和筛选征稿启事,使它能够帮助自己在学术生涯上有所发展,是论文作者关心的问题。

期刊的正刊通常不需要发布征稿启事,因为期刊的内容范围已经在期刊官网上公示得很清楚。论文的征稿启事通常是针对学术会议、期刊特刊(专刊)、论文集汇编的需求而发布。征稿启事包括以下主要内容:会议或出版物的主题规划,期刊及其特刊的名称,会议或出版物的重要性,发表论文的数据库收录资格,版面费,审稿费,审稿时间,会议日期和地点,主编或客座主编的姓名和联系方式,投稿要求,截止日期,从提交摘要到投稿和发表的重要时间节点等。关于征稿启事的撰写格式和内容细节,网上有大量实例,这里不赘述。

第一种常见的征稿启事是针对学术会议的,占据所有征稿启事的绝大多数,也是最鱼龙混杂的。需要注意的是,有些由专业学会主办的 SCI 期刊要求论文在发表于期刊之前必须先投稿到该学会所举办的学术会议上。另外,有些学会则从年会论文中挑选部分优秀的论文进入学会举办的 EI 期刊,即请同行评议专家在会议论文审稿时就勾选论文是否只适合发表为会议论文,还是也能够发表为期刊论文,例如国际汽车工程师学会(Society of Automotive Engineers,SAE)。这种年会针对每年不同的主题需求,在学会官网定期发布年会论文征稿启事。

第二种常见的征稿启事是针对学术期刊的特刊。学术期刊平时根据论文被接受的时间，将不同主题的论文凑在一起发表成为一期，称为正刊。如果正刊版面不够，有时会发增刊。如果针对某个特定主题组稿成为一期，即称特刊或专刊。特刊的征稿通常是依靠公开发布的征稿启事与主编（或客座主编）向专家单独约稿的形式共同进行。

第三种常见的征稿启事是针对论文集汇编。它与主编约稿的专著的不同之处在于，前者的论文投稿可能会在筛选比较下被拒稿，而后者的书章稿件由于是经主编主动约稿的比较有声望的专家撰写的，质量都比较有保证，不太容易被拒稿。征稿启事中征收来的论文投稿的质量完全无法预测，可能包括很差的不合格稿件。

从主编或组稿者的角度讲，要想使征稿启事引人注意，必须在显著位置发布以下四条关键信息：论文的数据库收录资格、版面费、审稿费、审稿时间。虽然参加学术会议的人员包括很多不太注重论文收录资格的企业界人士（因为他们一般不需要根据论文被考评），但是学术论文投稿的主体仍然是高校或科研院所那些每天处于单位科研业绩考核压力之下的科研人员。他们没有浪费任何一篇稿件素材的奢侈，即每篇论文都必须发表在被单位承认的学术媒体上。版面费、审稿费和审稿时间对于投稿人员也是决定性的考虑因素。由于目前有不少以营利为目的、带有欺骗性质的所谓学术会议，是否收取版面费和审稿费是一个很好而且很容易的判别标准。

从投稿者的角度讲，由于有些组稿者在撰写征稿启事时比较粗心，没有想到应该将论文收录资格、版面费、审稿费、审稿时间这四个要素写进去，投稿者不妨致函组稿者，明确询问这些问题，以及拟投稿的论文在主题和摘要上是否与征稿范围吻合。

8.2.7 掠夺性期刊与学术诈骗

在学术论文出版领域，存在一种诈骗，称为掠夺性期刊（predatory journal），利用开放获取机制，通过收取或高或低的版面费并且规避合格的同行评议而发表论文。掠夺性期刊的本质是诱惑论文作者以不良企图花钱快速发表垃圾论文，产生未经合格的同行评议并通常未经修改、润色、排版的无人引用的垃圾论文。科研人员必须充分认识这种学术诈骗对自己和社会的危害。

8.2.7.1 掠夺性期刊的起源

掠夺性期刊始于 20 世纪 90 年代。那时，随着学术出版垄断的产生和期刊订阅价格暴涨，学术界和公众开始发起开放获取（OA）运动，从读者付费订阅期刊、作者免费发表论文的传统模式转变为读者免费阅读期刊、作者付费发表论文的模式。随着近三十年的发展，各期刊及其出版社从最初的抵制开放获取逐步转变为接受并倡导开放获取，而版面费（论文处理费）也一再升高。开放获取运动严重损害了作为学术产品生产者的作者的利益，使得本来应该免费发表论文被迫变成付费发表论文。目前，多数高质量的 SCI 期刊采取传统订阅（subscription, S）或 OA 的双重发表模式，即允许作者任意选择是采用免费的订阅发表模式还是付费的开放获取发表模式。在 S 模式下，读者付费，作者通常免费。在 OA 模式下，读者免费，作者通常付费。有一部分期刊以转变为纯粹的收费 OA 模式为办刊目标，将免费的订阅发表模式的论文数量压缩得越来越少。大多数使用订阅模式的 SCI 英文期刊不收取版面费。中国的大多数期刊都收取版面费，即使使用订阅模式。

多数的开放获取期刊是收取版面费的。这样的期刊之所以能够生存，是因为作者有发表论文的刚需，比如科研业绩考核、职称晋升、研究生毕业等要求。在这些规定中，有些单位规定了发表论文的期刊质量级别,而有些单位则没有规定,这就给掠夺性期刊趁虚而入制造了条件。由于职称和学位能够转化为薪酬、头衔、物质待遇等利益,这就造成有些论文作者具有付费快速发表论文的主动需求。当然,不可否认,另外一些作者发表论文的动机是良好的,是为了报告科学发现,而非为了追求物质利益。

鉴于不少论文作者具有付费快速发表论文换取物质利益的不良需求,以及各单位对发表论文的期刊质量等级在规定上具有漏洞,掠夺性期刊应运而生。它以收取版面费赚钱为目的,牺牲合格的同行评议,将神圣的学术出版沦为学术诈骗。它是开放获取运动进程中的不幸副产品。

8.2.7.2 掠夺性期刊的三个核心特征

学术出版的最核心特征是同行评议,即论文必须获得同行的认可。同行评议的严格程度造就了不同等级的期刊质量。例如,SCI 期刊是被 Web of Science 数据库收录的,按照影响因子或引用次数从高到低分为一区、二区、三区、四区。Scopus 数据库和开放获取平台 DOAJ 数据库收录的期刊数量比 SCI 期刊数量更多,但是收录的很多期刊的学术水平不如 SCI 期刊。同行评议的水平可以按照"严格、不严格、不评议"这三个档次来划分。

掠夺性期刊的第一个核心特征是没有同行评议,并且承诺"快速发表"。至于说具有"不严格的同行评议"并具有依靠版面费营利动机的期刊是否算掠夺性期刊和学术诈骗,这是一个仁者见仁、智者见智的灰色地带问题,主要取决于期刊的学术道德规范情况。各单位的学术委员会可以自行审查决定什么样的数据库收录的什么期刊是被认可的合格期刊。

最典型可笑的掠夺性期刊曾经发表过一篇从头到尾将"Get me off your mailing list"这句话重复了 800 多次的所谓"论文"。投稿这篇文章的作者是想测试一下掠夺性期刊能够有多么荒谬,结果验证了这个期刊确实是只收钱(100 多美元)而根本不看收到的稿件内容就直接在网上刊登出去了,而且这个期刊还告诉作者"审稿人认为这篇论文非常优秀"。因此,掠夺性期刊严重败坏学术风气和社会道德,属于学术诈骗。办掠夺性期刊的人是骗子,诈骗的是作者的版面费。明知是掠夺性期刊还向其投稿的作者是学术诈骗的合谋者,诈骗的是从单位的科研业绩考核系统中产生的职称和头衔,以及学术界和公众对知识的认知(例如发表不负责任的错误结果)。

掠夺性期刊的第二个核心特征是打着正规学术期刊的幌子以向作者收取版面费为目的赚钱,每篇论文收取几十美元到几千美元不等。需要注意的是,在网上由作者自行公布的预印本(preprint)也是没有经过同行评议的。但是,由于预印本是免费的,而且得不到学术界或单位业绩考核系统的认可,论文发布的危害有限。因此,不论是设置预印本发布系统的人还是发布预印本论文的人,都不属于学术诈骗。

掠夺性期刊的第三个核心特征是采用开放获取模式,在线发布论文。掠夺性期刊为了最大限度地赚钱,通常不会采用纸质期刊及其线下发行等成本高昂的办刊方法。因此,它基本上都是在线发表论文。另外,掠夺性期刊由于质量低劣,如果采用传统订阅模式,肯定没有读者愿意付费订阅。因此,它通常都是采用开放获取模式,即读者免费、作者付费。

8.2.7.3 主动远离掠夺性期刊和学术诈骗的措施

在掠夺性期刊上发表论文不仅会损失版面费,而且会因为参与学术诈骗而对作者的职业生涯产生负面影响,因为在很多情况下,作者无法辩解自己是被动受骗还是故意投稿参与学术诈骗。因此,广大科研人员需要在投稿前认真咨询了解单位认可的期刊名单(如SCI和EI期刊),不向情况不明的期刊或掠夺性期刊投稿。并且,需要有效甄别邮箱中经常收到的约稿通知和付费会议的群发邮件。很多这种群发邮件都是掠夺性期刊或掠夺性会议的学术诈骗营销邮件。

有些学者本着支持开放获取期刊的善良愿望,答应任职于某些期刊的编辑委员会,并帮助审稿。掠夺性期刊利用这些学者的善良愿望和疏忽,打着他们的旗号到处招摇撞骗,实施学术诈骗。因此,帮助情况不明的开放获取期刊审稿或参与编辑都是危险的行为,需要高度警惕和禁止。

美国科罗拉多大学的Jeffrey Beall是最早揭发掠夺性期刊而进行学术打假的人。他曾经于2008年创建过一个网站,列出了可疑期刊的黑名单。但是,社会各方对黑名单有争议,有些期刊或出版社还威胁进行法律诉讼索赔。他的网站因此于2017年关闭了。目前在一些资料存档网站上还能找到发布痕迹或相关信息。近年来,掠夺性期刊每年以惊人的指数级速度快速增加,已经达到上万种,来源分布于包括印度、尼日利亚、马来西亚、伊朗、土耳其、巴基斯坦等在内的发展中国家和英美等发达国家。社会各界需要采取措施遏制掠夺性期刊和学术诈骗的增加。

即使面临迅速发表一定数量的论文的巨大压力和快速低价付费发表的诱惑性,科研人员也必须主动拒绝在掠夺性期刊上付费快速发表论文,拒绝引用掠夺性期刊的论文,拒绝参与学术诈骗。

各单位的图书馆和院系的职称评定学术委员会有责任定期积极主动地界定和公布哪些期刊属于科研成果不予承认的掠夺性期刊,并结合国家的期刊预警名单,帮助论文作者避免选刊失误。

8.2.8 开放获取期刊的知识共享协议

在开放获取(OA)期刊上发表的论文,通常无须像订阅获取期刊那样把版权转移给出版商。OA论文的版权一般归作者所有,具体取决于作者与期刊之间的版权协议。OA作品的知识共享权利与版权是两个不同的概念。根据不同的授权意愿,OA知识共享协议包括几种复杂的类型,本节对此给予简介。

OA知识共享协议中常见的CC表示Creative Commons,即知识共享。CC既是知识共享组织的名称缩写,也是知识共享协议(简称CC协议)的统称。CC协议主要用于文字类或艺术类创作内容。相比之下,诸如BSD(Berkeley Software Distribution)等授权许可证则适用于其他类别的作品,例如软件代码。CC协议的目的是规定授权使用的限制条件,保证在作者保留版权的前提下,作品可以被复制、分享和传播。

在某些网站,我们经常会看到版权声明和CC协议同时存在,例如:Copyright © ABC Company 2003-2021, Licensed under the Creative Commons Attribution CC BY 4.0。作品的版权在作品诞生时起就自动产生,并不因为是否标注而改变。上面第一句话标注的"版权所有"信息只是让版权归属的宣示变得更加明确。第二句话涉及的CC协议是知识共享协议,它是一种基于著作权法让作者有条件地分享作品的协议。CC协议既不与版权所有声明相矛盾(OA论文的版权经常归作者,而非出版社),也不是让作者放弃版权。

开放获取对于作者的好处是作者经常可以保留文章的版权。作者可以在后续发表的作品中重复使用自己的文章，而无须向他人申请版权许可。但是，作者仍需在新作品中引用自己已经发表的作品，避免构成自我抄袭。

对于读者来讲，知识共享协议允许作者根据所在国家的著作权法的规定为读者选择不同的授权条款，具体包括以下五种：

（1）署名(BY)。使用者可以复制、散布或展示本作品，但必须按照作者指定的方式保留作者的姓名标示。使用者无须联系作者获得授权确认。例如，使用者需在改编的作品中将原始作者的名字列出，并注明通过 CC BY 协议授权。

（2）非商业性使用(NC)。使用者不得将本作品用于商业目的。商业目的包括：以收费为目的的复制或下载文件，或链接到原文的重新发表或出售；用包含广告的网站进行复制、下载或发布；将作品内容包含在其他作品中出售；使用作品促销；通过销售或转让等形式使用。

（3）禁止修改(ND)。使用者只能全文转载或部分摘抄本作品的内容，不准做任何改动。

（4）相同方式共享(SA)。如果使用者对本作品进行重混或转换，或者依据本作品进行二次创作，必须根据本作品采用的许可证来分发使用者的新作品。例如，当使用者对原创作者标记为 CC BY-SA 协议的 OA 作品修改并用于商业用途时，使用者需将修改后的作品同样公开到网络上，并需继续采用 CC BY-SA 协议进行授权，而不能阻拦其他人使用修改的作品。

（5）不得增加额外限制。使用者不能增设任何法律限制或技术限制来约束他人的行为。

根据以上几条限制行为，OA 论文的作者可以选择不同的 CC 协议对自己的作品进行授权，例如 CC BY、CC BY-NC、CC BY-ND、CC BY-NC-ND、CC BY-SA、CC BY-NC-SA。其中，CC BY 是最宽松的授权协议，它可以简单表述为只要在使用时署名，那么使用者可以对本作品进行转载、节选、混编、二次创作以及用于商业目的。CC BY-NC 则表示，只要在使用时署名，可以对本作品进行转载、节选、混编、二次创作，但不得将本作品或衍生作品用于商业目的。CC BY-ND 表示只要在使用时署名，并且不修改作品，那么使用者可以使用本作品，包括用于商业目的。CC BY-NC-ND 表示使用者可以转载本作品，但不得修改或依据本作品进行二次创作，而且不得将本作品用于商业目的；这是最严格的协议。CC BY-SA 表示使用者可以对本作品转载、节选、混编、二次创作，并可用于商业目的，但是需署名原始作者，而且采用本作品的新内容必须采用同样的 CC BY-SA 协议进行授权。CC BY-NC-SA 则表示使用者可以对本作品转载、节选、混编、二次创作，但不得用于商业目的，而且使用时必须署名原始作者，并且采用本作品的新内容必须采用同样的协议进行授权。

需要注意的是，作者虽然可以撤销 CC 协议，但是无法阻止在过去的授权期内已经发生的使用行为。换言之，当使用者已经在授权期内使用了 OA 作品后，即使版权所有者改变了想法并撤销和停止使用 CC 协议发布作品，该使用者仍然永久拥有在过去的协议条款下使用该作品的权利。

CC 协议中还包括一种特殊协议，即 CC0。它表示作者放弃该作品的一切版权，使得作品进入公有领域，任何人或任何团体都不拥有所有权。这意味着作品可以被自由复制、转载、修改、演出，包括用于商业目的。需要注意的是，可以自由使用不等于可以剽窃抄袭。因此，使用时必须引用注明原始作者姓名和作品出处，不能把作品据为己有。这就好比不能剽窃抄袭1000年前的版权保护过期的世界名画一样。

CC协议的国际版是基于国际法、美国法律和国际惯例撰写的基础版本。为了适应各国不同的版权政策和法律规定，很多国家推出了本土化的修改版本。如果协议的名字是CC BY-NC-ND 4.0，则表示它是"基于署名-非商业性使用-禁止修改的4.0国际版CC协议"。

知识共享协议的作用是保护在互联网上发布的开放获取作品。CC协议需要作者和读者共同维护。作者需要具有版权意识和授权意识，主动为作品清晰准确地标识版权宣示和授权协议。使用者需要尊重创作者的版权和授权，在转载等使用场合自觉引用、标识出处和作者名字。

■ 8.3 期刊论文快速发表通道和预印本

8.3.1 英文国际期刊的快速发表通道及发展趋势

对于科研人员来讲，发表高水平论文是刚需。权威数据库收录、影响因子、期刊发表时间和发表费用是投稿选刊时的四个核心问题。期刊的论文发表速度是科研人员投稿时的最重要考虑因素之一。论文作者总是希望用最短的时间和最少的费用将论文发表在SCI或EI等具有高影响因子的权威期刊。

期刊发表时间主要取决于同行评议审稿时间和论文录用后等候见刊时间。随着学术论文发文量逐年增加，由于期刊版面容量的限制，论文在录用后等待见刊的时间越来越长。同行评议的超长审稿时间也长期得不到控制和缩短。这些都严重损害作者利益，造成论文作者极度不满。为了缓解这方面的压力，国内外订阅式传统期刊近20年来纷纷推出快速发表通道(rapid publication或fast track)。它指的是正常研究型论文的快速发表，并非专指缩减篇幅的快讯型论文(rapid communication)。

期刊包括订阅式期刊(或称传统期刊)和开放获取(OA)期刊。OA期刊的特征是免费在线阅读和下载，出版商把向订阅者收取订阅费转变为向作者收取论文处理费。当然，有些OA期刊能免除论文处理费。OA期刊照样需要有审稿流程，但是由于有时免去了组刊印刷流程，论文在录用后经常无须排队等待组刊即可在网上以单篇形式发表。这是OA期刊能够实现快速发表的主要原因。有些OA期刊还将发表前的同行评议审稿改为在线发布后同行评审，这也能加快发表进程。很多掠夺性期刊号称能够实现快速发表，是因为它们根本就没有同行评议审稿机制。预印本发布是指论文作者将手稿自行上传到某个发布平台，虽然快速到一天就能发布，但在大多数情况下未经同行评议审稿和编辑排版校对。多数OA期刊和预印本目前仍未被各单位的科研绩效考核政策所承认。因此，由于价值不大，本节对这两类论文的快速发表方法不予详述。

值得关注的是国外SCI和EI收录英文期刊和中国中文核心期刊的快速发表通道，因为在这些传统期刊上发表的论文都是被各单位的科研绩效考核政策所承认的。并非所有传统期刊都提供快速发表通道。期刊是否提供快速发表，与出版频率(例如月刊、双月刊、季刊)、版面容量、稿源数量、审稿人数量、发展策略等有关。国内外很多具有高影响因子的 SCI 期刊的审稿速度已经非常快,通常仅在几星期内,而且不缺稿源,那么这种期刊开设快速发表通道的动力就有可能不足。如果期刊的出版速度很慢(例如长达 1～2 年),或者为了鼓励作者投稿或加快学术交流,开设快速发表通道的动力就可能比较强。另外,有些期刊为了赚钱,也可能会开设快速发表通道,而这种期刊通常是水平很低的。

传统期刊的快速通道方式包括以下两种:①在每期刊物设置快讯型论文或研究快报(rapid/short/brief communication)等栏目;②在投稿流程上开设专门的论文快速发表通道。快讯是具有异常重大新颖性价值或影响力并在发表上有很强时效性的简短文章,通常适用于来不及完善成为正常篇幅的研究型论文但又很想赶紧抢先发表的论文。快讯一般都算是正式论文,因为 SCI 在收录论文时会对其文献类型进行分类,以区分是原创型论文(article)、综述(review)、简报(letter),快讯算是原创型论文。还有一类论文称为研究快报,字数一般少于 2 000 词,比研究型论文少,价值低一个档次。研究简报(research letter)通常是比研究快报更短的研究型论文,篇幅一般在 600～1 000 词。研究快报论文相比普通论文,在登记初审、同行评议、编辑终审等方面都更加快速。研究快报栏目的初衷是加快具有首报意义的研究论文的发表速度。为了进一步促进高新价值论文的快速发表,很多中国的期刊已经把研究快报栏目改造成为专门的论文快速发表通道,并规定了相关投稿政策。

以科学世界出版社(Science World Publishing)为例,该出版社对其旗下所有期刊均提供普通发表和快速发表两种模式。在快速发表模式下,论文仍然需要经过严格的同行评议和编辑校对排版,作者将在 1 星期或 5～10 天内收到审稿意见。如果论文被录用,每篇论文将被收取 100 美元加急费,并在录用后的 3 天内在线发表。相比之下,普通发表模式通常会耗时 3 星期甚至更久。

由于医学科研颇具时效性,医学领域便成为倡导和践行快速发表通道的先锋学术领域。不仅中国的大量医学期刊在大约 20 年前开启了快速发表通道,国外的英文医学期刊也采取了类似措施。例如,1997 年,国际著名医学期刊《柳叶刀》(Lancet)率先建立了针对重要论文的快速发表通道。1999 年,《美国医学会期刊》(JAMA, Journal of the American Medical Association)和《英国医学期刊》(The BMJ, British Medical Journal)也建立了快速发表通道。快速通道已经成为一些国际主流医学期刊快速发表重大临床发现和科研成果的重要机制,使得论文从投稿登记之日到发表只需要 1～1.5 个月。

能否进入快速发表通道的标准目前主要是重要性。国外有些期刊对于进入快速发表通道的论文的学术重要性要求很高,而有些期刊则没有严格要求。实际上,能够进入主流学术期刊的快速发表通道的稿件数量很少,例如《英国医学期刊》大概一个月只有 1 篇。对于上述这三本临床类顶级期刊而言,发表在快速通道的论文通常与临床意义密切相关,或者是在医疗卫生领域中最热门的课题,均具有重大的现实指导意义,而且内容真实,实验严密,数据合理,结论可靠。名人的论文或作者有发表时间的压力都不是进入主流学术期刊的快速通道的理由。有资格进入《美国医学会期刊》的快速通道的论文必须是在医学科研或疾病防治方面具有高度重要性和创新性或能够显著改变医疗实践的研究成果,例如临床随机对照类论文和前瞻性调查论文。《柳叶刀》和《英国医学期刊》的快速通道也仅限于极少数具有超级重要价值和超强时效性的论文。

快速发表通道在时间节奏上非常紧凑。《美国医学会期刊》从投稿到发表过去平均耗时 180 天,其中包括审稿的平均 120 天和从录用到发表的平均 60 天。这种出版周期对于具有重大创新意义和时效紧迫性的研究发现来讲过于漫长,不能适应科技发展的要求。因此,该期刊启用快速发表通道,把发表时间压缩到了 4~6 个星期。快速通道使得编辑能够在 1 天之内通知作者稿件是否适合快速发表,并在 2 天之内完成同行评议,极大地调动了审稿人的积极性。而且,所有编辑人员的工作速度均随之加快,包括责任编辑、文字编辑、排版人员等。作者在接到修改通知后,必须在 2 天之内修改完毕,并在 1 天之内将编辑稿和最终样稿校对完毕。这些例子说明了快速发表通道的时间紧张程度。《柳叶刀》和《英国医学期刊》也都能够实现在 4 星期内发表,其中也包括编辑在 1 天之内答复作者稿件是否适合快速发表。如果不适合,稿件会被退回作者或转入普通发表通道。如果适合,稿件会在 1 天内送达审稿人,并在 2 星期内完成审稿。作者需要在 2 天(《英国医学期刊》)或 1 星期(《柳叶刀》)内完成修改,在 1 天内完成校样。

快速发表通道作为订阅类传统期刊缩短出版周期的一个新兴措施,其发展趋势正受到科研人员的密切关注。快速发表的发展趋势涉及领域推广、需求支持、重要性判定、审稿时间、作者修改时间、编辑修改时间、排版校对时间、期刊版面容量等八个问题,简述如下。

国内外目前最积极推行快速发表通道的专业领域是医学和生命科学,这是由医学发现对人类生命的时效重要性决定的。在其他学术领域(包括数学、自然科学、工程技术、系统科学、思维科学、行为科学、军事科学、社会科学、文艺理论等)的期刊如何推广快速发表通道,是一个值得观察的现象。

论文作者对快速发表论文的需求来源于两个,即功利型需求和社会型需求。功利型需求是指为了毕业、评职称、抢先发表成果等具有很强时效性的需求而希望快速发表论文,或者在不能一稿多投的情况下希望尽量减少在一个期刊下的等待时间而希望快速获知结果。社会型需求是指作者认为自己的研究工作具有重大意义而希望快速发表。有些期刊用快速发表通道支持功利型需求,并以收取高额加急费作为条件。有些期刊仅支持社会型需求,而且甚至免除加急费。那么,快速通道中的功利型需求是否会滋生新的学术腐败和不公正,需要拭目以待。

重要性判定是一个高度取决于期刊编辑主观意志的问题。在审稿人介入之前,基于何种标准和材料迅速公正地判断论文是否具有足够的重要性而进入快速发表通道,是一个颇具争议的问题。随着申请加入快速通道的论文数量剧增,评判重要性将变成编辑不得不面对的一个巨大工作负担。与其花费精力应付这个挑战,不如将精力用于调动审稿人的积极性,把普通发表通道中的审稿时间减少到让作者们都满意,从而不再去蜂拥堵塞快速发表通道。

现有实践证明,审稿人的积极性可以被调动起来快速完成审稿任务。那么,是否能将这种积极性调动到普通发表通道的论文评审中,将漫长的几星期甚至几个月评审时间缩短到几天,让普通发表周期也能被高效率缩短,彻底解决审稿慢的问题,是值得深思的。

作者修改时间、编辑修改时间、排版校对时间都是可控的,能够实现高效率运作。与普通发表通道相比,快速发表通道在这三个方面并不具备显著优势,即普通发表同样能够实现快速编修。

期刊版面容量和组刊排队时间是一个大问题,尤其当大量论文涌入快速通道时。有希望解决这一问题的办法是在组刊印刷之前,实现单篇论文上网在线发表。

快速发表通道是每个作者需要在投稿时关注的问题。论文作者应当查询期刊网站的投稿指南,或联系编辑查清楚快速发表的政策、费用及要求,使得论文能够尽快发表。

8.3.2 中国期刊论文的快速发表通道

中国期刊在建设论文发表快速通道方面独树一帜,处于国际领先水平,所取得的经验值得关注,也可以与国外期刊的快速发表制度进行比较。中国在这方面目前做得最好的是中华医学会主办的系列期刊,从2005年以来形成了基本统一的投稿政策和有效的快速发表机制,在世界范围内的期刊中也具有示范意义。中华医学会主办180多种医学期刊,形成了中国医药卫生界数量最多、影响最大、权威性最强的医学期刊系列。该学会创刊于1887年的《中华医学杂志(英文版)》多年来一直被SCI收录,并以开放获取形式实现全文上网。《贫困所致传染病(英文)》于2014年被SCIE(Science Citation Index Expanded)收录。中华医学会目前拥有大约16种英文期刊,其余著名期刊包括《中华医学杂志》《中华儿科杂志》《中华眼科杂志》《中华外科杂志》《中华内科杂志》《中华妇产科杂志》《中华结核和呼吸杂志》《中华耳鼻咽喉头颈外科杂志》《中华口腔医学杂志》《中华放射学杂志》《中华预防医学杂志》《中华病理学杂志》《中华神经科杂志》《中华精神科杂志》。

中国的大量医学期刊均开设了论文发表快速通道,包括《中华医学教育探索杂志》《中华口腔医学杂志》《中华神经科杂志》《中华眼视光学与视觉科学杂志》《中华实验外科杂志》《中华放射医学与防护杂志》《中华哮喘杂志》《中华老年多器官疾病杂志》《中华生物医学工程杂志》《中国医师进修杂志》《国际遗传学杂志》《国际呼吸杂志》《临床检验杂志》《郑州大学学报(医学版)》《广州医学院学报》《新乡医学院学报》等。在自然科学领域的《地学前缘》期刊也开设了快速通道。这些期刊均在刊物内大量刊登快速通道的论文投稿启事,促进这一渠道的成长。

中华医学会杂志社在2019年关于建立快速通道的规定指出,为了保证优秀的医学科研成果能够在中华医学会系列杂志上尽快发表,中华医学会杂志社要求各编辑部建立优秀论文发表快速通道;对于符合要求的论文采用特殊审稿流程,在收稿后一个月内就论文能否发表给予答复,对符合要求的论文在收稿后四个月内予以发表。申请快速通道发表的论文要求具有创新性、重要性和科学性,其论文的早日公布将对临床和科研工作产生重大影响;并需提供单位介绍信、申请理由陈述书、省级以上图书馆或医学信息研究所等单位出具的查新报告。规定还指出,快速通道稿件处理费不得超过400元人民币,在收稿后两天内编辑部需做出关于进入快速通道、按普通稿件处理或退稿的决定,在一个星期内需通知作者,至少需要两名权威专家评审,在一个月内完成审稿流程,作者需在一个星期内完成修改,论文安排在最近一期发表;关于是否在期刊目录中和文内标题上用星号标记快速通道论文,以此区别其他普通论文,突出具有重大创新性论文的重要性,由各编辑部自行决定。

有些期刊的编辑部(例如《国际遗传学杂志》)还规定,快速通道稿件需在投稿时具有两位高级职称同行专家(至少1位为非本单位专家)的推荐信,推荐信应包括论文为最新、首创和申请快速发表的理由。有的编辑部(例如《福建医药杂志》)规定,对承担省部级以上基金课题发表的论文启用快速通道优先发表,作者在投稿时需提交基金证明复印件。《国际呼吸杂志》还开辟了研究生毕业论文快速发表通道。《生物化学与生物物理进展》期刊免收论文快速发表费。

综上所述，学术论文的快速发表通道目前已经越来越普及。作为对重大优秀论文的鼓励，由快速通道发表既是一种荣誉，也比普通论文具有更高的投稿要求。论文作者需要注意查看期刊网站的规定，也可以联系编辑部询问快速发表的可能性、相关费用和投稿要求，促使论文早日发表。这一投稿经验普适于国内外各期刊。

8.3.3 预印本——学术论文出版行业的颠覆性革命发端

在互联网引导的电子商务革命浪潮影响下，很多过去不可思议的事情都被彻底改变了，从智能手机到自动驾驶。学术论文出版行业也同样发生着深刻变革，最具有代表性的就是开放获取（open access）运动和预印本（preprint）运动。预印本是指尚未在同行评议学术期刊上发表但已经在网络数据库中公开的科研论文手稿。预印本颠覆了上百年来的行业规则。如果配以智能管理同行评议，预印本有可能彻底改变目前的学术期刊出版体系。

学术界长期以来形成的行业规则主要包括以下四条：①论文需经同行评议，以保证学术质量并被认可；②论文需经编辑修改，在语言和格式质量上被认可；③作者需将版权移交给期刊，论文不能重复发表，以保护期刊利益；④论文发表后不能修改。这四条规则都是以期刊和编辑为中心建立的，用以维护学术秩序。由于这些规则已被各高校或科研机构的绩效考核评定政策所接受甚至强化（如"唯 SCI 论文"的做法），作者只能被动地顺应这些规则。但是，这种现状并不代表这些行规就都是合理的，更不代表它们在未来的电子商务时代是高效正确的学术秩序维护方法。

学术出版涉及作者、出版媒体（例如期刊和数据库）、订阅者（例如图书馆或机构）和读者。当出版商形成行业垄断，并不断大幅涨价订阅费用和严重损害读者利益时，订阅者和读者便爆发了开放获取运动，要求将所有论文都免费公开给读者。这是行业内"受压迫者"的第一次揭竿而起，反抗订阅者们认为不合理的收费制度。学术期刊在经历了痛苦的挣扎和自省后，转而顺应开放获取运动，但是把订阅费的负担从订阅者身上作为论文处理费转移到了作者身上。

除了价格，学术期刊形成的第二个垄断是论文审稿质量和审稿时间，一切都由编辑和审稿人主观决定。大量作者遭遇不合理拒稿，而且审稿时间和见刊时间经常超长（几个月到一两年），严重损害作者利益。作者们忍无可忍，终于在 30 年前爆发了预印本运动。这是行业内"受压迫者"的第二次揭竿而起，反抗作者们认为不合理的评议制度。在某种程度上，预印本就好像是网络时代的论坛帖子，任何人都可以随便发帖。这或许是由于"长严管控"而爆发成为彻底"自由散漫"的物极必反的典型例子。学术期刊最初是反对预印本的，但是后来为了维护稿源，被迫调整期刊投稿和发布政策来接受预印本稿件。作为全球著名的出版集团之一，Elsevier 于 2016 年收购了预印本数据库"社会科学研究网络"（Social Science Research Network，SSRN），标志着传统期刊开始主动进军预印本领域，为将来的行业变化未雨绸缪。

国外著名的预印本数据库目前包括 arXiv、BioRxiv（读作 bio-archive）、Chemrxiv、PrePubMed 等。这些服务器的名字很多都带有"Xiv"或"xiv"。这个词可以音译为"希悟"，表示预印本数据库，意为学术领悟之希望。中国著名的预印本数据库目前包括中国科技论文在线（China Sciencepaper Online，CSPO）、中国预印本服务系统（后并入国家科技数字图书馆)、中国科学院科技论文预发布平台 ChinaXiv。近几年来,各种"希悟"层出不穷,蓬勃发展。

很多单位的科研绩效考核政策是基于期刊论文发表成果的。在这种政策影响不大的地方(例如某些国家或行业),科研人员出于宣示首发权的目的或快速交流的目的,经常采用预印本自行发布论文。而在中国,由于预印本成果还未被大多数单位认可,而且出于担心泄密或影响期刊投稿的原因,很多科研人员不愿意发布预印本。需要承认的是,如果预印本在论文水平和排版水平上缺乏质量控制,它充其量只是一个网络帖子而已,谈不上严肃的学术性或权威性。预印本运动的本意是要反抗不公正的同行评议制度,解决论文评审时间过长、评审意见不公正、编辑霸凌、论文成果被评审人盗取剽窃等问题。但是,预印本要想获得学术界的广泛尊重和认可,就必须增加同行评议功能和编辑排版功能。实际上,智能化同行评议功能恰好是预印本数据库的强项和能够颠覆传统期刊的原因,就好比网店能够取代实体店,理由如下:

(1) 彻底解决一稿多投和重复评审问题。预印本数据库能够很容易改造成若干个全球集中投稿系统,包括按照细分的专业领域,使得作者能够像高考填报志愿一样做到一次投稿、一次评审、选择录用。在传统的期刊投稿方式中,由于审稿时间长以及各期刊独立各自审稿,造成作者一稿多投或反复投稿。这不仅增加评审工作量,而且延误发表时间。预印本数据库具有聚合全行业稿源的先天优势,完全可以做到在一次投稿后,使用智能匹配同行评议系统一次性完成评审,然后根据评审分数发布出版在数据库中或旗下某些期刊中。需要注意的是,很多预印本论文的版权是归作者所有,采用开放获取的知识共享协议。如果期刊想发表,需要合理协调版权归属。

(2) 从预印本数据库演变为具有学术影响力评价指标的智能论文出版系统。具有集中投稿和智能匹配同行评议功能的预印本数据库不再是目前意义上的发帖服务器,而是未来具有主导作用的智能论文出版系统(Intelligent Paper Publishing System,IPPS),能够取代目前的期刊出版系统。众所周知,人工作业的效率远低于机器智能作业,例如期刊编辑手工查找并邀请审稿人在工作速度上就远比不上审稿人自动匹配系统。网络时代电子商务的蓬勃发展,把买卖双方的需求在数据库平台(例如各种网购平台)上强力匹配起来,将过去零敲碎打的小笔生意在规模上扩大了成千上万倍,并且形成了完整的购物评价系统。将成熟的电子商务技术运用到同行评议中,能够很容易实现大规模、高效率的审稿人匹配和管理,使用奖金或积分制度有效缩短论文评审时间并提高评审质量。预印本数据库按照这个思路发展,再往前走一步,即可形成强大的智能论文出版系统。这其中的关键是建设以审稿人自动匹配系统为中心的电子商务平台,并形成两个论文质量评价体系,即基于同行评议分数的单篇论文评价,以及基于引用次数的单篇论文评价和期刊(或智能论文出版系统)影响因子评价。值得注意的是,传统的 SCI 期刊影响因子无法反映单篇论文的同行评议分数,而智能论文出版系统则很容易添加这个更为合理的学术影响力评价指标。以上这些都将从根本上颠覆传统期刊的出版方式、评价方式和单位绩效考核政策。

(3) 智能论文出版系统能够大幅降低出版费用,便于取消开放获取期刊转嫁给作者的论文处理费。智能编辑和审稿系统不再像过去那样依赖编辑的人工操作,在线出版能免除印刷费用,而版权回归作者的做法能够解除出版商利用版权获利的垄断。这些措施所导致的出版费用巨降将彻底推动真正的免费开放获取和学术交流,造福于作者、读者和社会。出版商的营利手段可以考虑回归到编辑、润色和校对等作者服务项目,帮助作者提高论文质量,而不是依靠选稿裁决和出版发行的权力从读者或作者身上收取利润。从预印本演化而来的智能论文出版系统仍然可以包含目前的各种期刊,未来在学术出版行业也会发生预印本数据库兼并和垄断,但是这些期刊或数据库的运营方式将向着对读者和作者有利的方向转变,无论在版权归属、发表费用或阅读便利性等方面。

综上所述,在互联网电子商务技术和学术出版行业各方利益冲突的双重推动下,预印本数据库应运而生,并且在向着淡化期刊和编辑地位、实现审稿人自动匹配、强调单篇论文同行评议计分评价、降低出版费用等方向发展。随着人工智能匹配技术的进步,预印本将来可能会演变成为智能论文出版系统,颠覆学术期刊出版行业。

8.3.4 发布预印本论文的利弊和要点

为了解决期刊论文同行评议审稿时间过长的问题和同行评议意见纠纷的矛盾,预印本应运而生。关于审稿时间的长短,没有一个绝对标准。有人认为两个星期都算很长而无法容忍,也有人认为六个月都不算太长而可以容忍。实际上,从论文作者的角度看,任何时间耽搁,哪怕只有一天耽搁,都算是对自由发表权力的束缚,而且都不如自己做主立即将论文用预印本形式毫无约束地发布出去来得自由痛快。预印本的本质就是作者自己想发什么就发什么,不受任何约束,无须看期刊和同行评议的脸色,就好比自己在网上发个社交帖子一样快捷自由。也正因如此,预印本不会被任何单位的科研业绩考核政策所承认。那么,预印本还有什么其他劣势?为什么仍然有人愿意发布预印本?发布预印本后是否会影响期刊投稿?应当如何发布预印本?这些问题是本节论述的话题。

可以打个比方,发布预印本就像是在一个没有监管的大杂烩网络社交集市,任何人都可以把自家生产的土特产食品拿到这个网站上去展示和免费赠吃。而众多的期刊则好比是一家家具有严格的检验检疫流程的实体店,为了让顾客吃着放心,只能展示和销售经专家检查过的食品。但是,这个检验检疫是需要时间的,短则十天,长则一年;而且要想吃还得花钱,并不是免费的。免费赠吃的人等不及那十天,更别说等一年了,于是就先自己拿出来展示了,然后还想把展示过的土特产拿到某个实体店去卖,因为那个实体店挂着一块牌匾叫"顾客信得过"。这时,有的实体店也会收货,但是说需要先检验检疫看看是否合格才行。那么,有人会纳闷了,这网络集市怎么就没人管或禁止呢?原因是展示的自由不能被剥夺,而看客吃坏了肚子是看客自己的问题。然后,集市里又有人会问了:"我们能不能整顿一下这个大杂烩网络集市,把那些实体店的检验检疫专家们弄来,我们来搞一套快速的检验检疫流程,只展示放心菜;而且,咱们继续免费赠吃,或者把售价弄得特别低,把那些又慢又贵又刁的实体店都挤关门了?"这大概就是预印本的前世、今生和未来。

发布预印本有以下三个好处:①发布预印本能够对重大科学发现自主迅速宣称首发权,尽管这种首发未经同行评议。预印本被认为是科学记录的正式和永久的一部分,因为预印本服务器使用DOI。②在将论文提交给期刊进行同行评议之前,发布预印本可以收集读者的留言反馈,便于修改论文,提高论文质量。虽然期刊论文都已经浩如烟海多到看不过来了,导致没有人会从并不成熟的预印本中去学习经典知识,但是,预印本在自行公布最新科研成果(尤其是热点问题,例如2020—2022年的新冠疫情)方面还是具有时效优势的,因此会吸引一些密切跟踪科研进展的人员的关注。③当论文被期刊发表时,作者可以在论文中引用自己的预印本,既能强化宣示首发权,又能向读者展示同行评议前后的两个不同版本,公开对抗和反驳同行评议意见。同时,论文作者也可以在预印本服务器中更新预印本,添加发表在期刊上的最终论文的网页链接。对于在审稿人与作者之间有争议的同行评议意见,自己有较强主见的权威学者尤其看重自己的初发版本,而并不愿意认同审稿人的意见以及自己因为希望在期刊发表而"被迫"对论文做出的违心修改。那么,保留和展示一份自己的原始预印本版本,对于某些学者来讲可能是重要而有意义的。

发布预印本有以下两个劣势:①预印本不被单位的科研绩效考核政策所承认,不被算作正式的科研成果。②发布预印本可能面临科研成果被其他人员抢先在期刊上发表的风险,因为别人可能会重复这项研究,然后快速把论文发表在同行评议的期刊上。虽然可以用预印本证明自己的研究在先,但这无法阻止别人在期刊上的首发权。而且,调查别人是否剽窃了自己的成果,也是一件困难的知识产权纠纷。

在将预印本提交给期刊时,需要告知期刊该论文已经作为预印本发布过,并需要查看期刊的投稿政策。有些期刊不接受发布过预印本的稿件,但是多数期刊并不介意。有统计显示,在有的预印本服务器中,超过60%的论文最终发表在了同行评议的期刊上。

预印本应当发布在专业化预印本服务器上,而非个人或单位的网站,因为预印本服务器拥有很多专业的功能,包括赋予DOI、筛查上传论文、发布统计数据、检索完整方便、允许读者评论等。预印本的发布过程比较简单。首先,在服务器上创建一个账户,然后点击上传文件提交论文,并给出论文和作者的基本信息(例如标题和摘要)。服务器会对预印本在上线前经过短暂的筛选检查(通常不到1天)。筛查内容包括基本的科学内容、作者背景和遵守道德标准等。经过筛查的预印本将根据知识共享协议以开放获取的形式发布在网上。开放获取协议为论文提供较大的可见度,同时从版权上保护作者。预印本一旦在线发布,可以被免费下载、分享、评论和引用。由于预印本没有经过同行评议,因此在引用时需要谨慎和负责。如果作者希望修改预印本,可以随时提交新的版本。为了确保引文不受影响,每个预印本版本都会被分配一个新的DOI号码。当预印本论文发表在期刊之后,服务器会在预印本上添加期刊版本的网页链接。最后,需要注意的是,发布预印本需要事先征得所有作者的同意。

■ 8.4 投稿前的选刊

8.4.1 论文投稿时避免选刊失误的四项原则

1)不浪费论文——了解所在单位的毕业或绩效考核标准

很多科研新手对研究生毕业要求或职称评定要求了解不足,贸然把宝贵的论文投到不满足单位绩效考核标准的期刊,造成在成果评定时不算数。如果有考评压力,本着先生存、后发展的道理,科研人员首先需要避免这种错误。中国多数高校对研究生毕业均有SCI论文发表要求。例如,某高校优秀研究生学位论文评选条件是博士需以第一作者发表与学位论文有关的SCI国外期刊论文至少1篇,或SCI中国期刊论文至少2篇;硕士需以第一作者发表中文核心期刊或国际学术期刊论文2篇,或SCI、EI检索论文1篇。某高校招聘教师时要求以第一作者发表SCI一区或二区国外论文5篇,并对不同层次的引进人才规定不同数量和级别的论文要求。还有高校或科研机构规定,副研究员的业绩条件之一是以第一作者或通讯作者发表国际学术期刊或中文核心期刊论文至少6篇,或SCI、EI收录论文至少2篇或影响因子3.0以上的论文1篇;而研究员的评聘要求是以第一作者或通讯作者发表在JCR开列的学科排名前25%的期刊上的学术论文至少2篇,或SCI、EI收录论文至少5篇或影响因子5.0以上论文至少1篇,或中文核心期刊论文至少10篇。有些高校还对SCI高区论文或高被引论文给予奖金奖励。另外,很多期刊的增刊论文在毕业或职称评定时是不被认可的。纵观这些五花八门的细致要求,它们包括SCI分区期刊、EI收录、中文核心期刊、影响因子等,甚至包括作者的H指数。其中,最常见的要求是SCI中国科学院一区或二区的期刊论文。因此,精通上述论文分类和引用次数统计至关重要。

2) 不零敲碎打——建立适合自己的期刊全列表

科研新手第二个容易犯的错误是从同事那里对投稿期刊道听途说,并零敲碎打地从阅读过的参考文献中收集期刊信息,或使用关键词从出版社选刊网站查找匹配期刊,而不是大规模系统化定制适合自己的期刊全列表。期刊名录、SCI分区、影响因子、投稿网址、投稿要求等信息都能够很容易从网上查到,下载到Excel文件里。SCR的JCR、中国的《中文核心期刊要目总览》《中国科技期刊引证报告》《中国学术期刊综合引证报告》等都是著名的期刊全列表兼评价工具。科研人员如果想高效系统地策划和管理论文发表计划,值得花费时间制作Excel表格,分页开列属于自己专业的或交叉学科的SCI分区期刊、EI期刊、中文核心期刊,包括期刊的名称、ISSN、中国科学院SCI期刊分类大类和小类名称及分区、影响因子、年发文量、被同行引用的可能性、审稿周期、出版费用、内容范围、录用率、论文长度要求等。这种个人专属期刊全列表不仅能从全局上宏观策划投稿候选期刊,而且能够方便地记录投稿情况。科学网(https://www.sciencenet.cn)等学术论坛和很多出版编辑服务机构的网站(如LetPub:http://www.letpub.com.cn/index.php?page=journalapp&view=search,科研者之家:https://www.home-for-researchers.com/#/ifsearch_cas)以及数据库和出版社网站均提供大量的期刊查找信息。

3) 不盲目陷入等待——了解期刊的内容范围、影响因子、审稿周期、发文量、录用率、出版费用和预警情况

研究生或科研人员迫于毕业和职称评定的时间压力,无法等待漫长的审稿时间。为了避免一稿多投,只能逐个期刊试投。由于期刊的审稿时间从两个星期到一年不等,在投稿前需查询期刊的审稿时间承诺或致信编辑询问,避免稿件陷入漫长的等待时间而不能转投别刊。

为了帮助又快又准地投稿,很多学术讨论网站(如LetPub)和期刊网站公布了发文量和期刊录用率。高发文量的期刊被录用的可能性较大,虽然它们中的多数是收取版面费的。一项涵盖了218本SCI英文期刊的研究表明,版面费与SCI中国科学院分区、年发文数量或审稿时间无关。这项研究包括内燃机、系统工程、优化技术等领域的50本SCI一区期刊、59本二区期刊、66本三区期刊、43本四区期刊。从图8.2可见,由于每篇论文的评审和修改时长不同,对于一本给定的期刊,审稿时间会在下限和上限之间的一个较大范围内波动。多数期刊的审稿时间在10~20个星期。从图8.3可见,年发文量比较大的期刊(超过5000篇)的审稿时间都比较短(小于12个星期),而这些期刊都是收取高额版面

费的。从图8.4可见,在调查的218本期刊中,年发文量超过1000篇论文的只有32本期刊,占比14.7%。最少的年发文量只有20多篇。图8.5和图8.6分别显示影响因子和SCI分区与发文量之间没有明显的相关性。图8.7显示发文量超大的一些期刊是开放获取期刊,在发文量中等(年发文量1000~5000篇)或较小(小于1000篇)的期刊中,既有非开放获取期刊,也有开放获取期刊。图8.8显示开放获取期刊的版面费普遍高于非开放获取期刊。

除了优先考虑按照年发文量从大到小的顺序投稿之外,对于SCI期刊,论文作者还可以按照期刊影响因子从高到低的顺序依次投稿。一般来讲,具有较高影响因子的期刊的审稿时间比较短,因此在拒稿后不会太耽误后续投稿。

在选择SCI投稿期刊时,需要注意中国科学院文献情报中心发布的国际期刊预警名单(https://earlywarning.fenqubiao.com)。例如,该名单在2020年包括65本期刊,在2024年包括24本期刊,旨在提醒科研人员审慎选择期刊,提示出版机构强化期刊质量管理。文献情报中心表示,期刊预警不是论文评价,更不是否定预警期刊发表的每项成果。预警期刊的识别是通过综合评判期刊载文量、作者国际化程度、拒稿率、论文处理费、期刊超越指数、自引率、撤稿信息等,找出具备风险特征或潜在质量问题的学术期刊。依据各刊数据差异,将预警级别可分为高、中、低三档,风险指数依次递减。投稿作者需要与单位核实关于预警期刊的论文成果认定政策。另外,选刊时还应避免被列入负面期刊清单或黑名单的期刊(例如中国科学技术大学开列的负面期刊清单)。

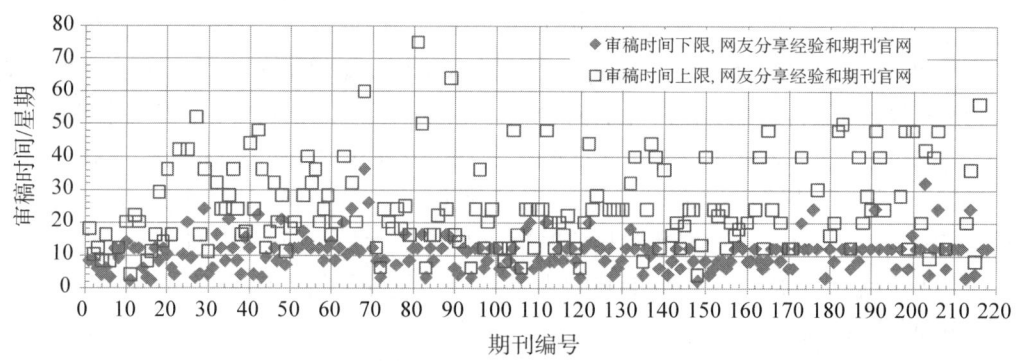

图8.2 SCI期刊审稿时间

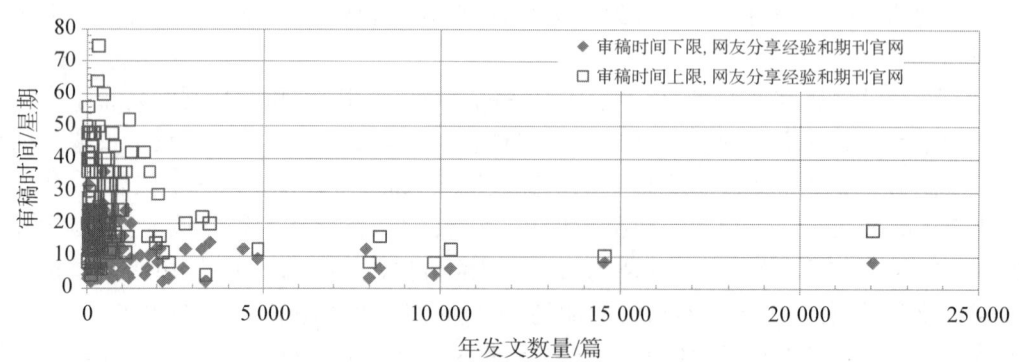

图8.3 SCI期刊审稿时间与年发文量之间的关系

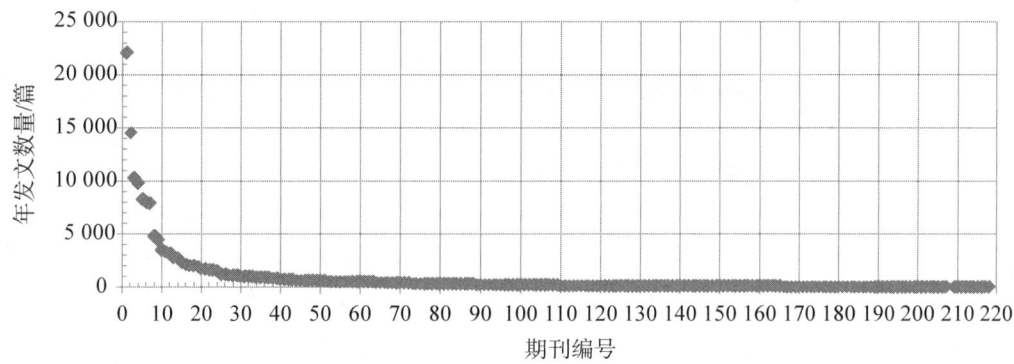

图 8.4　SCI 期刊的年发文量

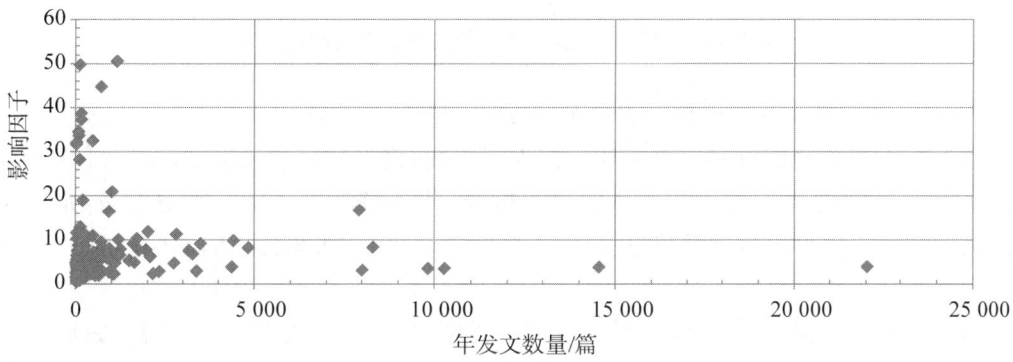

图 8.5　SCI 期刊的影响因子与年发文量之间的关系

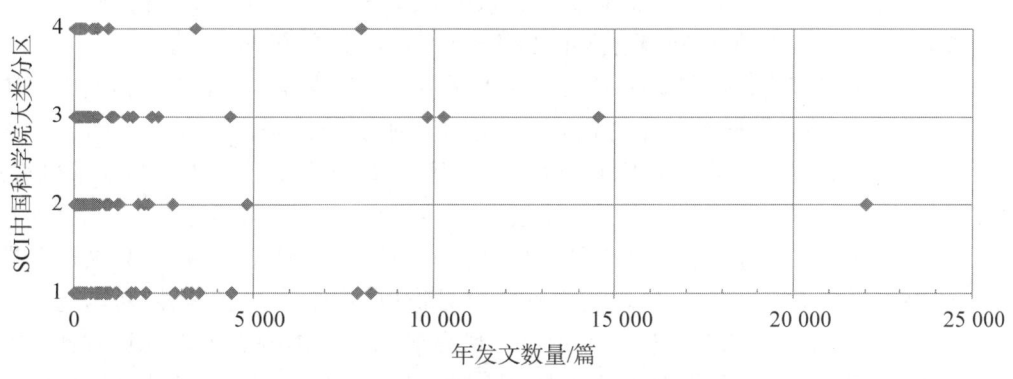

图 8.6　SCI 期刊的分区与年发文量之间的关系

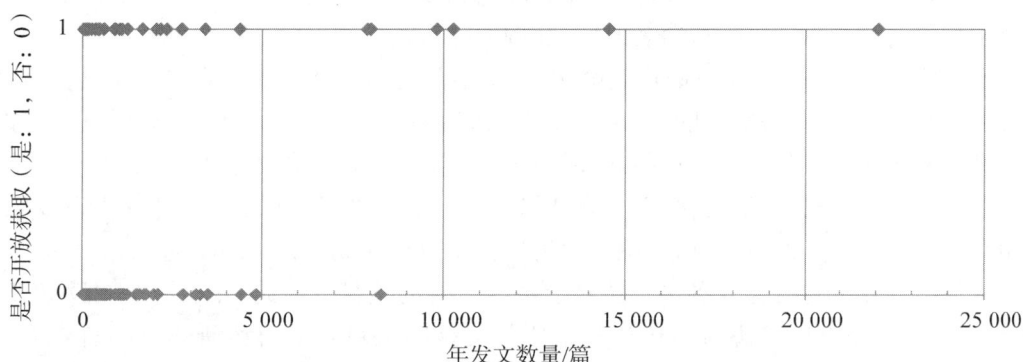

图 8.7　SCI 期刊是否开放获取与年发文量之间的关系

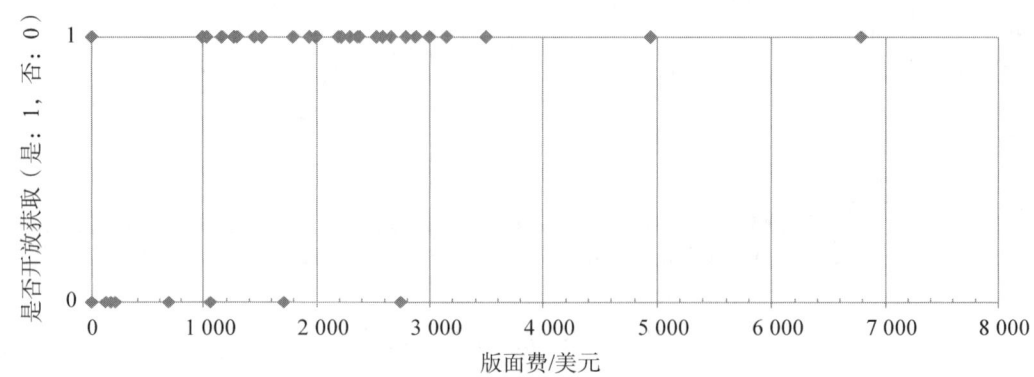

图 8.8　SCI 期刊是否开放获取与版面费之间的关系

4）不盲目乐观——正确评价自己的论文成就及匹配目标期刊

由于每个期刊的编辑和审稿人的认知水平不同，投稿是一件结果高度不确定的事情。拒稿是很正常的，通常需要进行大量的投稿试验，才能摸索出经验而成功发表，尤其对于新涉足的领域。实事求是地评价论文的原创性意义，对于选择合适的影响因子并提高首发命中率非常重要。

论文的重要性程度、创新性水平和深广性程度有高有低，关键是要找到与它们相匹配的期刊进行投稿。虽然影响因子相近，综合性期刊的录用难度远大于领域较窄的专业期刊。综合性期刊对于研究工作的复杂性或研究进展成熟度（深广性）比较挑剔，不愿意刊登看似比较简单的内容，虽然新概念看上去很重要或具有跨学科的意义。

如果一篇论文非常具有创新性，但是重要性不足，通常是指这项工作的影响力范围比较狭窄，仅适用于某个学科的某个方向，而不能对其他学科甚至公众在大范围内产生影响。高影响因子期刊通常不仅对于创新性的要求比较高，而且对于重要性的要求也很高。其原因是这种期刊的内容覆盖范围通常比较大，例如采用一级学科名称作为刊名（如物理学）。那么，声学中某个方向的论文必须在创新性和重要性上都很突出，才会被这种期刊录用。如果重要性不那么突出，这篇论文则更容易被以"声学"（二级学科）命名的期刊接受。当然，这么说并不意味着期刊采用几级学科命名刊名与影响因子之间具有任何必然联系。有些以物理学命名的期刊的影响因子很高，而有些则很差，甚至没有任何影响因子。反之，有些以二级学科或三级学科命名的期刊则具有很高的影响因子（例如临床检验诊断学），而且高于以一级学科命名的期刊（例如临床医学）。

SCI 期刊似乎喜欢刊发科研热点论文，对于冷门创新可能会持保守谨慎态度。因此，需要熟悉和跟随投稿目标期刊所发表的论文的课题方向以及各国的自然科学基金课题，追踪世界科研热点。各学科领域的 SCI 期刊通常代表世界最高学术水平，因此对于论文的重要性、原创性、科学性和完整性具有严格要求。能够受到期刊编辑青睐并得以发表的新颖且具有重大意义的论文，通常源于对世界科研热点或成熟方向的跟随。

大量 SCI 期刊论文涉及各国自然科学基金支持的项目。因此，除了需要阅读 SCI 期刊已经发表的论文外，熟悉自然科学基金历年支持的项目是了解科研热点的有效办法。下面以中国和美国的自然科学基金为例，简述基金项目的查询方法。中国自然科学基金可以在 MedSci(梅斯)国家自然科学基金查询系统(https://www.medsci.cn/sci/nsfc.do)中查询,可以根据关键词等信息查询历年的基金项目,包括项目名称、负责人、单位、项目金额、类型(如面上项目、地区科学基金项目、青年科学基金项目)、学科代码、开始时间等。另外,可以在国家自然科学基金委员会网站(https://www.nsfc.gov.cn)了解相关政策。美国自然科学基金可以在其官网查询系统(https://www.nsf.gov/awardsearch/simpleSearch.jsp)中查询,可以查到项目发表的论文。

8.4.2 论文投稿前的选刊步骤和工具

对于刚出茅庐的年轻学者来讲,在发表论文时不但会遇到关于选刊的全盘性策划挑战,而且会遇到操作细节上的困难。论文投稿是一项需要付出大量努力才能从头到尾顺利完成的艰巨任务。有人可能会疑惑,论文投稿不就是到目标期刊的网站注册账户后登录进去,按照每项提问填写并把稿件上传这么简单的事情吗?不错,如果事情已经完成到了点击上传文件这一步,投稿路径已经算是走通了。但问题是,所投的期刊是最优的选择吗?而且,对于很多不熟悉投稿流程的作者来讲,如何从头到尾走通这样一条路径达到点击上传文件这一步,都是一个很大的挑战。

制作能够反复使用的选刊模板是选刊的第一步。如果缺乏适合大规模快速使用的文件模板,整套期刊论文投稿工作将变得非常艰巨和不可重复。选刊模板是一份 Word 或 Excel 格式的工作表,以 SCI 期刊为例,包括以下五节内容:

(1) 按照期刊的学科方向关键词检索中国科学院 SCI 分区期刊,使用 LetPub 网站的选刊工具查询(http://www.letpub.com.cn/index.php?page=journalapp&view=search)。

(2) 使用论文的标题和摘要在 Elsevier 网站的期刊匹配工具 Journal Finder(https://journalfinder.elsevier.com)中检索期刊,然后挑选出 SCI 期刊。

(3) 使用论文的标题和摘要在 Springer 网站的期刊匹配工具 Journal Suggester(https://journalsuggester.springer.com)中检索期刊,然后挑选出 SCI 期刊。Springer 匹配出来的期刊数量通常比 Elsevier 的少一些。

(4) 使用论文的标题和摘要在科睿唯安的 SCIE 数据库的期刊匹配工具 Manuscript Matcher(https://mjl.clarivate.com/home)中检索期刊。Elsevier、Springer、科睿唯安的这三个选刊工具都无法像 LetPub 网站的选刊工具那样显示 SCI 期刊的中国科学院分区信息。然而,LetPub 无法使用论文标题和摘要检索选刊。因此,以上四个选刊方法各有利弊。

(5) 将初步选出的 SCI 期刊制作成表格,包括以下内容:期刊名,出版国家,中国科学院 SCI 期刊大类分区和小类分区,影响因子,学科领域,是否领域顶刊(Top 期刊),版面费,是否开放获取,年发文数量,录用比例,审稿时间,出版频率,出版商或收录数据库,投稿内容契合度,是否发投稿前问询信,选刊决定。然后,根据分区、年发文数量、审稿时间、版面费、期刊范围吻合度、录用难易程度等标准将候选期刊排序。

开放获取期刊的版面费(论文处理费)还可以通过以下两个渠道查询(表 8.1):

(1) DOAJ:打开 DOAJ 平台网址(https://doaj.org),在期刊(Journals)名称搜索框中打入想要查询的期刊的英文名称,然后点击"SEARCH"键。系统将列出相关期刊及其版面费。

（2）GoOA：点击 GoOA 网站（http://gooa.las.ac.cn）的"APC 合理性查询"APCheck 网页（http://gooa.las.ac.cn/APCheck），在期刊名称搜索栏中输入期刊名称，然后点击"期刊 APC 合理性查询"。APCheck 也有手机版，可经微信关注 GoOA 头条，然后访问栏目"APCheck"。

表 8.1　开放获取期刊分类和论文处理费查询平台

期刊分类	SCI 纯 OA 期刊	SCI 混合出版模式期刊	非 SCI 纯 OA 期刊
DOAJ	能查询 APC	不能查询 APC	能查询 APC
GoOA 的 APCheck	能查询 APC	能查询 APC	不能查询 APC

8.5　论文的投稿流程

8.5.1　投稿前问询信

很多期刊欢迎投稿前咨询，因为这样可以避免一稿多投。为了防止稿件错投到不合适的期刊而浪费至少几个星期的等待时间，如果从期刊的投稿指南中查不到明确信息，则有必要在投稿前给候选期刊的主编或编辑用电子邮件方式发送投稿前问询信（pre-submission inquiry）搞清楚遗留问题，例如论文的主题是否适合期刊范围、版面费、审稿时间、医学论文的伦理批准书、知情同意书、临床试验注册号等要求。

查询主编、执行主编或副主编的邮箱方法如下：使用搜索引擎找到期刊主页，或从 SCIE 数据库的 https://mjl.clarivate.com/home 网页进入期刊主页，查看编委会（Editorial Board）名单及联系方式。如果期刊主页没有开列主编的电子邮箱，可以使用搜索引擎按照姓名搜索，从大学的教师网页通常能够查到拥有教职的主编的电子邮箱。问询信也可以发给期刊的投稿前咨询邮箱，注意不要夹带投稿信或论文稿件。

投稿前问询信比投稿信（cover letter）更加简单，主要包括对投稿论文的主题契合度、版面费和审稿时间这三个关键问题的问询（如果不能从期刊主页上找到答案），以及对论文内容的简要介绍。篇幅不宜超过单倍行距一页。问询信的内容是从投稿信中抽取的论文的意义、贡献、期刊适合度评价，加上关于审稿周期和发表费用等问询事宜。如果能通过期刊主页的搜索框检索到期刊发表过同类论文，可将检索到的论文加入投稿前问询信。问询信的英文例句如下：I am writing to inquire whether our paper on the topic of ... is appropriate for submission to your esteemed journal。

需要禁用不能大量发送投稿前问询信的邮箱。尽管没有使用群发功能，有些邮箱在给几个期刊主编分别单独发几封问询信后就被错误地警告滥发垃圾邮件，甚至永久屏蔽发信功能。

根据投稿前问询信的回复情况，优先选择审稿周期最短的期刊，防止稿件长期被积压而无法转投其他期刊。

8.5.2 投稿信

投稿信是向期刊编辑宣传投稿论文的唯一途径,也是编辑在收到稿件后看到的第一份文件。投稿信的目的是让期刊编辑批准论文进入同行评议阶段,避免在专家评审前被编辑直接拒稿。投稿信在格式和内容上有很多模板可以借鉴。这导致很多作者的投稿信雷同。这种雷同的优点是语言(尤其是英文)基本是正确和标准的,缺点是作者容易忽视展示论文特点的机会。因此,撰写投稿信的重点并不在于纠正语法(因为可以依靠标准模板解决),而在于如何用几句话将论文的标题、摘要、关键词、引言、结论这五部分简明扼要地汇总在投稿信中,把论文的意义(重要性)、创新性贡献、研究工作复杂性、研究进展成熟度、期刊适合度等关注点清晰地表达给期刊编辑,而不是隐藏在摘要、引言和结论中让编辑去寻找和琢磨。换言之,撰写投稿信就是借助亮点(highlights)将论文的上述五部分按照关注点进行精简和汇总的任务。

投稿信的写法包括以下十个要点:

(1) 尽量使用单位的信头(尤其在投稿中国的期刊时),增强专业性和信任度。注意礼貌的称呼,例如,"Dear Editor:","Dear Dr. Smith:","Dear Lisle Smith:","To whom it may concern:"。

(2) 注明论文稿件的完整基本信息,包括论文标题、投稿类型(original article, review article, clinical case report, short communication 等)、总字数、黑白插图数、表格数、通讯作者联系信息。尽量注明投稿期刊的全名,并使用英文斜体。英文例句:On behalf of all authors, I wish to submit our manuscript entitled "…(英文论文标题)" to be considered for publication in the *Journal of* … as an original research article.

(3) 介绍论文的目标、意义、贡献、影响。不能照抄摘要和结论。需要提炼几句关键的价值、发现、影响、创新点、亮点。需要注意的是,应当争取写清楚为什么在本专业领域之外的人也会对这篇论文感兴趣,具有普遍重大影响价值的论文比起意义较为狭窄的论文,显然更容易获得期刊编辑的支持。英文例句:This … study investigated …, focusing on …

(4) 根据期刊的具体宗旨和范围评价论文的期刊适合度。如果期刊曾经发表过与投稿的论文相似的文章,可以在投稿信中指出这些参考文献,作为投稿论文适合该期刊的强有力理由。英文例句:We believe that this manuscript is appropriate for publication by … because it …

(5) 声明论文是否存在利益冲突,披露所有利益冲突。英文例句:I am authorized on behalf of all the authors of this article to confirm that no author has any conflict of interest to disclose.

(6) 声明论文中的所有实验均遵守道德要求,已获得患者知情同意,并提供临床实验的注册号码。

(7) 声明论文具有原创性,没有投给其他期刊,而且不包含已经发表过的内容。英文例句:The work in this article is original. This manuscript has not been published and is not under consideration for publication elsewhere.

(8) 披露过去的发布记录。如果投稿的论文发布过预印本,或者论文中的内容在会议上宣读过或被论文集收录过,需要声明,包括提供预印本链接和会议信息。

(9) 声明所有作者已经阅读论文稿件并同意投稿到该期刊。英文例句:All the authors have approved the manuscript and agree with this submission.

(10) 开列期刊要求推荐的审稿人名单,开列不适合同行评议的审稿人名单。英文例句:If you feel that the manuscript is appropriate for your journal, we suggest the following reviewers: Dr. ... (institution, address, phone, E-mail), ... We respectfully request that ... not review our manuscript.

投稿信结束语的英文例句:Thank you very much for your kind consideration of our article. Please do not hesitate to contact me if any further information is needed. I look forward to hearing from you.

投稿信不应包括以下内容:①详细的材料、方法、结果、讨论、结论,这些内容在论文中都有,无须在投稿信中汇总强调;②作者的简历和出版成果列表;③对作者的学术荣誉和地位的吹嘘。但是,投稿信的落款可以包括作者的学术头衔和职务。

8.5.3 投稿介绍信及其防止一稿多投和泄密的作用

中国期刊独有的一个惯例是要求国内作者在投稿时提交单位盖章的投稿介绍信。目前有一种呼声希望取消投稿介绍信,与国外期刊不要求投稿介绍信的做法接轨。实际上,由于有单位在投稿前审查把关,投稿介绍信制度能够有效防止一稿多投。期刊索要投稿介绍信的目的是希望作者所在单位履行对论文进行审查的职责,包括是否涉及一稿多投、虚假署名、泄密、侵权、抄袭等学术不端或违法行为。投稿介绍信虽然增加了作者和单位的工作负担,但是能够督促作者和单位对论文进行审查。如果不流于形式,它其实是一个有益的学术道德监督制度。事实上,国内外大多数企业对于员工发表论文均有投稿前的内部审批要求,当然主要是为了防止泄密。

投稿介绍信通常包括以下内容:投稿期刊名称,作者署名排序,资金资助信息,关于论文资料是否真实和涉密的意见,有无一稿多投的单位审查意见。开具投稿介绍信的单位需为第一作者单位或通讯作者单位,同时应是作者完成此项工作的所在单位,而且需为能够承担法律责任的法人单位或其所属的授权下级单位。

8.5.4 科研人员的身份识别码 ORCID

多数期刊在投稿时要求提供作者的 ORCID。ORCID 的全称是 Open Researcher and Contributor Identifier,译为开放研究贡献人员身份识别码。ORCID 也是创立该识别码的国际性非营利组织的名称,网址是 www.orcid.org。科研人员在学术交流和成果管理中经常遇到的两个严重问题是身份无法分辨和标识不统一。这不仅会造成在同名作者之间难以区分,而且会导致成果管理机构在作者识别方面的巨大混乱。ORCID 是全球化解决这些问题的标准化措施。

8.5.4.1 ORCID 的注册方式和工作流程

ORCID 组织成立于 2010 年,旨在为作者、出版商、基金资助者等提供服务。ORCID 用于标识作者,其意义类似于在文献引用领域使用 DOI 标识文献。DOI 是论文的"身份证",一文一证。ORCID 是作者的学术"身份证",一人一证。一旦拥有 ORCID

号码,无论作者身处何地、更换了什么单位、更改了邮箱,都可以精准追踪。

任何人都可以在 ORCID 的网站免费快速注册,获取 ORCID 号码,即一串由 16 位数字组成的号码。注册时只需输入姓名和电子邮箱,无须填写出生日期、性别、电话号码等个人隐私信息。用户在 ORCID 系统中可以添加教育经历、工作经验、发表作品、个人网站网址、社交媒体账号等。ORCID 是一个开放平台,作者可以在上面分享愿意公开的论文发表信息,也可以通过隐私设置功能,选择"对所有人开放""对信任的人开放"或"仅对你自己开放"。这些特征类似于微信等社交平台。

ORCID 系统的工作流程通常包括以下三步:

(1) 身份验证。论文作者在向投稿期刊提供 ORCID 号码时,需要通过登录自己的 ORCID 账户的方式确认该号码的真实性,而不能简单地把那串号码拷贝提交给投稿期刊。

(2) 连接匹配。相关机构(例如投稿期刊)将科研人员的 ORCID 号码与作者身份信息和论文的 DOI 号码精确匹配起来。

(3) 同步更新。自动更新机构(CrossRef 或 DataCite)在取得 ORCID 所有者的许可后,可将论文和基金等成果记录在 ORCID 系统中予以更新,减轻科研人员手工录入的管理负担。

8.5.4.2　ORCID 的作用

1) 避免投稿时的作者身份混乱

大力推广使用 ORCID 能够避免作者姓名的混淆和混乱。在学术论文发表方面,人们过去只能依靠姓名和所属单位来标识作者身份。但是,中外科研人员有很多人具有相同的姓名,甚至相同的工作单位。因此,单从论文上看,有时无法识别作者。

另外,同一作者在不同的论著或科研管理工作系统中可能会使用不同的姓名和电子邮箱,尤其是使用不同的英文全拼或简写形式以及英文名与英文姓氏之间的排列顺序。而且,同一作者在不同的期刊投稿系统和数据库检索系统可能会注册不同的身份信息。这些身份信息不一致的问题不仅会造成成果管理的极大混乱,而且会影响学术传播、论文引用率和学术影响力。

ORCID 的目的是为每位科研人员设置全球通用的唯一身份标识,用于所有学术平台和检索系统。人们通过在 ORCID 平台检索某人的 ORCID 号码,可以查阅到学术发表记录,如果这些记录被作者在 ORCID 系统中公开的话。目前全世界已经有上万种期刊在作者投稿时建议作者提供 ORCID 号码,而有几千种期刊则强制性要求作者必须提供 ORCID 号码。随着对学术身份管理的国际标准化要求日趋严格,预计 ORCID 会被更多机构强制性采用,而且在未来的发表论著中可能会在作者姓名后面添加 ORCID 号码,以便读者正确识别作者。相比来讲,很多期刊论文已经要求在开列的参考文献中列出每篇文献的 DOI。这些都是学术成果管理国际标准化方面的发展趋势。

2) 帮助审稿人登记同行评议记录

许多科研人员不仅自己撰写发表论著,而且经常被邀请评审同行的作品。有些期刊公布政策规定,审稿人可以在审稿系统中输入自己的 ORCID 号码,以便 ORCID 系统登记审稿记录。人们通过在 ORCID 平台检索某人的 ORCID 号码,可以查阅审稿贡献,如果这些记录被审稿人在 ORCID 系统中公开的话。科研人员对学术领域的贡献,不仅包括自己的研究成果,而且也包括审稿贡献。被邀审稿是被广泛认可的一种学术能力和影响力的重要体现。目前,很多出版社和基金资助机构在学术资格认证方面承认基于ORCID号码记录的同行评议工作。

3) 帮助科研人员简化成果填报,便于相关机构进行成果管理

科研人员经常被迫花费大量时间在不同的成果管理系统或基金申报系统中重复填写成果信息。ORCID系统能够连接投稿审稿系统、检索平台、基金管理系统、科研管理系统等,实现相关数据的自动推送和无缝对接,把科研人员从重复填报的负担中解放出来,只通过一个ORCID号码便可轻松调阅过去记录过的全部学术信息。这些信息包括科研人员在其ORCID记录中填写的教育经历、工作经历、荣誉奖励、学会协会会员资格等,以及ORCID系统自动登记的发表论著、审稿贡献、科研基金等。可以预见,随着ORCID的推广使用,它作为权威机构认证的作用会逐步加强,便于各方掌握可信的成果信息。例如,资金资助评审者可以利用ORCID系统查询基金申请人的学术情况和过去申请的基金项目。高校和科研机构可以利用ORCID系统管理本单位人员的科研成果。

8.5.4.3　ORCID系统的自动更新功能

科研人员可以授权使用自动更新功能将ORCID资料同论文投稿、基金申请等系统关联起来。例如,某位作者在使用ORCID号码发表论文后,CrossRef或DataCite等系统会收到带有他的ORCID号码的文件,他则会收到ORCID系统发来的提醒邮件;他同意授权后,CrossRef或DataCite将自动更新其ORCID系统记录,他就不必费时费力地手工更新成果记录。

8.5.5　医学论文投稿时的三项特殊要求

在向中外医学期刊投稿论文时,伦理批准书、参试者知情同意书和临床试验注册号是三项特殊要求。一些作者在投稿时才发现缺失这些内容。

关于伦理批准书和知情同意书的中国期刊要求,各期刊的说法有所不同。例如,有的中华医学会期刊编辑部发布的"关于提供伦理委员会批准文件及受试对象知情同意书的通知"称:"根据中华医学会杂志社的相关规定,当论文的主体是以人为研究对象的试验时,作者应该说明其遵循的程序是否符合负责人体试验的委员会(单位性的、地区性的或国家性的)所制定的伦理学标准,请提供该委员会的批准文件复印件,并在正文中说明受试对象(或其监护人)是否知情同意。"

而另外一些期刊编辑部发布的通知则称:"根据中华医学会杂志社的相关规定,当论文的主体是以人为研究对象的试验时,作者应该说明其遵循的程序是否符合负责人体试验的委员会(单位性的、地区性的或国家性的)所制定的伦理学标准,请提供该委员会的批准文件及受试对象的知情同意书。"

关于伦理批准书和知情同意书的国外期刊要求,一些期刊规定,当医学论文涉及参试人或患者(统称参与人)的研究内容时,作者需在论文中声明研究项目已经被全国性、地方性或单位性的伦理委员会批准,并透露伦理委员会的名称。具体来讲,作者需声明研究工作遵循1964年赫尔辛基宣言(世界医学协会道德准则)及其后续增补条款或类似的伦理标准。如果具有未确定部分,作者必须展示伦理委员会批准该部分作为未确定部分,并解

释未遵循的原因。如果伦理委员会豁免了研究工作的伦理批准，作者也需在论文中详述豁免理由。另外，期刊规定，作者需在论文中如实声明已经获得参试者知情同意，并遵守隐私权保护原则。除非获得参试者或患者的书面许可，投稿文件中不准包括他或她的私人信息。

从上述国内外期刊要求来看，虽然有些期刊明确要求必须提供伦理批准书的复印件，但是有些期刊并未明确说明是否可以仅在论文中声明而无须提供证明文件。因此，关于具体要求，论文的作者需要查看投稿指南或向期刊询问，弄清楚何时需要提供证明文件，即在投稿时提供还是在论文被批准发表后提供，或是否不需要提供，以及需要提供何种规格的英文翻译证明。

关于参试者知情同意书的具体规定，也存在类似的模糊，即有些期刊明确要求提供知情同意书，而某些期刊只要求作者在论文中声明即可。因此，关于具体要求，论文的作者也需要查看投稿指南或向期刊询问，弄清楚何时需要提供，并以何种方式提供证明文件。例如，是否需要提供全部 35 个参试者或 35 000 个参试者的每个人的知情同意书，以及何种规格的英文翻译证明。一些期刊在投稿指南中明确规定，论文作者必须保留知情同意书的书面文件，但是无须在投稿时向期刊寄送复印件。只有当期刊在极少数情况下（例如法律诉讼案件发生时）特意向作者索要时，作者才需向期刊提供知情同意书的复印件。

关于临床试验注册号及注册日期在论文中的标注规定，比较简单，通常要求在论文的首页标注。但是，关于是否需要注册这个号码，比较复杂。世界卫生组织（World Health Organization，WHO）对临床试验（clinical trial）的定义是："any research study that prospectively assigns human participants or groups of humans to one or more health-related interventions to evaluate the effects on health outcomes"（译为将参与人预先安排在干预试验中用来评价健康效果的研究）。其中，健康干预（health intervention）被 WHO 定义为："an act performed for, with or on behalf of a person or population whose purpose is to assess, improve, maintain, promote or modify health, functioning or health conditions"（译为针对某人或某人群以评估、改善、维持、促进健康、机能或健康状况为目的之行为）。论文作者必须在公开注册数据库中注册第二、三、四期临床试验，例如在 www.clinicaltrials.gov 网站注册，或者在加入到世界卫生组织国际临床试验注册平台（WHO International Clinical Trials Registry Platform）的注册中心注册。

用于 SCI 英文论文投稿的 Editorial Manager（简称 EM）投稿管理网站在投稿过程中提示，美国国家卫生研究院（National Institutes of Health，简称 NIH）更新了关于哪些医学研究需要在 www.clinicaltrials.gov 等网站注册临床试验的规定，将医学研究按照临床研究（clinical study）和临床试验（clinical trial）区别开。NIH 将临床试验定义为："a research study in which one or more human subjects are prospectively assigned to one or more interventions (which may include placebo or other control) to evaluate the effects of those interventions on health-related biomedical or behavioral outcomes"，译为将一个或多个参试人预先安排在干预试验中，其中可能包括安慰剂组或其他对照组，评估干预措施对生物医学结果或行为结果的健康影响。

论文作者应使用以下四个问题区分临床研究和临床试验：①研究项目是否针对人体？②参试人是否被预先安排在干预措施中？③研究目的是否是评估干预措施对参试人的影响？④要评估的影响是否是与健康相关的生物医学结果或行为结果？

如果上述四个问题的答案至少有一个是否定的，这项研究就无须注册临床试验。如果上述四个问题的答案都是肯定的"是"，那么这项研究就符合NIH对临床试验的定义，必须在www.clinicaltrials.gov网站或其他临床试验注册中心注册。即使有以下情况发生，也需要注册：①研究的是健康的参试人；②研究项目中没有可供比较的组（例如使用安慰剂的组或对照组）；③研究内容仅评估临床试验药物的药物代谢动力学、安全性、最大耐受剂量；④研究项目使用行为干预措施。

纯观察性研究不要求临床试验注册号，例如研究人员不采用医疗干预措施时。单纯为了在原有基础上改进措施或指标而进行的研究可能不是临床试验。涉及生物标本或健康信息的二次研究也被规定为不属于临床试验，从而不需要注册。然而，EM投稿管理网站所说的这些所谓改进研究和二次研究在定义上是含糊不清的，无法用来明确判断某项医学研究是否需要注册临床试验。当遇到这种困惑时，EM投稿管理网站建议论文作者去https://grants.nih.gov/policy/clinical-trials/case-studies.htm网站，参阅那里大约30个例子来帮助确定自己的研究项目是否属于需要注册的临床试验。

公共试验注册中心包括国际医学期刊编辑委员会（International Committee of Medical Journal Editors，ICMJE）批准的机构，具体包括以下五个：①http://www.clinicaltrials.gov；②http://www.anzctr.org.au；③http://www.isrctn.org；④http://www.umin.ac.jp；⑤http://www.trialregister.nl。

论文作者应当在论文的标题页或摘要的最后一行注明临床试验注册号（trial registration number，TRN）及其注册网址和注册时间。

另外，EM投稿管理网站规定或建议，对于所有研究项目，包括不需要根据上述规则注册的研究项目，论文作者都必须在医学论文的方法部分明确陈述预先指定的主要和次要的研究节点，以及这些节点在研究过程中或在事后分析中是否有所改变。而且，论文还必须明确陈述未预先指定结果的分析是属于探索性的。这项规定显然已经超出临床试验注册号的范畴，而属于医学论文在方法部分的撰写格式要求。至于有多少国内外医学期刊遵循这项规定或建议，尚有待调查和关注。

8.5.6 论文投稿管理网站

论文投稿管理网站目前向着标准化、集群化、一站式方向发展。一个出版社可以拥有很多期刊。过去每个期刊或出版社建立自己的投稿网站，而目前的趋势是多数期刊已经转为采用Editorial Manager（简称EM，译为编辑管理者）和ScholarOne这两大在线投稿管理系统，在这种系统中建立每个期刊的投稿子系统。

Aries Systems Corporation是一家位于美国马萨诸塞州的学术投稿和出版服务机构（https://www.ariessys.com），拥有Editorial Manager、ProduXion Manager（简称PM，译为制作管理者）、LiXuid Manuscript、Commerce Manager等注册商标和服务系统。以EM和PM为例，它们的功能构成学术论文从投稿到发表的全部工作流程。论文作者能够使用自己注册的账户登录这两个网站全程跟踪进展。EM的流程主要包括作者投稿、期刊编辑助手初审、期刊编辑评审、同行评议、录用决定和论文修改这五步。当论文被批准录用后，出版事宜由 PM 承担，流程主要包括录用论文移交出版部门、编辑、排版、校对纠错、发表出版这五步。

EM 是关于学术期刊和图书的稿件提交及同行评议在线跟踪系统（https://www.ariessys.com/software/editorial-manager）。EM 投稿管理系统的"Journals List"（期刊列表）菜单按照期刊名称的英文字母顺序开列所有加盟期刊，包括多数 SCI 期刊，并列出期刊所属的出版社名称。点击投稿期刊的名称，页面会跳转到期刊投稿登录网页。作者需要针对每个期刊注册自己的投稿账户，上传电子文件提交论文稿件，并填写一些简单的投稿信息，然后接收期刊的录用、修改或拒稿通知。作者还需要根据期刊的同行评议要求修改稿件，完成与期刊编辑之间的交流互动。期刊编辑通过该系统审阅投稿、提交稿件给同行评议专家，并向作者发出接受、修改或拒绝稿件的决定。审稿人通过该系统登记展示自己擅长的专业领域，接受或拒绝审稿邀请，通知期刊是否有时间参加评审，并提交论文评审意见。

EM 系统以标准化流程格式适用于大量加盟期刊，使得作者能够快速填报投稿内容，节省投稿时间，并能将作者上传的文件和填报的信息汇总成一份详细的投稿记录，供作者审阅批准。EM 系统能够为审稿人记录审稿积分和贡献。EM 系统能够为编辑和校对稿件提供方便的工具，并能将拒稿的论文和同行评议审稿意见传送到后续投稿期刊，将录用的论文传送到诸如 PM 的出版流程和部门。EM 系统能够通过其收款管理工具接收出版费用。另外，该投稿管理系统与学术出版界的常用标准业务或规定均有良好的集成，例如 ORCID、Ringgold、Funder Registry、JATS 和 CRediT，使作者能够感受到一站式服务的周到和便捷。

8.5.7 论文投稿步骤和状态

期刊论文的投稿步骤包括以下十步，以 SCI 英文论文为例。

1）阅读投稿指南

如果不重视投稿指南（作者指南），会导致低效率操作、返工和投稿错误。投稿指南对论文的格式和必须上传的文件做了严格规定。论文作者尤其需要注意检查论文字数限制、图表数量限制、摘要的字数限制和格式要求，以及关键词数量限制。很多期刊对于投稿采取格式上的宽松容忍态度，即在审稿阶段允许"Your paper, your way"（译为"你的论文你做主"），允许将参考文献引用格式和图表格式等问题留到批准录用后的论文修改阶段解决。

2）注册并登录期刊投稿账户

论文作者从投稿期刊在 Editorial Manager 投稿管理网站的"Author Login""Reviewer Login""Editor Login""Publisher Login"这四个按键选项中，选择"Author Login"（作者登录）并注册。需要注意的是，很多中国作者在论文署名中喜欢使用全大写的姓以区别首字母大写的名。在注册 ORCID 账户和期刊投稿账户时，需要将姓的大写方式与论文署名的大写方式保持一致。否则，如果以首字母大写的姓注册期刊投稿账户并登录，投稿时系统自动产生的姓将是首字母大写的姓，而非全大写的姓，而且无法修改。

3）选择投稿状态

论文作者登录进投稿账户后，会在"Main Menu"（主菜单）页面看到关于投稿状态的三个系列菜单，分别是"New Submissions"（新投稿）、"Revisions"（修改）、"Completed"（完成）。

在"New Submissions"投稿状态菜单下，包括"Submit New Manuscript""Submissions Sent Back to Author""Incomplete Submissions""Submissions Waiting for Author's Approval""Submissions Being Processed"五个子菜单。每个子菜单的末尾均在括号中跟随有一个"0"或非零数字，表示处于该状态的论文篇数。论文作者应选择"Submit New Manuscript"（提交新稿件）子菜单。

4）上传投稿文件

在"Article Type Selection"这一步中选择论文的类型，然后在"Attach Files"这一步中从电脑上选择论文稿件（manuscript）和投稿信（cover letter）文件上传，并根据菜单提示对上传的文件选择标记正确的文件类型。有些期刊还要求上传具有标准格式的"Disclosure of Interest"（利益冲突声明）表格（可在投稿指南中下载），或要求将亮点（highlights）作为一个单独文件上传。需要注意的是，上传文件的文件名必须少于64个英文字符（含空格）。

另外，一般来讲，应当将论文稿件和标题页（Title Page）拆分成两个文件上传，在论文稿件中不包括作者的身份信息，便于期刊编辑安排双盲审稿。标题页包括以下内容：论文标题，作者姓名排序列表，作者单位，门牌号码地址，并列第一作者或共同第一作者声明，第一作者的学衔、职务和专业方向简介，通讯作者的学衔、职务和专业方向简介，通讯作者的电子邮箱，短标题（不超过50个英文字符），经费声明，利益冲突声明，医学伦理批准声明，受试者知情同意声明，作者贡献声明（CRediT格式）。最后，不要忘记添加这句："Note to the Journal: The content on this Title Page (except the short title) needs to be published in the paper upon acceptance."

5）选择投稿的专业方向

在"General Information"这一步中，从专业方向的下拉菜单中选择合适的方向。

6）选择期刊编辑，推荐审稿人，请求审稿人回避

在"Review Preferences"这一步中，从期刊编辑姓名的下拉菜单中选择希望处理稿件的编辑。如果没有偏好，可以不指定编辑。添加推荐的审稿人和请求回避的审稿人的姓名和电子邮箱。投稿流程中最费时间的步骤大概是提供3~6名推荐审稿人信息这一步，尽管多数期刊不要求提供。因此，应当在投稿前事先准备好。推荐审稿人信息的必填项包括姓名和电子邮箱。推荐理由和相关论文信息可以放弃不填。

7）填写论文信息和发布宣示声明

在"Additional Information"这一步中，按需填写插图数量、彩色插图数量、表格数量、英文词数、临床试验注册号等，并勾选一系列声明（例如所有作者是否同意发表）。

8）审阅汇总信息

在"Manuscript Data"这一步中，审阅投稿系统自动产生的投稿信息，包括标题、短标题、摘要、关键词、作者、资助情况。在"作者"栏，需要仔细检查作者的姓名拼写、排序和通讯作者勾选标记。作者的排序能够通过拖拽每个作者的信息块上下调整位置顺序。在

"资助情况"栏,可从检索菜单中选择资助机构名称,填写资助项目号码和经费接受者姓名等。

9)产生 pdf 投稿汇总文件并审阅批准

点击"Build PDF for Approval"按键后,投稿系统会产生一个 pdf 文件,汇总展示投稿文件的全部内容。这时,在"Main Menu"(主菜单)的"Submissions Waiting for Author's Approval"的投稿状态子菜单中会显示"(1)",表示有 1 篇论文等待作者批准投稿。作者审阅 pdf 文件无误后,点击批准键提交,即可完成投稿流程。这时,在主菜单页面的"Submissions Being Processed"子菜单中会显示"(1)",表示有 1 篇论文已经投稿成功。如果点击该子菜单,会跳出一个工具条,里面有关于此次投稿的详细信息和可选行动链接(包括"View Submission"和"Send E-mail")。同时,论文作者的投稿邮箱会收到一封投稿成功的通知邮件,包括论文的投稿编号。下一步即可等待期刊的回复,或观察投稿账户主菜单上的投稿状态变化。

如果在上述投稿过程中半途而废,在主菜单的"Incomplete Submissions"子菜单中会显示"(1)",表示有 1 篇论文未完成投稿。如果在系统产生 pdf 投稿汇总文件后发现有错,或者在前面任何一步发现有错,都可以回到出错的步骤重新上传文件或修改问题答案。

需要注意的是,pdf 文件中各份材料的呈现顺序与作者在投稿网站上传文件的顺序是一致的。如果发现 pdf 文件中的材料顺序不理想,可以回到第一步拉拽调整上传文件的先后顺序,然后重新生成 pdf 文件。

10)查看投稿状态

投稿状态总结在表 8.2。下面介绍在"Main Menu"(主菜单)页面看到的每个菜单代表的投稿状态。

(1)"New Submissions"的新投稿状态。包括以下五个子菜单,每个末尾均在括号中跟随一个数字,表示处于该状态的论文篇数。

① "Submit New Manuscript":用于提交新论文。

② "Submissions Sent Back to Author":用于接收编辑请予补充内容的退稿。

③ "Incomplete Submissions":用于保存尚未完成提交的稿件和已经填写的投稿信息。

④ "Submissions Waiting for Author's Approval":用于保存待作者批准提交的投稿。

⑤ "Submissions Being Processed":用于指示投稿成功、正在被编辑或审稿人审阅的稿件。点击进去后,作者可看到诸如"Submitted""With Editor""Under Review"等状态。

(2)"Revisions"的修改状态。在修改状态菜单下,包括"Submissions Needing Revision""Revisions Sent Back to Author""Incomplete Submissions Being Revised""Revisions Waiting for Author's Approval""Revisions Being Processed""Declined Revisions"六个子菜单。

(3)"Completed"的完成状态。在"Completed"投稿状态菜单下,只有"Submissions with a Decision"这一个子菜单。如果论文被拒绝,并被期刊编辑建议改投另一个期刊,作者会发现有一个新增的子菜单,标记为"Transfer"。作者可以决定是否接受转刊推荐,或拒绝转刊而自己改投其他期刊。

表 8.2　SCI 期刊论文投稿状态

投稿和审稿阶段	稿件状态显示	稿件状态说明
完成投稿	Submitted to journal	通讯作者将稿件投递成功。通讯作者邮箱收到确认邮件，等待编辑处理
审稿中	Awaiting admin processing	等待期刊编辑的助手审查稿件是否齐全。如果不齐，通讯作者会被通知补充缺失的材料
	With editor	期刊编辑审查稿件，不合格的稿件会被立即拒绝
	Awaiting reviewer selection	期刊编辑在寻找审稿人。如果该状态长期没发生变化，原因通常是编辑尚未找到全部审稿人
	Under review 或 Peer review 或 Awaiting referee scoring	审稿人在审稿
	Reviews completed 或 To editor	审稿人（至少 2 名）的意见均反馈给了编辑
	Decision in process	编辑将审稿意见提交给编辑评审会议，或自行做出决定
审稿决定	Reject	这是 SCI 期刊最常见的稿件决定状态。顶级 SCI 期刊的拒稿率高达 90%。拒稿包括在同行评议之前或之后的拒稿
	Reject and resubmit	稿件需要重大修改。期刊欢迎作者修改后重新投稿。计入拒稿率
	Major revision required 或 Accept with major revision	稿件需要重大修改，通常并不保证修改后的稿件一定能够被接受。稿件修改后需要经过审稿人再次评审
	Minor revision required 或 Accept with minor revision	稿件需要小幅修改，原则上接受稿件，但是需要完成指定的修改
	Accept	稿件无须修改，被直接接受

8.5.8　SCI 论文的审稿后修改步骤

（1）在期刊投稿管理网站选择"Author Login"（作者登录）登录期刊投稿账户。

（2）选择投稿状态。在"Main Menu"（主菜单）页面选择"Revisions"（修改）菜单中的"Incomplete Submissions Being Revised"（待修改未完成）子菜单，找到自己的论文稿件。

（3）上传文件。在论文提交总览页面的"Actions"菜单中，有"Edit Revision"和"Decline to Revise"两个选项。选择点击"Edit Revision"。然后，在"Article Type Selection"这一步，选择论文类型，通常为 Research Paper。然后依次完成流程中的每一步，详述如下。

在"Attach Files"这一步，在下拉菜单中，会看到几个必须上传的文件，用 * 表示。这个菜单中的文件选项比初次投稿时增加了几个关于论文修改的文件。

"Cover Letter"表示在修改后重新撰写的第二封投稿信,不是指在初次提交稿件时的第一封投稿信。因此,它的文件名需要与已经在投稿系统里的第一封投稿信有所区别,例如可以使用"Cover Letter2"命名。

"Response to Reviewers"是作者写给编辑和审稿人的评审意见回复,需要逐条回复。

"Conflict of Interest"是作者利益冲突声明,已经在初次投稿时上传过,可以重新上传一遍。"Author Statement"是每个作者的贡献声明。"Title Page"可以选择归类在 Supplementary Material 中上传。

"Revised manuscript without track changes"是在初稿基础上接受了全部修改内容的稿件,不标记修改的地方具体在哪里,因此版面很干净。"Revised manuscript with track changes"是在初稿基础上进行了修改并标记修改位置的稿件,版面看上去比较凌乱。这个文件的目的是让审稿人和编辑看清楚究竟哪些地方做了修改。因此,即使曾有多名作者参与修改,或者分成多个版本逐次修改时,在修改初稿时必须使用 Word 软件中的"修订"(Track Changes)功能,保留一切修改痕迹。这个稿件是最容易被作者弄乱或干脆没有准备的,需要特别注意。如果丢失这个带有修改痕迹的稿件或无法复原全部修改痕迹,在提交修改稿件的投稿信中必须说明修改痕迹丢失的原因,以便获得期刊编辑和审稿人的谅解。

(4)保留初次上传的文件。当被投稿系统问及是否需要在提交修改稿件时包括初次提交稿件时的投稿信、初稿和利益冲突声明时,可以按需勾选包括哪些文件。

(5)像初次投稿那样在上传文件后回答全部问题,产生 pdf 投稿汇总文件并审阅批准。

8.6 期刊论文同行评议

8.6.1 学术期刊同行评议时的注意事项

同行评议在学术出版界已经有 100 多年的历史,目前被所有高质量期刊广泛采用。期刊论文的同行评议通常以单盲或双盲形式进行。由于期刊编辑的专业范围有限,需要求助于其他审稿人对论文质量进行判断。尽管同行评议的过程充满了公正与偏见、善意与恶意、正确与错误,但学术界仍然普遍认为只有经过同行评议的论文,哪怕只经过两三个评议人审查,才具有科学合法性。而同行评议的质量和严格程度,在很大程度上代表期刊的水平。虽然现行的同行评议制度可能会埋没一些有价值的论文,但它更能驳回具有严重缺陷的论文,从而在整体上对于维护学术共同体的纯洁性是利大于弊的。审稿人在同行评议中应当遵守以下 12 条职责。

(1)遵守审稿道德,具体包括以下六条:①公正无偏倚;②不以权谋私或打击报复;③不利用审稿职权剽窃他人成果;④不为了剽窃而拒稿;⑤不强迫作者引用自己的无关作品来增加自己的论著引用次数;⑥不利用作者的审稿回复机会和免费劳动来强迫作者帮助自己整理文献、创作论点论据或套取知识。

(2)如果发现自己与待审论文具有利益冲突或在内容上无法胜任,应及时通知期刊编辑。

(3) 如果无法及时提交审稿报告,应立即通知期刊编辑,看是否能够获得更多的审稿时间。很多期刊要求审稿人在 2~4 个星期内完成审稿。

(4) 如果无法评判某部分内容,应向编辑指出,或推荐增加其他审稿人。

(5) 应尽量使用标准化审稿模式(如第 4.2.5 节的表 4.3),避免审稿标准随意化和审稿结果(含评分)随意化。需要针对每条审稿意见编号撰写,并注意一次写全所有问题,避免在第二轮审稿中增加新的提问;避免使用斥责、羞辱、讽刺、轻蔑的语言。

(6) 指出发现的学术道德问题,包括一稿多投、抄袭、拆分发表等十大学术道德问题。

(7) 评价论点的重要性:论点是否足够重要?是否具有跨学科的影响意义?

(8) 评价论文的创新性、正确性、深广性、可读性,评价结果是否令人信服,论证过程是否合理。

(9) 指出拒稿的客观原因:解释为什么不给修改机会而必须拒稿。

(10) 指出给予修改机会而不拒稿的客观原因:指出为什么某个问题是能修改的,因此需要给作者提供修改机会,并在尽量不大幅增加作者工作负担的情况下建议能够达到发表要求的修改方式。

(11) 给出能让论文变得更好的非强制性建议。

(12) 审稿人无须纠正论文的语言错误,也无须对论文进行润色。

在上述"指出拒稿的客观原因"和"指出给予修改机会而不拒稿的客观原因"这两部分,根据《国际运动物理治疗期刊》(*The International Journal of Sports Physical Therapy*)给出的审稿指南,审稿人需要针对以下每项内容给出详细意见。

(1) 论文标题:标题是否准确反映论文的目的、结果和结论?

(2) 摘要:摘要是否正确简明地总结了论文的主要论点?

(3) 引言:引言是否通过文献综述提供了足够明确的、具有逻辑性的背景介绍、研究目的和重要性说明?假说是否明确?论文提出的方法是否阐明了优点?

(4) 材料和方法:内容描述和所引文献是否足够具体详细以满足论文重现性要求?采用的方法和样本是否足以支持假说以形成论点?因子或各种因素的考虑是否完整?

(5) 结果:数据的因果关系、影响趋势、多变性、统计学概率分析是否表述清楚?所有图表是否均必须存在?

(6) 讨论:是否针对结果给出了机理性解释?是否对比了他人的工作?是否强调了新发现、新方法或新技术,以及论点的意义?是否讨论了研究工作的局限性?

(7) 结论:假说是否成立?结论的实用意义是什么?结论对未来研究工作有什么指导意义?

(8) 参考文献:重要的参考文献是否完整?文中引用格式和文末开列格式是否正确?

(9) 论文的可读性:在段落结构布置上是否清晰?在段落衔接和句子衔接上是否具有逻辑性?是否有语法和标点符号等语言问题?论文的篇幅是否合适?

在上述审稿标准中,论文选题中的重要性和创新性,以及如何区分论文的结果、讨论和结论的写法,是两个特别重要的问题,也是审稿人鉴别论文质量时的重点关注内容。这两个问题基本体现了论文的价值和论证质量。如果这两个问题能合格,论文基本可以被给予"同意发表"或"经修改后发表"的评审意见,除非在正确性和深广性方面出现大的失误。因此,论文作者需要特别注意这两个问题。

8.6.2 期刊同行评议审稿人的选择过程

期刊编辑在挑选审稿人时的资格标准和考虑因素通常包括以下七条:

(1) 以发表的论文或出版的图书证明在相关领域具有活跃的学术成就,例如在过去十年内发表过十篇以上论著。

(2) 专业领域对口,并被期刊编辑认为具有足够强的学术写作能力或论文发表能力。

(3) 职位不要太高,否则可能会因为忙而顾不上审稿。资深审稿人可以邀请资历较浅的同事、学生或同行帮助审稿,但需要征得期刊编辑的同意,并做好论文稿件的保密工作,且需在审稿报告上联合署名。资深审稿人也可向期刊编辑推荐他人而将审稿责任转到他人名下。

(4) 不存在利益冲突,例如五年内未与被审稿论文的作者合作发表过论文、目前未与作者在同一机构工作等。

(5) 公开发表或私下发布的言论或观点不存在学术偏见,不存在打压其他学术观点的行为。

(6) 不在被审稿论文的作者提供的审稿人排除名单内。

(7) 没有滥用审稿职权等不良记录或被作者投诉的审稿违规记录。

期刊通常慎用或不用作者推荐的审稿人。很多期刊在论文投稿时要求作者提供3~6名推荐审稿人的信息。作者们对于这一要求的应对方法各不相同。实际上,期刊很少会全部采用作者推荐的审稿人。

很多作者认为推荐审稿人是期刊的一个比较麻烦的要求,从而采取草率应付的态度,通常随意从参考文献列表里选择几个第一作者或通讯作者交差。这种草率盲目的处理方式不仅使得作者丧失了引导期刊采用自己倾向的审稿人的机会,而且对于作者具有很大风险,因为作者可能会碰巧胡乱推荐了与自己论文观点相左的审稿人。

另外一些作者对推荐审稿人的要求非常认真,希望这一过程能够成为控制审稿人选的有效方式。因此,他们不仅仔细甄别参考文献的作者,规避不合适的审稿人,而且喜欢推荐自己的熟人、朋友或老师作为审稿人。然而,正是由于这后一种做法,很多期刊的编辑对作者推荐的审稿人及其推荐理由经常持有谨慎和怀疑的态度而不予采纳。

还有极少数作者利用期刊要求推荐审稿人的机会,大搞学术不端,编造虚假审稿人信息及其电子邮箱,即利用自己掌控的电子邮箱或审稿人的虚假姓名欺骗期刊。如果期刊编辑疏于审核推荐理由和电子邮箱,就容易受骗,造成论文的作者自己评审自己的严重作弊现象。因此,很多期刊非常介意被推荐审稿人的电子邮箱是否为带有机构域名的专属邮箱,并严格核对被推荐审稿人所发表论文中使用的电子邮箱,防止作者利用电子邮箱作弊。

另外,由于作者邮箱和身份信息被期刊泄露等原因,有些作者可能会收到来自陌生人的电子邮件。这些陌生人号称具有等同于期刊编辑的权力,要求作者缴纳加速审稿费或审稿照顾费,甚至号称允许让作者自己指定审稿人。这类电子邮件属于学术不端,而且多数是敲诈勒索的电信诈骗邮件。

很多期刊在官网刊登长期吸纳审稿人的启事或专门的申请页面。愿意参与审稿的人员可以在自荐后通过资格评审加入审稿团队,被登记纳入期刊的审稿人数据库。虽然期刊编辑可以向编辑委员会成员询问审稿人的人选,但是编辑们更加喜欢自己使用以下四个渠道寻找审稿人:①投稿论文的参考文献中的第一作者或通讯作者;②客座主编;③过去在该期刊发表过相关领域论文的作者;④出于各种原因拒绝审稿的受邀审稿人推荐的其他审稿人。需要注意的是,期刊编辑经常并不认可著名教授推荐的学生或其他人选,说明编辑对于审稿人的专业对口度或学术名望有自己的把握,并不容易被他人影响或说服。

期刊编辑大量使用在线检索工具,打入论文的关键词或作者姓名查找审稿人及其电子邮箱,尤其是小同行。主要工具包括 Reviewer Finder(属于斯普林格自然出版集团)、PubMed、Google Scholar、PubReMiner、Scopus、Web of Science、Publons。人工查找和联系审稿人是一件费时费力的工作。基于人工智能算法的自动匹配技术已经开始出现,以期能够减轻编辑的工作负担。

8.6.3 期刊同行评议审稿人中的小同行和大同行

论文作者与期刊编辑和审稿人之间的突出矛盾是对论文的认可度。同行评议中的一个关键问题是,究竟是大同行还是小同行才有资格评审论文?这个问题的答案在本质上是学科分类和知识结构的深广矛盾,也是对同行评议制度的公平公正合理性和期刊编辑或主编的水平提出质疑。

所谓的大同行和小同行是针对科学技术学科体系分类而言。在中国教育部的学位授予和人才培养学科目录中,设有哲学、经济学、法学、教育学、文学、历史学、理学、工学、农学、医学、军事学、管理学、艺术学等门类。在"10 医学"这第十个门类下,包括以下 11 个一级学科:1001 基础医学,1002 临床医学,1003 口腔医学,1004 公共卫生与预防医学,1005 中医学,1006 中西医结合,1007 药学,1008 中药学,1009 特种医学,1010 医学技术,1011 护理学。

在教育部的"1005 中医学"一级学科下,包括以下 13 个二级学科:100501 中医基础理论,100502 中医临床基础,100503 中医医史文献,100504 方剂学,100505 中医诊断学,100506 中医内科学,100507 中医外科学,100508 中医骨伤科学,100509 中医妇科学,100510 中医儿科学,100511 中医五官科学,100512 针灸推拿学,100513 民族医学。

在教育部的"1006 中西医结合"一级学科下,包括以下两个二级学科:100601 中西医结合基础,100602 中西医结合临床。

中国国家标准《学科分类与代码》(GB/T 13745—2009)对学科分类也有类似的划分。但是,与教育部不同,在国标中,"中医学与中药学"是一级学科,而"中医学"和"中西医结合医学"都是二级学科;中医基础理论、中医诊断学、中医内科学、中医外科学、中医妇科学、针灸学等都是三级学科。因此,所谓大同行和小同行不能按照几级学科来称谓,因为教育部和国标的学科级别编号不同——教育部的一级学科是国标中的二级学科,而教育部的二级学科是国标中的三级学科。下面使用教育部分类来讨论。

关于更小的同行,例如,中医体质辨识属于中医诊断学下面的教育部三级学科,而中医体质辨识中的营养管理人工智能系统则属于四级学科方向。当期刊收到一篇关于老年人中医体质辨识的营养管理人工智能系统开发的论文,编辑应当找什么样的审稿人来审稿?如果找不到四级小同行,能否在一级学科(例如中医学)范畴下找"中医妇科学"的二级大同行专家审稿？是否会造成论文作者抱怨审稿人看不懂结果？另外，对于这种涉及交叉学科的论文，如果找计算机学科的人工智能专家或西医学科的老年医学专家审稿中医体质辨识论文，作者是否会抱怨审稿人看不懂工作细节和价值意义？由此可见，找到在各个方面完全对口而学科背景完整的小同行审稿人是非常困难的。

在回答上述关于审稿人的同行资质问题之前，需要先审视以"中医"命名的北大核心期刊的期刊名称。这些名称反映了刊载论文的内容范围：《中医杂志》《中华中医药杂志》《浙江中医药》《北京中医药大学学报》《北京中医学院学报》《中国中医基础医学杂志》。可以看出，多数期刊都是以教育部一级学科（中医学）作为刊名，少数期刊是以教育部二级学科（中医基础医学）作为刊名。这意味着多数高端期刊的刊载范围并不是狭窄到了三级或四级学科，不是为了四级学科的少数读者服务，而是面向一级或二级学科的广泛读者。

既然为了服务好广泛的读者，期刊就需要在各个三级或四级学科之间保持稿件数量的平衡。那么，这便引出人才专业化分级中的另一个问题——知识结构的深与广之间的矛盾。众所周知，隔行如隔山，对于多数人来讲，研究成就都是基于比较狭窄的课题做出比较深入的研究。这种专家称为窄深型或局部型专家，可以记为三级或四级学科专家。作为期刊编辑或审稿人，这种专家能够对论文的纵向深度有正确的判断。但是，由于知识结构狭窄，他们无法对论文在一级或二级学科中的意义和地位做出正确的横向判断。

然而，对于另外一些人，他们曾经作为窄深型专家做出过贡献，后来由于走上了技术领导岗位，对于问题的具体细节不再关注得那么深入，而是把主要精力放在学科的广度认知和跨学科统筹上。这种专家称为宽浅型、系统型或整体型专家，可以记为一级或二级学科专家。整体型专家对每个三级或四级学科都有所了解，但是可能不像四级学科专家那么深入细致。如果既是局部型专家，又是整体型专家，那当然更好。但是，实际上每个人的精力有限，无法精通一级或二级学科下的所有几十个三级或四级学科。

理论上讲，一篇论文应该同时被局部型专家和整体型专家审稿，才能获得完整的评价，即小同行和整体型大同行都是需要的。但是，如果使用非整体型大同行，那就是使用外行审稿，就好比请中医妇科学专家审稿中医诊断学论文，是不合适的。小同行审稿的作用是确保论文在纵向上深度合格。但是，小同行审稿通常有过度偏爱自己狭窄学科（即自己只看自己的专业好，或自己认为自己的专业重要）或"文人相轻"的弊端。使用整体型大同行审稿，能够确保论文的重要性在四级学科横向比较上有显著的发表意义，达到在办刊取材内容范围上的合理平衡。

期刊编辑遇到的困难是审稿人在同行评议注册系统通常只标记自己的一级或二级学科，而非三级或四级学科，而且期刊系统所提供的学科分类关键词也无法完整细致地覆盖审稿人的专长范围。这造成编辑无法判断谁是整体型大同行、谁是非整体型大同行、谁是局部型小同行。因此，期刊编辑通常被迫使用投稿论文在引言部分引述的参考文献中做过类似工作的作者作为审稿人。这确实会在挑选审稿人上具有一定的盲目性。对于水平较高的期刊，由于有大量整体型大同行作为编辑或主编，更加了解各个三级或四级小同行的资质，因此能够降低挑选审稿人时的盲目性。尽管合格的期刊编辑都应该是整体型专家，但是他们仍然需要依靠局部型专家的帮助来完成同行评议。期刊编辑会参考审稿人的意见，最终对论文录用与否做出自己的决定。

对于审稿人来讲，当收到审稿邀请时，应评判自己究竟是局部型小同行，还是整体型大同行或外行。如果是外行,就不应审稿。审稿费有时会起负面作用,导致有些不合格的审稿人为了贪图审稿费而胡乱审稿。从这个角度看,国外期刊不发审稿费的做法能够避免这种弊端。

对于论文作者来讲,通常首先希望得到"知音"小同行的肯定。但是,也需要理解,只有小同行的肯定是不够的,因为小同行眼界狭窄有限。论文还需要经过整体型大同行的肯定和横向学科平衡比较后,才具有在目标期刊上发表的充分资格。换言之,以一级或二级学科名称为标题的期刊不允许某个四级学科的论文扎堆发表而占用大部分版面,而必须通过横向竞争择优发表。如果论文作者想扎堆发表四级学科论文,那更为合适的途径是向影响因子更低的以三级或四级学科名称命名的期刊投稿,因为这种期刊的竞争不像一级或二级学科期刊那么激烈。

8.6.4 F1000——出版后同行评议和专家导读新时代的代表

科研人员经常被两个问题困扰:①发表了论文的人觉得引用次数甚至高被引次数并不能代表自己的真实学术水平,而希望通过同行评议尤其是权威评价来证明自己的论文水平。然而,论文在发表前的同行评议通常是不能公开的信息。因此,这就有了发表后进行同行评议的学术评定需求。②读者希望在浩如烟海的论文中得到专家的指点,迅速找到最有价值阅读的文献。因此,这就需要有一个平台来汇集专家的评论意见,使得读者能够方便地分类检索到。Faculty of 1000(F1000,译为一千学者)正是这样一个应运而生的工具。它开启了出版后同行评议和专家导读的新时代。本节论述这一新兴科研趋势。

1) 出版后同行评议的重要性

科研人员学术影响力的一个重要传统指标是论文引用次数。它是一个最为简单易用的评价指标。实际上,同行评议,尤其是权威专家的评议,是与论文引用次数同等重要甚至更为重要的一种评定方式。可惜的是,论文在发表前的审稿人身份和评审意见通常是不公开的。那么,如果能够构建一个平台,组织邀请全世界最著名的专家对发表后的论文进行评议和评级,对于作者学术水平的认定无疑是非常有益的。但是,单从作者的利益出发,还不足以使得相关机构具有足够强的动力来构造这样一个平台。真正起决定性的动力来自读者对快速发现最重要文献的需求。那么,最权威的指导当然是来自全世界顶尖专家们的推荐。因此,出版后的同行评议是非常必要和有价值的。

2) F1000平台的作用

F1000是全世界最大的由医学和生物学专家组成的出版后同行评议暨专家导读服务系统,于2002年由维特克·特拉茨(Vitek Tracz)创立。它对其他所有科学和工程技术等领域均有开创性的借鉴意义。F1000提供三个子平台,分别称为F1000Prime、F1000Research、F1000Posters。

F1000Prime是由大约6 000名生物医学领域的顶级科学家和另外5 000名优秀科研人员对全世界最重要的散布在3 700个期刊中的已经发表的生物医学论文进行评价推荐的在线平台。F1000Prime的管理体系按照学科划分,每个学科有一组顶级专家负责评议。它从SCI论文中评选出大约2‰的最重要文章,赋予F1000论文称号。论文被F1000收录并获得推荐是一项重要的学术认可。每篇获得F1000推荐的论文都会获得一个星级分数(包括推荐为3分、必读为6分、杰出为9分)和论文评论。权威评论包括解释论文的主要贡献和入选理由。"推荐"的论文是指论文可能仅对某一领域感兴趣的读者有用。"必读"的论文是对一般读者均有益。"杰出"的论文是指具有里程碑性质的论文,此类论文的数量仅占每年推荐论文总数的 5%,是一种极大的学术荣誉。F1000Prime 还会对每个领域的论文按照得分和 F1000 因子进行排名。F1000 因子是评价专家们对某篇论文的评分的加权平均值。F1000 因子是世界顶级专家对论文质量的同行评价指标,也是表征论文学术影响力和水平的重要指标。

另外,F1000Prime 为读者提供在线讨论平台和定制化文献查阅服务,帮助读者在专家导读下快速进步。这种导师式帮助无论对于研究生还是资深研究人员均极为有用,能够帮助他们节省自己摸索的时间,在浩瀚的文献中直接浏览专业领域内的最重要文献和最新进展。

F1000Research 是一个涵盖生物医学领域的开放获取暨公开评审期刊。投稿的论文先经过编辑部审核,然后在未经同行评议的状态下发布到该网站。审稿人的评审意见随后公开发布,包括审稿人的姓名身份。作者根据审稿意见上传修改版本。如果通过了同行评议,论文就会被正式录用发表,并编入 PubMed 和 Scopus 等数据库的索引。这种出版模式具有快速、公开、透明等优点。

F1000Posters 是一个生物医学领域的会议海报和科研报告开放获取数据库,供人们免费存储和公开浏览。

3)F1000 带来的启示

作为出版后同行评议和专家导读文献库的典型代表,F1000 代表以下几个学术交流趋势:①与影响因子通过引用关系间接评价影响力的体系不同,F1000 通过全球顶级专家的出版后评议,对精品文献进行二次评议和评级,补充发展了论文学术影响力的权威性评价指标。②F1000 摆脱了期刊影响因子对论文等级的束缚,直接让全球顶级专家对每篇论文进行二次评议和评级,使得论文学术水平与期刊影响因子脱钩,在论文评价方面更具有科学性和公正性。③F1000 不仅能够对论文进行二次评议,而且能够对专著、教科书、专利等科研成果进行出版后评议。④F1000 使得数据库从单一的检索功能扩展到兼具文献评价和专家导读功能,极大地便利读者学习和研究。这种新型出版模式值得在生物医学之外的其他科学和工程技术领域推广。

8.7 期刊论文拒稿原因和作者应对审稿意见的措施

8.7.1 期刊如何对待同行评议中的不同审稿意见

8.7.1.1 处理审稿意见的常见误区

不同审稿人之间出现审稿意见分歧是很常见的。论文作者关于期刊如何处理审稿意见有以下三个误区。

1)误区一:同行评议审稿人的意见是决定性的,期刊编辑只是协调员或传声筒

虽然同行评议从 17 世纪就开始出现,但是直到 20 世纪 60 年代,才被学术界广泛接受,即认为论文只有在经过同行评议后,才具备发表资格或科学合法性。在这之前,很多论文其实无须经过同行评议,期刊编辑(包括编委和主编)就有权力决定是否录用稿件。

无论在何种期刊制度中,同行评议虽然重要,但也只是编辑在裁决稿件时的一个参考环节。编辑有权否决审稿人的同意或反对发表的意见,做出自己的决定。在论文的审稿过程中,作者和审稿人具有相同的平等学术地位,即审稿人并非一定比作者具有更高的学术水平。审稿人只是处于一个参谋角色,仅提供参考意见而已。真正具有裁决权力的是期刊编辑。编辑的责任是协调作者与审稿人之间的交流,并做出最终裁决。国外的期刊通常实行免费审稿。中国的期刊向审稿人支付审稿费。

2) 误区二:期刊使用少数服从多数的原则采纳同行评议审稿意见

这个误区产生的原因是将学术期刊的审稿制度与体育比赛中的裁判制度相混淆。众所周知,由于体操或跳水比赛是自由发挥项目,并无像短跑、跳高、投掷等项目具有严格量化的成绩指标。因此,需要很多裁判员打分,甚至多达 10 名裁判。运动员的成绩是在去掉一个最高分和一个最低分后,由多位裁判的打分平均而得。期刊论文审稿与体操比赛打分不同。首先,审稿不仅必须给出总体意见或分数,而且必须提供详细的分项文字评价。其次,审稿通常只包括 2~3 个专家,因此不可能去掉一个最高分和一个最低分。最后,少数服从多数的原则不适用于探索科学未知的学术出版领域,因为科学真理往往是掌握在少数人手里,而不是在多数人手里。审稿制度更像是大学或研究生院入学申请时的推荐信制度。入学申请通常需要提交 2~3 封专家推荐信,对申请者的优缺点进行评价,招生委员会根据自己的判断决定是否采信专家推荐信。所不同的是,推荐信通常把优点说得多,而审稿意见通常把缺点说得多。期刊用得更多的惯例是一票否决制。

3) 误区三:论文作者对于审稿意见无能为力

这个误区未免过于消极。实际上,只要论文不是被拒稿,而是被给予修改的机会,作者就有充分的机会在回复审稿意见时消除误解并陈述自己的理由,或许能够使审稿人撤销不利的审稿意见,并说服具有裁决权力的编辑支持自己的稿件。当审稿时间异常超长时,作者可以询问编辑部是否发生了复审及其原因,并针对发生分歧的审稿意见,创造机会向编辑申辩和解释。作者是稿源,审稿人是稿源的把关者。对于期刊来讲,作者和审稿人同等重要,都需要编辑尽力维护。因此,不存在审稿人比作者更为重要的说法。

8.7.1.2 出现审稿意见分歧的原因

(1) 审稿人不认真负责,意见空洞,草率应付期刊规定使用的审稿意见表。有些审稿人缺乏责任心,有些则忙于各种事务,有些审稿人甚至将稿件交给自己的研究生代为审读。这些都造成返回的审稿意见笼统、空洞、无效,例如"内容一般,不宜刊发"、"内容合格,同意刊用",使得编辑在收到具有分歧的审稿意见时,无法找到有用信息,难于对论文的取舍做出正确判断。

(2) 审稿人能力欠缺,研究方向在四级或五级学科上与稿件不符合,专业不对口。中国的论文是按照《学科分类与代码》(GB/T 13745—2009)划分的。该标准共设有 62 个一级学科,包括数学、物理学、基础医学、机械工程、动力与电气工程、哲学、文学等;共设有 676 个二级学科,例如在"动力与电气工程"下包括工程热物理、热工学、动力机械工程、制冷与低温工程、电气工程、动力与电气工程其他学科等六个二级学科;共设有 2 382 个三级学科,例如在"动力机械工程"下设有蒸汽工程、内燃机工程、流体机械及流体动力工程、喷气推进机与涡轮机械、微动力工程、动力机械工程其他学科等六个三级学科。四级学科在国家标准中未做规定,但在各高校或科研院所的研究生招生简章或导师简介中有不同的规定。例如,在"内燃机工程"的研究生招生方向中,包括汽车动力总成集成技术开发与研究、内燃机整机技术开发与研究、新能源动力技术开发与研究、内燃机噪声控制开发与研究等大量四级学科方向。而在"内燃机整机技术"中,还可以更细致地划分为系统设计、系统测试、性能、耐久性等五级学科专业方向。在一级或二级学科上专业相同的同行称为大同行。在三级、四级或五级学科上专业相同的同行称为小同行。由此可见,审稿人最好是三级甚至四级或五级学科中专业方向相同的小同行。由于论文作者推荐的审稿人可能有作弊或偏倚嫌疑,从论文的参考文献中选取审稿人是很多期刊编辑更加倚重的筛选方式。另外,1987年出版的《中国高等学校自然科学学报审稿人名录》、1993年出版的《中国科学技术论文评审专家名典》、2000年出版的《全国高等师范院校自然科学学报审稿人名录》等对期刊选择审稿人也有一定帮助。能力不合格的审稿人要么给出的审稿意见空洞无物,无法支持审稿结论,要么装模作样地提出一些似是而非的意见,包括错误意见,这些都导致审稿无效。期刊编辑必须善于识别这种无效审稿意见,并按需转达给作者予以澄清或解释,避免误判。

(3) 审稿人发生人情偏倚或权威偏倚。目前超过半数的期刊采用的审稿模式是最为客观公正的双盲模式。少数期刊仍然采用单盲模式,即论文作者不知道审稿人是谁,但是审稿人知道作者是谁。在单盲审稿模式中,很容易发生人情偏倚或权威偏倚,包括碍于熟人情面而违心说假话或故意放水,以及偏好支持有国家基金项目或重点课题资助的论文,或有学术权威署名的论文,而挑剔、歧视、打压无基金资助或不知名作者的论文。故意偏倚造成审稿失实,并容易与其他审稿人意见发生分歧。编辑必须善于识别和排除这种无效审稿意见。人情偏倚和权威偏倚可以依靠将单盲审稿改为双盲审稿来消除或减少。

(4) 审稿人产生意见偏见。如果审稿人不能保持公正无私的客观立场,便容易认同与自己学术观点相同的论文,而否定与自己学术观点相左的论文。有些审稿人甚至是"学霸",容不下不同的学术观点。偏见最容易发生在具有很强的创新性的论文上。这种论文具有强探索性,所采用的方法往往也不够成熟,所提出的新理论通常否定传统的旧理论,具有颠覆性。如果用传统理论衡量,通常无法得出正确的审稿结论。偏见也容易发生在交叉学科论文上。这种论文很难被一个专家完全看懂并领会其全面价值。每个审稿人只能站在自己的专业角度对其中一部分内容进行评价。期刊编辑需要有能力将不同专业的专家的意见综合起来评判,不能任由审稿人对稿件百般挑剔、求全责备、对局部问题抓住不放而全盘否定。所有科学成果都是人类在探究真理过程中的阶段性成果,可能包含由于认知局限造成的错误。新理论总是在不断取代或补充旧理论。学术期刊有责任为具有合理依据的学术观点提供平等传播的机会。一个新理论在刚开始出现时难免会不成熟,有时甚至包括局部错误。对于这种稿件,编辑不应轻易否定和拒绝,而应当肯定其创新性价值,并结合审稿意见指出不足或错误,帮助作者改正完善,促进新理论的发表和诞生。期刊编辑应当善于发现和支持具有超前视野的开创性论文,消除审稿人中保守势力的阻碍。

(5) 作者在重要性、创新性、正确性、深广性、可读性上存在不足。不同审稿人对于稿件在学术论文这"五性"的质量评价上具有差异,尺度掌握的松紧程度不一致,造成审稿意见分歧。实际上,目前的同行评议制度尚无统一的审稿标准。期刊编辑首先需要积极推动审稿评分标准统一化。另外,期刊编辑需要善于从审稿意见书的详细评价中判断问题的原因,并决定是否给予作者修改和反馈申辩的机会。如果编辑无法判断究竟会埋没好文章还是发表差文章,则需要及时提交给编辑委员会讨论,或增选1~2名复审专家再次进行同行评议,并需告知复审专家所应关注的审稿意见分歧要点。同时,需要及时通知作者,说明稿件增加复审时间的分歧原因;这其实也是在复审开始时给予作者一次申辩和解释的公平机会,便于澄清事实。

综上所述,当审稿意见发生分歧时,期刊编辑应当再次审查审稿人资格,检查审稿意见的详细性和有效性,不能依靠简单的少数服从多数的原则对稿件的取舍进行裁定,并应适当增加复审程序。编辑作为裁判,不应简单地复述转达审稿人意见或遵守其审稿结论,而应当综合审稿意见和作者意见,做出自己的最终裁决。同行评议制度是现代学术制度的基石之一,有待继续改进。

8.7.2 论文拒稿原因及解决措施

拒稿是指不给机会修改而不予录用,包括未经同行评议的期刊编辑直接拒稿和经过同行评议的审稿人拒稿。拒稿的原因可以归纳为"1+1+5":选刊匹配问题,学术道德问题(参见第3章的十论学术道德),论文"五性"(重要性、创新性、正确性、深广性、可读性)问题。

从论文投稿选刊匹配的角度看,期刊的性质可以按照系统工程元素分为以下三种(但并没有哪种性质的期刊一定对应着教育部的一级学科或SCI期刊分区的小类学科):第一种期刊是按照诸如工程热物理、控制理论、系统工程等专业基础学术特征元素划分,收稿时对将专业基础学术特征运用到哪些产品实体元素不做限制,但可能会要求论文作者从产品实体研究中凝练科学问题,上升普适到专业基础学术特征的层面。第二种期刊是按照诸如船舶、动力机械、制冷、轮机等产品实体元素划分,收稿时强调关于给定产品或技术的创新。第三种期刊是按照诸如车辆工程、海洋工程、航空工程等产品用途元素划分,收稿时强调在给定环境下的应用问题。第二种和第三种期刊不那么强调将针对产品实体或产品用途的研究凝练到专业基础学术特征层面。为了避免期刊论文投稿时的选题不匹配问题,首先需要明确自己的学科分类,然后可以按照系统工程元素鉴别期刊的性质及其强调的选题特点。

重要性是一种相对的主观评判标准。对某个期刊重要的论文,对另一个期刊可能就不重要,取决于期刊的关注内容。重要性和创新性是两个最容易刺激和伤害科研人员感情的标准,因为它们直接决定学术贡献和水平的评判。很多作者在自己的领域内历尽千辛万苦搞出了成果,它在那个狭窄领域内可能非常重要,但在审稿人眼里就不那么重要,甚至被完全否定而不认可,尤其当审稿人不是那个领域的小同行时。论文作者在看到成果的重要性被否定时,不应生气,而应理智地换位思考,检讨自己为什么没能把重要性论述得所有人都能看懂和接受,并让审稿人对不足之处予以理解。因此,归根到底,重要性不足通常是由于作者对整个学科领域的关键点把握不足和提炼论点的能力不足造成的。对于作者来说,正确的态度是先不要抱怨没有伯乐,而是先要看一下自己是不是千里马。

同行评议时建议拒稿的最常见理由是创新性不足,即没有足够新的科学发现或科研方法,只是模仿或论述已有知识。虽然世界上没有一模一样的两片树叶,但是差异性不等于创新性。尽管分析计算、设计或测试结果与前人发表的论文在数字上有所不同,但是只要在机理或方法上没有本质性差别,就算不上创新。高影响因子期刊在创新性标准上比低影响因子期刊更为严格。因此,同样一篇论文,在 SCI 四区期刊能够发表,在 SCI 一区的编辑或评审人眼里可能就不能发表。创新是科研的灵魂,原创性最体现学术水平。克服创新性不足的措施是在论文选题上多下功夫,完整查阅参考文献,避免模仿他人的论文和论点,避免复述教科书或论文中已存在的知识。

当论文被判定在数据、试验、论述上深广性(即完整性或复杂性)不足,比如说"进展程度不够高"或"成熟度不够高",而且不给大修机会而拒稿时,必须高度警惕背后的真实原因。这种情况往往发生在编辑或审稿人认为论文在重要性、创新性或正确性上存在无法挽救的大问题而不值得大修,因此含糊其辞地拒稿;否则他们会给大修机会。真正的深广性问题是可以依靠大修或小修补齐数据解决的。因此,如果是因为深广性不足的理由而被拒稿,切勿仅针对审稿意见简单补齐内容,而必须检视对方没有明说出来的重要性、创新性、正确性方面的问题。否则,下次投稿别刊遇到的结果很可能是由于这三方面的理由而被拒稿。

正确性是学术论文的基本要求。内容或观点上的错误称为原理性错误。同行评议的最基本标准是审查论文的内容或观点是否错误,包括原理、方法、公式、数据、解释、结论等方面。对于极具前沿性的论文,评审人可能由于证据不足而无法判定正确性而拒稿。为了避免被判定具有原理性错误,论文作者需要在逻辑论述上令人信服。

可读性问题包括结构清晰、逻辑严密、数据结论重现性、图表质量、语言文字、标点符号、计量单位、格式规范化等方面的问题。对于英文论文,如果英语水平太差,也会被拒稿。

8.7.3 期刊论文审稿意见回复原则

回复和辩驳审稿意见是每个作者的必修课,是一项非常重要的技能。这项工作好比是律师撰写答辩状,需要高度的技巧。答辩的原则是在尽量满足审稿人要求的基础上,保证论文的质量,并最大限度地维护自己的利益,获得期刊编辑的支持。回复审稿意见时的六项原则如下:

(1) 获得资深作者(例如通讯作者)的帮助和关键指导作用。回复审稿意见是需要有高度智商和情商的,而且是一项与人打交道的高难度活动,通常需要在论文的资深作者(例如通讯作者)的帮助下完成。撰写回复函是资深作者的典型职责。

(2) 无遗漏地逐条完整回复。需要将审稿人和期刊编辑的审稿意见全部拷贝粘贴进 Word 文件格式的回复函中,便于审稿人查阅,不应仅在论文稿件里修改或仅在回复意见处注明页号和行号。然后,需在各条意见下逐条撰写回复。对于每条意见,不仅必须在论文中修改,而且需要在回复函中注明论文修改稿中的页号、行号、图表号,并需尽量将修改前后或新增的论文内容以文字或截屏图片的形式复制在回复函中,不能怕麻烦。这样能使审稿人感到作者的态度是周到和认真的。审稿意见和作者回复需用不同颜色予以区分,例如黑色为审稿意见,蓝色为作者回复,红色为论文中的修改内容。对于篇幅较长的回复意见,需要在回复文件的首页编制目录及其页号。

(3) 按照规定的修改截止日期及时返稿和提交回复函。

(4) 用礼貌和尊敬的态度回复审稿人。

(5) 避免审稿人尴尬。

(6) 在论文的"五性"上合理抗辩,适度修改。

8.7.4 礼貌回复审稿意见的方法

国外期刊的审稿人通常是免费义务劳动。因此,无论给出的是肯定的意见,还是否定的意见,作者都需要以博大的胸怀尊重审稿人的付出,理解其对维护学术秩序的贡献。不可否认,同行评议也会出现不公正甚至丑恶的现象。无论审稿意见多么尖锐或不礼貌,作为论文作者,可以不认同评审意见,也可以怀疑审稿人滥权,但在回复时必须保持礼貌和克制。这体现在不仅必须在回复中对审稿人的每条意见都要表示感谢,而且不能与审稿人展开对骂或使用不礼貌的言辞。作者礼貌答复审稿意见的示例如下。

当作者想说审稿人提出的问题只是个语法错误或语言表达问题而非技术错误时,应当委婉地说:"Thank you very much for finding this error. We are sorry for this grammar problem and have corrected it according to your suggestion. In addition, we have asked our native English editor to polish and revise the manuscript."(译文:非常感谢您发现这一错误。我们很抱歉出现这种语法问题,已经根据您的建议予以纠正。另外,我们已经请英文母语编辑对文稿进行了润色和修改。)

当作者想说审稿人提出的问题是因为没看懂论文时,应当委婉地说:"That is a very good question. We are sorry for your misunderstanding because we did not express ourselves clearly. We have revised the corresponding part of the manuscript on ... Changes have been made to make the expression clearer and more accurate."(译文:您的这个问题非常好。由于我们没有表达清楚,很抱歉造成您的误解。我们已经对文稿中的相应部分……做了修改,使得表达更加清晰准确。)

当作者想说审稿人提出的问题目前无人能够回答时,应当委婉地说:"That is a very good and reasonable question, and we have been actively looking for an answer on the following aspects such as ... However, we have not found the answer yet. We intend to continue in a future follow-up paper on ..."(译文:您的这个问题非常好,而且很合理,我们一直在积极寻找答案,例如我们进行了……尝试,但我们暂时还没有找到这个问题的答案。我们准备在将来的后续论文中继续在……方面探索。)

当作者想说审稿人要求增加工作范围的建议不现实时,应当委婉地说:"Your suggestion is very good. It can solve the problems on ... We have carefully evaluated the funding and experimental resources required to complete these additional studies and feel that such an expanded study is not currently affordable. Meanwhile, we feel that the scope of work of the present paper can support its conclusions. Therefore, we suggest that the additional experiments be included in a future follow-up paper."(译文:您的建议很好,它能够解决……问题。我们认真评估了完成这些补充工作所需的经费和实验条件,感觉目前无法承受这一扩大范围的补充研究。同时,我们觉得目前论文的工作范围还是能够支持本文的论点的。因此,我们建议将补充实验放到将来的另一篇后续论文中去做。)

8.7.5 避免审稿人尴尬的方法

完全或生硬地拒绝审稿人的意见只会把事情弄得糟糕而无法收场,让审稿人恼火。在阐述作者需要进行合理抗辩和适度修改之前,首先应当了解审稿人是如何评议的,搞清楚疑问来自哪里和为什么产生。审稿人通常会把稿件读三遍。第一遍是快速浏览摘要、结论、图表和引言,粗略评估稿件内容是否符合期刊的发表范围,以确定是否适合在该刊发表。同时,粗略查看论文主要解决的问题和论点。第二遍的阅读关注技术内容细节,并随手撰写针对每一部分的正面和负面的评论意见,从标题、摘要依序到结论和参考文献等。第三遍的阅读关注论文的逻辑结构、语法、标点符号和拼写错误等语言和格式的可读性问题。

审稿人有时会出错或理解有误,或者提出不合理要求或可改可不改的要求。论文作者需要在维护自己利益的情况下,避免让审稿人为难。这里举两个例子。首先,对于审稿人提出的错误问题,应先引用论文中的相关语句,指出论文的真正意思;然后承认是自己的表达有问题,让审稿人曲解了意思,表达歉意;最后指出句子已经重写,语意表达更为准确。这样能够避免由于正面否定审稿人而造成的尴尬,同时也让审稿人感到作者是做事非常周到可靠的人而喜欢。

第二个例子是关于可改可不改的要求,例如转速 r/min。审稿人要求将所有十几个图中的 r/min 都修改为 RPM,但是这样做的工作量很大,实际上没有必要修改。论文作者可以这样回复:"非常感谢您的建议,这个建议很好。我们查了文献中关于该单位的三种用法:r/min,RPM 和 rpm。经过仔细比较后,我们觉得 r/min 比 RPM 和 rpm 都好,因为可以避免读者争论究竟是 RPM 还是 rpm 哪个更好,很多作者使用过 rpm。因此,论文中的 r/min 以维持不变为宜。"这样就巧妙地将问题复杂化,从而避免修改,也表现出对评审意见的尊重,而非简单粗暴地拒绝修改,让审稿人为难,或者花费大量时间去重新作图修改。

8.7.6 合理抗辩论文缺乏重要性或创新性审稿意见的方法

在科研人员的拒稿经历中,被期刊编辑或审稿人批驳论文缺乏重要性或创新性,大概是最让作者感到难过的事情之一,因为这基本否定了工作的价值。审稿意见通常并不指出重要性或创新性不足的具体理由。因此,有必要针对这个问题对创新性等级进行量化和抗辩,避免审稿结果随意化。

美国著名的耶鲁大学对学位论文的创新性有过很好的定义:"The originality of a dissertation may consist of the discovery of significant new information or principles of organization, the achievement of a new synthesis, the development of new methods or theories, or the application of established methods to new materials."这段话翻译成中文是:"学位论文的原创性来自以下四方面之一:在结构原理上有意义的新发现,运用新的综合性方法取得的新成就,方法或理论的新发展,将已有方法用于新材料或新资料所产生的结果。"

这个创新性定义可以简述为新发现、新综合、新方法或理论、新应用,而且必须有意义或有价值。该定义普适于科学技术、医学和社会科学等一切学术领域。新就是没人做过。

有意义就是能解决问题。新发现的典型例子是探索未知时揭示的新现象。新综合的典型例子是新的技术产品诞生或交叉学科产生的新观点。新方法或理论的典型例子是改进科研方法或提出描述某事物的理论。新应用的典型例子是将已有的研究方法或理论用于新问题,包括提出新的问题或得出新的结论。不仅解决问题是创新,提出问题也是创新。那么,很明显,问题有大有小,并不是所有新问题都具备发表价值。

上述创新性的标准涉及有意义、有价值(涉足重要性),即具备发表资格的创新性不能无关紧要或微不足道,这就引出按照重要性和创新内容多少来划分创新性等级,可以分为三等。第一等的创新性最高,是对前人没有研究过的问题提出开创性观点,从无到有地发现一个新现象、创立一个新方法、提出一个新理论、造出一个新产品。第二等是针对前人已经研究过的问题中的错误观点,提出纠正性观点。第三等的创新性最弱,是对既有问题和前人观点提出补充性观点。

审稿人对创新性的负面评价通常包括以下四种:缺乏创新性(nothing new),创新性不足(lack of novelty),不适合本刊物发表(not a good fit),论点不重要(trivial findings)。作者与审稿人之间的争议不仅在于有无创新性,而且更在于创新性的等级和重要性。一些高影响因子期刊对创新性等级要求很高,例如只接受具有开创性观点的论文,那么就会对具有纠正性观点的论文给出"创新性不足"的评价。因此,创新性评价是针对每个期刊相对而言的,而且是一种仁者见仁、智者见智的不确定认知。

国际顶级期刊 Nature(《自然》)认为,创新性必须出人意料或令人吃惊,而且在论文所涉领域之外具有广泛的影响意义,即需使其他领域的科学家也感兴趣。另一个国际顶级期刊 Science(《科学》)认为,创新是对自然现象或方法理论提出新见解,而非对已有研究结论的再次论证,并且能够引发广泛的科学兴趣,例如在沉寂已久的研究领域提出创新思想,在活跃的研究领域取得重大进展,将过去彼此无关的研究领域作为交叉学科融合在一起。按照这些标准衡量,很多论文的论点就过于简单、狭窄而不够资格了,即属于缺乏创新性。

有些作者不明白为什么经过科技查新的论文会被审稿人评价为创新性不足。这是因为查新只能查有无创新,而并不能评价创新性等级。查新是针对科研课题立项、学位论文开题、专利申请、成果鉴定、成果报奖等需求,由作者提出查新申请,并提出查新论点,由专业查新人员在各种文献数据库中检索,经归纳分析后颁发查新认证报告,供评审人在决策时参考使用。查新的目的是避免科研工作的盲目性、随意性和重复性,规避风险,使得科研经费得到有效利用。实际上,查新实践发现,很多学科领域的多数科研立项在选题上基本以模仿为主,包括那些在国外先热起来、然后中国跟着热起来甚至比国外更热的课题。很多这种课题被论文作者冠以中国首创等帽子,而且能够顺利通过查新认证。因此,只依靠粗糙编纂几个查新论点去查新认证创新性,是无法应付期刊论文在创新性方面的审稿要求的。

那么,如何能够确保论文的论点具有足够的创新性,并以之为依据反驳审稿人的负面评价呢?从原则上讲,需要依据科技部在 2003 年颁布的《科学技术评价方法》中所指出的规定,"基础研究成果应以在基础研究领域阐明自然现象、特征和规律,做出重大发现和重大创新,以及新发现、新理论等的科学水平、科学价值为评价重点;应用技术成果应以运用科学技术知识在科学研究、技术开发、后续开发和应用推广中取得新技术、新产品、获得自主知识产权、促进生产力水平提高、实现经济和社会效益为评价重点。"按照这个原则检查自己的创新内容是否无关紧要。选题陈旧往往是创新性不足的根本原因,是由于对学科领域内有价值问题认识不足造成的,归根结底是由于对文献把握不足和前瞻性思考的学术水平不足造成的。

然而,对于选题新颖的论文,审稿人也可能不认可论文的创新性或重要性足够强。这通常基于以下两个原因。首先,论文写得像教材、实验报告、技术报告或工作总结一样,大量重复已有知识或简单堆砌数据,论文的结论罗列大量具体数字从而显得过于琐碎而不够凝练;没有依靠机理讨论将论点和论据提炼上升到能够对学科领域产生显著影响的重要程度。其次,尽管论点和论据已经足够强,但是在学科全貌和逻辑关联上没有说清楚,导致审稿人认识不到工作的重要意义。关于这两个问题,需要在投稿信、审稿人意见回复和论文修改中解决。

具体来讲,论文的引言需要阐明创新问题为什么重要,并分清哪些是别人的工作,哪些是作者要创新的问题,是哪种创新(首创或补充,新发现,新方法,新理论,新技术等),以及复杂性(即看上去不是明显的、简单的创意)。不要为了让读者能看懂就把复杂的工作解释得非常直白和简单,好像"一层窗户纸一捅就破",这样会让期刊编辑和审稿人误解而看轻创新性分量。在结果和讨论部分,需要压缩或删除众所周知的内容,突出创新性的机理陈述,说明成果意义。在结论中,需要强调创新论点为何重要,指出论点与过去的文献有何不同,而不应只拘泥于报告细节数据,避免被判定为无关紧要。作者根据以上方法,能够量化创新性,打消审稿人的疑问。

上述基于耶鲁大学定义、国际顶级期刊定义和科技部《科学技术评价方法》定义的创新性量化标准与第4.2.1节中提出的表4.1"创新性判断二维表"在本质上是一致的。

8.7.7 合理抗辩论文缺乏深广性审稿意见的方法

在科研人员针对审稿意见对论文大修的经历中,最容易在作者和审稿人之间引发争议的另一条大概是关于深广性(完整性)不足的意见,即审稿人要求增加计算或实验内容,而非简单要求补齐对已有结果的解释和讨论或增加参考文献。作者需要掌握抗辩扩大研究范围要求的方法。

深广性的定义和理论阐述见第4.2.2节中提出的表4.2"深广性判断二维表"。有些审稿人喜欢要求作者将研究范围向深度或广度扩展。例如,论文研究了一种燃料的性能,审稿人要求扩展到两种燃料。扩大范围通常涉及增加研究对象或影响因素。这种要求通常是不合理的,因为它干涉作者对多篇论文的内容通盘策划。如果不是拆分发表,作者有权利拒绝扩大论文的研究范围。作者最清楚自己论点的水平和数据的范围之所以是那个样子的原因。扩大研究范围无异于重做整个科研工作和重写论文,破坏了整体科研计划,通常是作者无法容忍的。作者需要评估修改的成本,是否值得补充,来解决审稿人指出的论点、论据、方法或结果上的局限性。如果作为论据的计算或实验内容已经足够充分,那么审稿人不应越权要求扩大研究范围,因为作者决定科研工作范围的权利必须得到尊重。

由于篇幅所限和所有科研工作的渐进式性质,任何工作都不可能在一篇论文中做到全面、深入和完美,必须在后续论文中予以补充发展,即使只有一个论点也是如此。因此,审稿人不应为了追求尽善尽美而要求作者补充非必要的计算或实验内容和逻辑论证。作者应当解释为什么不宜将扩大的深广性内容放在当前的论文中,以说服审稿人没有必要担心其提出的问题。

8.7.8 合理抗辩过分要求补充论据的审稿意见的方法

论文作者经常遇到审稿人要求补充论据。审稿人可以分为两种。第一种是基于纯正目的而不夹带私心的。这类审稿人不会基于自己学习或获取信息的动机来提出问题,而会比较客观公正地站在读者的角度审稿把关。这类审稿人称为纯正审稿人或正常审稿人。第二种是带有私人目的的,称为非纯正审稿人(或滥用同行评议权力以权谋私的审稿人)。他们通常是所审论文的小同行,并希望通过审稿机会刺探信息或获取更多知识,或者利用作者的时间和精力为他们自己的私利(如撰写论文)服务。这种以权谋私具体体现在以下特征,比如请作者增加一大节关于某个专题的文献综述,增加一大批关于某些数据的图表,增加一大批关于某些问题的深入解释,以便他们自己学习知识并开展后续或相关研究工作。非纯正审稿人往往打着为广大读者着想的旗号索要更多的解释、讨论、数据或信息,因此有时不太容易分辨其动机,甚至有时反而被期刊编辑认为是勤奋努力的审稿人——比如一下子问了 100 多个问题,让作者回复答辩 100 页,比论文本身的 10 页篇幅还长了 10 倍。这种审稿行为看似努力,其实很过分,需要抵制。

一般来讲,当以下四个特征同时出现时,应当怀疑审稿人出于非纯正目的:①审稿人并不强制要求作者将这些补充内容写进论文——涉嫌为了只给其自己看;②审稿人要求提供对某些基本问题的详细解释,尤其是教科书级别的讲授——涉嫌为了供其学习用;③审稿人对要求追加的论点或论据过度讨论或反复纠缠,尤其针对细节实施和重现性问题——涉嫌为了刺探信息供其自己做研究用;④审稿人要求对某些专题大规模补充综述——涉嫌为了替其整理文献用。论文作者如果怀疑审稿人目的不纯正或认为要求过分,可以在回复审稿意见时单独提请编辑注意,并可以使用"所涉要求超出论文研究范围"为理由适当拒绝或部分拒绝。

8.7.9 应对 SCI 论文审稿意见中正确性和可读性要求的方法

最容易对付的审稿意见是在正确性和可读性方面,而且作者在这两方面基本没有抗辩的余地,必须按照审稿意见修改。在正确性方面的典型例子包括假设条件和逻辑推导发生错误,或者论文具有统计学方法缺陷。在可读性方面经常遇到的一个审稿意见是解决不可复制危机。审稿人有时发现论文在材料或方法部分缺少便于他人重现和验证的陈述,造成阅读和理解困难。任何期刊都必须避免发表结果不可重复或无法重现的论文。这时,作者只能认真修改,并且把这种批评指正作为一次宝贵的科研训练课程予以补习,避免在将来的工作中重蹈覆辙。

另外,如果论文中大量引用中文参考文献,而审稿人指出英文文献引用不足,那么作者需要解释大量引用中文文献的合理原因,而且可以指出自己的论文总结了大量有价值的中文文献,以此发表机会介绍给英文读者。这样的回复通常能够获得理解,并增加文献的国际引用价值。

总之,针对审稿人指出的正确性问题、逻辑混乱问题、增加参考文献的合理要求、语言问题和修改数据格式等可读性问题,作者应当满足审稿人的要求,无须抗辩。

8.7.10 应对 SCI 论文审稿意见中改进英文要求的方法

虽然期刊通常不要求审稿人重点关注语言或格式问题,而希望专注于技术内容,但是,如果语言很差,导致审稿人理解困难甚至读不下去,负面评价就很严重,甚至导致拒稿。论文作者在 SCI 期刊投稿过程中经常被要求改进英文。然而,这个意见通常却是笼统和含糊不清的。比如,审稿人一般不在文稿中逐个纠正语言问题或通篇逐一标记所有英文错误,通常仅指出几个英文语法错误的例子,然后评价一句"论文有一些语言问题,需要找母语人士或语言编辑润色修改。"如果审稿人指出了语言或格式问题,作者必须认真修改和回复,并且需在回复函中证明已经修改。

英文语言问题具体可以分解为以下四类:①逻辑混乱;②句子结构混乱;③语法、拼写、标点符号错误;④句子语序和用词不地道,不符合英语母语写作习惯。在这四类问题中,逻辑混乱是最严重的问题,多为技术性错误,造成审稿人看不出上下文逻辑关联,而且经常被归类为英文表达问题。句子结构混乱是第二严重的问题,多为实质性错误,造成读者看不懂句子意思。语法、拼写和标点符号错误是第三严重的问题,多为形式错误。母语风格问题是第四严重的,涉及句子结构的语序用法、缺失连词或副词转承,以及用词不当。编辑或审稿人在开出审稿意见时,通常不会具体指明这四类问题,而统称为语言或语法问题。论文作者在回复审稿意见时,需要针对每一类问题详细解释和证明是如何修改的。这种审稿意见发生在以下三种情况:

(1) 编辑直接拒稿。SCI 期刊编辑在收到投稿后,先进行初步审查。如果英文逻辑或句子结构混乱,导致编辑在多处出现理解困难,通常会立即拒稿,不会进入同行评议阶段。这样拒稿的目的是避免增加审稿人的负担,因为很多专家是免费审稿。对于这种直接拒稿,编辑可能不会说明是由于英文较差。作者可以联系编辑,求证拒稿的原因是否语言问题。由于编辑通常能够记住投稿的作者,如果多次将英文很差的论文投稿给同一个期刊,容易给编辑造成负面印象,对审稿决定产生不利影响。因此,论文作者需要及时了解直接拒稿的真实原因,并改进英文。如果作者自己无法写好英文,使用专业学术编辑机构的英文润色服务是最佳选择。SCI 期刊通常鼓励作者使用语言编辑服务,包括期刊出版机构下属的英文润色服务或专业编辑公司的语言服务。

(2) 论文小修,即编辑在收到审稿意见后转述审稿人的意见或表达自己的意见,要求小修论文,包括改进英文。由于论文在小修后经常可以不经过审稿人再次审稿,而由编辑决定是拒稿还是录用,那么因为编辑不满意英文修改而造成拒稿的可能性是相当大的。期刊通常只给一次修改机会。如果作者忽视小修中的警告而不认真修改英文,会损失宝贵的修改机会。因此,作者不应在英文编辑润色上冒险乱改,需要务必做到有把握改好。

(3) 论文大修,即编辑在收到审稿意见后,要求大修论文,包括改进英文。大修后的论文需要经过审稿人再次审稿。

论文作者在回复要求改进英文的审稿意见时,需要注意以下六个要点。

(1) 不宜只依靠自己的力量修改英文。如果论文被挑出很多语言错误,说明英文写作水平较差,那么作者自己修改通常无济于事。在无把握的情况下,冒险自己修改英文会导致回复不合格而遭到拒稿。

（2）应当使用专业编辑服务，并且提交机构润色证明给期刊编辑，而且在回复函中指出"已经请专业润色机构对论文进行了英文润色修改"。如果作者自己修改或请朋友修改，由于无法出具机构润色证明，容易造成编辑和审稿人不相信论文的质量而再次仔细阅读论文去挑出更多的错误，增加论文被拒稿的风险。

（3）确保标题、摘要和结论无语言错误。编辑和审稿人在很多时候可能不会再次通篇仔细阅读论文去检查语言问题。这造成他们可能会依靠抽查来决定语言修改是否合格。语言抽查最容易发生在标题、摘要和结论。

（4）逐条回复被指出的语言错误示例之处。论文作者需要在回复审稿意见时逐一回复审稿人指出的语言错误示例之处，而不能笼统地说已经修改了全部语言错误，这样能够增加可信度。

（5）无须使用批注功能逐一标记英文修改的地方，但是需要使用 Word 软件的"审阅"菜单中的"修订"（Track Changes）功能。由于英文润色发生在论文中的大量地方，到处都是，因此无须逐一标记修改之处，否则文本的批注显得太多太乱，增加审稿负担；也没有必要开列一个清单说明几十种语言错误是用什么原则或方法修改的（例如开列冠词和介词的用法指南）。

（6）按照上述四类语言问题在回复函中分别说明已经全部予以改正，并给出令人信服的文内示例。虽然审稿人没有明说论文有哪一类问题，但是通常这四类问题均全部存在。论文作者有责任在回复函中对它们分类剖析说明，展示作者对解决语言问题非常精通。

8.7.11　处理期刊拒稿后改投建议的方法

很多向 SCI 期刊投过稿的作者都有过被拒稿并被建议改投的经历。这种拒稿有时发生在不经同行评议而被期刊编辑直接拒稿时，有时发生在同行评议之后，理由通常是论文的主题不够对口或水平不够高。由于这种改投建议在大量期刊中已经常态化，许多作者会纠结是否应该遵循期刊主编给出的改投建议。对于这个问题，简明的答案是：在多数情况下，作者需要拒绝期刊主编的改投建议；但是在少数情况下，改投建议是一个好主意。本节论述改投建议产生的原因和论文作者的应对策略。

从期刊的角度看，提供改投建议和改投服务流程有以下五个好处：

（1）改投能够为论文作者提供专业性投稿建议，并将稿件分流到更为合适的期刊。但是，问题也恰恰出在这里。什么叫合适的期刊——期刊编辑和论文作者显然具有不同的认知和考虑动机。

（2）虽然改投并不能承诺论文肯定被改投期刊发表，但是改投服务流程确实能为作者节省一些重新投稿的时间，包括豁免很多填表、勾选、上传文件等重新投稿的步骤。

（3）改投能为作者节省修改稿件格式的时间，包括参考文献著录格式等。原先期刊和改投期刊通常在论文的格式要求上是一致的，因为这样才能保证作者在改投服务流程中只需要简单点击几下鼠标，就能把投给原先期刊的全部文件都转投给新的期刊。

（4）改投能为论文审稿节省时间。有些接收改投论文的期刊会充分利用原先期刊的审稿意见，因此能够免去大规模重审的负担。

（5）改投能为同一出版社旗下的姐妹期刊或有合作关系的期刊提供论文主题或水平更为合适的稿源，不论这些期刊是否收取版面费。实际上，被推荐改投的期刊通常比原刊具有更低的影响因子，或者甚至没有影响因子。

从论文作者的角度看，是否接受改投建议，取决于对应上面五条的考虑因素。在同意改投时，作者可以对论文进行修改，尤其是针对同行评议意见进行修改。作者需要为论文找一个具有足够质量档次的期刊。在各单位科研业绩年度考核的巨大压力下，多数科研人员没有在不够档次的期刊上乱发论文而浪费素材的奢侈。每篇论文的素材都是非常宝贵的，需要发表在被单位认可的期刊上，而这些期刊通常必须是 SCI、EI 或中文核心期刊等。然而，在多数情况下，期刊编辑所建议改投的期刊都不是这些期刊，因此无法满足作者对期刊档次的要求。改投期刊的投稿过程和稿件格式要求即使再省事方便也无济于事。如果版面费过高，那更是有问题和值得怀疑的。另外，在多数情况下，改投期刊会重新开动同行评议，因此改投并不能增加论文被录用的机会。

作者还需注意以下两个问题：首先，关于首发日期的公布。科学发现的首发日期对于某些时效性很强的研究非常重要。作者会因此非常重视期刊登载的论文接收日期。一般来讲，遵循推荐改投流程将论文转到另一期刊后，如果论文被批准发表，登载的论文接收日期是改投期刊的收文日期，而非原先期刊的收文日期。但是，有些期刊也有例外，具体情况需要作者询问清楚。其次，有些期刊在投稿时要求作者勾选是否同意"自动改投"服务，即当论文被拒稿后，是否同意原先的期刊自动将论文改投到某个指定期刊。这种做法会限制作者重新自行投稿的自由，因为一旦被自动改投，作者如想自行投稿到其他期刊，就必须先写信申请撤回自动改投的论文，从而造成耽搁。因此，作者不能轻易勾选同意自动改投。以下是某期刊要求作者在投稿时选择是否同意改投的例子：

"Authors agree that the manuscript and peer-review reports may be transferred to a *JMIR* sister/partner journal (e.g., *i-JMR, JMIR Res Protoc, JMIR mHealth, JMIR Human Factors* and others), if the paper is not found suitable for publication in *JMIR*, but is publishable in another journal. The submission fee for that partner journal (if any) will be waived, and transfer of the peer-review reports may mean that the paper does not have to be re-reviewed. Authors will receive a notification when the manuscript is transferred, and at that time can decide if they want to pursue publication in a sister/partner journal. If authors do NOT wish an automatic transfer to an alternative journal after rejection for *JMIR*, this should be noted in the cover letter."

译文如下："作者同意，如果论文不适合在 *JMIR* 发表，但可能能够在另一个期刊上发表，那么论文稿件和同行评议审稿意见可以改投到 *JMIR* 的姐妹或伙伴期刊（例如，*i-JMR*、*JMIR Res Protoc*、*JMIR mHealth*、*JMIR Human Factors* 等）。合作期刊的投稿费（如果有）将被免除。移交同行评议审稿意见意味着论文不需要重新评审。在稿件被改投前，作者将收到通知，那时作者可以决定是否希望在姐妹或伙伴期刊上发表论文。如果作者不希望在 *JMIR* 拒稿后自动改投到另一个期刊，作者应该在投稿信中声明。"

综上所述，论文作者是否希望遵循改投建议，主要取决于改投期刊的质量档次和版面费是否符合需求，其余因素都是次要的。

8.8 期刊论文撤稿

8.8.1 期刊论文的勘误、警告和撤稿

当论文发表后,有时会发现各种错误。期刊处置发表后发现的错误的机制包括勘误(又称更正)、警告、撤稿,英文分别为 errata (correction)、expression of concern、retraction。

对于排版错误或其他不会对论文的正确性或检索功能产生实质性影响的小问题,期刊通常不会发布勘误。对于这些小问题,期刊鼓励作者在他们的论文的网页的评论区处留言通知读者。

勘误(更正)适用于以下两种情况:①作者、读者或期刊发现错误影响论文的主要内容(如逻辑、方法、结果),但还不至于严重到需要撤稿;②作者、读者或期刊发现错误影响论文的元数据(即检索数据,如作者姓名、通讯地址、利益冲突、基金声明)。

更正的内容不在已发表的论文中纠正,而是发布在一个单独的勘误表中予以通知。期刊对论文的勘误、补遗和部分撤回(如单个图表或某段陈述文字)均统一使用称为勘误表的形式予以纠正。发布勘误表可以更正替换出现在已发表论文中任何位置的内容,或者进行添加或删除。勘误表必须以可引用的形式发表,即必须出现在期刊带有编号的某页上。对于在线期刊或仅在线论文,勘误表必须在后续某期的目录中易于识别。勘误表作为引文会被链接到参考文献列表中。勘误表的引用形式包含"勘误表:论文标题"的字样。

如果勘误表需要对论文的作者姓名或论文标题进行更正,期刊将在检索功能上全部保留错误的和正确的姓名或标题。只有在极少数情况下,期刊才会重新发布论文的修正版,取代原来的在线版。当重新发布论文时,期刊会发布一份附带的勘误表和重新发布的通知,而且勘误表会链接到原先发布的论文。

警告是期刊编辑发现论文出现问题后在论文网页发布的通知,提醒读者对已发表的论文需予以严重关切和慎用。期刊在发布警告后,会完成对论文涉嫌问题的深入调查,然后决定究竟是维持警告,还是撤稿。类似于勘误,警告并不会改变所链接论文的发表状态。警告通知作为引文会被链接到参考文献列表中,包含"警告:论文标题"的字样。期刊发布警告不需要征得作者同意,但可能会通知受影响的第三方,包括作者的单位、受影响的数据库或其他期刊或出版社。

撤稿发生在作者、读者或期刊在论文发表后发现有严重问题而必须整篇标记为撤销时,无论是诚实的错误还是学术不端行为(如造假或剽窃)。撤稿的终极目的实际上并不是惩罚作者的错误,而是更正研究数据并保持科学的可信度。撤稿的具体标准是基于国际出版伦理委员会(Committee on Publication Ethics,COPE)制定的指南或期刊的编辑政策。鉴于学术出版界出现的种种问题,尤其是学术不端行为,COPE 于 1972 年在英国诞生。根据 COPE 指南,期刊编辑在遇到下列情况时应考虑撤稿:①有明确证据显示论文的研究发现不可靠,不论是学术不端行为(如伪造数据)或诚实的错误(如计算错误或实验错误);②论文的内容已经发表在别的地方,而且未经引用或未取得转载同意;③抄袭剽窃;④不道德的研究。

虽然期刊编辑是做出最终撤稿决定的人,但不论作者还是编辑,都能发起撤稿。有时,编辑会要求作者主动撤销有问题的论文。如果作者拒绝,编辑就会自行撤稿。最常出现的情况是编辑收到关于论文有错误的举报,然后开展调查。如果调查发现有学术不端行为,编辑就会发出撤稿通知。期刊的撤稿通知会贴在论文的网页顶部,并链接到论文的发表记录,说明撤稿原因。撤稿的论文仍然会保留在网上,并按照COPE指南明确标记成撤稿状态。撤稿通知必须以可引用的形式发表,即必须出现在发表被撤稿论文的期刊的带有编号的某页上。对于在线期刊或仅在线论文,撤稿通知必须在后续某期的目录中易于识别。撤稿通知中应包含"撤稿:文章标题"的字样。

对于撤稿的论文,如果修改后满足发表要求,可以被重新作为另一篇论文发表,具有新的DOI号码;而原来被撤稿的论文仍然需要保留,并被标记为撤稿。

在极少数情况下,期刊将删除撤稿的论文,这些情况包括:①法院或政府命令删除论文;②论文内容对个人隐私或第三方的合法权利构成风险,而且不能通过仅发布撤稿通知降低风险;③论文的研究不是合法进行的或发表的,其持续发布存在法律风险或个人隐私风险;④即使论文被标记为撤稿,论文内容仍然对公共健康或特定人群的利益等构成重大风险。

即使论文被从网页删除,论文的标题、作者列表和检索元数据仍可在该论文的发表网页上获得,同时伴随撤稿通知作为一份永久记录而存在。无论勘误、警告还是撤稿,均会对科研人员的学术发展造成不利影响。因此,论文作者需要保持治学严谨,并恪守学术道德。

8.8.2 期刊论文的合理审稿时间和主动撤稿

科研人员在论文投稿时的最大担心之一是审稿时间过长而造成发表延误,而且担心主动撤稿(withdrawal)造成的不利影响。如何从论文作者和期刊的角度分别看待合理审稿时间和主动撤稿,以及其中的公平约定和学术契约精神,是论文发表中的一个极为重要的问题。

众所周知,作品发表中的两个严重的学术不端现象是重复发表和一稿多投。重复发表是指将本质相同的作品在不同的刊物上重复发表。重复发表不仅侵犯版权,而且违反"一项工作的功劳在发表上只能计分一次"的学术道德。一稿多投是指在论文发表之前将本质相同的作品投稿到不同的期刊,然后根据哪个期刊审稿速度最快、修改内容最少、录用最快、影响因子最高等因素进行比较,决定在哪个期刊发表,并从其他期刊主动撤稿。由于期刊在论文评审和排版制作上付出成本,作者主动撤稿会对期刊造成伤害。反过来,由于作者不能无限期等待期刊审稿,如果审稿时间超过约定时间,期刊违约同样会对作者造成伤害。

在一稿多投后,如果不从其他期刊主动撤稿,那么在论文被重复录用后就会造成重复发表。重复发表一旦被发现,将导致被动撤稿(retraction)。主动撤稿是指由作者在论文发表之前的撤稿行为。被动撤稿是指由作者或期刊编辑在论文发表之后的撤稿行为。由于被动撤稿和由一稿多投引起的主动撤稿构成学术不端,并给期刊造成损失,这两种撤稿都将对作者产生不利影响,包括被期刊列入不准再投稿的黑名单、被期刊通报作者单位予以惩戒等。

被动撤稿的原因包括论文出现学术不端问题、内容出现严重错误等,通常都是作者有过失,而期刊并无过错。主动撤稿的原因包括一稿多投、版面费违约、审稿时间过长(违约)、出版时间过长(违约)、作者不同意审稿意见等。对于由一稿多投和版面费违约引起的主动撤稿,论文作者有过错。对于审稿时间较长或出版时间较长引起的主动撤稿,过错原因需要具体分析。如果是期刊违约,过错方是期刊。如果是作者违约,过错方是作者。因此,问题的关键是双方在审稿时间问题上在投稿前是如何约定的。对于作者不同意审稿意见引起的主动撤稿,即作者拒绝按照审稿人或期刊编辑的意见修改论文而做出撤稿决定,期刊和作者均无过错,撤稿的作者不应受到期刊的任何惩罚。

论文作者在发表过程中最关心的三个问题大概是影响因子、版面费、出版时间。所有正规的期刊均在官网公布版面费。如果查不到版面费,作者有责任在投稿前发送电子邮件致函期刊主编或工作人员询问版面费。如果不知道版面费是多少,就不应投稿。向期刊投稿的行为意味着接受期刊规定的版面费。因此,作者不应在投稿后以不知道版面费是多少或不再同意版面费金额为理由而主动撤稿;否则构成违约,期刊有权利处罚作者。

出版时间包括以下三个阶段:①期刊编辑筛选稿件做出初步决定(拒稿或提交同行评议),这一步通常最多需要1~2个星期;②同行评议审稿时间,这一步短则需要两个星期,长则需要一年,多数期刊为2~3个月;③论文录用后到见刊的排版制作和等待版面的发表时间,这一步通常需要几个星期到几个月。其中,最耗时的通常是审稿时间,而且每个期刊的实践标准均有所不同,差异很大。

审稿时间由多种因素决定,包括审稿费、有资格审稿的专家人数、审稿人是否有时间、编辑寻找审稿人的时间、期刊对审稿截止日期的管理制度等。因此,关于审稿时间,并无合理和不合理之分,只能说比较快的期刊是几个星期,比较慢的期刊是几个月到一年,而各自有其快慢的道理。但是,虽然期刊之间的审稿时间不可比,对于每个期刊来讲,其每一轮的审稿时间是应当进行管理和严格制约的,是应该可以知道大概范围的,不应该是完全不确定的。虽然审稿时间不像版面费那样明确,期刊仍需并有责任将审稿时间的大概范围公布在官网,或有责任答复作者在投稿前问询信中的询问,即必须给作者一个公开透明的大概时间范围的承诺——关于这一点,很多期刊其实做得不好和不合格。只有这样,才能构成学术出版中的公平承诺,便于双方遵守契约精神。如果期刊拒绝公开或回复大概的单轮审稿时间,则属于不规范和不合格的出版操作,并构成对论文作者的霸王条款——将作者陷入无限期等待而不准撤稿的不公平境地。在这种情况下,期刊是违反学术道德或违约的,更谈不上有权利处罚忍无可忍而主动撤稿的作者。

对于作者来讲,同样重要的也是必须遵守学术契约精神。期刊为论文的审稿和排版制作花费了时间和成本,作者必须尊重这些劳动,遵守约定的承诺。这个承诺就是投稿时已经知悉并且接受了的单轮审稿时间。当实际审稿时间远超承诺的时间后,期刊构成违约,作者有权利主动撤稿而不应遭到惩罚。如果在投稿时不能查到或问询到大概的审稿时间,最好不要向这种操作不规范的期刊投稿。虽然期刊违约理应是期刊的错误,但是如果连审稿时间都没有事先约定,也就谈不上谁违约,构成一笔糊涂账,这时期刊仍然可以在作者主动撤稿时进行惩罚。

综上所述,对于版面费和审稿时间,作者必须事先了解清楚和谈好后再投稿。一旦投稿,就必须遵守承诺和契约精神。一旦期刊违约,作者有权主动撤稿。一旦作者违约,期刊有权处罚。

8.9 会议论文再投稿给期刊时的版权归属、重复发表和自我抄袭

科研人员每天收到大量的学术会议投稿邀请，请求作者们交纳会议费并开展学术交流。除了考虑学术交流需求和需要鉴别会议论文是否被单位的科研绩效考核体系承认外，还有以下三个问题需要考虑：①论文投稿给会议后，如果再原样投稿给期刊，是否违反版权规定？②是否构成重复发表？③会议论文经过修改后投稿给期刊，对重复的部分是否必须引用，以避免自我抄袭？论文作者希望不发生版权冲突、重复发表和自我抄袭的问题。

关于选择具有论文收录资格的高水平学术会议投稿，国际上的三大权威论文收录数据库是 SCI、EI、CPCI-S（过去称为 ISTP）。尽管 SCI 和 EI 以收录期刊论文为主，但这三个数据库均收录高水平会议论文。向会议投稿前，需要调查会议是否接受"只投稿而不实地参会演讲"的模式（即 Written Only），以及是否有版面费。参加学术会议一般均需缴纳或多或少的注册费。不要相信任何所谓包检索收录的会议。为了满足单位科研考核要求，同时也为了避免被掠夺性会议欺骗，需要在向会议投稿前查询会议是否被这三大权威数据库等收录。具体来讲，查询具有论文收录资格的高水平学术会议列表的方法如下。

1) SCI 收录的会议

用机构付费账户登录 Web of Science 平台，在"Documents"检索栏，选择"Web of Science Core Collection"数据库，在"Editions"中选择"Science Citation Index Expanded"，打入搜索关键词，然后在搜索出的论文列表的左侧点击"Conference Titles"和"See all"，这时即可看到发表相关论文的全部 SCI 收录会议的名称列表。可以拷贝该表到 Word 或 Excel 中进一步编辑处理。该表显示有些会议收录的论文较多（几十篇），有些会议较少（几篇），原因可能是由于某个会议与搜索关键词吻合的论文较少，也可能是由于 SCI 对某些会议仅收录一部分高水平论文，而并非全部收录。

2) EI 收录的会议

用机构付费账户登录 EI 数据库，在检索栏打入搜索关键词，然后在搜索出的论文列表的左侧的"Document type"中勾选"Conference article"和"Conference proceeding"进行筛选。然后，在左侧找到"Source title"，点击"View more"，这时即可看到发表相关论文的全部 EI 收录会议的名称列表。

3) CPCI-S(ISTP)收录的会议

用机构付费账户登录 Web of Science 平台，在"Documents"检索栏，选择"Web of Science Core Collection"数据库，在"Editions"中选择"Conference Proceedings Citation Index-Science"，打入搜索关键词，然后在搜索出的论文列表的左侧点击"Conference Titles"和"See all"，这时即可看到发表相关论文的全部 CPCI-S 收录会议的名称列表。该表显示的会议论文收录数量通常比 SCI 收录的会议论文数量更多。

关于投稿和参加学术会议的其他注意事项，Foster 等（2019）在一篇名为"Good Practice for Conference Abstracts and Presentations: GPCAP"的文章中有全面总结，内容涉及会议摘要、海报、报告演讲稿、重复报告问题、版权问题、引用问题等。

虽然关于会议论文再次发表于期刊的研究话题非常重要,但是较少见到研究文章发表,而且这个话题在互联网上的答案也非常混乱和矛盾。可供参考的一篇权威论文是浙江大学学报编辑部的翟自洋和张月红于2013年7月发表在《中国出版》期刊上的文章"国际期刊界如何看待会议论文集再发表——基于对78种国际期刊及120位编辑的调查"。另外,这篇论文提供的多篇参考文献也很有价值。

关于这个话题的研究结论如下:

(1)将会议论文原封不动地发表到期刊,构成对会议论文集版权或会议组织方版权的侵犯。这是因为多数会议论文集或会议组织方均明确宣示对会议论文拥有版权。即使在会议通知中没有明确宣示版权,作者也不希望卷入这种复杂的法律诉讼中。因此,通常需要按照最坏的情况做准备,即不宜将提交过的甚至宣读过的会议论文投稿到期刊,以避免被起诉,除非在向会议投稿时与会议主办方签署明确的版权协议。同样的一篇作品不能在不同的媒介上出版两次。所述媒介包括会议、期刊、图书、报纸、视频、音频、互联网文章等各种形式。然而,当以下三种情况之一出现时,会议论文可以原样投稿到期刊,没有侵犯版权的问题:①会议主办方明确放弃版权,而且不公开出版论文集,使得会议论文完全属于无版权争议的内部交流资料(即版权默认归论文作者);②会议主办方同意论文作者只做口头报告(oral-only presentation,通常需要提交并使用PowerPoint格式的文件),而不提交论文格式的文件,而且明确表示口头报告的PowerPoint文件不会收录在会议主办方拥有版权的会议论文集内;③会议主办方拥有对应的期刊,并将一部分优秀会议论文推荐到对应的期刊发表,不做任何修改(例如国际汽车工程师学会举办的年会论文)。

(2)将会议论文中的部分内容原封不动地或未经实质性修改发表到新的期刊论文中而不加以引用,构成重复发表和自我抄袭,属于学术不端。一旦被查重软件发现或被读者举报,论文将遭到拒稿或撤稿。因此,如果想在期刊论文中再次使用会议论文中发表过的文字、图表或观点,必须以参考文献格式引用自己曾经发表过的会议论文。在别的地方公布过摘要、课程讲义、学位论文或预印本不算是"过去发表过"。因此,这四类内容是可以直接用来作为原创性内容发表成会议论文或期刊论文的。将论文的内容从一种语言(比如汉语)翻译成另一种语言(比如英语)再次发表,是不允许的,这算是重复发表。

(3)将会议论文中的大量内容经过自我引用而再次发表到新的期刊论文,构成"灌水充数增加篇幅"的学术不端问题,这被崇尚原创性的学术界所鄙视。因此,多数期刊对能够引用的内容比例做出限制(综述型论文除外)。例如,新增内容占全文的比例必须大于25%至75%。另外,在期刊论文中自我引用时,需要满足版权许可要求。例如,很多图表的引用必须事先获得会议论文版权拥有者的许可。

简而言之,会议论文不能重复发表到期刊。这个话题目前看起来似乎广为人知,但是为什么它居然还成为一个问题而遭遇辩论呢?原因出自版权弱化的旧时代的发表习惯和过去缺乏查重软件这两个方面。在20世纪80—90年代,在计算机、电子工程和电气工程等领域,由于技术发展迅猛,快速便捷的会议论文交流曾经成为发表模式的主流。因此,将同一篇论文先投稿到会议、然后再投稿到期刊,曾经被会议和期刊均视为正常与合规的发表行为,这包括在期刊论文中标记一句"该论文的更早版本已在XXX学会的会议论文集YYY出版",或者"Part of the material has been used in XXX conference"、"This paper has been presented in XXX conference"。但是,由于会议论文集通常属于正式出版物,能够被数据库检索到，而且由于主办会议的各专业学会的版权保护意识增强，将会议论文再次发表成期刊论文这一明显侵犯版权的现象就不能再被容忍了。而且，由于过去没有查重软件，自我抄袭的现象只能依靠读者举报而进行事后的撤稿通报处罚。相比之下，免费的和付费的查重软件目前被广泛使用，使得论文在投稿时就经常被编辑查重，那么就无法再混过去进行重复发表。

综上所述，虽然很多会议论文比期刊论文具有更快的发表速度，但是考虑到会议费成本、单位认可程度、版权限制、自我引用等方面的麻烦，向会议投稿论文需要谨慎。

第 9 章
科研经费申请与写作

学术写作和科研探索是研究人员的两大主要日常任务。科研经费获取能力和经费申请写作能力是在论文写作能力之外的另一项关键能力。科研人员不仅需要熟悉各种经费的来源和申请办法,而且需要熟练掌握经费申请书的撰写要点。本章介绍科研项目申请的方法和写作技巧。

9.1 纵向科研项目申报方法

科研项目申请是高校教师的主要工作内容之一。国家自然科学基金是典型和权威的纵向科研项目,也是高校科研工作的压舱石。本节以国家自然科学基金申请为例,介绍纵向科研项目申请中需要注意的问题。

申请书应当遵循当年的《国家自然科学基金项目指南》(简称《指南》)、相关类型项目管理办法和有关受理申请的通知等文件,并按照申报系统中的最新提纲和要求撰写。基金委在 2023 年继续试点执行基于以下四类科学问题属性的分类评审:①鼓励探索,突出原创;②聚焦前沿,独辟蹊径;③需求牵引,突破瓶颈;④共性导向,交叉融通。申请人应当认真凝练科学问题,慎重选择科学问题属性,并阐明选择的理由。

申请人应特别注意按照《指南》所附的申请代码准确选择代码,因为申请代码是基金委确定受理部门和挑选评审人的依据,即"给谁送(谁受理)、送给谁(谁评审)"。

基金委在 2023 年继续推行申请代码、研究方向、关键词的规范化选择。申请人需要注意关注这些用词,并将其与自己日常工作中的科研方向描述用词尽量统一起来。

申请人及主要参与者均应使用唯一的身份证件申请项目。曾经使用其他身份证件作为申请人或主要参与者获得过项目资助的,应当在申请书中说明,否则按学术不端行为处理。外籍人员尤其需要注意这个说明,因为很多外国护照的号码每隔 10 年就更新一次。

为了避免重复资助,基金委要求申请人在申请项目的研究内容已经获得其他渠道资助的情况下,必须在申请材料中说明受资助情况以及与本项目的区别和联系,并需注意避免将同一研究内容向不同的机构申请资助经费。申请人同年申请不同类型的科学基金项目时,应在申请书中说明同年申请的其他项目的类型和名称,并说明申请项目之间的区别和联系。申请人需要特别注意,不得将内容相同或相近的项目向同一科学部或不同科学部申请不同类型项目的资助,而且不能通过不同的依托单位将内容相同或相近的项目重复提出申请,并且不能将内容相同或相近的项目以不同申请人的名义提出申请。

根据《国家自然科学基金资助项目资金管理办法》(财教〔2021〕177号)的最新规定,基金委按照包干制和预算制对项目进行分类管理。包干制项目包括青年科学基金项目、优秀青年科学基金项目、国家杰出青年科学基金项目和部分专项项目,它们无须编制预算。预算制项目包括除上述项目之外的其他项目,它们在编制预算时简化为设备费、业务费、劳务费这三项。水、电、气、暖和房屋租赁均属间接费用。间接费用自动生成,无须出现在申请书预算中。应当尽量避免在业务费预算中出现餐费、伙食费、补助等词,并且应当尽量避免劳务费中出现学生奖学金、生活补助等词。劳务费应当包括不具有工资收入的人员劳务所得和专家咨询费用。

个人简历中列出的代表作论文必须上传全文的pdf版本,代表作专著应上传图书的封面、摘要、目录、版权页等pdf格式扫描件。

以重大项目领域建议书为例,申请内容需要针对凝练的科学问题按照以下格式要求分三部分填写,注意篇幅限制,由此也可以看出成功申请基金项目所必须具备的条件:

(1) 重大项目领域建议依据。结合科学问题四类属性(鼓励探索、突出原创;聚焦前沿、独辟蹊径;需求牵引、突破瓶颈;共性导向、交叉融通),论述与建议领域相关的科学前沿及国家重大战略需求,着重阐述重大项目领域建议的紧迫性和必要性(正文1 000～2 000字,参考文献和标点符号不计入篇幅)。

(2) 科学目标、核心科学问题及拟开展的主要研究内容。科学目标简洁明确,核心科学问题要高度凝练并具前瞻性,限一个;围绕核心科学问题拟开展的研究内容需有机联系、相互支撑,体现学科交叉性,不超过三方面内容(500～1 000字)。

(3) 在相关领域中国已有的工作基础。说明中国研究队伍现状及国际地位,着重论述中国是否具备开展相关研究并取得突破的基础和条件(500～1 000字)。

关于填报申请时的具体操作,可以参考国家自然科学基金管理信息系统网站的以下两个网址:①常见问题:https://grants.nsfc.gov.cn/egrantindex/question/helpIndexMain?qtype=Common;②帮助中心:https://grants.nsfc.gov.cn/egrantweb/help-center。

9.2 学术素养中的科研经费申请写作

科研经费申请是独立研究人员必须具备的基本功,例如大学教授或研究员。科研经费申请的写作要点是广大科研人员所关注的,而国家自然科学基金申请则是科研经费中的典型纵向项目申请,在撰写要求和内容格式上都具有示范意义。

由于科研经费申请与学术论文不同,不仅需要陈述技术内容,而且涉及制订预算,因此在总结写作技巧之前,首先简要介绍科研经费管理的原则。其中,最值得关注的是直接经费和劳务费。劳务费的管理趋势是在开支范围和比例限制方面的规定愈加宽松合理。例如,在2016年修订的《国家社会科学基金项目资金管理办法》中,劳务费开支范围被扩大,并取消劳务费、专家咨询费等人员性费用的开支比例限制;明确劳务费开支标准参照当地科学研究和技术服务业人员平均工资水平以及在项目研究中承担的工作任务确定。相比之下,过去很多地方规定纵向甚至横向科研项目经费中只有15%可以用于劳务费、5%可以用于业务活动费,而学校和院系可以提成项目经费的20%。有些学校则规定横向项目的预算按照合同约定执行;如果合同未明确约定,劳务费占比则不得超过35%,数据采集费占比不得超过10%,科研业务费(包括设备费、出版费、差旅费、会议费、资料费、市内交通费、通信及网络费、停车费、汽油费、通行费、税金等)占比需大于25%,间接经费占比不得大于25%,管理费占比不得大于5%。目前,很多学校的横向项目劳务费发放比例已经改为可发至100%,具体由项目负责人确定。

另外,有些省市已经开始试点实行"自然科学基金项目包干制"的管理制度改革。在全国范围内推广包干制的试点工作也于2019年正式启动,进一步简政放权,增强激励。项目负责人无须编制项目预算说明,经费支出不区分直接经费和间接经费,经费调整也无须备案。这里的直接经费包括资料费、数据采集费、会议费、差旅费、国际合作与交流费、设备费、专家咨询费、劳务费、印刷出版费等。间接经费主要用于补偿责任单位为项目研究提供的仪器设备及房屋、水、电、气、暖消耗等间接成本和有关管理费用,以及激励科研人员的绩效支出等。关于各校不同的科研经费管理详细规定,可以在网上公开查询,作为撰写科研经费申请时预算部分的参考依据。

关于国家自然科学基金申请的写作方法,比较权威而详尽的参考资料是由李宗芳和郑芳(2023)主编的科研人员核心能力提升导引丛书《医学科研课题设计、申报与实施》中的科研项目的申报及评审、项目申请书的撰写、项目申报成功实例解析与常见问题。书中包括大量写作格式和模板文字可供借鉴。

在撰写申请书之前,需要认真了解当前年度的申请指南、要求变更情况、优先发展领域、重点项目资助领域、重大研究计划项目、国家最新五年计划中的重大项目指南、资助率等。具体可以查看国家自然科学基金在其官网公布的指南和通知,以及中央人民政府网发布的科研项目管理政策和科技部发布的科技计划与经费。

根据过去的申报经验,申请资助不成功的原因大体可以包括以下11条:①项目的科学意义或学术性问题的重要性不足;②凝练的科学问题、科学假设和研究方向不够明确;③学术思想缺乏创新或限于重复;④对项目相关的国内外研究背景和最新进展论述不足;⑤项目研究目标过于分散而不够集中,或研究计划不够深入;⑥研究方法、思路、策略、切入点不够合理、有缺陷或对细节陈述不足;⑦工作量过大而无法实现;⑧预研结果展示不够充分;⑨缺乏相关工作经验或过去的论著发表基础;⑩缺乏研究条件、设备或团队资源;⑪未能让评审人相信想要申请资助的研究内容尚未发表或尚未完成。这11条也是基金申请的主要评审标准。其中,问题最多的集中在科学思想缺乏创新性、技术路线和研究方法不理想、缺乏过去的工作基础、申请经费来资助实际已经完成的工作这4条。因此,如果想在淘汰率高达80%~90%的竞争激烈的国家自然科学基金申请中胜出,需要在项目选题质量、项目设计质量、申请书写作质量上针对以上11条下足功夫,突出项目的重要性、新颖性和可行性。

9.3 中国科研人员的经费来源

科研经费的来源是广大科研人员最为关心的话题之一。本节介绍申请经费时需要考虑的因素,以及国内外可以申请经费的渠道。

科研人员按照所处单位的性质不同,可以划分为具有较大的科研课题自主权的高校科研人员和具有较小自主权的研究所或企业科研人员。高校科研人员主要包括博士后、教师系列人员、研究系列人员。硕士和博士研究生虽然也是科研人员,但主要身份是学生,他们的科研经费一般来自导师或各种奖学金。他们尚不属于独立进行职业发展的科研人员。因此,研究生的科研经费来源不在本节的讨论范围之内。教师系列人员包括助教(初级)、讲师(中级)、副教授(副高级)、教授(正高级)四个层级。研究系列人员包括实习研究员(初级)、助理研究员(中级)、副研究员(副高级)、研究员(正高级)。如果想在高校晋升职称,除了论文、专著、专利的质量和数量外,最主要的还要看科研经费,尤其是纵向科研经费。因此,申请经费的能力成为高校科研人员无法回避的一个重大问题。相比之下,与高校科研人员不同,在研究所或企业工作的科研人员,从事的科研项目一般是单位承接下达的任务,例如科技部、环保部、能源局和国防科工局的科研项目。因此,在课题选择自主性方面不具有很大的灵活性,需要完成好规定的任务。而且,在申请经费方面无须像高校人员那样伤神费力地自己花费很大精力去筹措。所以,在踏入科研领域后,关乎科研经费的第一个考虑因素便是加入上述哪一类单位,这直接涉及在经费申请所花费精力和课题内容自主性之间的权衡。

科研经费分为两种,其中,能够开展自由研究的经费称为基础性经费,例如学校给予引进人才的科研启动经费;而需要针对项目要求完成预定成果的经费称为课题制经费,例如纵向和横向经费。纵向科研项目是国家级或省市级科技主管部门批准立项的各类计划项目或基金项目,由政府部门统筹下达,或由申请人申报获得,研究内容和经费均受政府部门的监管。纵向项目是衡量一个高校科研水平的重要指标。纵向科研项目数量有限,经费使用限制较多。相比之下,横向科研项目的资金来自企业或部分政府委托,包括技术开发、服务、咨询、转让等形式的项目。横向项目比较自由,经费使用上的限制较少。长期以来,高校中普遍更为重视纵向科研项目,相对轻视横向科研项目,这是因为目前高校的业绩评价和职称评定制度以及硕士博士学位点申报等工作更加侧重纵向项目,有时甚至导致横向科研项目不算数。因此,尽管横向经费目前在大部分高校是科研经费中的活跃增长点,而且也是获得劳务报酬的重要渠道,但是科研人员为了业绩统计和职称晋升考虑,仍需要慎重规划横向课题的占比,这是申请经费的第二个重要考虑因素。

政府和企业对科研支持的力度可以用研发经费占产值(国家 GDP 或企业销售额)的百分比来衡量。这个百分比称为研发强度。中国的科研经费和研发强度逐年迅速增加,而且各省份的人均科研经费额度相差巨大。各地之间的科研经费差距反映了实力雄厚的高校和高科技企业的多寡,以及省市级财政实力的雄厚程度。因此,地域差距是科研人员在申请经费时的第三个考虑因素。

根据国家科技计划管理改革措施,国家科技项目从 2016 年底开始整合为五大类,包括国家自然科学基金、国家科技重大专项、国家重点研发计划、技术创新引导专项、基地和人才专项。各种政府科技项目经费的归口管理部门分为国家级、省级、市级、区县级四级。在国家级,通常包括国家自然科学基金委员会、国家哲学社会科学规划办公室、科技部、国家发改委、工信部、财政部、人社部。在省级,通常包括省自然科学基金委员会、省哲学社会科学规划办公室、省科技厅、省发改委、省经信委、省财政局、省人社局。在市级,通常包括市科委、市发改委、市经信局、市财政局、市人社局。在区县级,通常包括区科委、区发改委、区经信委、区财政局、区人社局。因此,科研人员及其单位需要密切关注这些政府机构的网站发布的科技项目信息和招标。定期追踪国家级和地区级的科研计划项目发布动态是科研人员申请经费时的第四个重要考虑因素。

下面针对博士后人员和入职人员分别介绍科研经费的申请渠道。伴随中国的博士后制度发展，经过30多年的演变，目前的中国博士后资助政策及种类基本包括以下四大类经费：中国博士后科学基金资助，博士后日常经费资助，博士后站点住房资助，博士后站点经费资助。中国博士后科学基金包括面上资助（普通资助）、特别资助、西部地区博士后人才资助计划、优秀学术专著出版资助、博士后创新人才支持计划等专项。该基金的资助经费来源主要为中央政府财政拨款。作为人才类资助的一种典型福利或生活补贴，博士后招收单位通常为博士后提供"两居室一套"标准的住房，并以远低于市场价格的租金租用。

如果想去国外做博士后研究，美国、澳大利亚、日本、欧洲等国家和地区都设有对全世界人员开放的博士后研究基金，例如著名的德国洪堡基金。洪堡基金支持外国科学家和博士研究生在德国学习，既资助刚踏上科研道路的年轻博士后，也资助已有一定声望的专家学者。其能够支持学者针对自己喜欢的科研方向开展自由研究。发达国家资助博士后的资金和计划主要包括美国的科学研究基金、英国的皇家学会博士后国际奖学金、法国的博士后回归计划、澳大利亚的强化澳大利亚能力计划、日本的特别研究员奖学金等著名项目。

对于入职高校的科研人员来讲，经费分为四种，分别是单位人才引进启动经费、政府人才专项经费、纵向课题经费、横向课题经费。全国各地的高校都有自己的人才引进政策，按照人才资质划分为几个档次，从院士、领军人才、学科带头人、特聘教授到青年博士等。针对每个档次，在科研经费、年薪、生活补贴、住房待遇等方面都有不同规定。这种单位人才引进启动经费少则几万元，多则上千万元，在规模上有时不亚于纵向课题经费。这种经费对于科研课题的选题一般没有硬性规定，属于比较自由灵活的自主经费，能够支持科研人员研究自己喜欢的课题。这种经费通常还被学校作为配套经费拨发给获得政府认定的具有人才称号的科研人员。中央政府、省政府、市政府甚至区政府通常会有每年一度的人才计划，对引进的人员按照资质和年龄予以认定，并授予人才称号，例如长江学者、泰山学者等。获得人才称号的人员能够从各级政府获得一定的科研经费。这种经费也能够用于支持自己喜欢的自主科研课题。

中国近年来主要的纵向科研资金来源渠道包括国家社会科学基金、国家自然科学基金、国家高技术研究发展计划（简称863计划）、国家重点基础研究发展计划（简称973计划）、国家科技支撑计划（简称支撑计划）、各省市科技厅（局）的科研计划等。国家发改委的重大科技专项经费可以高达十几亿元。科技部的863专项和973专项的经费额度也可以高达上亿元。航天、航空、舰船、军工专项通常高达几千万元。这些大额经费一般需要由实力雄厚的科研团队中资深科学家领衔出面申请才能获得。国家自然科学基金项目包括面上项目（普通项目）和重大专项等。个人能够自由申请面上项目，经费金额一般是在四年期内累计几十万（例如50万元）。国家社科基金项目中的普通项目经费一般是20万元左右，重大项目可以高达几百万元。教育部的人文社科奖金项目的经费通常是几万元。为了扶持青年科技人才，这些基金一般都专门设有青年基金项目。

高校科研人员申请的横向科研经费主要来自企业，而企业的科研经费主要来自企业资金、政府资金（例如国家科技支撑计划、863计划、科技型中小企业创新基金等）、银行科技贷款。

国家社会科学基金与国家自然科学基金一样，是中国在科研领域支持基础研究的主渠道，面向来自全国的个人或单位申请，重点资助具有良好研究条件和研究实力的高等院校和科研机构中的研究人员。国家社科基金由哲学社会科学规划办公室管理，设有马克思主义和科学社会主义、党史党建、哲学、理论经济、应用经济学、政治学、社会学、法学、国际问题研究、中国历史、世界历史、考古学、民族问题研究、宗教学、中国文学、外国文学、语言学、新闻学与传播学、图书馆和情报与文献学、人口学、统计学、体育学、管理学等23个学科规划评审小组，以及教育学、艺术学、军事学三个单列学科。

国家自然科学基金由国家自然科学基金委员会管理，设有面上项目（包括自由申请、青年科学基金、地区科学基金三个子项）、重点项目、重大项目、国家杰出青年科学基金等项目。国家自然科学基金委员会设有数理科学部、化学科学部、生命科学部、地球科学部、工程与材料科学部、信息科学部、管理科学部等机构。每年的申报时间一般是12月到下一年的3月，具体申报要求可见基金网站（http://www.nsfc.gov.cn）。各省获得国家自然科学基金支持的资金规模差距很大。高校是基金申请的主力，211高校和985高校分走了全国大多数的政府科研经费，其中包括75所教育部直属高校，它们都是国家重点大学。211高校工程是指面向21世纪、重点建设100所左右的高等学校和一批重点学科的建设工程，于1995年11月经国务院批准后正式启动。985高校工程是指中国在世纪之交为建设具有世界先进水平的一流大学而做出的重大决策，于1999年正式启动。2019年11月，教育部发布声明，将"211工程"和"985工程"等重点建设项目统筹为"双一流"建设。因此，所在高校的规模和水平也是科研人员在申请经费时的一个重要考虑因素。

863计划、973计划、支撑计划由国家科技部管理，具体申报要求可见国家科技计划申报中心网站（https://program.most.gov.cn），申报时间通常分别是每年的5月、3月和下半年。高等学校博士点科研基金和教育部科学技术研究重点项目由国家教育部管理，申报时间通常分别是每年的3月和9月。各省市还设有自己的科技创新计划项目，一般每年都会在政府网站公布。

由于政府纵向经费数量少、申请难度大，而企事业单位横向经费对科研活动的独立性又有诸多限制，为了弥补这些不足，以便能够筹集到充裕的经费开展自主灵活研究，随着互联网金融科技的发展，近年来出现了一种新的科研筹资模式，称为科研众筹，类似于全民集资搞科研。众筹不同于捐赠，科研众筹需要从科研中获得回报。另外，这种科研资金模式的发展需要依靠高校科研成果及经费评价体系的支持和配合。作为一种新鲜事物，虽然令人鼓舞，但是它的效果还有待观察。

目前，还有一种值得关注的并正在逐渐兴起的科研资金管理动态是后期资助制度。与存在诸多缺点的经费预拨的课题制（简称预拨制）相比，后期资助制度具有很多优点，例如避免了预拨制中的选题局限、评审不公、重申报而轻验收、成果产出具有不确定性、经费使用容易产生腐败等缺点。后期资助制度是根据已经完成的科研成果由科研管理部门对科研成果进行评价优选并予以追溯性补偿和奖励资助的一种制度，包括补偿科研人员从事相关研究活动的前期投入、后续投入、出版补贴、对成果的肯定和奖励等。后期资助支持的对象是科研人员的自主性研究，即只资助未获得任何课题资助的项目，这刚好与预拨制相反，即研究人员承担风险，然后拿搞出来的成果去评奖。事实上，目前高校中普遍实行的对发表高水平科研论文给予分级物质奖励的做法，就是后期资助制度的措施之一，只不过力度尚小,而且经常是用于对预拨制产生的论文成果予以奖励,还没有能够完全补偿开展自主课题研究的科研人员所应当得到的全部回报。由于各自具有优点和不足,后期资助制度应当与预拨制紧密结合,互相取长补短,并行发展。希望后期资助制度能够受到高校业绩评价制度的积极支持,成长为与预拨制同等重要的、先进的科研资金分配制度。

9.4 纵向重大科研项目的来源

在高校科研人员的职业生涯发展中,重大纵向科研项目是备受关注的。纵向科研项目是指政府机构出资资助的科研项目,区别于企业出资的横向科研项目。重大纵向科研项目的来源、重大项目研究方向的政府导向、项目申请的资质要求,都是高校科研人员非常关心的问题。

国家级和省市级的政府机构是纵向科研经费的提供者。在美国,这类机构包括联邦政府的健康与人类服务部(HHS)、国防部(DOD)、能源部(DOE)、航空航天局(NASA)、农业部(USDA)、美国国家科学基金会(NSF)等,以及各州政府的相关机构。中国的政府部门为高校提供科研经费主要是通过各部委的科研基金和政府直属科研机构的基金,包括教育部、科技部、农业部、中国科学院、社会科学院、国家自然科学基金委员会(NNSFC,简称国自然)等。其中,国自然经费因其学术资格审查的权威性和崇高地位而备受推崇。

中国国家自然科学基金2023年度项目指南指出,项目包括面上项目、重点项目、重大项目、重大研究计划项目、国家重大科研仪器研制项目、专项项目、青年科学基金项目、地区科学基金项目、优秀青年科学基金项目、国家杰出青年科学基金项目、创新研究群体项目、基础科学中心项目、数学天元基金项目、联合基金项目、国际(地区)合作研究与交流项目、外国学者研究基金项目等。本节以动力机械及工程学科为例,主要介绍重点项目、重大项目、重大研究计划项目。读者可以根据本节提供的方法和链接,查找自己感兴趣的其他学科的纵向资助经费。

按照资助领域的规定,工程与材料科学部下辖的工程科学一处负责工程热物理与能源利用,其当前的研究热点包括:新型热力循环和非平衡热动力学;制冷与低温工程学;复杂系统的热动力学及其优化与控制;内流湍流特性和非定常流特性与流动控制;微纳尺度及微细结构内的传热传质,新型热管理理论和方法,辐射与相变换热;低碳与零碳、清洁、高效、超声速、微尺度、微重力和爆震燃烧;燃烧污染物的生成与控制,二氧化碳的捕集及封存;公共安全中的热物理问题;多相流动相间作用机理和热物理模型;热物理量场测量中的新概念、新理论与新方法;低碳或零碳能源转换与利用、新能源与可再生能源利用、能源与环境及储能中的热质传递等科学问题、医工交叉中的工程热物理问题等。工程科学四处负责交通与载运工程,该学科致力于推动基于可靠性、可用性、可维护性和安全性的工程技术评价,优先支持具有重要理论意义、前瞻性与探索性的基础理论研究;其当前的研究热点包括自动驾驶技术的应用及测评验证技术和高速磁浮系统的工程化验证及评估技术研究等。

关于国家自然科学基金重点项目资助的研究方向,"机械设计、制造及服役中的科学问题"领域资助的主要研究方向包括先进装备综合性能驱动下的机构设计新理论和新方法、面向极端环境的机械结构强度设计与寿命评估等。"工程热物理与能源利用"领域资助的主要研究方向包括低碳能源系统的分析、控制和优化,燃料燃烧理论、污染物生成和减排机理与燃烧新技术,新能源与可再生能源利用等。"智慧交通与运载工程智能化"领域资助的主要研究方向包括自动驾驶技术关键测评与验证技术和特殊场景(特定区域、特殊空间、典型作业运输环境)下的应用技术,面向复杂环境作业运输的可重构/多栖特种车辆关键理论与技术等。"工程与材料领域共性软件支撑平台"针对工程与材料领域软件关键核心技术,突破工程与材料领域通用工具软件、工业软件中的基础科学问题和共性基础理论,为开发自主可控的关键工具软件提供基础支撑,主要资助方向包括工程系统多物理耦合建模、仿真与优化设计,工程系统的数据与目标混合驱动建模理论及仿真优化方法,AI赋能的工业软件理论与算法等。国自然的工程与材料科学部于 2023 年度资助大约 110 项重点项目,平均资助强度约为每项 300 万元,资助期限为五年。

关于国家自然科学基金重大项目资助的研究方向,具体项目指南在申请年度内在国自然网站陆续发布。例如,在"关于征集 2023 年度工程与材料科学部重大项目领域建议的通知"中指出,重大项目要面向科学前沿和国家经济、社会、科技发展及国家安全重大需求中的重大科学问题,充分发挥支撑与引领作用,超前部署,开展多学科交叉和综合性研究,推动产生更多原创性重大成果。工程与材料科学部突出"需求导向、问题导向",优先资助具有重要科学研究价值和重大应用前景,并有可能成为新的知识生长点的基础研究,优先资助能够带动学科发展、结合国情并能够形成自主知识产权的研究。择优推荐进入科学部专家咨询委员会议汇报并讨论,经投票表决,遴选重大项目立项领域并制定年度重大项目指南。国家自然科学基金重大项目管理办法发布在其官网(http://www.nsfc.gov.cn/publish/portal0/tab475/info70234.htm)。重大项目领域建议征集遵循回避制度,即参与重大项目指南论证和编制的专家,不得申请或参与申请该重大项目。科研人员可以在基金网站(http://search.nsfc.gov.cn/search.htm)检索"重大项目"查找一些项目的申请通告。重大项目的资助金额通常很高,例如"关于征集 2023 年度信息科学领域重大项目立项建议的通知"指出,重大项目资助强度(直接费用)一般不超过 1800 万元。

国家自然科学基金重大研究计划项目也是在申请年度内在国自然网站陆续发布申请指南,例如 2022 年项目指南中的第二代量子体系的构筑和操控,以及航空发动机高温材料/先进制造及故障诊断科学基础重大研究计划。科研人员可以在国自然网站检索"重大研究计划"查找一些项目的申请通告。重大研究计划项目资助金额通常非常高,例如上述 2022 年度发动机项目的资助强度约为 2000 万元,资助期限为 4 年。

国家各部委和各省市科技局等机构也定期在官网发布资助项目,例如天津市科技局的项目信息发布在其官方网站"天津市科技计划项目管理信息系统"(https://xmgl.kxjs.tj.gov.cn)。

另外,很多高校能够定期收到各种纵向资助机构的项目申报通知,例如所在省市关于某专题创新任务的申报工作通知,以及"十四五"国家重点研发计划重点专项的年度项目申报指南、国家能源局科技司关于开展氢能领域课题研究方向的征集意见通知、科技部关于科技创新重大项目年度申报指南征求意见等。

9.5 横向重大科研项目的来源

在科研院所工作的很多科研人员承担的项目是上级政府机构分配下来的纵向项目任

务或有长期合作关系的企业委托的横向项目。这类项目通常不需要科研人员操心经费来源，因为它们都是需求方自己主动找上门来的，或者由单位内部的项目管理机构通过各种渠道搞来的。与此不同的是，高校教师由于通常需要围绕个人成立课题组管理科研项目，通常需要自己去花费大量精力寻找和申请科研经费，不会有上级政府机构主动分配下来的纵向项目任务，也不会有企业主动把横向项目送上门来。由于科研经费指标是高校教师的主要考核指标之一（除期刊论文外），而且科研经费申请竞争异常激烈，其中不乏"陪跑者"，横向重大科研项目的来源和申请过程历来是高校教师非常关注的。

高校教师的科研经费基本包括以下五种：第一，国家级、省市级、校级的人才称号启动经费是带有自由探索性质的科研经费，从几百万元到几万元不等，扶持人才建立某些领域的科研成果并定位自己，以便能够后续用这些成果申请到更多的纵向或横向科研经费。第二，国家自然科学基金和各省市的自然科学基金资助针对"凝练的科学问题"的研究，从上千万元（重大项目）、几百万元（重点项目）到几十万元（面上项目）不等。第三，国家部委重点专项和省市科技专项包括科技部、工信部、发改委、教育部、国防科工委、各省市科技厅（局）等主管的纵向科研项目。第四，高校产学研基金和校际基金有一些小额经费（几万元），支持帮扶类型的科研项目。第五，企业的产品技术研发项目中有一些具有大额经费（几百万元），并通过各地的科技局或人力资源和社会保障局对高校和科研院所发布，以"揭榜挂帅"科技攻关和项目需求交流对接等方式达成合作，以企业出资为主、地方政府配套资金为辅的方式调拨经费，以地方科技局监督合同执行的方式进行管理。这第五种经费就是本节主要介绍的横向重大科研项目经费。

横向重大科研项目的立项渠道包括各省市科技局针对本地企业征集重大技术需求、针对全国高校和科研院所征集可产业化科研成果、论证遴选、发榜公告、对接揭榜、资金拨付、项目管理等流程，力图围绕产业链"卡脖子"技术和企业依靠自身力量难以解决的关键核心技术开展联合攻关，并将高校院所最新科研成果在当地实现产业化落地。

所涉重点企业提出的技术难题通常分为以下两类：①产业发展"卡脖子"前沿技术、共性技术、关键核心技术等重大技术需求，而且悬赏金额在数百万元（例如 200 万元）以上；②产业发展技术难题，而且悬赏金额在几十万元以上（例如 50 万～200 万元）。所涉高校院所提出的产业化转化科研成果应为具有自主知识产权且可尽快实际落地的科研创新内容。

企业填写"揭榜挂帅"科技攻关项目重大技术需求征集表，报送科技局。高校院所填写"揭榜挂帅"科技攻关项目高校成果征集表，报送企业所在地的科技局。企业作为发榜单位发布技术需求。高校院所作为发榜单位发布产业化科研成果。科技局根据论证遴选过程中的专家意见，对企业技术需求和高校院所科研成果进行梳理和筛选，编制"揭榜挂帅"重大技术需求及高校院所科研成果榜单，面向社会公开发布。在发榜公告有效期满前，符合条件的揭榜单位填写揭榜单位情况表、重大技术需求揭榜任务承诺书、高校院所科研成果揭榜任务承诺书，报送科技局。

然后，科技局协调发榜单位与揭榜单位深入对接。在充分洽谈沟通的基础上，揭榜单位进一步完善揭榜攻关方案。具体来讲，针对企业提出的重大技术需求，发榜单位（企业）在发榜公告有效期满之日起 15 天内，对每份揭榜攻关方案明确合作意向，确定拟中榜名单。针对高校院所发布的科研成果，揭榜单位（企业）在发榜公告有效期满之日起 15 天内，对每份高校院所的发榜成果明确合作意向，确定拟中榜名单。拟中榜名单由科技局向社会张榜公示。如公示无异议,三方签订技术合同。在三方合同中,甲方是企业,作为提出企业技术需求的发榜单位和针对高校院所提出的科研成果的揭榜单位;乙方是高校院所,作为针对企业提出的技术需求的揭榜单位和提出科研成果的发榜单位;丙方是企业所在省市的科技局。

对于揭榜挂帅项目,资金以企业技术需求发榜单位投入为主,地方科技局给予一定的补助。需要注意的是,揭榜单位研发团队成员与发榜单位不能有互为发起人、出资人、股东、董事、高管、债权人等关联关系。项目成果收益的分配方式可以有多种,包括在各方的工作范围内独立完成的科技成果归各方独自所有、双方共同研发的由双方共有、转让需经对方同意等。

综上所述,揭榜挂帅项目作为典型的具有大额资金的横向重大科研项目,是由企业发起并在政府机构牵线帮助、配套资助和协议监督下的一种科技创新项目。其目的是通过建立社会公众可见的科技创新需方与供方之间的交流机制,引领推动当地企业的技术创新,并确保投标和中标过程的公平公正,减少"陪跑"现象,减少或杜绝科技贪污和腐败。各地科技局通常是主管本地区科技创新和企业发展的机构,其职责范围包括企业揭榜挂帅项目的规划、管理和监督。

9.6 科研项目经费管理的误区

高校科研项目经费管理具有严格的制度。新入职的教师和科研人员经常被各种预算、采购流程、报销、执行节点、决算等手续搞得晕头转向,占据大量工作时间,需要经过很多轮摸索实践才能驾驭项目经费管理系统。本节简述高校科研项目经费管理中需要注意的三个关键问题。

我国的高等院校遵循《中华人民共和国会计法》《中华人民共和国预算法》《会计基础工作规范》《政府会计准则》和《教育部直属高等学校会计核算手册》等国家有关政策法规,并结合学校实际情况制定了一系列具有本校特色的科研经费管理办法,形成了制度化管理。这些经费管理办法通常包括科研业务费专项资金财务管理、科研项目劳务酬金发放、因公出国经费管理、使用科研经费报销差旅费、会议费管理等内容。

1) 放错类目导致频繁修改预算

编制预算时放错类目导致在经费执行阶段频繁申请修改预算是科研人员常见的第一个错误。科研项目专项资金应当专款专用,单独核算其支出范围包括以下 11 类:

(1) 设备费。用于在项目研究过程中购置或试制专用仪器设备,对现有仪器设备进行升级改造,以及租赁外单位仪器设备。很多学校规定设备费(含大型软件)或资产费(如果更加严格管控)必须占项目总经费的至少 80%,其余 20% 划为业务费(含测试化验加工费)。

(2) 测试化验加工费。用于在项目研究过程中支付给外单位(包括承担单位内部经济独立核算单位)的检验、测试、化验及加工等费用。检验、测试、化验等应附相关结果报告。与租赁外单位仪器设备自己做试验不同,测试化验加工费是委托外单位做试验。

(3) 材料费。用于在项目研究过程中消耗的各种原材料、辅助材料、低值易耗品等的采购和运输、装卸、整理。

(4) 燃料动力费。用于在项目研究过程中相关大型仪器设备、专用装置等运行发生的可以单独计量的水、电、气、燃料消耗。

(5) 差旅费。用于在项目研究过程中开展试验、考察、业务调研、学术交流等所发生的外埠差旅费、市内交通费等。

（6）会议费。用于在项目研究过程中组织开展学术研讨、咨询和协调项目研究工作等活动而发生的会议费用。

（7）国际合作与交流费。用于在项目研究过程中研究人员出国及赴港澳台、外国专家来华及港澳台专家来内地工作的费用。

（8）出版/文献/信息传播/知识产权事务费。用于在项目研究过程中需要支付的出版费、资料费、专用软件购买费、文献检索费、专业通信费、专利申请及其他知识产权事务等费用。

（9）劳务费。用于在项目研究过程中支付给参与项目研究的在校学生和校外人员的劳务费用。

（10）专家咨询费。用于在项目研究过程中支付给临时聘请的咨询专家的费用。

（11）其他支出。用于在项目研究过程中发生的除上述费用之外的其他支出，应当在申请预算时单独列示，并单独核定。

2）忽视间接费用

在编制预算时忽视间接费用是科研人员常见的第二个错误。科研项目资金一般由直接费用和间接费用组成。直接费用是指在项目实施过程中发生的与之直接相关的费用，主要包括设备费和业务费（含劳务费）。间接费用是指单位在组织实施项目过程中发生的无法在直接费用中列支的相关费用。间接费用的管理使用应执行项目所属主管部门制定的资金管理办法或与委托方签订的合同。当主管部门无明确规定或与委托方签订的合同无约定时，间接费用由学校管理费、学院管理费（统筹费）和项目（课题）绩效经费组成。例如，某项目经费中的间接费用比例为30%，包括学校管理费5%、学院统筹费1%、项目（课题）绩效经费24%。很多学校的学院统筹费是4%～5%（针对100万元合同经费）、3%～4%（针对100万～300万元合同经费）、2%～3%（针对300万～500万元合同经费）、1%～2%（针对500万～800万元合同经费）。对于某些包干制的纵向科研项目，项目（课题）绩效经费的占比可以由项目负责人自行确定（例如高达40%～60%），可以用于有工资性收入人员的绩效奖励、项目聘用人员的劳务性费用和社会保险补助、住房公积金、科研交流活动中发生的招待费，以及其他无法在直接费用中列支的与任务相关的费用，包括通用设备购置、办公用品及办公耗材购置、实验室日常通信费和网费、私车公用发生的汽油费、科研用房使用费等。横向科研项目的间接费用可用于支出科研交流活动发生的招待费（标准通常每人不超过300元/餐），但不得列支纪念品、礼品、烟、酒等。

3）错过执行节点导致经费被没收

错过项目经费执行控制节点导致经费被没收是科研人员常见的第三个错误。所有纵向科研项目通常均设有项目经费执行控制节点，例如在6月30日之前必须完成预算的50%，在9月30日前必须完成预算的75%，在11月15日前必须完成预算的100%。带有严格时间节点的国库资金纵向科研项目通常包括改善基本办学条件经费、教育教学改革经费、基本科研业务费、"双一流"引导专项经费、高教专项经费、国家重点实验室专项经费等。采购和执行项目是一件时间紧迫的任务。有时，当年的预算在3月份才刚批准，6月底就要求花完一半的预算。这对于很多科研人员来讲都是一件压力很大的任务，必须高效率地采购和工作才能完成。采购涉及供应商资质调查和询价等繁重复杂的技术和商务任务。

第 10 章
科研管理与方法

有了学术写作能力和科研经费申请能力并不等于能够管理好科研工作。科研管理和学业管理的难点在于科研方向规划方法、科研计划制订与执行、提高科研工作的质量和效率的方法。系统工程是实现优质管理的强大工具。本章从系统工程的视角论述科研管理、学业管理和科研方法,并总结用于科研、写作和阅读的实用技能。

■ 10.1 科研管理

10.1.1 科研管理的概念及遵循的标准

科研人员走上工作岗位后,无论在大学还是研究所,很多人需要参与或管理科研项目。从项目申请到结项验收,了解科研计划与管理是科研人员必须具备的知识和技能。本节介绍科研项目管理中的重要概念和需要遵循的具体标准。

科研项目的管理教程和各种具体的模板文件在王富良等(2015)编著的《科研项目质量管理》中有详细介绍。该书包括科研项目的策划、过程控制、风险管理、检验要求、标准化要求、质量管理体系标准、验收和归档等。

科研项目大体可以分为三类:基础研究、应用研究和开发研究。它们都是非程序化的创造性劳动,其目的是在合理的工期内和有限的资源条件下,用尽可能低的成本达到尽可能高的质量水平,同时尽量减少项目失败的风险。科研项目质量管理包括非实物的质量管理(包括论文、专著、专利等)和项目产生的实物的质量管理。科研项目的时间、质量、成本、风险的控制是项目管理中最重要的四个方面,也是科研项目目标考核和过程控制管理的重点。项目的工作范围在合同中定义,时间通过项目进度计划规定,质量在项目质量保证计划中规定,成本在项目预算中规定。硬件产品的质量计划可以参照《产品质量保证大纲要求》(GJB 1406A—2005)。软件产品的质量计划可以参照《军用软件质量保证规范》(GJB 439—1988)。电子部件的质量计划可以参照《电子元器件质量保证大纲》(GJB 546B—2011)。关于论文和专著等的质量评价标准,可以参阅刘在洲等(2015)所著《高校科研质量评价标准研究》。

科技项目的档案管理具有明确的要求。归档的文件包括项目审批文件、任务书、委托书、开题报告书、协议书、合同书、实验研究调查报告、设计方案书、分析、测试、试制的重要原始记录和数据、论文、成果申报材料、审批材料、成果奖励文件、成果推广使用证明材料、发明专利证书、奖励证书、经费收支结算文件等。

科研项目管理通常可以划分为三个阶段：前期、中期和后期。前期是项目立项审批阶段，包括项目建议书、立项论证、同行评审、主管部门审批等。中期是项目研发实施阶段，包括项目启动、计划编制、组织实施、监督检查、研发总结等。后期是项目总结评价阶段，包括结题、科研成果（含新产品）鉴定、验收、发表论文、出版专著、收集论著被引用情况、评价项目效益等。

在科技项目的成果管理中，申报成果奖项、参加鉴定、促进成果转化是三个重要的结项环节。凡是符合科技成果范围的项目成果，均应按照国家规定的成果登记办法进行登记，否则不允许申报成果奖。在成果报奖前，需要填写申报表、鉴定书和查新检索证明文件。从成果转化的角度来看，科研项目的结题并不是项目完成的终点，而是项目的另一个新的开端。为了使成果转化为生产力，需要采取各种形式积极推广成果，包括举办学术讲座、召开成果推广应用会，将科研成果运用到其他相关科研工作中去。

10.1.2 科研管理中的技术管理和项目管理

从第二次世界大战（简称二战）中美国曼哈顿原子弹研制计划，到20世纪60年代日本马自达公司成功研发出汽油转子发动机而实现量产化，再到当代大学中的国家重点实验室里有组织的科研，均无一例外地涉及科研管理这一重要话题。科研管理的实质是管理科研活动，它与企业管理、金融管理、行政管理一样，都具有管理的工作特征。但是，与其他几类管理活动所不同的是，它管理的活动是具有高度创新性的，以产生新发现、新方法、新技术的成果为终极目标。科研人员需要了解科研管理，不仅因为科研人员在团队环境下是被管理的一份子，而且也经常是从事管理自己和管理他人活动的主人翁。

概括来讲，科研管理是解决人员、经费、设备、时间、成果中的问题的活动。小规模的科研管理依靠科研人员自己一个人就能解决好。大规模的科研管理则需要有专职管理人员和相关职能部门来负责。专职管理人员还可以按照分工不同，分为技术管理人员（例如具有科学或工程技术博士学位的总工程师、首席科学家）和项目管理人员（例如具有工商管理硕士学位或商业学士学位的项目经理）。技术管理人员更加偏重成果管理（从专业技术上如何产生成果），而项目管理人员更加偏重人员、经费、设备、时间（从工作流程上如何克服各种困难）。

以大学中的科研为例，科研人员拿到研究资金后，需要对学术项目的实施和财务管理负有全部责任，并需要得到来自院系和学校层面的各种职能部门的业务支持，包括组建科研团队、交涉研究合同、批准账户开立和资金预支、采购服务等。技术管理人员除了需要完成团队培训和具体科研工作外，还需要与项目管理人员分工承担以下科研管理职责：项目在人员、资金、设备、时间、成果上的管理和实施，确保安全的工作环境，遵守监管要求，管理利益冲突和披露，向资助方和相关各方通报项目进展等。学院、研究所和实验室负责向科研人员提供服务和匹配经费支持，并对其进行科研绩效考核管理。学校一级的科研管理机构则负责解决在全校范围内的资源协调和经费审批等。学校的财务部门和采购部门也有各自的科研管理支持职责和严格的工作流程。

抛开上述纷繁复杂的业务流程，可以看出，在科研管理上的两个核心实际上是技术管理和项目管理，因为它们是科研项目能否成功完成的两个决定性因素。谈科研管理，主要就是谈这两个管理。这两个管理者就分别好比是一支军队的主帅和监军。

最先研究出原子弹的项目是美国的曼哈顿工程，而其技术领导人是著名的核物理学家罗伯特·奥本海默博士，他因此被称为原子弹之父。奥本海默的研究范围很广，从天文、宇宙射线、原子核、量子电动力学到基本粒子。而且，他很有辩才，擅长组织管理，精通八种语言。奥本海默曾经担任美国加州大学伯克利分校物理学教授（1929—1947年）、美国洛斯阿拉莫斯国家实验室主任（二战期间）、加州理工学院教授（二战后短期）、普林斯顿大学高等研究院所长（1947—1966年）。后人曾经评价说："奥本海默是那个时代的伟大科学领袖，是本世纪最杰出的人物之一。"由此可见，科研管理的技术管理负责人必须具有崇高的专业威望，不仅需要在某个领域成为专家，而且最好能够具有宽广的专业背景与系统工程的思想和视角。

曼哈顿原子弹工程的项目管理负责人是莱斯利·格罗夫斯少将。他率领一支工兵特种部队，与洛斯阿拉莫斯国家实验室的科学家们一道，通过10多万人和24亿美元资金的支持，研制出了原子弹。近年来，各国的大学越来越重视项目管理工作，并开始在科研项目和重点实验室内设立专职的项目管理岗位（如科研经理）。这个职位在现代职场中正在演化成为一个独特的新的专业角色，其全球市场需求每年在快速增长。科研经理的学历背景较多为工商管理或市场营销的硕士或本科，也有少数人员出自科学技术专业。科研经理需要具备优秀的数据分析技能、交流沟通技能和整体策划能力。作为项目经理，科研经理的日常工作职责主要包括：协助技术管理负责人起草研究建议书，管理预算，与客户和供应商举行会议，展示汇报研究成果，管理知识产权，检查监督数据保密合规，管理项目流程、时间和创新性风险等。

科研管理是个很大的话题。要想做好科研管理，不仅需要熟悉学术机构的相关工作流程和所涉部门，而且需要管理好科研项目的日常进展。如果想成就一番出色的科研管理工作，要么可以选择在专业技术上发展成为学术带头人，要么可以选择在工商管理硕士（MBA）的道路上发展成为强有力的项目管理者。这两个角色对于有组织的大规模科研工作来讲都至关重要，缺一不可。当然，出于对专业学术成就的传统重视文化，科研机构和大学中的行政管理职务（例如校长、院长、所长、实验室主任）通常需要由德高望重的院士或教授担任，仅具有 MBA 背景的项目管理者是与这些光环无缘的，而且他们的名字也很少出现在发表的论文或专著中——他们更多的是在幕后默默地奉献。但实际上，在科研工作中，每个岗位都有自己的快乐和值得被人尊重的职业发展路径。

10.1.3　科研方向规划方法及科研计划撰写指南

有序策划和管理科研方向是科研人员的基本功。很多高校年轻教师和科研人员在规划自己的科研方向时混乱无序，造成科研方向管理体系不完整、方向重复冗余、文件错乱丢失、教师网页科研方向介绍混乱、研究生选题困难，严重影响开展有条理的科研。产生此类问题的关键的原因是缺乏一个有条理的科研课题管理系统。科研方向规划是指建立带有代码编号体系的层级式项目或课题序列。一个项目可以包括多个课题，科研计划是指针对每个项目或课题撰写的项目或课题经费申请书或规划书和具体工作计划。

科研工作的项目或课题管理体系与企业产品研发工作管理体系具有类似的地方，也有不同的地方。企业的产品研发活动具体分为项目管理(协调)、分析(计算)、设计、测试四大工作职能。分析和测试工作需支持设计工作。企业通常将研发任务及其文档的管理具体划分为 PTM(Program Task Management,项目任务管理)、ATM(Analysis Task Management,分析任务管理)、DTM(Design Task Management,设计任务管理)、TTM(Testing Task Management,测试任务管理)四大职能任务管理系统,按照时间轴上所期望或要求的三个产品设计阶段(方案设计、详细设计、量产化设计)进行管理和签收。

在 PTM 系统中,协调工程师与客户联系产品项目研发要求,撰写项目计划书和研发(分析、设计、测试)项目任务需求书,管理内部和外包的研发资源和设计验证阶段的进度,统筹协调分析、设计和测试等工作职能,组织设计和验证评审,选择供应商,管理产品材料成本和研发成本,收集供应商样品,制作样机,安装调试样机,交付设计给制造,量产化衔接,交付量产化产品给客户。企业的一个项目通常是指一个产品的全部研发活动。一个任务是指在给定项目中某个工作职能的一项具体分解任务,例如制图。在 ATM 系统中,分析工程师进行模拟计算分析,包括性能(一维气体、一维液体、三维计算流体动力学、三维振动等)和耐久性。在 DTM 系统中,设计工程师设计系统和部件,绘制草图,选用标准件,建立三维模型,制作二维图纸,检查封装性。在 TTM 系统中,测试工程师测试系统和部件的性能和耐久性。

对于上述每个任务管理系统,企业都需要建立一个任务管理汇总表,涵盖分解的详细任务名称、输入条件、输出结果、标准工时(内部和外包)、工作方法和标准工作流程、交付内容及文档,以便管理工作量和协调上述四大任务管理系统。分解任务和确立每个任务的工作方法是企业的技术核心。这样的产品研发管理体系以任务为基本元素,实施工作量管理,力求涵盖产品的四大属性(性能、耐久性、封装性、成本)。虽然企业的产品研发主要是针对新产品,但是研发任务从技术性质上讲,多数仍然是不具有创新性的常规工作。

与企业的产品研发活动管理相比,高校或科研院所的科研活动管理具有非常不同的以下三个特征:①大中型企业通常按照协调、分析、设计、测试职能划分部门,使得一个课题或一个人通常仅从事一项工作职能;而对比在高校的科研活动中,一个课题通常需要完成分析、设计、测试这三项职能,尤其是分析和测试。②企业的任务管理系统包括大量不具备创新性的常规工作任务,例如使用发动机性能模拟软件计算功率;而对比在高校的科研活动中,科研课题必须具有创新性,因此通常在执行企业中存在的常规任务之上需要有更加深入的研究。③企业的研发活动规划是围绕产品进行的,而高校的科研活动不一定是围绕产品进行的,更多的是围绕科学机理或研究方法进行的。

因此,高校的科研方向规划体系具有与企业产品研发管理体系截然不同的需求和特征,这就要求高校的科研方向管理体系以课题为基本元素,实施创新性管理,力求在新发现、新方法、新技术上有所创新。具体来讲,体现在以下三层模式构建方法上:

(1) 科研方向规划体系的顶层是反映学术特征和学术特色的主要专业方向关键词,以及支持该主要方向的其他扩展方向和基础辅助方向。学术特征是指从教育部学科目录、国家自然科学基金方向目录、学术期刊专业领域方向划分列表中提炼出来的专业方向,例如热力学、动力学、自动控制等。学术特征不是企业产品的四大属性(性能、耐久性、封装性、成本),更不只是产品实体名称。学术特色是指研究的特点,比如高原性能、低温燃烧、系统设计等。扩展方向是指从主要方向有逻辑地延伸出来的相关方向,例如当动力机械系统设计作为主要研究方向时,动力机械与其匹配设备之间的系统集成优化就是一个很有必要开展研究的扩展方向,体现了系统与其环境之间的关系。基础辅助方向是指支持主要方向和扩展方向的通用基础方向。例如,系统工程、可靠性工程、试验设计与优化是发动机系统设计与系统集成优化的三个辅助方向。做好基础辅助方向上的更具普适性的科研,能够直接帮助主要方向和扩展方向的科研,而且也符合高校科研需要偏重基础研究和应用基础研究的学术要求。在研究手段上可以是分析(计算)、设计、测试等。

需要注意的是,国家自然科学基金的研究方向目录虽然能够给出比较明确的学术特征,但是通常无法指明学术特色。而且,在科研活动跨学科交织的情况下,涉及的方向目录可能比较庞杂凌乱,需要科研人员自己梳理和凝练。以"发动机系统设计、动力系统集成、系统工程、可靠性工程、试验设计与优化"这五个方向作为顶层设计的科研方向规划体系为例,在国家自然科学基金的研究方向目录上实际对应着 10 个代码学科(工程热力学、空气污染控制、船舶工程、系统工程理论与技术、系统建模理论与仿真技术、控制理论与技术、控制系统与应用、机械动力学、机械设计学、机械结构强度学)和 44 个方向(如热力学评价新方法、热力系统性能和优化方法、热力系统动态特性和仿真、气体动力循环等)。那么,筛选几个开列出来还可以,但是将它们都开列出来显然是不合适和不必要的。在学术期刊的投稿网站从作者注册账户中查询期刊编委会制订的详细科研方向有一定参考价值,但也会遇到科研方向过多的相同困难。

(2) 科研方向规划体系的第二层是在顶层方向之下的具体细化,通常根据产品实体和用途划分,例如航空活塞发动机、船舶柴油机、燃料电池发动机等。通常不宜按照性能(或耐久性)割裂细分,否则会造成课题研究结果的片面化。

(3) 科研方向规划体系的第三层是在第二层方向之下的进一步细化,最好能够直到项目或课题的标题层面,包含具体凝练的科学问题。

科研方向管理体系按照上述三层(甚至四层)模式构建之后,需要为第三层的每个项目或课题赋予缩写代码和编号。例如,对于发动机系统设计中的"二冲程对置活塞发动机瞬态性能及控制"课题,可以将课题及其文件夹编号为 ESD-OPE2,其中 ESD 是 Engine System Design(发动机系统设计)的英文缩写,OPE 是 ESD 的下一层级的 Opposed-Piston Engine(对置活塞发动机)的英文缩写,"2"是指这个方向的第二个课题。按此方法编制好所有课题代码和编号之后,即可对应建立文件夹,存放工作文件。这样,就可以有效避免乱放文件且经费申请、工作计划、论文数据这三者文件体系结构不统一的混乱问题。

主要的工作文件包括项目或课题经费申请书或规划书(按照国家自然科学基金申请书的格式和内容要求撰写,包括研究目的、意义、科学问题、工作基础、预算和人员等)、工作计划(按照分析、设计、测试等不同职能分别撰写,格式和内容按照期刊论文要求撰写,形成论文的草稿,包括目的和引言、方法、结果、讨论、结论、遗留问题和解决计划等)、分配给本科生或研究生做的学位论文、期刊论文、技术报告、数据文件等。

10.1.4　制订研究计划的要点

很多研究生甚至本科生都在撰写学位论文时接受过科研方法训练。当学生毕业后加入高校、研究院所或企业研发部门开展工作时,也经常面临大大小小的科研任务或产品研发任务。制订研究计划是每个科研人员必须掌握的基本技能。无论人们在日常工作中是否意识到,研究计划其实总是存在的。无论是以正式的书面形式还是非正式的口头形式,研究计划总是存在于每个项目开始之前,并贯穿于整个项目的执行过程中。可以毫不夸张地说,一个好的研究计划等于将论文成功地完成了一半,因为所有论点和论据都已经被深思熟虑地精心策划好,只等待按照计划产生数据并予以验证。本节论述制订研究计划的五项要点:种类、目的、方法、时间规划、结果预测。

1) 研究计划的种类

熟悉大企业产品研发工作流程的科研人员都知道,企业通常将各个部门按照职能划分为分析、设计、测试三大类。这个原因是产品需要先经过分析计算,然后才能产生设计,最后被实验验证。因此,在企业内部的工作流程中,研究计划通常是将工作分解为分析、设计、测试这三种更加具体的职能进行撰写和管理,即分析计划、设计计划、测试计划这些更加细分的计划。然而,在高校和科研院所的研究工作中,以及在向科学基金会或企业申请经费支持时,研究计划是不能按照工作职能细分的,而需要包括分析、设计、测试全部三个职能。因此,是否按照工作职能细分,是撰写研究计划的第一个注意事项。

企业产品研发中的分析工作的成果是分析报告,高校科研工作的成果通常是论文。技术报告和期刊论文有其规定的格式,本节不赘述。在产出这些成果之前,人们通常需要撰写提交并用于指导后续具体工作的科研文档包括以下两种:研究提案(research proposal)和研究计划(research protocol 或 research plan)。它们之间的区别在于论证研究理由和经费的部分。研究提案用于申请科研经费,常见于高校教师和各单位向经费颁发机构申请科研经费,说服资助者批准立项,而且经常是应研究提案招标(Request for Proposal,RFP)而撰写和提交。研究计划通常不包括经费申请内容,在研究理由的论述上有时也可以弱化,而更加重视对操作方法和结果细节的策划,通常用于提交上级审核批准,避免研究过程走错方向、走弯路或达不到要求,也用于规范约束科研人员自己的研究内容范围。研究提案和研究计划的相同点是它们都是在执行项目时需要使用的工作计划。

研究提案都是正式的文本,具有固定的格式。研究计划分为正式和非正式两种。正式的研究计划是书面的,具有固定的格式,通常用于在工作流程中提交上级或客户审批和存档。非正式的研究计划见于会议记录、白板手书拍照、个人草稿规划记录等形式。正规的单位或工作流程通常要求每个研究项目都必须具有正式的书面研究计划,以便逐级审批和存档查阅,维持研究计划的严肃性,不可随意修改。

正式的研究计划需要在标题页开列以下内容:课题标题,研究计划编号,研究人员的姓名、单位、地址、联系方式,关键词,有些研究计划要求具有摘要。

2) 研究计划的目的

科研目的需要明确解决什么问题,以及论述这个问题存在的原因和解决它的价值和意义,陈述研究理由,并且导出预测的论点,以便在方法一节导出相应的论据策划。在识别问题和预测论点的过程中,需要首先概述相关文献。这些内容与撰写论文的引言部分很相似。

3) 研究计划的方法

与论文中的材料和方法部分类似,研究计划中的方法部分需要陈述具体的理论依据和操作方法，不仅需要描述模型或实验设备，而且需要包括假设、因子、响应、边界条件，以及针对每个论点所需要产生的论据的图表格式分节策划等。具体来讲，以医学研究为例，方法包括受试人群选择、有效性评价方法、安全性评价方法、副作用评价方法、统计学方法、质量控制方法、偏倚控制措施、伦理道德遵守流程、数据收集整理和存档、论文发表政策和规定等。对于很多管理严格规范的领域，研究计划需要层层审批，不可随意修改，因为涉及资金、人员、伦理批准等。例如，在向单位的医学伦理审查委员会（Institutional Review Board，IRB）提交项目申请时，通常需要附上研究计划。

4）研究计划的时间规划

与论文不同的是，研究计划需要包括专门的一节策划各项任务的时间表，开列产生每个论点所对应论据的所需人员、资金、计算和实验资源、时间安排。

5）研究计划的结果预测

与论文中的结果和讨论等节不同，研究计划中的结果主要是预测性的草稿，包括策划的数据格式和猜测的数据趋势草图等，而非事后基于研究数据的严格事实。在展示预测的结果时，需要尽量做到实事求是和有所依据，而且需要紧扣论点，对每条论据的数据结果的格式和内容进行详细策划。数据图表的策划水平基本决定了项目的科研难度深广性水平和论文的学术水平。参考文献和附录可以作为独立的两节存在于研究计划的文末。

10.1.5　科研经费申请中撰写数据管理计划的方法

谈到数据管理，很多科研人员或许会吃惊地问："数据管理不就是把数据存在我自己的电脑硬盘或单位电脑上有序排列的文件夹里吗？有什么可谈的?"实际上，数据管理计划（Data Management Plan，DMP）是十多年前才被正式提出的概念。它受知识开放共享风潮的影响，在数据共享的呼声下，被很多公共基金组织所倡导，要求科研人员在经费申请中予以策划。而且，它正在从标准化方面影响到各个企业、科研单位和政府部门的数据管理模式。

随着人们逐步认识到科研数据共享和长期规范保存的重要性，制订并执行数据管理计划已经成为科研工作中的一个重要组成部分。科研成果的开放获取运动已经经历了大约20年的发展，目前仍旧势头迅猛。开放获取运动中的一个关键元素是公共资助研究数据的全球共享需求。欧美各国的基金组织逐步意识到规范化管理项目数据的重要性，因此诞生了数据管理计划的概念。

DMP是一份正式文档，不同的科研基金组织制订了不同的模板。它描述科研人员在项目执行过程中对全部数据的完整管理过程，包括数据概况、数据组织、元数据、数据保存、数据共享和使用方式、隐私政策、保密性、知识产权、伦理道德等相关事项。项目负责人在科研基金申请时需要提交关于DMP的简要设想陈述，确保项目参与人员能对数据管理达成共识并全程遵守规定。DMP在公共基金支持的科研项目中之所以重要，是因为它能够为科研成果提供规范化的数据证明，并以标准化工作流程确保数据的长期安全保存和重复共享利用。

目前，英美两国的主要基金会和政府科研资助机构均发布了各自的DMP政策，包括美国的国家卫生研究院、能源部、国防部、航空航天局等。这些机构在科研项目资金申请指南中均明确规定申请者必须提交DMP简述，要求申请者说明将如何遵守资助机构关于科研成果传播和共享的政策。

DMP 描述数据的内容、数量和类型，以便评审人员能够了解数据特征和失窃风险。数据类型是指文本、图形、音频、视频等文件类型。元数据是从数据中提炼出来的用于检索的数据。DMP 应包括短期数据的备份和恢复方案，以及数据保护措施，例如敏感数据的加密和解密方法、密码机制、防病毒软件、防火墙设置、用户使用权限等。DMP 还应包括数据的长期保存方式和软硬件基础设施，例如安全性较高的本地数据仓储系统或开放性较高的第三方学科数据仓储系统。出于对科研成果的保护或商业利益的考虑，有些科研人员可能不愿意在资助项目完成后马上公布全部数据。但是，资助机构通常希望申请者在 DMP 中承诺尽快公开数据的时间，以及在数据保护期内和限制使用情况下的规则。在涉及数据使用的伦理方面，DMP 应当对所有涉及人员的数据在道德规范和人身权益方面予以保护，包括对调查对象的隐私保护、对原始数据进行匿名化处理、签署知情同意和使用许可协议等。另外，DMP 还应对数据的所有权给予明确定义，避免后续产生法律纠纷。在很多情况下，数据的制造者和科研人员所属机构共同拥有数据的版权和知识产权。但是，在有多个单位合作或分包的情况下，数据的所有权协议会变得更加复杂。最后，DMP 还应对数据管理成本进行估算，包括在数据管理的整个生命周期内在各步骤上耗费的时间成本和金钱成本，例如项目人员的数据管理技能培训、软件工具、硬件设备、存储和备份服务等。

撰写 DMP 的两个主要工具目前是英国的 DMPonline 和美国的 DMPTool。这两个工具均为在线软件，用户在注册后可以使用。英国数字监护中心（DCC）与一些基金会和高校合作，于 2010 年推出 DMPonline，内置英国各大基金会和部分高校的 DMP 模板。用户能够据此填写内容，生成 DMP 文件，以 pdf、docx、csv 等格式输出。美国加利福尼亚大学联合几家科研机构于 2011 年开发推出 DMPTool，引发学术界广泛关注。DMPTool 能够在协同式在线工作环境下，允许多人对 DMP 进行编辑。这两大工具为科研人员撰写 DMP 提供了极大便利，强有力地推进了全球数据管理标准化进程。

由于科研人员在申请基金资助时撰写数据管理计划是长期的强劲需求，在英美等国，近年来已经有很多大学图书馆开始提供撰写 DMP 的咨询服务。图书馆作为传统的学术资源管理机构，在全球标准化数据共享管理系统的建设中具有得天独厚的优势，可供科研人员充分利用。

10.2 学业管理

10.2.1 顺利完成本科毕业论文的要素

本科毕业论文（或毕业设计）是中国高校的学位要求之一。毕业论文一般布置在第四学年的第二学期，在时间上与春季应聘、考研、实习等活动重叠，造成很多学生不能充分集中精力做好论文。如何成功完成毕业论文，是广大学子关心的事情。

中国本科教育要求使学生具有从事本专业实际工作和研究工作的初步能力。因此，本科毕业论文需要具有一定的创新性，但是不能与硕士和博士研究生的创新性和深入研究能力要求相混淆。无论在字数、查重率、原创性和深广性上，本科毕业论文的要求均远低于研究生毕业论文。本科毕业论文之所以重要,是因为它既是一次全面锻炼知识运用能力的机会,也是获得学士学位的条件之一。

国外的很多高校没有本科毕业论文要求,而这项要求在中国是普遍的。本科毕业论文之所以困难的原因包括以下三点:①论文的时间压缩在最后一个最为繁忙的学期,学生从事科研和写作的时间极为短促。②很多高校在科研方法课程设置方面极为薄弱,学生缺乏基本科研技能,导致在撰写毕业论文期间从查找文献到数据分析的每一步都极为困难,需要耗费大量时间学习。③很多高校没有针对本科生开设学术写作课程,加之大多数课程没有课程论文要求,使得学生分不清课程设计、实验报告与学术论文的写作格式区别,在论文写作方面举步维艰。因此,为了顺利完成毕业论文,恰当选题、提升科研能力、熟悉写作格式、通畅表达语言、遵守学术道德,成为最重要的五个要素,下面分别论述。

1) 恰当选题

毕业论文的工作量不能太大,也不能太小。在文献查阅、编程计算、制图设计、数据采集等方面的工作量如果太大,会导致学生没有时间完成,草草收场而不了了之。如果工作量太小,会造成毕业论文与课程设计的难度和规模拉不开档次。因此,指导教师需要与学生一起仔细测算工作量,做到运筹帷幄。毕业论文的选题需要能够体现综合运用专业知识的能力,具有实际应用价值,而且具备一定的创新性。但是,需要避免选题过深达到硕士学位论文的水平。选题应优先选择研究性题目。综述性题目虽然允许,但不宜过多,因为综述性论文的创新性往往只体现在对过去科研成果的批判和评论,缺乏自己的计算或实验数据实践,不利于学生达到全面实训的目的。

2) 提升科研能力

在毕业论文写作过程中,大学生需要针对以下十项具体任务有意识地培养和锻炼自己的科研能力:①文献收集和阅读提炼;②开题立意和可行性分析;③对分析计算、设计、测试的整体策划;④策划科研图表格式和数据方案;⑤学习掌握分析计算、设计、测试等科研工具;⑥方案实施和数据采集整理;⑦撰写论文提纲和策划四级目录;⑧撰写论文;⑨针对修改意见补充数据并快速调整论文结构;⑩汇报演讲和答辩。很多大学生是积极参与科研的,甚至能够在毕业前发表期刊论文。

3) 熟悉写作格式

本科毕业论文有固定的格式和样本可以遵循,包括标题、摘要、关键词、绪论、材料、方法、结果、讨论、结论、致谢、参考文献等若干部分。每个部分都有标准撰写格式和要求,第4章详细介绍过,这里不再赘述。

4) 通畅表达语言

大学生在撰写毕业论文时遇到的最大障碍是逻辑表达混乱。造成这一问题的原因是没有按照自顶向下的顺序构思写作。所谓自顶向下指的是先构造论文的四级目录(第一级:章;第二级:节;第三级:小节;第四级:段落群),然后按照技术逻辑安排第四级中的段落,最后逐句写出每一段文字。

5) 遵守学术道德

有些学生不想花时间读文献和做数据,喜欢去网上东拼西凑地抄袭,这不仅达不到利用毕业论文的机会锻炼科研能力和写作能力的目的,而且会导致无法顺利通过论文查重。有的学生甚至花钱请人代写论文。这些都是必须禁止的、违反诚信和学术道德的严重作弊行为。

10.2.2 中外博士生教育制度的异同

中外博士生教育制度是一个被几百篇学术论文和几十部高等教育管理著作论述过的经典话题。重复老生常谈的优缺点对比没有什么意义。赞扬国外教育制度的先进之处、批评中国教育制度的落后之处，更是偏颇无益和令人反感的。一种教育制度之存在，无论看似合理还是不合理，都有其历史发展的必然性和顺乎国情的道理。青年学子和博士生导师需要了解博士生教育制度中的关键环节和要素——培养目标、培养过程、文化理念，并以国际化比较的视角感悟优缺点。

10.2.2.1 培养目标中的博士生培养质量指标和学科评估指标

博士生及其导师（简称师生）共同关心的首要问题是博士生培养的质量考核标准——学校的"指挥棒"究竟是什么样的，因为师生的学术活动应当围绕"指挥棒"进行。因此，需要明确了解学校究竟在乎哪些考核指标。大学的学科评估包括三级指标。第一级指标是指学术队伍、科学研究、人才培养、学术声誉、教学质量、学生录取质量、就业成功率等。第二级指标是指在每个第一级指标下的更加详细的指标，例如科学研究中的论文著作和科研项目。第三级指标是指每个第二级指标的量化标准，例如论文数量。

中国的学科评估活动包括教育部每隔几年进行一次的国家重点学科评估、教育部学位与研究生教育发展中心举办的全国学科评估、研究机构开展的学科评估（例如武汉大学中国科学评价研究中心、校友网）。中国国家重点学科评估指标体系见表10.1。

表 10.1 中国国家重点学科评估指标体系

一级指标	二级指标	三级指标
学术队伍	教师情况	专职教师及研究人员总数
		具有博士学位人员占专职教师及研究人员的比例
	专家情况	中国科学院和中国工程院院士的人数
		长江学者、国家杰出青年基金获得者等国家级荣誉称号的人数
		百千万人才工程第一、二层次入选者，教育部跨世纪人才，新世纪人才的人数
科学研究	科研基础	国家重点学科、国家重点实验室、国防科技重点实验室、国家工程技术研究中心、国家工程研究中心、教育部人文社科基地的数量
		省部级重点学科或实验室、省级人文社科基地的数量
	获奖专利	获国家"三大奖"（国家自然科学奖、国家技术发明奖、国家科技进步奖）、教育部高校人文社科优秀成果奖的数量
		获省级"三大奖"及"最高奖"、省级哲学（人文）社科成果奖的数量，以及获中华医学科技奖、中华中医药科技奖的数量
		获发明专利数
	科研论著	CSCD 或 CSSCI 收录论文数
		人均 CSCD 或 CSSCI 收录论文数

续表

一级指标	二级指标	三级指标
		SCI、SSCI、AHCI、EI 及 MEDLINE 收录论文数
		人均 SCI、SSCI、AHCI、EI 及 MEDLINE 收录论文数
		出版学术专著数
	科研项目	境内国家级科研项目经费
		境外国际合作科研项目经费
		境内国家级和境外国际合作科研项目总数
		人均科研经费
人才培养	奖励情况	获国家优秀教学成果奖数
		获全国优秀博士学位论文及提名论文数
	学生情况	授予博士学位数
		授予硕士学位数
		目前在校攻读博士和硕士学位的留学生人数
学术声誉	学术声誉	学科声誉、社会贡献、学术道德等

相比之下，美国的学科评估主要由《美国新闻与世界报道》(US News & World Report)周刊定期进行，见表 10.2(括号内数字为权重)。

表 10.2 美国学科评估指标体系

工学院一级指标	工学院二级指标	商学院一级指标	商学院二级指标
教学质量(0.4)	同行评审评分(0.25)	教学质量(0.4)	同行评审评分(0.25)
	雇主评审评分(0.15)		雇主评审评分(0.15)
学生录取质量(0.1)	GRE 数学平均分(0.0625)	就业成功率(0.35)	应届毕业生就业平均起薪加签约奖金(0.14)
	录取率(0.0325)		刚毕业时平均起薪加签约奖金(0.07)
学院资源(0.25)	博士生与教师比(0.075)		三个月后平均起薪加签约奖金(0.14)
	硕士生与教师比(0.0375)	学生录取质量(0.25)	GMAT 平均成绩(0.1625)
	教授和研究人员在国家工程院院士中所占比例(0.075)		本科平均成绩 GPA(0.075)
	本学年授予博士学位的数量(0.0625)		录取率(0.125)
科研活动(0.25)	总科研经费(0.15)		
	教师人均科研经费(0.10)		

由表10.1与表10.2的对比可见,美国的考核指标主要体现为授予博士学位人数、科研经费及毕业生就业薪资情况(经历了市场需求考验所反映出来的博士生质量发展状况),而并未体现出中国对论文数量和获奖数量的硬性考核指标。关于博士毕业时必须发表的期刊论文数量和档次甚至引用次数的要求,这种量化指标在建立博士生培养制度的初期阶段具有一定的规约性积极意义。但是,纵观世界一流大学,几乎没有博士生毕业时的论文发表数量要求。这或许是因为这些学校的教授都不愿意"自贬身份"而把自己和博士生的科研业绩交由期刊同行评议的审稿人来评判和决定命运,而这些审稿人可能只是初出茅庐的后辈或甚至外行(某些大同行,而非看得懂论文的小同行),因此他们无法得到大学教授在学术上的完全尊重和信任。所以,这种按照期刊论文的数量和影响因子来量化的指标要求实际上是一种值得商榷的做法。而且,不同的学科领域在论文和专著方面的发表习惯完全不同,很难做到统一要求。另外,对于论文数量的过度重视容易导致科研人员丧失学术精神而变得非常功利,造成拆分发表和论文灌水现象严重,以及发表论著的"点数文化"盛行。因此,在中国著名高校取消博士生毕业时的论文发表数量要求,具有积极的进步意义,能够加强教授治学的尊严和权力。

"唯项目经费论"是国内外高校共同的潜在缺点,因为项目经费并不代表学术水平。而且,在某些国家,在科研项目经费申请过程中可能存在着不公平现象或腐败交易现象。

10.2.2.2 培养过程中的博士生的训练、考核和淘汰制度

中国通行的博士生培养环节包括以下八个:课程学习(1～2年),资格考试,开题报告,社会实践,学术报告,发表期刊论文(小论文)达到指标,学位论文(大论文)评审,学位论文答辩。

科研方法是学术素养的重要组成部分,也是研究生在开展科研工作阶段首先必须掌握的基本技能。目前世界上的多数大学均普遍缺乏在学术素养和科研方法上进行系统性正规化训练,具体体现在研究生课程中大量缺失关于科研方法的课程,以及研究生不知道如何做科研。这两个问题对于中国的研究生教育尤为严重。随着每个导师培养的博士生数量快速增加,过去那种师徒式或在课题组内"师兄带师弟"的一对一传授模式显得效率低下和不够系统完整。开设正规化训练课程是解决大规模培养博士生问题的必然选择。

国内外有些中学和大学的教学仍然没有完全摆脱应试教育模式,造成教师容易采用"满堂灌"的"唱独角戏"式的枯燥教学模式,而且过于重视讲授知识,却忽视激发学生的参与感和创造力,造成学生感受不到学习压力、忽视课前预习和课后复习,不利于调动学生的学习积极性。甚至在研究生阶段的课程中,多数学校仍然尚未采用课程论文考核制度。相比而言,有些国家的学生从小习惯于接受每次课前动辄翻阅几百页资料进行自学和思考并提出问题的"研讨会式"或"案例式"实用教学模式,要求学生在修课过程中阅读量大、阅读速度快、写文章快。与其相比,中国的研究生教育仍旧大量继承高中生和本科生的"填鸭式"落后教学模式,造成"高分低能"的应试型研究生,读文献少且慢,非常不利于培养博士生的思辨能力、批判性思维能力和发现问题并解决问题的创新能力。

中国博士生的文献阅读训练量不仅在修课时普遍远低于国外的研究生,而且在要求的课程数量上也比国外少(通常少一半)。减少课程负担固然能够使研究生有更多的时间投入某个相对狭窄的专题的论文科研,但是以牺牲必要的基础课程、专业课程和开阔视野的跨学科课程为代价,非常得不偿失。

中国博士生在研究生入学考试的前后状态类似于参加高考前后的本科生状态,就是"严进宽出"——考前非常努力而紧张,一旦被录取,就开始放松,造成"入学前最辛苦,入学后最轻松,毕业前搞突击"。这种状态非常不利于提升博士生的培养质量,也是博士生创新能力缺失的最主要原因之一。这种状态与某些国家研究生教育"宽进严出"的状态刚好相反。究其原因,国内外有些学校的博士生中期考核或资格考试经常形同虚设,造成"没有毕不了业的研究生"的奇特局面。这里面深层次的原因其实是导师的论文数量考核指标的功利性导致学校和导师都不愿意将作为帮助导师撰写论文的研究生"劳动力"在学制中期淘汰掉而造成在发表论文数量指标上的损失。实际上,如同让研究生少修课一样的错误思维,将中期考核或资格考试形同虚设实际上是既害了博士生本人,也伤害了博士生培养质量这一学校的长远利益。中国的博士生培养制度应当有勇气借鉴并引入美国的严格的博士候选人资格考试制度,将10%~20%在课程基础或科研基础上不合格的博士生中途淘汰掉,不要有舍不得放走"劳动力"的想法或损害导师学术声誉的顾虑。

需要注意的是,中国实行的由校外专家对研究生学位论文实行"盲审制"的做法或许比较合理,至少比国外采用的纯校内导师委员会评审论文的做法更为严格。

10.2.2.3　文化理念中的师生关系和博士生制度中的供需道德

1) 实践精神

由于很多博士研究生在毕业后去大学任教,为了让博士生获得教学实践机会,助教(teaching assistant)制度在美国的博士生教育中非常普遍,有些学校甚至强制规定博士生必须担任两年的助教工作,帮助学院内的教授上本科生或硕士研究生的实验课、批改作业、答疑辅导等。中国的研究生助教实践制度尚未完善,应当在博士生教育中予以确立。

2) 独立精神

在国外高校,为了防止在学术上拉帮结派,鼓励独立的学术精神,对学术近亲繁殖非常排斥。例如,美国通常不允许本校毕业的博士生留校任教。而在国内外有些高校,由于人际关系、学术流派和个人与团队之间的各种利益关系,学术近亲繁殖的留校任教现象仍然有些严重。

3) 自信精神

中国传统文化中有一条谦虚的美德。但是,谦虚并不等于否定自己。而且,中国人总喜欢让别人来肯定或承认自己,而不是由自己来肯定自己。这种文化理念体现在中国人总是喜欢在自己写的作品中加上一句"水平有限,错误难免"之类的谦辞,或者在选举时不好意思自己投自己一票,生怕被别人耻笑,虽然其实自己真心觉得自己的作品是非常完美的,而且也特别想自己投自己一票。这种没有自信的文化在美国这样的实用主义国家是完全吃不开的。美国人会纳闷和质问:"你的作品为什么会错误难免?你为什么不把所有错误都纠正了再出版?你如果自己都对自己没有信心而不肯投自己一票,我凭什么相信你有这个资格和能力呢?"因此,放下虚伪,表达自信,收敛傲慢和狂妄,是博士研究生应当具有的正确治学态度。

4) 公平正义

科研人员最看重的就是论著的作者排名,因为这标志着劳动成果的归属。无论中国还是国外,作者排名和科研项目补贴都是研究生与导师关系紧张的两个最大原因,因为它们涉及是否存在"剥削"的问题。国内外的年轻学者需要论文成果以便晋升职称,如果导师道德缺失,很容易发生与博士生争抢第一作者的事情,即把学生的创意和写出来的论文抢占为自己的论文,这会造成师生关系严重对立。很多学校承认通讯作者与第一作者具有相同的科研业绩统计效力,或者承认共同第一作者,从某种程度上缓解了导师和学生争抢第一作者的困境。当然,如果论文的创新点和主要贡献都来自导师,那么导师署名第一作者是完全公平公正的。

5) 供需道德

提供服务的一方是供方,接受服务的一方是需方。供方收钱,需方付钱,就好比去餐馆吃饭,顾客需要向餐馆付钱,而不是反过来让餐馆向顾客付钱。在教育问题上,提供教育服务的一方(学校,包括导师)是供方,接受教育服务的一方(学生)是需方。如果不写学位论文,只修课,那么供需道德非常简单,就是应该由学生向学校支付学费。学术界的供需道德被论文科研这一"社会责任和神圣使命"复杂化,体现在对写学位论文是否应当由研究生向学校支付学费这个问题的争论上。简单来看,由于学位论文也是学位教育的一部分,学生理应向学校支付学费,而学校向导师支付工资作为指导研究生的劳动报酬。但是,由于学位论文及其衍生的期刊论文对于学术界和全人类具有知识贡献,有些研究生觉得为了撰写学位论文而向学校支付昂贵的学费并自己负担生活费是不合理的。考虑到研究型学位的研究生对学术界和全人类所做的知识贡献,各国均普遍对撰写学位论文的优秀研究生给予奖学金或助学金(助教或助研)补贴,有些国家通常还能够全免学费(例如美国),以实现某种道义上的支持。

6) 师生关系

过去研究生称导师为"老师"。后来在美国的很多学校和中国的一些学校,研究生称导师为"老板(boss)"。按照所谓老板的定义,就是给自己发工资的人,表示一种雇佣关系。助教的工资是学校发的,与导师基本没什么关系。助研的工资是导师从课题组的项目经费中发给研究生的,作为学生帮助完成与学位论文无关的科研项目的劳动报酬。如果导师不顾研究生的毕业需求,大量占用学生的时间,并仅为学生提供少量生活补贴,使研究生沦为导师的附属品或廉价劳动力,为导师完成科研项目或企业项目,研究成果和论文署名权却归导师所有,所获物质利益的大部分也由导师占有,那就非常不道德和不合理了。但是,如果学生拿该科研项目的数据和论点去撰写学位论文和发表衍生的期刊论文为了自己毕业,仅从供需道德的原则上讲,学生是不应该领取助研工资的。换言之,如果导师为研究生的毕业论文发放助研工资,研究生应当对这种道义支持心存感激,而不应视为廉价"剥削"。另外,按照目前美国学术界的惯例,博士后的工资仅为正式员工的 1/2 或 1/3,博士后在发表的论文上署名第一作者,人们都普遍接受这些做法,并不认为里面存在不合理的剥削现象。总之,研究生与导师之间的关系应当是一种互相尊重和互相爱护的平等关系。国内外的研究生与导师均需明晰供需道德和学术道德,注意在毕业论文选题、科研项目工作量、论文署名排序、物质利益分配等方面避免产生矛盾和对立情绪。

10.2.3　撰写博士入学研究计划的方法

国内外的很多大学在招收博士研究生时要求申请者提交一份博士入学研究计划书(PhD research proposal)。这份文件的质量直接影响录取成功率。撰写这个研究计划有哪些原则和常见的错误,是广大青年学生所关心的。

1) 博士入学研究计划的重要性

在从入学到毕业的整个博士学习期间,有几个关键节点,包括入学申请、资格考试、开题报告、论文答辩等。其中,入学申请的重要资料包括本科和硕士期间的成绩单、各种所需的入学考试成绩、推荐信、自述、博士入学研究计划。博士候选人资格考试主要考核博士研究生在课程方面的基础扎实程度,一般发生在修完各种课程后。开题报告答辩一般发生在论文课题确定之后,与课程是否修完或是否通过资格考试通常没有严格的时间顺序关系。开题报告用于审核博士论文的创新性和可行性。毕业前的博士论文答辩用来考核博士研究生的学术研究能力。本节所说的博士入学研究计划不同于开题报告,是专指在入学申请时提交给招生委员会的教授们看的一份计划。这份计划如果写得不好,会令人质疑申请者的学习动机、科研能力和研究可行性,从而直接威胁入学录取。

2) 博士入学研究计划的撰写要点

(1) 研究题目。题目需要简洁而清晰地描述拟研究的内容,避免范围过大和空泛。需要注意的是,博士入学研究计划不是入学后的开题报告,因此在课题上具有很大的未来可变性。它只是在入学申请时在学科大方向兴趣和科研能力上的一种展示,并不是一份固定不变的合同。但是,由于有些博士研究生的学业是在院系的自由科研经费资助下完成的,那么招生人员必须考虑研究计划是否符合院系的学术发展目标和科研利益,这就要求入学研究计划需要具备一定的课题严肃性,在大方向上不能随意发生较大变化。另外,有些博士研究生的论文课题是由导师的科研经费资助的,将来是否能够换课题,需要与导师商议确定。

(2) 研究导师。如果有已经联系好的导师,可以在计划中陈述导师姓名。实际上,很多申请者在提交入学申请前就着手联系导师了,并且请导师审阅和有针对性地修改入学研究计划。

(3) 研究大纲。需要开列拟开展研究的关键内容,包括做什么、为什么做、怎么做、有何基础、预期结果这五个方面。

(4) 研究目的。衡量博士研究课题质量的主要标准是前沿性、应用性和可行性。因此,需要根据自身优势和研究年限选择具有应用价值的前沿课题,需要用逻辑清晰的方式详述研究目的。

(5) 研究背景。从重要性和逻辑上简介为什么要搞这个课题的研究,包括文献综述、重要文献,展示对该领域的初步了解,避免重复不必要的工作。

(6) 研究方法。综述拟采用的研究方法,包括理论分析推导、数值模拟计算、实验验证、所需材料和设备等。简述拟采用方法的理由,以及先进性和局限性。

(7) 工作基础。陈述自己为什么具备开展拟定研究计划的能力,包括过去发表的论著和具有的相关技能。

(8) 工作计划。需要将具体工作内容分解成若干任务,按照学制时间表制订可实施的计划。

(9) 所需资源。陈述设备要求和预算资金要求,需要有针对性地论述拟研究内容如何与所申请院系和导师的现有资源相配合,论证研究计划的可行性。

(10) 预期贡献。简介拟解决什么问题、有什么新发现、使用的新方法。

(11) 参考文献。开列在论述上述各要点时所涉及的关键参考论文、书目、网页等资料。

3) 博士入学研究计划的"四要"

博士入学研究计划的"四要"具体包括:①题目范围要大小适当;②论述逻辑要清晰递进;③工作方法要具体透彻;④资金时间要预算合理。

4) 博士入学研究计划的"四不要"

博士入学研究计划的"四不要"具体包括:①预期贡献不要流于空泛;②课题背景不要闭门造车;③论述内容不要来回重复;④文字质量不要粗制滥造。

5) 针对学校和导师撰写博士入学研究计划

申请高校时,博士研究生入学申请者容易犯的一个错误是写好一份研究计划后不加区别地投送给不同的学校或教授。这样做虽然很省事,但是非常有害,会直接威胁录取机会。首先,这样做会削弱研究计划的可行性,甚至会闹出所申请的学校根本没有专业对口教授的笑话。另外,这样做会削弱研究计划的严肃性,导致招生教授对学生的真诚程度持有怀疑态度。因此,一定不能图省事,必须认真针对每个学校和教授的不同情况,在研究计划中撰写有特定联系的内容,包括研究领域、设备资源、职业发展等方面,这样写出来的博士入学研究计划才能够引起评审者的极大好感和兴趣,大大增加被录取和授予资助的机会。

10.2.4 有效管理博士学位攻读时间的方法

获得博士学位是人生中的一个重大里程碑和最重要的成就之一。从本科毕业算起,通常需要经过至少 4~5 年的学习和研究,才能获得博士学位。从硕士学位算起,至少需要 3 年时间。攻读博士学位的过程都有哪些重要的时间节点和主要任务,是广大青年学生所关心的。

以美国的博士学制为例,研究生入学后需要先经过 1~2 年的课程学习,修满所需的课程学分。然后,选择论文导师,确定毕业论文的课题,准备开题论证答辩。在通过博士资格考试后,开始进行学位论文的研究工作,发表阶段性期刊论文,撰写博士毕业论文,最后提交给论文评审委员会审阅,并通过论文答辩,取得博士学位。

因此,如果把攻读博士学位看成一个大型项目,从任务时间管理的角度来看,读博历程可以归纳为以下八个重要节点:①完成课程;②选择论文导师,确定毕业论文课题并开展预研;③通过博士资格考试的笔试部分;④通过博士资格考试的口试部分(论文开题报告);⑤完成研究工作;⑥发表期刊论文;⑦撰写博士论文;⑧通过毕业论文答辩。

以下按照典型的 5 年(60 个月)的八步读博历程,简要规划每个重要节点上的主要任务,指出风险和所需花费的时间。

1) 完成课程(24 个月)

课程的选择需要根据博士资格考试要求、毕业论文科研所涉内容、博士毕业要求来进行。课程数量的选择以学费能否承受、是否影响博士资格考试和论文科研而定。一般来讲,除了必修的基础课、专业课和对学位论文科研有直接帮助的课程外,需要尽量选择具有普适价值的通用基础课程或通用技术课程,例如,对于理工科学生,试验设计与优化技术、可靠性工程、系统工程就是这样的普适课程。如果在课程中能够获得特别优异的成绩(例如在工程数学上获得 A^+),有些学校可能会在博士资格考试中豁免这门课程的考试。

因此,需要争取学好关键课程。

2) 选择论文导师,确定毕业论文课题并开展预研(5个月)

在美国读博,多数学生是能够获得经济资助的,其主要形式为助教(teaching assistant,TA)或助研(research assistant,RA),并全免学费。助教或助研通常需要在校内每周工作 20 小时,每月收入 1 000~2 000 美元。如果入学时助研的"老板"就是自己的论文导师,那么毕业论文的课题早在入校的第一年就能确定。助研的工作内容与毕业论文直接相关,是一举两得、非常划算的好事,等于是在为自己做论文的同时还能有科研收入。理论上讲,学生为自己做论文,是不应该有收入的。但是,从社会道德和发表道德上讲,就如同论文的作者或许不应该为发表论文支付版面费一样,博士生为学校和社会做出科研贡献,或许不仅不应该缴纳学费,而且或许应该从学校获得一定的生活补助。因此,论文导师有权力根据这些情况决定助研的报酬多少。选题和预研工作主要包括科研课题比较、阅读文献、撰写文献综述、熟悉已有工作和工具设备、开展初步研究,确定毕业论文课题的创新性和可行性。关于科学性(正确性)和完整性(深广性)的补充,可以放到通过博士资格考试后进行。

3) 通过博士资格考试的笔试部分(3个月)

美国的博士资格考试非常严格,尤其是名校的,这是美国教育体制确保博士水平的重要举措。一般来讲,需要集中几个月时间复习备考,以便能够通过长达一天 8 小时的闭卷或开卷考试。

4) 通过博士资格考试的口试部分(论文开题报告,1个月)

在选定论文评审委员会成员后,需要针对毕业论文的创新性和可行性完成开题答辩。

5) 完成研究工作(18个月)

根据毕业论文的论点和各章的论据策划,需要妥善安排分析计算、设计、测试等工作。假设如果有六个重要论点,用以形成博士论文所需要具备的论点水平和规模,那么平均分配到每个论点的研究时间只有 3 个月,而且需要考虑分配其中一部分时间(例如 1 个月)用于补充阅读大量文献。所以,留给实际操作的科研时间是相当紧张的,即每个论点只有两个月时间完成,还需包括出错重做的返工时间。而且,还需要考虑被论文导师拉去做与毕业论文不相关的科研项目所占用和损失的时间。这 18 个月的时间是继博士资格考试后最令人焦虑的时光,主要出于以下三个担忧:①科研难度造成的研究进展迟滞;②助研表现和对导师是否能够继续给予经济资助和豁免学费的担心;③与导师的关系和苦恼(例如期刊论文第一作者的署名问题和为导师工作的报酬问题等)。如果博士研究生不能顺利渡过这个艰难时期,可能会被迫中途退学,造成学业功亏一篑。

6) 发表期刊论文(3个月)

在完成阶段性科研工作后,论文导师通常希望研究生能够在 SCI 或 EI 期刊上发表论文和参加国内外学术会议。发表期刊论文也经常是学校的毕业要求之一,同时对于申请博士后职位和工作岗位也很有好处。撰写论文(尤其是英文论文)、按照同行评议审稿意见大修论文、准备会议报告都非常耗费时间。如果按照发表 3 篇期刊论文策划,每篇论文需要预留 1 个月的工作时间来应付这些事情。

7) 撰写博士论文(3个月)

在最后一年,需要集中几个月时间将过去几年的全部科研成果汇总成为一篇博士毕业论文。在撰写论文的过程中,难免需要花费时间修改论点、补充数据和阅读文献。

8) 通过毕业论文答辩(3 个月)

在博士论文完成后,需要给论文评审委员会预留足够长的时间进行审稿和给自己留足时间完成修改。同时,研究生会在这个阶段集中求职和应聘。最后,需要完成学校规定的各种毕业论文手续和论文答辩。

按照以上时间节点列表和项目时间分解管理办法,能够将每个阶段的具体任务有效分解成为每个月和每个星期的任务,并充分预留应急的"预备队"时间,确保整个读博历程按照准确的时间规划控制如期完成。

10.2.5 成功通过博士资格考试的要点

博士是令人尊敬的学衔,代表学识和能力。在人们羡慕崇拜的目光中,很多人并不知道学子们背后付出的全部艰辛。其中一个让许多博士最为记忆深刻而却又不为人知的艰辛便是博士资格考试(qualifying exam)。很多人知道美国名牌大学的博士含金量高,但是如果具体问起来为什么含金量高,许多人恐怕答不出来,可能只会说博士论文要求严格、课程考试标准严格等。实际上,含金量高的首要原因是美国名牌大学的博士资格考试极为严格,导致大量学生被中途淘汰。美国大学的博士资格考试非常有名,而世界上很多国家尚未设置博士资格考试。

当入学申请者被博士班录取后,需要完成主要课程的学习,并在一定时限内通过博士资格考试,然后才能被称为"博士候选人"(PhD candidate)。博士候选人继续完成学位论文,并通过论文答辩,才能获得博士学位。

关于完成博士资格考试的时限,每个学校制订了不同的规定,通常是在入学后 2～3 年内,也有些学校要求在 1～1.5 年内,具体时间与考试涉及的课目内容有关。博士资格考试通常包括闭卷笔试和研究计划口试答辩这两部分。口试答辩需要研究计划评审委员会的教授们予以裁定。

因此,博士资格考试与以下五个因素密切相关:所涉课程,复习备考笔试部分,撰写研究计划,准备口试答辩,选择研究计划评审委员会成员。以下是成功通过博士资格考试的五个要点:

第一个要点是根据笔试要求在修课时有针对性地学习和记忆。每个学校都会公布博士资格考试笔试部分的科目内容。例如,有的学校的机械工程系规定数学是必考科目,并允许博士生在以下三个方向中任选两个:力学和振动、热流科学、材料科学。其中,力学和振动涉及多门研究生课程,包括理论力学和机械振动等。热流科学包括工程热力学、传热学、流体力学等研究生课程。考试的时间短则 2 小时一个方向,长则 8 小时一整天覆盖所有方向。另外,有的学校的化学系采用每月考一次不同科目的方式,连续滚动考核 16 个月,分别由 16 个教授出题。学生在 16 次内通过 4 次算笔试合格。而且,研究生被要求一入学就必须参加每月的考试,无论是否学过相关课程。那么,对于没有学过相关课程的学生来讲,可能会出现在第一年内全部 12 次考试都无法通过的危险。这些考试的内容难度大、涉及面宽,多数采用闭卷形式,要求学生具有扎实的专业基础和很强的记忆能力及理解能力。很多研究生由于无法通过笔试而被淘汰。例如,有些学校的淘汰率高达 40%。笔试是美国大学博士资格考试淘汰学生的主要方式。

第二个要点是根据笔试要求在复习备考阶段集中梳理知识。复习备考对于很多博士生来讲都是挥之不去的痛苦记忆。在短短几个月内需要集中复习大量课程的知识,并记住很多基础内容和公式,应付闭卷考试。这对于人的精力、体力、记忆力都是一个巨大的挑战。

第三个要点是撰写简短有力的研究计划。撰写并口试答辩与学位论文相关的研究计划是博士资格考试的第二部分。研究计划包括以下简要内容:标题,摘要,引言(介绍研究工作的意义),研究目标和假设,文献综述,研究方法,初步结果和讨论,未来工作计划和时间表,参考文献。研究计划基本构成毕业论文的初步框架或设想。因此,在选题和撰写过程中,需要尽量多与研究计划评审委员会的教授们商议,获得认可和支持。需要注意的是,博士资格考试的目的除了考核学生的专业能力,还检查导师是否能在所涉领域为研究生提供足够的专业指导和研究资源,以及是否需要补充其他指导教师资源进入该课题。这些问题都能在撰写研究计划时暴露出来,需要提前予以解决。

第四个要点是操练娴熟的口试答辩技巧。研究计划是写在书面的文件。书面工作的质量再好,也不代表肯定能够通过口试答辩。因此,需要尽量掌控答辩中可能触发提问的汇报范围,并完全熟悉自己所做的工作内容。为了避免评审委员会的教授们提问自己不熟悉的内容,研究计划应避免出现知识盲点,因为那些内容一旦被一知半解地写进研究计划,或站在台上讲出来,就可能被追问深究。

第五个要点是与研究计划评审委员会的教授们有充分的交流沟通。评审委员会的人员组成通常包括毕业论文指导教师、本系相关专业的其他教授、外系或外校的教授等。这些人员通常按照学校的规定范围由导师和学生自己选择确定。确定人选后,应当尽量与评委教授们进行充分的交流沟通,让他们了解自己,以便获得支持。

10.3 科研方法

10.3.1 提高科研效率的方法

很多研究人员迫切希望提高科研工作的效率,实现快出成果和早出人才。虽然科研工作无法拔苗助长,很多该做的步骤是不能跳过的,但是从系统工程的统筹角度来看,科研效率是能够经过优化而大幅度提高的,实现在科研全过程的"大规模""大纵深"操作。本节针对科研工作中的目标、方法、数据处理、撰写英文论文、选刊投稿这五个关键问题,论述提高科研效率的方法:

1) 选题需要准确,避免方向性错误

科研成果的主要形式是原创型论文。论文的论点是新发现、新方法、新技术。酝酿论点的过程就是选择科研方向或课题的过程。如果方向选错了,势必造成在产生新发现、新方法、新技术方面出现巨大困难,造成论文无法发表在具有较高水平的期刊上,浪费时间和资源。因此,提高科研效率的第一个要点是选准科研课题。水平较高导师的最大贡献也正是在这一方面,因为他眼界开阔,熟悉学术界动向和工业界热点问题,对于科研问题的学术凝练升华也具有较高造诣。在目前各个学科纷纷抱怨容易摘的果子都已经被别人摘走了的形势下,如何攻坚克难或另辟蹊径,做出具有重大意义和较高显示度的科研成果,需要使用系统工程思维方法对学科课题进行梳理,并注意开辟跨学科研究,确保所选择的科研方向具有丰富广袤的耕耘空间和可持续发展空间。

2) 方法需要先进，避免走弯路

每个学科都有自己的专门的科研方法，无论是实验方法还是理论分析或数值计算方法。抛开各学科之间的专业差别不谈，理工科研究工作具有以下三个重要的通用基础方法，需要在科研工作中大力提倡和使用：系统工程方法，试验设计与优化方法，可靠性工程方法。提高科研效率的第二个要点是采用这些先进的方法创造论点和产生论据。水平较高的导师的第二个主要贡献也正是在科研方法指导上，不仅包括本专业的具体专门方法，而且包括上述三大通用基础方法。

有以下这样一个例子足以为鉴。某著名发动机企业的科研人员多年来一直在闭门造车的情况下津津乐道于自己对计算方法的熟练运用。由于一个偶然的机会，公司请到业界一家著名咨询公司的专家参与项目合作。专家指出，这个问题可以使用试验设计中的响应曲面方法进行优化处理，能够极大提高数据质量。当项目完成后，公司的部门主管感叹道："我们为什么没有在前几年就知道响应曲面这一重要方法呢？我们这么多年都走了弯路！"这个例子充分说明，必须开阔视野，不仅科研目标要准确无误，而且科研道路也需要找到最畅通无阻的捷径，让科研成果最"出彩"。

3) 数据处理需要使用模板，避免耗费时间进行重复性操作

科研工作通常不是一次就能够成功的，往往需要反复重做和返工。这一方面是因为计划不周密造成的，另一方面也是因为科研工作本身的不确定性的性质造成的。那么，大规模反复处理数据和制作图表就可能会成为一项非常耗时的工作。因此，必须建设和使用自动化模板，使过去需要耗费一天时间的工作量变得在几秒钟内迅速自动完成（详见第6.9.4 节的五线图，图 6.14）。所以，提高科研效率的第三个要点是建设和使用数据图表处理模板。好的导师或部门主管的重大贡献也正是在这一方面，因为这项工作涉及统筹策划课题组内不同人员之间的数据处理需求和统一模板甚至软件的开发。论文图表是数据和论据的核心体现。高水平和高效率的科研工作往往直接体现在数据处理的水平上。

4) 撰写英文论文需要使用"翻四校润"法，避免事倍功半

很多作者希望将高水平的科研成果投稿到具有较高影响因子的 SCI 英文期刊。这就涉及直接撰写英文论文或将中文论文翻译成英文的问题。许多作者由于英文水平有限，在这一环节举步维艰，耗费了大量时间，却无法拿出合格的英文稿件。快速解决这个难题的根本办法是使用"翻四校润"法（详见第 7.8 节）。

5) 选刊和投稿需要使用模板，避免遗漏重要内容

论文成稿后，无论是中文论文还是英文论文，都面临选刊和投稿的复杂问题。选刊和投稿是一项硬技术，涉及构造文书模板、撰写投稿前问询信、投稿信、标题页等关键步骤。由于选刊和投稿的过程所涉细节纷繁复杂，稍不注意就会遗漏重要内容，造成工作效率低下、来回返工，甚至根本没有机会补救错误，而且由于论文经常需要经过几次投稿后才会被录用，因此，使用模板进行大规模的选刊和投稿操作是提高科研效率的必经之路（详见第 8.4.2 节）。

10.3.2 提高科研工作重现性的方法

令学术界和工业界倍感困扰的一个问题是科研工作的不可重现性，使得大量已发表

的科学发现沦为不可靠的、不可信的或虚假的结果。复现性、可重现性、可再现性或可复制性（reproducibility）、可重复性（repeatability）、可验证性（verifiability）讲的都是同一个意思。虽然有些学者去深究这几个词之间的细微区别，例如有人严格区分说重现性是在不同条件下复制，而重复性是在相同条件下复制，但是这种用词之间的区别的现实意义不大。它们说的都是科研成果能够被自己或他人复制重现的程度，具体包括数据或结论的可重复性。对于非概率性数据，如果使用相同的输入条件和工作方法，数据应该能够被重复出来。对于概率性数据，虽然数据无法原样复制，但是结论应该能够被重复出来。本节论述重现性问题出现的原因和规范措施。

众所周知，科研工作的创新性是以科学发现、科研方法、技术产品中的任何一条出现新颖的创意为标志。那么，创新性必须展示稳定的、可以多次反复出现的、可以被验证的结果，这样才有研究的意义，例如某项生物医学的细胞技术。这并不是说报告在大自然界或宇宙学领域观测到的一过性的、不可重现的新的自然现象就没有意义，这只是说在人类认识世界和改造世界的过程中，绝大多数的有意义的科研工作都不能是偶然的、不可重复的。科研工作的科学性（正确性）和完整性（深广性）亦然，也必须能够被重复验证。

不可重现性问题产生的原因包括科研方法和学术道德两个范畴。在科研方法中，科研工作种类包括理论推导、数值计算、实验测试三大类。科研数据包括确定性数据和概率性数据两大类。在科研工作过程中出现的任何不规范的做法和报告方式，都可能导致自己或他人无法重现科研结果，包括对一个公式的理论推导、对一个设计点的模拟计算、对一套临床样本数据的测试分析等。在学术道德中，数据造假是十大学术不端现象之一。数据造假是科研结果不可重现的一个主要原因，这从不少期刊由于收到举报而撤稿频发就可见一斑。

不可重现性问题为社会带来巨大的学术成果误导或资源浪费。从小处说，它是学术不严谨。从大处讲，它是故意欺诈。例如，很多医药公司根据发表在著名期刊上的癌症研究论文开启了昂贵的药物研发项目，但是却发现仅有 10% 的发表成果的结论是可以被重现的，导致 90% 的项目被迫取消，造成巨大的资源浪费。

影响科研工作重现性的因素包括以下五个：

1）学术不端中的数据造假

与科研工作中的诚实性错误和疏忽不同，数据造假是具有恶意的故意欺骗行为。造假的动机和行为方式有很多种，包括明知故犯的选择性发表，把并不具备代表性的偶然性数据挑选出来作为必然性数据予以宣称发表，或"报喜不报忧"，以及篡改和编造数据，为了编造创新性来发表论文。

2）科研工作过程的标准化管理和实施

科研工作中重现性问题最大的原因来自工作执行阶段的不规范和发表论文阶段的不规范，导致自己和他人无法重现数据或结论。因此，学术界和工业界越来越强调标准化规范和数据质量控制的重要性，包括实验测试要求具有一定的重复数量或样本例数，使得均数可信、标准差稳定，并使得样本的统计量能够代表总体的参数，使得统计推断准确可靠等。另外，研究人员不能控制的噪声变量（noise factor）和随机化导致的假阳性等也都可能降低研究结论的重现性。各行各业的科研工作标准化流程方法、统计学规范方法和对复杂数据的分析方法均有所不同。在这方面的标准化研究或推动倡导的贡献无疑是重要和令人关注的,因为重现性问题已经成为一个令学术界和工业界高度担忧而亟待解决的热点问题。另外,工作报告中的数据质量管理也是业界需要大力执行和完善的。

3) 科研论著中的方法报告和披露

为了鼓励或要求论文的作者在论文的方法部分或附录部分详述数据产生的过程,很多期刊已经放开了字数要求,甚至规定了标准化格式模板清单(包括试剂的供应商名单编码),并要求上传共享数据,以期解决重现性问题。导致他人无法重复已发表工作的原因主要是因为论文中报告的研究方法不够充分和详细,例如对于设备、试剂、软件、输入条件、试验方案、随机化、盲法、样本量估计、数据处理等方面的描述。所谓的随机化是指受试者应当被随机分配到各试验组,并报告随机化方法,以及对数据的收集和处理应当随机化进行。所谓盲法是指在分配方案隐匿时,研究人员应当不知道接下来的受试者将会被分配到哪一组;在进行试验时,研究者应该不知道分配顺序;在研究者评估试验结果时,应当不知道干预的情况。所谓样本量估计,是指应当设计合适的样本量。所谓数据处理,是指应当提前制定停止数据采集的规则与数据的纳入和排除的标准,明确如何定义和处理异常值,规定数据删除的规则,报告试验的操作频率,以及结果是否能在一系列条件下被重复证实等。

另外,也有一部分作者为了保证研究的竞争优势而没有在论文中披露全部的研究细节和数据产生方法,故意不让同行进行验证,从而使得发表的论文的应用价值受限,甚至被指控数据造假。这种情况是不可接受的,因为发表论文与申请专利或商业秘密(trade secret)保护有所不同。

4) 同行评议纠错

期刊论文的同行评议是学术界对重现性问题的第一道把关,发生在论文发表之前。目前,在同行评议中比较突出的一个问题是审稿人普遍对方法部分论述完整性的审核不够重视,缺乏确保重现性所需具有的学科知识、标准化流程规范意识和审稿要求。这是期刊需要努力鞭策改进的一个短板。

5) 同行监督举报和鼓励机制

同行监督举报是学术界对重现性问题的第二道把关,发生在论文发表之后。重现性问题在论文中泛滥成灾的重要原因是学术界不鼓励发表验证别人成果结论的论文,因此很少有学术研究人员会花费时间精力和经费去重复验证别人的工作,除非具有极高显示度的热点课题,这时会有一些科研人员为了开展自己的跟随性研究而先复制一下他人的工作作为科研基础。这种现状造成方法不规范者或数据造假者因缺乏监督而有恃无恐。因此,同行(论文合作者、领域内同行等)之间的监督和举报在期刊和大学的学术制度制定和实施上应当大力开展和鼓励。学术期刊也应当考虑设置或扩展专门的栏目(例如快速交流或无时效性的交流信函或论文栏目),甚至专门的验证性期刊或特刊,允许和鼓励发表创新性不那么高的专门用于重复验证别人的工作的有意义的论文。这种论文虽然不具有原创型论文的性质,但是在重复验证重大科研成果和监督遏制学术不规范或数据造假上意义重大。科研基金会也应当设置一定规模的资金,鼓励对于重大科研成果的重复验证工作,这样能够从整个社会的层面减少不可重现性对各行各业的伤害。

综上所述,影响科研工作重现性的这五个因素需要全球学术共同体的努力和标准化工作的推动。

10.3.3 提高科研创新性效果的方法

科研方法是一个庞大的话题,涉及科研活动的方方面面,大到很多人无从下手来学习和把握,搞不清楚自己如何才能掌握科研方法,甚至不知道什么才算是先进的科研方法——究竟是小到用好 Excel 作图处理数据,还是大到每天遵守科研项目管理的 4W 原则(Who,What,When,How),或是应该用更大的视角来评判?本节论述科研方法的论文描述、能力范围、创新理念,分别对应科研方法的操作、能力、意识。

很多学生和科研人员都倍感在高校的课程和企业的培训中严重缺乏方法论训练。方法论能够从不同的角度划分为不同的类别,例如还原论与系统论,确定性方法与概率性方法,定解方法与优化方法,静态方法与动态方法等。其中,最为引人注目的、具有领衔意义的方法论是系统论。古人云"工欲善其事,必先利其器",说的就是在做事情之前先需要将工具准备好。对于学习和科研来讲,最重要的工具之一就是方法。而且,在期刊论文的五大审稿标准(重要性、创新性、正确性、深广性、可读性)中,创新性可以体现在新发现、新方法或新技术上,这也说明重视方法论、发明新方法或运用新方法的重要。

论文的作者对科研方法印象深刻的部分大概是论文的"方法与材料"部分的撰写经历。不少作者感到迷惑的是方法(method)与方法论(methodology)之间的区别。方法论比方法在理论层次上更高,在范围上更大。方法论强调多个方法的汇总,因此比方法具备更强的系统性和理论性。方法是指为解决某问题所采用的具体手段,而方法论则是将多个具体手段汇总提炼成为带有共性的概括,以及手段差别之间的比较,用于解释不同手段的异同原因和优化组合的办法。当谈论的内容是涉及几个不同方法之间的关系而非其中一个方法时,就是在谈方法论。在论文中论述方法,其实就是将自己做科研工作的步骤一步一步地具体写出来,包括材料、工具、仪器、软件、过程、分析方法、误差处理等。在论文中论述方法论,则是在阐述系统中各方法之间的关系,详见第 4.5.9 节。

从掌握科研方法的能力范围的角度来讲,科研方法涉及又快又好地达成科研目的之所有活动。对于理工科研究人员而言,先进的科研方法在分析、设计、测试等数据策划和数据产生的工作中,具体体现在对于三大通用基础的运用能力——系统工程,可靠性工程,试验设计与优化。

在科研思路的创新理念方面,在各个学科领域,从还原论到系统论的科研方法演变是需要高度关注和倡导的。还原论是主张将高级运动形式还原为低级运动形式的一种哲学观点。它认为自然世界中的每一种现象都可以看成是更低级、更基本的现象的集合体或组成物。还原论派生出来的方法论手段就是对研究对象不断进行深入分割剖析到最原始的状态,化复杂为简单。例如,现代医学源自解剖,从人体器官、神经系统、骨骼等宏观层次逐步走向微观,分科越来越精细。对细胞、基因和分子等微观元素的观测、解构和分析,被广泛应用于现代医学的诊疗过程,这就是还原论的发展思路。还原论将复杂事物解构为若干孤立部分,分别研究各部分的属性、结构和功能,简化研究对象的复杂性,是科学研究中非常重要的方法。

系统论则是强调研究各组成部分之间的相互作用,将研究重心放在系统的整体表现上。系统论克服了还原论在将整体分解为部分时割裂或忽视各种相互作用的局限,揭示了相互关系的存在及其重大意义,并且阐明达到系统整体最佳的途径。从 20 世纪下半叶开始,随着系统工程理论的发展,研究和倡导系统论达到了一个高潮。还原论曾经所处的思维模式主导地位已经从根本上被系统论动摇。系统论思维模式已经上升到了一个更加重要的统治地位。而且,这种在思维模式和创新理念上的转变,将在各行各业更加普及和深化。系统生物学、系统设计等领域的重大发展都是典型的例子。

10.3.4 新工科123建设统一提升框架中的三个方法

第1.2节曾经提到,新工科建设中有一个素养、两个理念和三个方法。本节以系统论为主线,论述科学技术教育的三大通用基础,即三个方法。

系统论、广义可靠性工程、试验设计与优化是任何科学技术教育的三大重要通用基础。系统论在医学领域既体现为与还原论的竞争和思辨(如系统生物学),又体现为在中医与西医之间的辩论和融合。系统论在工程技术领域体现为系统工程学,而在动力机械学科又具体体现为发动机系统设计方向等发展趋势。系统论的学术特点是关注元素(例如产品属性、工作职能、产品实体)之间的关系、在零维(空间单点)或一维实体空间内状态的变化、状态沿时间的变化、状态按概率分布的变化等。因此,与状态方程有关的热力学、与时间有关的系统动力学及控制、与概率有关的统计学或可靠性工程都在本质上与系统论密切相关。以机电产品为例,系统论关注的是在性能、耐久性、封装性、成本等产品属性之间的权衡,在分析、设计、测试等工作职能之间的数据冲突,或者在不同的子系统或部件之间的折中。以工程热力学为例,系统论关心的是整个气体或液体流动网络中各子系统或零部件的工作状态和相互作用。以中医学为例,系统论关心的是一个病灶在全身各个器官上引发的体征反应和器官之间的相互影响。在科研方法中采用系统论,不仅能够直接产生新的研究方法,而且能够发现过去没有使用系统视角所看不到的新发现。

谈系统,就势必关注静态(时不变)或动态(时变)的状态或状态方程。对于一个孤立的恒定不变的个体来讲,其状态通常是确定性的。但是,对于具有足够多的个体的一个群体或者在时间或空间维度上变化足够大的某个个体来讲,通常需要使用概率性描述,才能有效表征其是否满足性能(功能)或耐久性的要求。广义可靠性工程是指将可靠性的概念超越工程技术领域而推广覆盖到生物医学等领域,因为可靠性工程在本质上包括两个问题,即"一根曲线"问题和"两根曲线"问题(详见第6.4节)。所谓"一根曲线"问题是指可靠度沿时间变化的曲线,它适用于工程技术和生物医学等所有领域的时变概率统计问题。所谓"两根曲线"问题是指损伤参数的广义应力(载荷)概率密度函数曲线是否与广义强度概率密度函数曲线相交叉的问题。如果交叉,就发生失效。虽然它在传统意义上多应用于工程技术领域,但实际上普适于所有失效或生病的科学技术问题。广义可靠性工程是一个比概率论更大的概念,因为它包含"两根曲线"问题,而后者通常只讨论"一根曲线"问题。因此,广义可靠性工程比概率论更加适合作为普适于任何科学技术领域的通用基础方法。

在医学上,由于每个人都有或多或少的不同反应,因此需要使用概率论对受试人群进行统计分析。因此,概率统计课程在生物医学领域是必修课。在工程技术上,由于产品通常具有一定的数量规模和制造公差,而且产品在时间域和空间地点上的应用会发生变化,这就导致产品的性能或耐久性参数的广义应力(载荷)和广义强度的两条概率密度函数分布曲线(称为应力-强度干涉模型)会发生相交或不相交的情况。当应力(或医学领域的致病因素)大于强度(或医学领域的人体耐受程度)时,产品就会发生失效,人就会生病。遗憾的是,广义可靠性工程的应力-强度干涉模型目前既没有在生物医学领域大规模推广使用,就连可靠性工程的教育课程和科研运用在工程技术领域本身也都没有推广开来。这严重制约了系统论从个体到群体、从静态到动态的发展,也严重制约了产品设计质量的提高。需要承认的是,在系统论中每增加一个维度(例如时间或概率分布),数据的表达难度都急剧上升。

最后,谈系统,就势必谈优化。优化的需求既适合部件,但更适合系统,因为系统通常比部件更加复杂,而且拥有更多的因子和响应。对于简单的能够用物理机理方程描述的系统,能够直接求导而寻优。但是,现代科学问题通常是非常复杂的多因子问题,只能通过数值模拟计算或实验测试才能获得响应的取值。对于这种优化问题,就必须使用试验设计方法。它具体分为正交设计、响应曲面方法、稳健性设计等。

综上所述,系统论(或系统工程)、广义可靠性工程、试验设计与优化是任何科学技术领域在方法论方面的三大重要通用基础,应当在高等教育中大力倡导。与之相伴,数字化和智能化则是两大先进的教育理念,对于全面加强通识型、复合型、战略型人才培养具有重大的意义。

10.3.5 做科研和写论文时常用的研究方法和技能

很多青年科研人员包括研究生甚至本科生都有这样一个疑问:"除了每天用的这几个研究方法外,我还缺失哪些研究方法和技能?"这也是各个学校的科研方法论课程爆满的原因。无论中外,高校师生普遍缺乏正规的、系统化、主线清晰的科研方法和技能训练,很多研究生基本上在遵循导师或师兄、师姐给予的零敲碎打式的作坊式传授。因此,有必要对科研方法和技能予以梳理。

科研方法从工作性质上可以分为以下三种:分析、设计和测试。其中,分析包括理论推导和数值模拟计算等,设计包括三维建模和二维图纸等,测试包括实验室测量和野外勘探等。有人说:"我做科研就是按照软件开发商的培训教程建模并运行模拟仿真软件,算出一批数据后作图。"也有人说:"我做科研就是按照师兄教给我的软件使用方法去设计一个新产品。"还有人说:"我做科研就是按照导师教给我的方法去操作实验仪器、记录数据,然后作图分析结论。"我们从这些话中可以看到,科研工作的性质基本跳不出分析、设计和测试。从产品研发的角度看,分析、设计和测试构成了工作职能的主体部分。而且,从开发顺序上讲,产品通常总是应该先有计算分析,然后有设计图纸,最后才有实验测试验证。产品研发工作职能的另一个部分是协调,它是将分析、设计和测试这三个工作职能(工种)之间所产生的矛盾进行平衡和统一,在针对某种特定用途的产品项目中将客户使用方、主机厂、供应商之间的矛盾进行协调。产品属性包括性能、耐久性、封装性和成本。上面讲的这三大元素(工作性质、产品实体、产品属性)构成系统工程和系统设计在科研领域进行实践的基本概念。因此,从系统工程的视角看,评判自己在使用什么科研方法就是看工作性质是什么、产品实体是什么、产品属性是什么。这样,便可以知道自己所采用的方法在整个方法论体系中处于什么位置,还有哪些不足或缺失,而且如何能够从广度和深度上进行拓展。所谓广度,就是从一个元素扩大到另一个元素(例如从分析扩大到测试),或从一个子元素扩大到另一个子元素(例如从系统走向部件,或从性能走向耐久性)。所谓深度,就是在每个产品属性上深耕挖掘因子与响应之间的机理关系。

科研方法从创新理念上可以分为系统论和还原论。虽然系统和部件都很重要,但是在科研思路创新方面,特别需要关注系统论的研究内容及方法。科研方法从具体技能上包括以下 17 种行动和能力。

(1) 在有兴趣、有意义、有条件的情况下选取具有学科发展潜力或横纵向经费潜力的科研课题。

(2) 运用分析、设计、测试等工作职能的工具。

(3) 从每个产品属性理解系统、子系统、部件等实体之间的相互作用。

(4) 从每个实体理解性能、耐久性、封装性、成本等属性的因子-响应关系及相互作用。

(5) 用系统工程(理工科通用基础之一)的思想策划研究方案和数据图表。

(6) 用可靠性工程(理工科通用基础之二)的手段策划研究方案和数据图表。

(7) 用试验设计与优化(理工科通用基础之三)的技术策划研究方案和数据图表。

(8) 通过使用文献计量学知识检索和引用参考文献。

(9) 用 Excel 和 MATLAB 等通用软件处理数据、编制自动模板,绘制学术图表和编制计算程序。

(10) 撰写包括学位论文、期刊论文、图文摘要、学术海报、PowerPoint 汇报演讲稿、学术视频在内的六位一体的学术交流文件。

(11) 撰写科研项目申请书。

(12) 撰写发明专利。

(13) 撰写中英文专著。

(14) 撰写教科书。

(15) 撰写科技报告。

(16) 使用翻译器实现基于计算机辅助翻译的中译英和英译中。

(17) 使用模板大规模、高效率实现中文和英文论文投稿,包括论文查重、选刊、撰写问询信、投稿信、同行评议意见回复等。

对照以上从工作性质、创新理念、具体技能等方面需要掌握的科研方法和能力,青年学生和科研人员很快就能发现自己的短板和需要努力的方向。

10.3.6 提高系统化创新阅读能力的方法

谈到高效阅读,有人可能会疑惑,不就是快速阅读吗?有什么可谈的?完全不然。阅读是科研人员每天最常做的事情之一,值得系统化构建完整的阅读和创新能力。

阅读分为三种,包括消遣阅读、学习阅读、创新阅读。消遣阅读是所有人每天都在做的,无论是阅读纸质图书、电子文档还是手机网页。它是以轻松娱乐或开阔眼界为目的的阅读,没有创新性压力。因此,消遣阅读一般是读过就扔,不做记录,记忆力好的人吸收的东西多一些。

学习阅读比消遣阅读更为严肃认真,但是一般来讲仍然没有创新性压力。它是以增加自身修养为目的,无论是人格修养还是业务修养。有些注重学习的人会在这类图书或论文上画线或撰写批注(尤其在使用纸质书时),甚至反复读很多遍,直至把读到的知识和思想全部消化吸收，融会贯通。不以创新为目的的学校里的学习和毕业后从事本职工作时的专业学习也基本属于学习阅读。它们是为了增加专业知识，而非创新。

创新阅读是比消遣阅读和学习阅读更为艰苦的阅读，带有创新性压力和明确的原创性或综述性写作目的。创新阅读和学习阅读的共同点是都需要整理知识点和做笔记。不同点是创新阅读带有撰写创新性文章的任务。学术文献阅读很多属于创新阅读，因为科研的目的就是创新。

创新阅读的目的是产生创新成果，它可以是一篇研究生论文开题报告，或者科学博客文章。创新阅读的副产品是学习掌握或开拓创造的知识点体系。所谓高效阅读文献就是如何快速构建知识点体系和产生创新成果。很多高校在本科生和研究生阶段均开设文献阅读课程，目的是教授学生如何检索文献、阅读文献和提炼文献，达到开阔专业视野和确定论文选题的作用，但是对知识点体系构建不够重视。

高效创新阅读的第一个操作要点是按照知识点构建文献库，在版权许可条件下分类存放电子图书和论文。对于给定的阅读课题，首先需要去中外数据库按照关键词或作者等信息查找和下载图书、期刊论文、会议论文、学位论文、专利等。这种查找是一个反复补充的过程，不是一蹴而就的，因为在后续的知识点文件夹构建过程和文献阅读过程中会发现遗漏。然后，需要在电脑上构建知识点文件夹结构。这个构建过程是带有系统性和创新性的，就好比在构建一本专著的三级目录（章、节、子节）。只有这样，文献资料才能有序存放和快速查取。

下面以"论学术素养"这个创新阅读课题为例，展示知识点体系对应的文件夹，包括简历求职和留学文书、科技写作、论文投稿、科研方法、科研经费及学术能力这五大部分。在每部分中，又包括若干个编号的知识点即文件夹，如下所示。这些文件夹大体代表查找文献的关键词。

（1）简历求职和留学文书：①简历和求职信写作；②个人陈述和学业计划写作；③推荐信写作；④选择学校和奖学金。

（2）学术写作：⑤学位论文写作；⑥人文社科和科技论文写作；⑦商业秘密和科技专利写作；⑧专著和教科书写作；⑨科技报告写作；⑩项目申请书写作；⑪科研基金申请撰写；⑫引用参考文献；⑬英文科技写作；⑭中译英和英译中技巧；⑮英语和商务英语；⑯在线翻译科技词典语料库。

（3）论文投稿：⑰投稿选刊策略和信函；⑱核心期刊论文；⑲SCI 源期刊论文；⑳EI 源期刊论文；㉑CPCI-S 会议论文；㉒ESI 高被引；㉓论文审稿拒稿撤稿；㉔翻译编辑润色校对；㉕学术出版工作；㉖学术出版动态；㉗学术道德；㉘作者署名；㉙图表版权；㉚论文查重；㉛论文图书专利发表费用；㉜期刊评价；㉝学术会议和远程交流。

（4）科研方法：㉞研究方法；㉟攻读学位和做博士后；㊱文献检索方法；㊲文献计量学；㊳Excel 和 MATLAB 数据处理；㊴Word 和 pdf 文档；㊵学术图表；㊶学术会议海报；㊷学术汇报演讲和 PowerPoint；㊸学术视频；㊹同行关系；㊺科学素养和学术素养。

（5）科研经费及学术能力：㊻科研经费来源；㊼科研经费管理；㊽提升引用率和影响力；㊾学术能力评价和职业发展；㊿单位的学术竞争力；㉛有组织科研和高校科研管理。

从上述"论学术素养"这个阅读课题例子可以看到，如果不想让创新阅读流于肤浅，首先必须认真用系统性创新思维构造知识点，分类搜集文献，大规模快速有序地建设自身知识基础；而这个自身的学习基础往往会通过系统化的构建演变成为对整个学科方向做出创新贡献的学科基础，被后人所认可。然后，在知识点体系（学习暨科研提纲）的修订和文献阅读的过程中，了解现状、发现缺失、产生创新性贡献。简而言之，高效阅读的第一个要点是阅读要留下构建的知识点体系。

高效创新阅读的第二个操作要点是在阅读过程中勤做笔记，包括使用 pdf 文件画线标记、屏幕截屏拷贝、打字记录心得等方式，随时记录重要内容，并注意搜集记录可能要引注的文献内容。写笔记的过程本身就是创新写作的过程，因为会按照"先学习、后创新"的写作思路对记录内容反复进行顺序调整及合并删减。如果在读完几十篇文献后，笔记也记录了几十页甚至上百页，这种阅读就是有目的的创新阅读，而非漫无边际的盲目阅读。在文献中所标划的重点也便于将来反复温习。简而言之，高效阅读的第二个要点是阅读要留下重点痕迹，并区分泛读和精读。

高效创新阅读的第三个操作要点是写出自己的创新文章。阅读过程中产生的笔记和自己的创意灵感就好比一盘大菜的几十种食材，现在都在锅里，要进行翻炒。抄袭是令人不齿的行为，简单的顺序堆砌不是综述的目的，更不是创新的目的。明代学者陈献章说过："前辈谓学贵知疑，小疑则小进，大疑则大进。"创新阅读的最终目的是经过思考和提炼，形成自己的先进观点，著书立说，做出原创性贡献。

10.3.7　提高快速阅读能力的方法

面对浩如烟海的论文和图书，广大学生和科研人员希望能够掌握快速阅读的技能，实现快速学习和快速写作。快速阅读都有哪些技术和技能，是人们所关心的。

在科技发展日新月异的今天，很多人不再满足于"十年磨一剑"的慢功夫，甚至有人幻想如何创造智能学习系统，让人们把十年的学习内容通过几秒钟的时间自动输入到人的大脑中，使得人类能够免除从小到大的艰苦学习过程。人类对自动化的追求源于摆脱重复性体力劳动和脑力劳动的愿望，例如人们希望通过使用机器代替手工操作，使用自动化无人生产线代替人工操作，使用自动驾驶代替有人驾驶。在求学和科研领域，虽然计算机和人工智能技术无法代替人脑的学习能力和判断能力，但是确实能够作为人类脑力劳动的助手和辅助工具，大幅度加快人类处理数据的节奏，增强记忆数据的能力。

对于重复性数据的处理，与人类手工操作相比，计算机编程技术具有得天独厚的优势。例如，如果在 Excel 电子表格里使用手工方式产生 1 万个随机数或制作 100 张数据图，需要耗费几个小时的时间打字录入或逐一手工作图。但是，如果使用一句简单的程序命令或编写几句小程序，则只需要使用 1 秒钟的时间就能获得这些数据或插图。那么，人们不禁会问："我如果需要阅读 1 万篇论文，并且想把每篇论文中我所关心的精髓用一句话概括提炼出来，与其我自己花费 3 万小时或 3000 天或 10 年的时间人工阅读整篇论文，能不能有计算机程序用 1 秒钟时间替我做这件事情呢？"这种工作属于非重复性数据的创造性处理，需要人工智能技术的帮助。

人工智能技术是新技术革命浪潮下的前沿先进技术，在各个领域的应用方兴未艾，具有极为广泛的重要应用前景。同时，开发人工智能技术也具有极高的难度，涉及模拟人脑功能的模式识别、错误识别、故障诊断、专家系统等技术。各种人工智能应用技术一旦开发成功，将能把人类从枯燥耗时的数据处理活动中解放出来，让人类能够把时间和精力放在更具有创造性的高级智力活动上。人工智能技术成功应用的例子包括著名的能够击败人类的国际象棋电脑程序、各种工业机器人、故障诊断系统、医疗专家系统、在线英文写作语法编辑润色校对软件(例如 Wordvice 的 AI 和 Enago 的 Trinka)。那么,广大学生和科研人员可能会问:"我什么时候能够用上帮助我读书或读论文的人工智能产品呢?"这种供大众使用的读书助手产品已经开始出现,虽然功能尚不完善,但是已经展现出令人鼓舞的发展趋势,例如在线阅读助手工具 RAx 和 Connected Papers。

需要注意的是,人工智能读书助手工具虽然能够加快人们对非重复性数据的提炼,能够帮助人们更快地找到数据和使用数据,提高人脑在数据利用方面的效率和针对性,但它仍然依靠人来使用提炼出的数据,并不能代替人完成数据的使用工作(例如撰写学术论文和完成课程作业)。因此,任何希望获得一剂灵丹妙药而避开艰苦学习创作过程的偷懒想法,都是不切实际的幻想。人类的学习过程只会由于读书机器的帮助而变得更加轻松高效,而不会由于人工智能技术的实现而变得不需要学习和创作。

很多公司出于对新产品研发的需求,而且由于无法投入大量科研人手去追踪爆炸式出现的海量学术论文和产品发明专利,因此开始研发公司内部专用的科研论著读书机器系统,用于自动追踪文献和提炼信息。这些企业内部使用的各领域专用读书机器是量身定做的,并不适用于广大科研人员和学生,而且是保密的技术。

那么,除了使用在线阅读人工智能助手外,人工阅读时都有哪些能够快速提高学术阅读技能的方法呢?归纳起来,高效率的学术阅读包括以下依次进行的五个步骤或方法:

(1) 存盘式阅读。高效阅读的第一步是分类存放文献并留下知识点体系。构建自己的知识点文件夹结构就好比构建一本专著的三级目录(章、节、子节)。只有这样,才能有序存放和快速查取文献资料。另外,在知识点体系的修订和文献阅读的过程中,能够有效了解学术现状、发现缺失空白、产生创新性贡献和论点。

(2) 跳跃式阅读。存盘式阅读讲的是如何协调处理多份文献。对于单篇文献来讲,高效阅读的要点是首先快速浏览标题、摘要、结论、插图、表格。跳跃式阅读的目的是快速筛选出优质精读文献,并在自建文献库中相应分类放置文献。

(3) 提问式阅读。提问式阅读又称针对性阅读,英文是 critical reading。它并非是指带着批判的眼光去挑剔阅读内容,而是指根据自己的阅读目的和疑问去阅读每段内容,从而快速强化自己与阅读内容之间的互动和记忆。在每段话的阅读过程中,最常见的问题是"作者想要说什么?""这段话的主旨是什么?""这段话对我有什么用?"。

(4) 标记式阅读。快速阅读的另一个要点是在阅读过程中勤做笔记,包括使用 pdf 文件的画线标记工具和注释记录心得等方式,随时记录重要内容,留下重点痕迹。

(5) 截屏式阅读。快速阅读的最后一个操作要点是随手快速堆积素材,以便写出自己的创新文章。创新阅读的目的是撰写论著。因此,需要随时截屏拷贝有用的阅读内容,并记录可能需要引注的文献到自己的论著草稿中。截屏记录的内容应当尽量有序分类存放在草稿中的不同位置,但不要怕乱,因为后续会有机会进行排序整理。如上节所述,阅读过程中产生的笔记和灵感就好比一盘大菜的几十种食材,现在都在锅里,需要进行翻炒和加工,做出自己的作品。

第 11 章
学术汇报与交流

科研工作能力、论文撰写能力、学术答辩能力构成学术能力的"三驾马车"。学术答辩能力是学术汇报与交流的核心。现代学术出版在向着数据交流复杂化和数据表达可视化的信息化方向发展。本章论述以数据检查、学术答辩、图文摘要、学术海报、学术视频为中心的学术交流与汇报的发展趋势。

■ 11.1 增强出版中的数据检查和数据共享

在带有互联网数字化技术深刻烙印的信息时代,学术出版业正在经历两个重要的运动,一个称为开放获取(open access,OA),另一个称为数据共享(data sharing)。了解这两个运动的原因和关系,对于广大科研人员具有重要的现实意义。

从系统工程的观点来讲,一个产品或事物通常可以用质量和成本衡量其属性。例如,发动机产品包括四大属性,分别是性能、耐久性、封装性、成本。前三个属性综合起来即构成质量。成本加上利润就构成价格。纵观学术出版这一事物,它的所有运动其实也都是围绕质量和价格这两个元素进行的。运动不一定就是正确的,它只是代表一种时代声音或潮流。正确辨析学术出版运动中的正确因素和错误,了解它们的来龙去脉,是每个科研人员应当具备的能力。

当出版行业产生了垄断集团和价格暴涨现象后,就爆发了开放获取运动,即期刊订阅用户由于不满订阅价格的持续巨幅增长和出版商利润的暴增而奋起反抗,以拒绝缴费订阅的方式抗议,并倡导期刊免费向公众开放。这一行为造成出版商从订阅用户那里收不到钱,转而向作者收取 OA 期刊的昂贵版面费(或称论文处理费),给广大论文作者造成了不公平的境遇。

当学术出版呼吁作者使用先进的数字化技术引入视频来表达由文字和图表所无法描述清楚的内容时,就出现了学术视频这一新鲜事物,其目的是增强出版质量。由于制作视频的难度远高于插图,学术视频目前尚未成为针对论文作者的强制性期刊要求。

当学术出版中频繁出现数据造假或无法实现可再现性时,为了增强出版质量,期刊要求作者补充数据和方法信息,以便让同行评议审稿人和读者检查监督,这称为数据检查(data checking)运动。遗憾的是,作为期刊质量控制的数据检查运动莫名其妙地被数据共享运动所混淆,以至于目前所谓的"数据共享"其实包含两方面含义:数据检查,数据共享。实际上，这两方面的目的截然不同，应当视为两个不同的运动。

数据检查运动的目的是便于审稿人检查数据而防止数据造假，以及便于读者找到充足的数据和方法信息而能够复现论文的结果和结论。由于数据检查运动的目的是提高期刊论文质量，期刊有权强制性要求作者上传提供充足的数据备查。多数作者也对这一合理要求表示理解并能够予以配合。至于备查的数据格式和说明，如果在论文里面已经标记注释清楚，对于作者来讲并不是很大的数据管理负担，例如期刊要求作者上传全部图表对应的 Excel 格式的数据。有证据表明，带有数据检查要求的论文比没有这种要求的论文能够获得更多的引用次数，原因大概是人们认为经过数据检查补充的论文更加可信。

数据共享运动的目的是把论文中没有发表的数据拿出来给别人用，以便全世界不再为相同或相似的科研项目支付经费而节省资金，或者以便让别人有机会做出自己尚未做出或没有能力做出的科研结论。数据共享运动的这两个目的在正当性上是非常有争议的。而且，在不谈数据共享报酬或回报的情况下奢谈这两个目的，就是在假设每个人都具备非常崇高的觉悟和全世界没有科研竞争的压力。因此，目前的数据共享运动基本上就是一个无法实现的、脱离实际的、乌托邦式的幻想。

下面分析数据共享运动的这两个目的。在全球范围内为了实现科研经费节约而共享数据，其主要论据是"所有纳税人有权利使用当初用纳税人的钱资助产生的科研数据"。申请科研经费的目的是创造数据。对于公共基金资助的科研项目，杜绝科研经费重复使用和浪费当然是一个美好的想法。但是，要想实现它，需要以下四个机制予以保障，才能让人敢用、能用、自觉用、用得起：

（1）共享的数据必须具有防伪造篡改的第三方监督认证资质，以便所有人都能够放心使用而不会无辜背负学术造假的恶名。

（2）共享的数据必须具有标准完整的说明，包括试验方法、材料、设备、流程、输入和输出的参数数值、假设条件等，以便所有人都能够像数据产生者那样准确无误地使用数据。这要求共享数据的提供者必须具有源动力、自觉性和纪律性以及可遵循的标准化流程。源动力和自觉性来自共享数据后能够获得报酬、作者署名或致谢。纪律性来自科研项目验收时对共享数据的检查机制。

（3）需要建立一个全球化检索系统，查找经费申请人所申请的科研项目是否过去已经被别人发布过共享数据。发布过的就不予经费支持。这就好比论文查重，能够防止用过和没用过共享数据的人去申请重复的科研经费。

（4）消除数据共享的储存成本。将数据（尤其是大规模原始数据）储存在公开数据库的费用可能很高。在版面费高居不下的今天，向作者身上强加数据共享储存费用，无疑是雪上加霜和不道德的。有人提出作者通过贡献共享数据来换取版面费的豁免。但是，有些期刊没有版面费，而有版面费的期刊从赚取版面费改为售卖数据，会在期刊、作者、读者之间形成一个新的复杂收费——共享数据使用费。

由此可见，这四个机制目前在国内外是完全缺失的，而且构造的难度极大。因此，与其总是呐喊空谈数据共享，不如脚踏实地多谈一些如何逐步建立这四个保障机制。上述分析是针对公共基金资助的科研项目的数据共享。对于私有资金（例如企业资金）支持的科研项目和政府的机密项目，当然不能实现数据共享，而必须强调数据保密。

为了让别人有机会做出自己尚未做出或没有能力做出的科研结论而共享数据，即公布自己的数据让别人拿去有机会发论文,这要求从科研成果评价体系中彻底废除竞争制度和对论文的质量和数量要求,才能使得数据共享者没有私心地、对数据不做手脚地、诚实主动地共享数据供别人使用或"为别人做嫁衣"。很多研究人员的资金有限,所以他们尽可能从同一组数据中产出很多篇论文。如果共享数据,他们重复利用数据的机会就势必变小。所有做过科研的人都明白,标记不清或篡改数据是一件防不胜防的事情,必须依靠自觉的学术道德和有效的监管检查机制才能防止。生存的压力、竞争的机制、人的私心、追求公平公正是目前全世界无法消除的东西。抛开这些因素而不谈共享数据的回报机制,是天真的、不现实的、不道德的做法。

对于公共基金资助的科研项目来讲,数据制造者目前并没有从项目经费中获得足够多的劳务报酬,他们没有义务共享自己制造的数据无偿给别人使用。很多数据是花费了很大的人力物力获得的,包含很高的经济价值。很多作者担心共享数据后不能获得回报甚至不被通知,所以当然不愿意让别人不劳而获。

另外,反对共享数据的人有一个比较充分的理由,即如果强迫一个不愿意共享数据的人去公开数据,那么这种数据是不可靠或不完整的;如果他愿意共享数据,所有人其实可以随时联系他索取数据并商谈合作条款,而并不需要他在无人索求时先主动把全部数据都交出来,即主动共享数据其实是没有必要的。因此,与其总是奢谈共享数据去无私支持别人发表论文,不如多谈一些如何设计一个全球化机制,让所有人都能够公平地从数据共享中获得知识产权报酬或回报。如果在配套机制不到位的情况下,基金会或期刊强迫作者们共享数据,那么势必会造成共享数据的蓄意破坏甚至恶意作假。总之,只有当公平解决了数据所有权和数据格式标准化问题后,数据共享才是一件正确的并能够实现的善事。

关于数据检查和数据共享的期刊实践,PLoS 的做法颇具代表性。PLoS 相信数据检查便于复现研究工作,数据共享便于产生新的再分析结果。PLoS 要求论文作者必须在投稿时递交最小数据集,它包含元数据和复现研究工作时所需的数据;并告诉论文作者无须提供研究时搜集的所有原始数据,而只需提供与研究相关且重要的基本数据。PLoS 要求将数据提供在论文或补充材料中。如果数据储存在公开知识库里,则需提供链接或存取信息。

需要指出的是,有些作者是积极参与和支持数据共享运动的。目前数据共享的方式有两种。第一种方式是把研究数据发表在"数据期刊",例如 Springer-Nature 集团旗下的 $Scientific\ Data$、Elsevier 旗下的 $Data\ in\ Brief$、BMC 旗下的 $GigaScience$。数据期刊目前越来越普遍,专门发表数据而非论文,发表的内容包括详细的数据收集处理方法和软件选择等。数据期刊并不对数据进行分析和检查,而是为同行评议和引用提供原始数据。发表在数据期刊上的文章可以被独立引用。第二种方式是把研究数据上传到数据库,例如 Elsevier 的 Mendeley Data 免费数据存储库。它能存储来自所有学科的开放数据,无论其格式,包括原始数据、处理数据、表格、代码、软件程序等。上传到数据库的数据会被赋予一个可以被独立引用的 DOI 号码,并且链接到期刊的相关论文,使读者能够轻松查找和重复使用共享数据。其余的著名数据共享存储库包括 Zenodo、DataCite、Dryad、Figshare。

综上所述,开放科学(Open Science)从资源共享、合作共赢的理念上讲是具有进步性和值得提倡的。但是,脱离全球化利益保障机制而空谈开放合作甚至设置强制性不合理要求,无疑是乌托邦式的幻想,同时在科技伦理上也是不负责任和不道德的运动。另外,需要注意数据检查和数据共享是两个不同的概念,需要甄别对待。

11.2 学术答辩能力和学术礼仪

学术汇报涉及研究活动中人与人之间的交流,广义来讲涵盖在听、说、读、写等方面与他人的所有交流,无论是当面的还是远程的,也无论交流的对象是陌生人还是熟悉的人。学术汇报的目的是交流思想、培养人际关系。既然是人与人之间的互动,首要的原则就是在参会和待人接物等方面遵守学术礼仪。另外,使用比论文更为精练生动的表达方式将自己的成果用演讲稿、海报或视频等形式高效率表达出来,增加被引用次数和影响力,是学术汇报的另一个重要原则。

学术答辩能力是青年学生和科研人员的核心学术素养之一,是构成学术能力的科研工作能力、论文撰写能力、学术答辩能力这"三驾马车"中的重要一环。学术答辩能力具体体现在 PowerPoint 演讲稿制作能力、口头表述能力、当场回答提问能力这三方面。

礼仪规范是国民素质教育的重要部分。不知诚信为何物、不懂得待人处世仪节,是教育的失败。生活礼仪包括日常起居、家庭生活、学校生活、接洽公务、公共场所、餐聚饮宴、搭乘车辆、婚丧喜庆、祭祀典礼、医院探病、观赏演出和比赛、出席会议等礼仪,涵盖公私领域生活的基本要求。学术礼仪是指参与学术活动时的礼仪,大到国际会议,小到与导师或同学之间的讨论。学术礼仪与其他礼仪所不同的最大特点是处理傲慢与尊敬,具体包括以下 14 条准则:

(1) 严格遵守时间,不能迟到和早退。无故迟到或早退被视为对活动不够重视或对对方不尊敬。

(2) 发言时遵守规定的时间,不能拖延,否则会挤压下一位发言者的时间,并给主持人带来压力,引起参会者不满。

(3) 开会时在发言前先举手征得同意,切忌打断正在说话的人,需在别人谈话停顿时接入发言。

(4) 提问言简意赅,避免从提问者更换角色变成评论者而滔滔不绝、喧宾夺主。可以交流自己的想法,但需避免单纯评论。与主题无关的问题应单独在会下交流,避免占用他人时间。

(5) 回答问题前先肯定提问者的问题,以示对提问者的尊重,即使对于荒谬的问题亦应如此。

(6) 主持时对会场上的熟人不能打招呼,更不能寒暄闲谈;会议开始前,可点头、微笑致意。

(7) 中途离开或进入会场的时刻最好选在发言者结束后。小会上不辞而别是不礼貌的表现。大会上中途退场应轻手轻脚,不影响他人。

(8) 注意肢体语言的礼貌。不要在别人面前打哈欠、频频看表、身体动来动去、把玩手上的笔、闭上眼睛休息。

(9) 单独交流时切忌从后面绕行到对方面前拦路提问,应从对方侧方或后方称呼对方的尊称。

(10) 单独交流的距离保持 1 米左右,倾听交谈时应注视对方。对话时回避目光接触是易犯的错误。

(11) 考虑对方感受。在交谈中如果发现对方有轻微躲闪,需考虑是否距离过近或口腔有异味。

(12) 接任何人递过的卡片或名片时,再勿忙也一定要看,切忌不看就装进口袋,这种行为被视为大不敬。

(13) 学术有尊敬:让别人感到最受尊重的事情是认真阅读他的文件或作品并批注、评论和帮助。

(14) 学术有傲慢:包容和理解傲慢的人,换位思考,尤其是年轻气盛而阅历尚浅的青年学生。

11.3 成功完成学位论文答辩的十项技巧

无论是学位论文答辩、求职面试还是科研经费项目申请答辩或日常业务项目汇报,都需要进行口头答辩。答辩是考核工作真实性和专业能力的重要环节。学术答辩能力与注重产生数据的科研工作能力和注重书面表达的论文撰写能力均有很大不同,也是经常被用到却最容易被忽视的一种学术能力。

科研能力中的写与说的关系,就像英文中的写与说的关系——会写不代表会说,会说也不代表会写,两者缺一不可。青年学子和科研人员通常有一种"重写轻说"的错误倾向。究其原因,是由于科研业绩考核通常是根据书面作品来评价。但是,口头答辩能力对于通过毕业论文考核和毕业后从事各种工作均极为重要。因此,需要高度重视学术答辩能力的培养。学术答辩能力具有以下三个特征:

(1) 展示性。讲述要让人听懂。从汇报人的仪表到 PowerPoint 讲稿的展示,不仅需要赏心悦目,而且需要随时关注听众的感受和反应,吸引听众的注意力。陈述的逻辑需要严密流畅和令人信服。

(2) 针对性。回答要让人满意。答辩的第一步是讲述汇报稿,第二步则是回答听众的问题。无论对于自己精通的问题,还是不懂的问题,都需要巧妙应对,并切忌所答非所问。

(3) 即时性。反应要让人佩服。答辩现场产生的很多提问是无法预期或控制的,而且不像回复论文审稿人意见那样能够有十几天时间准备,必须当场立即作答。如何引导问题和管控突发问题,是一项重要技巧。

成功完成学位论文答辩需要具备以下十项技巧。

1) 熟悉答辩流程和内容要求

答辩人通常使用 15~20 分钟对学位论文进行陈述,内容包括选择论文题目的原因、论文的内容框架、研究工作的重要性、文献综述、论点、方法、论据(结果和讨论)、结论、未来研究展望等。这些内容基本与期刊论文的框架一致。

2) 写好和用好 PowerPoint 讲稿

互联网上有很多关于如何撰写和播放 PowerPoint 讲稿的技巧,本节不予赘述。核心要点是图要多,表格要少,文字要少,字号要大,避免长句子,严禁写自己不懂的内容。使用动画功能时需要考虑回放追述是否方便。

3) 讲稿突出自己的贡献

考官在毕业论文中寻找的重点是学生对知识的创新性贡献,而非学生对所涉领域的综述认识和学习心得。不同的学位(本科、硕士、博士)对创新性的要求不同。因此,需要在 PowerPoint 讲稿中重点强调自己的贡献,而不能像撰写课件讲义那样只介绍别人都做过什么贡献。

4) 避免陈述细节

15～20 分钟的陈述时间很短。在十几页的 PowerPoint 讲稿中,需要挑选展示最出彩的插图和文字等内容,无暇也无须顾及细节解释。讲稿的重点是让听众听懂为什么要做这项工作、怎样完成了这项工作、发现了什么新现象、创造了什么新方法、产生了什么新技术。

5) 严格控制汇报时间

虽然遵守 PowerPoint 讲稿汇报时间是常识,但是由于事先操练是一件令人痛苦的事情,很多学生不愿意承受这份折磨,认为反正熟悉论文内容,打算到答辩时再临时调控时间,准备把来不及讲的内容跳过。由于毕业答辩是人生的重大关口,应该小心谨慎,需要事先多排练。

6) 强调重点,预设漏洞,引导问题,控制提问

很多人在答辩时喜欢追求内容完美无瑕,导致一个小问题都没有,这样其实反而容易让考官憋出一个苦思冥想的大问题来把自己问倒。因此,为了控制提问的范围和方向,答辩人可以在汇报时有意预设漏洞,故意将某个问题不讲清楚,或强调某些重点,引导听众来问,然后用自己充分准备的知识予以解答。当然,这种对提问的引导和控制并不总是很管用,因为研究生论文的评审专家们往往将要问的问题都在答辩前审阅论文时就已经提前写好了,较少有专家临时在答辩现场找问题问。

7) 记录问题,避免抢答,力避争辩

有的考官喜欢将几个问题一起提出来。答辩人这时应该快速用笔在纸上记下关键词,然后逐条回答问题。打断考官的问题而急于提前回答是不礼貌的行为。对于不懂的问题,不应避而不答或偷换问题,而应实事求是回答,并给出合理的理由。答辩人应当力避纠正考官或试图争辩。

8) 按照以下十种常见问题自我提问并准备答案:

(1) 这个领域有哪些主要问题需要解决?

(2) 你为什么选择这个课题做研究?重要性是什么?有什么理论前景或应用前景?

(3) 你认为哪篇文献对你的工作影响最大?为什么?

(4) 为什么这个方法是合适的?

(5) 这个图表(论据)说明了什么?

(6) 这个论点有什么不严谨的地方?

(7) 你的论文对这一领域的研究有什么独到的贡献?

(8) 你的研究工作的优势和劣势各自是什么?

(9) PowerPoint 讲稿内容可能引发的任何问题。

(10) 学位论文的文字和数据内容可能引发的任何问题。

9）注意目光接触和身体姿势

抛开远程视频会议的答辩方式不谈，面对面的口试答辩与书面审查之间的最大区别不仅在于使用 PowerPoint 讲稿的大屏幕汇报形式将一大本论文浓缩在十几页中以及之后的问答互动，而且在于答辩人能够展示自己的形象，具体体现在目光接触和身体姿势这两方面。如果答辩人与考官之间没有目光接触而闷头读稿，考官可能会认为这是一个"庸才"，而不是一个神采飞扬独当一面的"英才"。论文的分数自然会受这个印象分影响。孙中山先生曾经说过，其所具风度姿态，需使全场有肃然起敬之心，举动格式又需使听者有安静祥和之气。凹胸容易显现怯懦和自卑，挺胸容易显示情绪高昂，但是过分挺胸则容易表现为傲慢自负。略为弯腰有度和稍稍欠身可以表示谦虚礼貌。肩平颈正可以显示正直和刚强，脊背挺拔容易体现严肃和自信。

10）注意着装和仪表

答辩需要着装正式，以示尊重。学生在答辩的时候可能会因为紧张而出汗，因此需要特别注意不能让汗水湿透衣服造成衣着不雅的感观。需要准备好手帕，避免徒手满头抹汗或眼镜滑落而显得狼狈不堪。

11.4 学术海报

提到海报，很多人会联想到单位或团体在向大众公布有关文化、艺术、体育、报告会、展览会等活动信息时所使用的公告性应用文书，以及海报上那些引人注目的巨幅图片和演出时间地点等小行文字信息的格式。学术海报与非学术海报究竟有哪些区别？学术海报具有哪些作用？应当如何设计符合内容和格式要求的学术海报？本节论述这些问题。

海报这一名称，最早起源于上海旧时的戏剧界，英文名称是 poster。那时人们常把职业性的戏剧表演界称为"海"，故而将公布戏剧演出信息的宣传告示称为"海报"。"Poster"的中文翻译除了海报外，还有墙报、墙贴等。学术海报是指用图文结合的形式宣传学术研究内容的海报；而相对于墙报而言，学术海报是被人们广为接受的一种称谓。

各种海报的共同特点是具有视觉冲击力，这也是海报区别于论文、文字告示等文字性内容的最本质区别。海报在内容设计上包括诱导性宣传鼓动部分和实质说明部分。诱导性宣传鼓动部分是指海报所宣传的文体活动或学术内容中对人们有吸引力、鼓动性的部分。实质说明部分是指海报所宣传的活动时间、地点、主办单位或科研内容等信息。非学术性海报（例如演出或球赛的海报）往往在诱导性宣传鼓动部分上采用图片形式或具有文学感染力的文字以自由格式发挥并予以突出，而学术海报则倾向于采用"引言、方法、结果、结论"等固定板块格式对诱导性宣传鼓动部分予以弱化，而更加强调实质说明部分。例如，戏剧座谈会海报可以在配图上用文字将剧目演出情景形容为"场场火爆，反响热烈"，将剧目内容形容为"让人叹为观止、过目不忘的灯光和风情独特的服饰"，将观看者的反响描写为"掀起了欣赏越剧艺术的高潮"，将拟座谈内容描述为"越剧精髓""创作演出甘苦"等。这些字眼无疑与巨幅图片一样具有独特的视觉冲击力，对观众必然产生吸引力、刺激性和鼓动性，海报也会因之而效果显著。相比之下，学术海报在文字上当然不能使用这些文艺性的宣传鼓动词汇，而必须采用严肃和严谨的文字突出和强调某项科学研究的重要性。

学术海报类似于期刊论文中的图文摘要(graphical abstract),但有所不同。其主要不同点是图文摘要没有标题、作者姓名、作者单位、资助来源、单位标识(logo)、主要参考文献、主要联系方式等内容,而只有研究目的、背景、方法、结果(图表展示)、讨论、结论,甚至可以更少而精简到只有一幅图片。学术海报是图文摘要的扩展版。

众所周知,文字摘要是浓缩了论文的引言、材料和方法、结果、讨论、结论这几个部分的一个汇总段落。图文摘要则是用一张图片(可以由几张分图或表格组成)将文字摘要更高效地表达出来的可视化形式,可以包括少量关键文字(例如工作的意义和结论或对图片的简要解释,见第4.5.5节的图4.1)。学术海报则需要囊括论文的引言、材料和方法、结果、讨论、结论这几个部分,而且需要以图表为主(图11.1)。学术海报比图文摘要在内容上更加具体,在分块格式布局上更加清晰。这种区别源自两者不同的读者需求。图文摘要的读者能够看到摘要后面的论文全文,因此图文摘要不需要设计得非常详细,只要能够吸引读者去阅读全文即可。学术海报的观众看不到论文的全文,而只能依靠海报的作者现场讲解来了解工作内容,那么这就需要学术海报设计得比较详细,便于作者在5分钟之内讲解完,而且能够吸引观众开启对话和交流。实际上,在目前的学术交流手段中,人们总是鼓励在发表论文后还撰写一份PowerPoint格式的演讲稿,并配以一页图文摘要和学术海报,甚至一段学术视频,这样才是一套比较完整的学术交流材料。

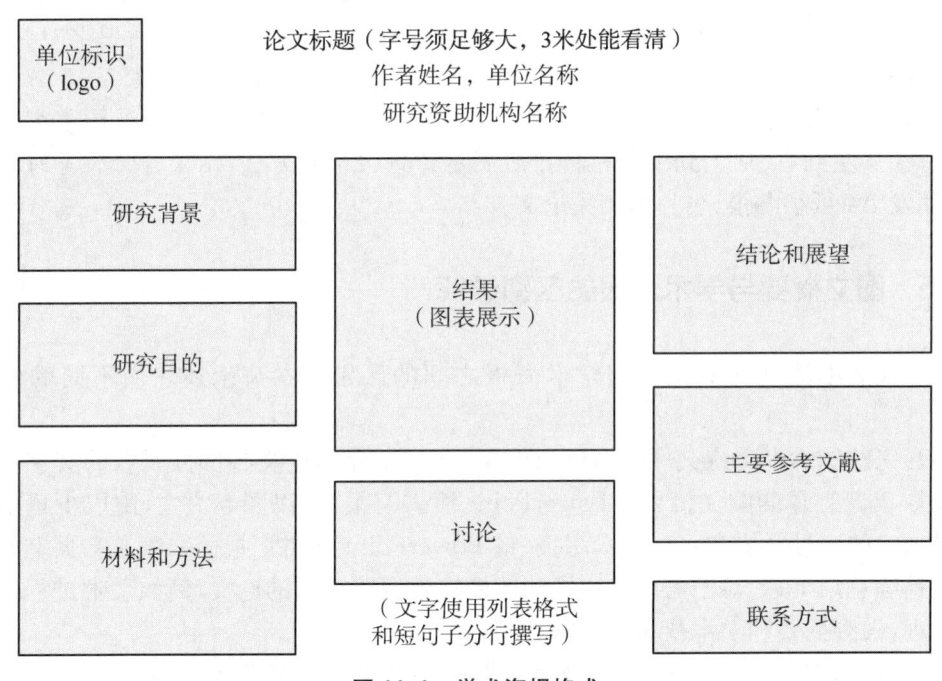

图11.1 学术海报格式

学术海报的产生主要是由于学术会议时间的限制。因为不可能将所有参会人员都安排去做口头报告,会议组织者只能将一部分论文安排为学术海报出场。这种学术海报通常被认为不如口头报告的论文重要,而且负责站在学术海报旁边进行演讲和回答问题的人通常是学生而非教授。这是关于学术海报的一个认知误区。实际上,如上所述,期刊论文和会议宣读论文都需要配备一份图文摘要和学术海报,才能称得上是一套比较完整的学术交流材料。相比在会议上宣读论文时使用 PowerPoint 进行演讲，学术海报则是使用一页图文并茂的巨幅内容进行"图文摘要式"演讲。因此，学术海报的第一个作用是将论文的文字摘要可视化，并将图文摘要演讲化和充分化（即在格式和内容模块上需适合现场演讲的需求）。学术海报的第二个作用是将 PowerPoint 演讲稿浓缩化，因此不仅适合快速浓缩的学术交流，而且适合信息素养培训，即可以要求学生和科研人员撰写学术海报来总结课程学习内容或专题研究内容。教学实践表明，学生自选主题制作海报，模拟学术会议创设海报展示情境，以小组形式开展学生互评、教师点评等评价模式，相对于只注重知识记忆的考试，更有助于能力的提高。

学术海报在格式上包括标题、作者姓名、作者单位、资助来源、单位标识、研究目的、背景、方法、结果（图表展示）、讨论、结论、主要参考文献、主要联系方式等内容，按照内容模块将版面从左到右、从上到下划分为几个板块。标题字号大小需保证在 3 米远处能看清文字。整个海报的主体内容应当保证在 1 米开外能被清晰阅读。应当使用带项目符号的列表格式和短句子分行撰写文字内容，便于读者快速抓取要点。应当使用一个具有深远意义的结论或展望来结束学术海报。不要试图在学术海报中囊括所有重要的图表，因为学术海报不是为了详尽展示和解释所有细节，而只是为了开启作者与读者之间的对话和交流。

综上所述，学术会议海报是比 PowerPoint 演讲稿更为精练、但比图文摘要更为具体的可视化提炼。海报是科研成果的一张详细版"广告"。海报的观众包括想学习交流的、找合作伙伴的、招聘人手的、为大会海报评奖的人士等。海报的目的是在 1~5 分钟内开启对话、宣传成果、建立联系。因此，海报的设计要点包括：①字大而少；②图表突出并简洁易懂；③从左到右、从上到下分栏目排版展示背景、目的、方法、结果、结论；④有联系方式；⑤随发 A4 纸小海报、名片和相关论文。

11.5　图文摘要与学术海报的区别详解

很多人搞不清楚图文摘要与学术海报之间的区别。本节论述它们不同的作用和写法。

一套完整的学术交流文件应当包括论文（含详细介绍论文各部分要点的文字摘要和快速抓取读者兴趣的图文摘要）、PowerPoint 演讲汇报稿（以图表为主，配以少量带有层次条目形式的大号简要文字）、学术海报（将 PowerPoint 演讲汇报稿浓缩在一页上的图文并茂式精练总结页）。对于需要采用视频才能有效说明问题的论文，例如手术过程或机器运动机理，视频摘要和学术视频也非常有用，详见第 11.6 节。

由此可见，由于有文字摘要作为陪伴，图文摘要并不要求完整呈现论文的各部分要点，因为它们在文字摘要中有简述。图文摘要的目标是将论文的目的和新颖的贡献用图片形式呈现给读者，使其能用比阅读文字更快和更有效的方式迅速了解论文主旨，以便能有兴趣继续依次阅读论文的文字摘要、结论、引言、图表，乃至整篇论文。图文摘要的这一目的势必造成各个期刊和每个作者对于图文摘要应当具有的内容持有不同的看法。如果在达到吸引读者继续阅读文字摘要这一目的上，图文摘要无须重复文字摘要的各个要点，那么图文摘要就可以不与文字摘要在文字内容上相重复。如果不足以达到这一目的，那么图文摘要就应适当与文字摘要具有一定的重复,便于读者理解。

图文摘要的最大优点是利用了"一幅好的图片胜过千言万语"这种图片相比文字所具有的独特优势,将无法用简短文字在文字摘要中描述清楚的内容用图片形式展示出来。因此,图文摘要在某些部分(如结果)可能具有比文字摘要更加丰富的内容要点。

至于说图文摘要中的图片究竟是应当选取论文的方法部分的图片来展示新颖的方法、试验流程和材料,还是应当选取结果部分的图片来展示新发现、新技术或新产品,或全部囊括它们作为图文摘要主图中的各个分图出现,则完全取决于作者对吸引读者兴趣这一目的之判断,没有一定之规。至少在目前,多数期刊并未对图文摘要必须包含的各部分的文字或图片要点予以明确规定。很多期刊普遍认为图文摘要应当包括研究问题概述、研究方法概要、研究结果(发现)概要、引文信息(如需引用)、图文摘要制作者信息。例如,在图文摘要的图片内部靠上的位置可以放置文字标题总结研究问题;在中间部分可以总结结果,包括用图表和数字形式比较不同的结果;在靠下的位置可以放置作者姓名和论文期刊发表信息,以及制作图文摘要的机构名称(如期刊)。

似乎可以肯定的是,图文摘要不会采取学术海报的格式作为规定,除非将来各期刊觉得有以下两个必要性:第一,学术共同体对格式松散随意的图文摘要不满意,试图强制性要求作者升级统一到学术海报格式;第二,学术共同体感觉既然无法强制要求作者出版PowerPoint演讲汇报稿,却能够强制作者出版其一页浓缩版(即学术海报),作为论文的强制性图文摘要或独立的文末海报而存在。

使用学术海报的形式取代图文摘要有利有弊。好处是学术海报实际在内容上已经是图文摘要和文字摘要的混合体,因此并不比图文摘要具有更少的内容。坏处是学术海报在排版上有一定的格式要求和内容要求,为文字摘要预留空间不仅造成与文字摘要重复,而且占用图片本应占据的位置。另外,学术海报在图片内容完整性方面比图文摘要具有更高的要求,因此会限制作者自由发挥而无法实现"吸引读者继续阅读"的目的,例如使用一张创意性强但内容不够完整的图片。促进学术交流完整性的最好解决办法似乎还是维持图文摘要在格式和内容上的自由性,而将学术海报强制性包括在论文末尾。

相比图文摘要的目的是吸引读者继续阅读文字摘要和论文,学术海报具有两个不同的作用:第一个传统作用是在学术会议的墙报栏上介绍工作和开启对话。它要求将论文的文字摘要可视化,并将图文摘要演讲化和充分化,即在格式和内容模块上适合现场演讲的要求。第二个作用是将PowerPoint演讲稿浓缩成一页。这个作用特别适合总结科研成果、在线发表展示和远程交流讨论。因此,学术海报是图文摘要的扩展版,在内容上更加完整。

学术海报必须具有相当数量的文字,而且文字必须出现在图形之外。图文摘要中的文字则必须包含在图片内部。图文摘要不一定能够满足总结论文的要求(取决于作者吸引读者的写法取向),而学术海报则必须达到总结论文的要求。

学术海报在格式上比图文摘要更加严格,通常分栏制作,并将标题、作者名字、单位名称、资助基金名称居中放置,将经授权使用的机构标识布置在左上角或右上角。栏目划分可以是在横向和纵向划分出若干栏。例如,在第一纵向列分别设几个横栏放置研究背景、目的、方法,在第二纵向列放置结果(图表),在第三纵向列分别设几个横栏放置讨论、参考文献、联系方式等(图11.1)。

图文摘要和学术海报的一个共同点是都推崇使用将研究目的、方法、结果、结论这四部分完整衔接起来的一幅总结性图片,而这幅图片通常在论文的正文中是缺失的。这也是图文摘要和学术海报的独特原创性贡献,即并非只是从论文中摘用一张插图。实际上,如果说学术海报还能够直接使用论文中的图表的话,图文摘要则比较忌讳直接拷贝使用论文中的图表而不做任何改动。

11.6　增强出版中的学术视频

随着互联网数字化出版技术的发展,传统纸质学术论文的信息表达程度获得了极大提升,从过去的"文字加图片"向补充学术视频的增强化方向发展。同时,随着期刊和科研人员对文献引用次数、学术影响力、数据可再现性的不懈追求,期刊对学术论文可视化也提出了更高的新要求,具体主要体现在图文摘要和视频摘要(video abstract)上。学术视频作为一种新鲜事物,其发展趋势和需求状况究竟如何,是广大科研人员关注的。

为了增加期刊的影响因子和论文的引用次数,期刊和作者都迫切希望提高论文的显示度和学术影响力。众所周知,一幅好的图片胜过千言万语,一段 2～3 分钟的视频又胜过百幅图片。读者喜欢通过看图片甚至视频来快速而轻松地理解一篇论文,这就是在数字时代图文摘要和视频摘要产生的动力。事实证明,带有这两种可视化摘要的论文的引用次数和下载量明显高于仅带有文字摘要的论文。因此,越来越多的期刊开始重视甚至要求图文摘要,并鼓励视频摘要。最简单的视频摘要可以是作者对 PowerPoint 演讲稿的讲解过程。更加复杂的视频摘要可以加入与论文相关的三维模型、动画、实验、现场等视频画面。

增强出版(enhanced publication)的概念是指使用互联网数字化技术将过去不能用纸质媒体表达的信息用电子版方式增强补充地表达出来,而且不破坏原有的传统学术出版格式。具体来讲,增强出版主要包括使用补充的共享数据、可放大观看的图片、音频、视频等方式将学术论文的内容予以展示,并可配以专家访谈点评等评价传播方式。增强出版无论从期刊角度还是作者角度,都是一把双刃剑,即它在提升传统的学术出版习惯的同时,一方面依靠数字化新技术为学术出版内容赋予必要的、有用的新功能,另一方面也增加了期刊编辑和作者的工作负担。这些新功能和新负担都源自"市场的"需求和学术出版所面临的历史积累问题。它们也是提高学术出版质量的动力。仔细分析这些需求和历史积累问题,能够帮助理解增强出版和学术视频发展的源动力。

作为科技期刊实现增强出版的重要手段,学术视频包括以下三类:

(1) 视频摘要。它将文字摘要和图文摘要配上音频、动画或视频画面,实现更好的导读功能。视频摘要的必要性源自某些读者的一种自然感受——读文字不如看图片轻松,而看图片不如看视频轻松。这种感受更多的是从读者阅读的舒适度方面考虑的,与学术文献的严肃性和精练性或许存在冲突。这也是为什么轻松活泼或格式比较随意的视频摘要尚未被广大学术期刊认可的原因之一。

(2) 视频型论文。整篇论文以视频方式为主、以文字和图表方式为辅进行展示。视频论文的强烈需求源自许多学科在内容表达方面严重受限于静止的文字和插图,从而必须使用连续运动的视频画面并有时配之以音频才能阐述清楚。实际上,几乎每个学科都有这种强需求,尤以医学、生物、机械工程等学科为典型。在生物医学研究中,大量的实验方法和手术技术需要用视频展示才能描述清楚,或者才能确保科研成果的可再现性而能够让同行复制出来。科研成果的可再现性对于防止学术造假非常重要,是学术出版领域的一个"老大难"历史积累问题。在机械工程研究中,大量的机器构造和运动原理需要用视频展示才能便于理解。在这些领域,真可谓"一张图片胜过千言万语,一分钟视频胜过千百张图片"。实际上,人们经常可以看到在过去的论文中为了用几十张静态图片描述清楚一连串实验方法和机器运动而被迫采用占据几页纸巨额篇幅的尴尬。毋庸置疑,连最保守和最古板的维护"学术文字严肃性、正统性和精练性"的人也无法否认这种学术视频在审稿过程中和发表时的强烈必要性和强大功能。

(3) 视频型专家访谈点评或科普教学型视频。这类视频已经超出了学术论文本身内容的发表范畴,属于发表后同行评议、论文内容推广介绍、科普、教学等范畴,不属于论文作者需要投稿制作的内容。

通常所说的学术视频是指视频摘要和视频论文。图文摘要已经被很多作者和期刊广泛接受,通常在必要性上不存在争议。有些期刊也因此强制性要求作者提供图文摘要。对于作者而言,由于图文摘要是学术海报的精练版,而学术海报无论如何也是经常需要制作的,因此在投稿时通常不存在强烈的抵触情绪和负担感。虽然视频摘要在概念上看似只是图文摘要的进一步延伸,但是无论从必要性和可操作性上都存在巨大障碍和天壤之别。首先,作者关心的是自己的论文能否被容易发现、读者是否喜欢读全文、是否具有较高的引用次数,使用长达1分钟或几分钟的视频摘要能否有效帮助实现这三个目的,很多作者是存疑的。其次,如果视频做得不好,实际上会对论文起副作用,引起读者反感或质疑,还不如藏拙不做,因为视频制作无论从画面构思、音频质量、中英文发音和克服口音、作者形象等方面都具有极高的专业化难度,不是普通作者能够轻易完成的,需要耗费大量时间精力学习视频制作技术,并花费昂贵的费用购置所需软件或支付代做费用。那么,如果请别人代做视频摘要,是否算学术不端? 这些问题都是充满争议的。

视频论文是将整篇论文的各个部分以视频的方式展示,这对于某些必须用视频才能说清楚内容的学科是必要的。但是,以视频的可视化优势为理由将学术论文"娱乐化"和去严肃性,在学术界势必受到长期持续的抵制和反对。美国普林斯顿大学的 Moshe Pritsker 博士在十几年前首先提出视频论文的概念,并于博士毕业后在2006年创建了全球首个视频型同行评议科技期刊 *JoVE*(*Journal of Visualized Experiments*)。该期刊目前被 SCIE 数据库收录,属于 JCR 分区 Q3、中国科学院分区四区,影响因子为1.424,在大类和小类上均属于综合性期刊(multidisciplinary sciences)。该期刊致力于利用视频方式展现生物学、医学、化学、物理等学科领域的研究过程和成果,解决"人们疑惑到底是怎么做的实验"这种问题。每篇论文的视频大约10分钟,视频下配有文字讲解,读者可以免费观看2分钟。该期刊的投稿费用昂贵。如果作者请期刊帮助制作视频,费用则更高。其他学术视频型科技期刊包括 Springer 的 *VJEP*(*Video Journal of Education and Pedagogy*)和 Elsevier 的 *VJGI*(*Video Journal and Encyclopedia of GI Endoscopy*)。中国的中华医学会期刊《中华外科杂志》《中华耳鼻咽喉头颈外科杂志》《中华眼科医学杂志》等接收少量视频论文。

视频论文的内容大体可以分为以下三种:第一种视频论文是根据 PowerPoint 画面将

作者的讲解过程录制成视频,称为 PPT 型学术视频。这实际上就是把十几分钟的学术会议 PowerPoint 汇报版用视频的方式发表成论文。这种做法是否必要、是否本末倒置、是否能够取代 Word 文字版的期刊论文或会议论文有待商榷,因为传统观点认为 PowerPoint 演讲稿只是 Word 文字版的期刊论文或会议论文的精练简化副产品而已。第二种视频论文是用三维模型、动画、实验过程、现场画面等视频详细描述文字和插图所不能表达的结构流程、工艺方法或结果发现,称为类插图型学术视频,这种视频通常不能独立存在而代表整篇论文的各个部分,而只能用来展示论文中的某一部分,除非整篇论文的各个部分都必须按照视频格式布置(但这会颠覆传统的学术论文格式),或者除非整篇论文谈的就是只能用视频进行最佳展示的实验方法或机构原理。第三种视频论文是作者直接面对镜头进行讲解,配之以各种图片和视频,包括以访谈或问答的形式对论文中的核心问题进行深入讲解,称为访谈型学术视频。这种视频一般应只限于具有较大学术影响力和较高知名度的作者才比较有效。即使这样,第三种视频在结构、画面和声音方面的随意性对学术论文的严肃性格式提出挑战,是否能被传统学术界广泛接受,值得商榷。

关于学术视频的传播方式,出版界目前众说纷纭,有的主张像 $JoVE$ 所做的那样坚持在专业期刊的官网发布视频,而有的则主张借助第三方非专业平台(例如腾讯视频、微信公众号、科研社交平台如科学网)进行传播。马云彤(2016)在"PDF 文档视频和动画添加——科技论文可视化发表探讨"一文中指出,学术期刊数字出版普遍采用 pdf 作为标准格式,而在 pdf 格式的科技论文中能够嵌入视频或动画,使视频论文的发布能够方便地遵循已有的 pdf 格式系统,便于将学术视频纳入既有的发布传播轨道。

综上所述,学术视频的必要性取决于学科内容用视频取代或补充插图进行有效表述的需求。学术视频适宜作为传统格式论文中插图的增强资料融入 pdf 文件或具有独立的视频文件链接,帮助读者理解论文并提升引用次数。期刊需要针对视频的必要性对作者提出补充视频的投稿要求和提升投稿门槛,这样才能提高作者制作视频的积极性。PPT 型学术视频和访谈型学术视频在格式上对学术论文去严肃化,可能长期不会被传统学术界接受。类插图型学术视频值得鼓励和提倡,其视频的版权可以按照插图的模式进行管理,其视频制作技术对于作者和期刊编辑均提出了有益的挑战。

第 12 章
学术能力评价与学术社交影响力

学术能力评价制度是激励人才成长的有益机制。学术素养教育不仅有责任培养合格人才在学术能力上的基本素质，而且需要培养高层次领军人才的高水平素质，即学术社交影响力，使他们能够承担起引领社会发展的责任。学术素养教育不仅需要做到惠及大众，而且需要力求培养精英。本章从学术能力评价指标和论文的被引用次数入手，论述提高学术影响力和学术社交影响力的方法，收拢学术素养的培养之环。

12.1 学术能力评价

学术能力评价在当今学术界已经无处不在，从研究生毕业求职到高校教师考核和晋升。很多人的简历也因此从过去简单罗列发表的论著演变到全面统计展示各种学术能力评价指标。那么，究竟哪些指标是人们所看重的主流指标？本节讨论这一问题。

主流的学术能力评价指标按照重要程度从高到低包括：①学术奖项和人才称号；②论著质量和数量；③论著的被引用次数（尤其是他引次数）；④学术兼职；⑤纵向科研课题档次和经费金额；⑥国内外重要学术会议的大会特邀报告。

很多人由于缺乏对学术能力的完整认知，在职业发展规划上走了很多弯路，迷失了目标，而且不知道如何表述学术影响力。另外，从个体与集体的关系来讲，个人的学术能力是单位的学术能力的基础，很多适用于个人的学术影响力指标也适用于单位的汇总统计。

学术能力由以下三项能力构成：科研工作能力、论文撰写能力、学术答辩能力。科研工作能力又可以按照多个角度细分为分析、设计、测试工作的能力、专业知识获取能力、创新性能力、项目管理能力、团队管理能力、基金申请经费获取能力这八项能力。论文撰写能力可以细分为科技写作能力、英文语言能力、投稿组稿能力等。学术答辩能力可以细分为讲稿制作能力、口头表述能力、当场回答提问能力等。从人员日常活动角度来概括，学术能力还可以分解为读、悟、写、说这四个动作，其中"悟"代表了广义的思考力和完成事务的执行力。

学术能力对社会的贡献需要体现在学术成果上，具体表现为发表的论著、推广的技术、获取的项目经费。论著在广义上包括所有具有学术价值的论文、专著、教科书、工具书、发明专利等。推广的技术在广义上包括所有科研成果向生产力的转化及其经济效益或社会效益。获取的项目经费包括纵向经费（政府科研机构资助的项目经费）和横向经费（企业资助的项目经费）。科研项目经费的颁发通常是基于学术价值或技术价值的，没有学术价值的申请很难获得经费支持。获取项目经费是很多科研人员倍感沮丧和容易失去积极性的痛点，也是最无力控制的成果，申请失败率通常远高于论文拒稿率，例如经常高达90%。学术界或工业界还经常颁发各种基于项目、论著、技术推广的奖项，作为对学术成果的认可和奖励。对于高校教师来讲，还有一项独特的成果，即人才培养，具体体现在研究生和本科生毕业论文、高水平讲义、课程教学等。

学术能力的评价体现在对学术成果在数量上的清点和在质量上的评级，即学术影响力评价。每个单位和每个国家都对学术能力评价制订了不同的绩效政策，发布了不同的"指挥棒"，而且这些政策经常发生变动，用来纠偏学术评价中的不合理现象（例如反对唯论文、唯帽子、唯职称、唯学历、唯奖项的"破五唯"），或用来引导科研人员的学术成果发展走向（例如鼓励质量胜过鼓励数量的代表作制度）。抛开五花八门的动态学术评价政策不谈，下面详细论述四项典型的学术影响力指标。

1) 学术奖项和人才称号

中国的各种科研成果评奖比较多，人才称号（如中国科学院或中国工程院院士、长江学者）也可以视为评奖的一种。由于国家级和省部级人才称号的评审要求和流程均比较严格，这类人才称号的含金量比较高，并普遍被各高校和科研院所内部的学术委员会认可，例如一级教授（正教授中的最高层级）通常由中国科学院或中国工程院院士担任。

2) 论著种类和数量

论文和专著都很重要。由于理工科的研究成果在课题上比较分散，研究周期长，难以集中在一部专著中论述，因此理工科多以发表论文为主。相比之下，社科领域的专著更多一些，而且很多是独著的。专著与教科书和设计手册不同。专著是对某一领域深入研究的成果总结，涵盖相关理论和实践，对该领域的问题有全面和深入的解释，能够提出系统化的新理论，具有较高的学术价值。设计手册主要是对某一领域的知识进行概括和总结，内容较为浅显，没有新理论，这一点与教科书相似；但在例子诠释上不如教科书详细，而在内容范围上比教科书更加完整，而且更注重实用性。设计手册的主要目的是帮助技术人员和初学者快速掌握某一领域的基本知识和技能，解决实际工作中的问题。担任教科书的主编、主审、副主编也能反映一定的学术影响力。对于优秀的论文稿件，应当首选SCI、EI和中文核心等期刊发表，尤其是具有较高影响因子的SCI中国科学院大类分区一区或二区的期刊，因为这些期刊是业界公认的国际顶级或重要科技期刊、具有国际影响力的中国科技期刊。在国内外顶级学术会议上发表论文并被权威的SCI或EI数据库收录，也值得考虑。这些论文被中国学术评价政策简称"三类高质量论文"（发表在具有国际影响力的中国科技期刊的论文，业界公认的国际顶级或重要科技期刊的论文，以及在国内外顶级学术会议上进行报告的论文）。其中，具有国际影响力的中国科技期刊按照中国科技期刊卓越行动计划入选期刊目录确定。业界公认的国际顶级或重要科技期刊、国内外顶级学术会议由各单位学术委员会结合学科领域选定，通常包括所有SCI中国科学院大类分区一区或二区的英文期刊，这些期刊的影响因子都比较高。

3) 论著的被引用次数

众所周知，期刊的影响因子是针对整本期刊中的所有论文而言的一种篇均论文引用次数，并不代表每篇论文的单篇引用次数。对于单篇论著的学术影响力评价，需要使用H指数或W指数。

当论文或专著被其他论文引用时,表明该论著的贡献已经被其他学者所认可,也就表明该论著对于这个领域的研究具有一定的影响力和价值。论著的引用次数可以通过学术搜索引擎或数据库查询,如 Google Scholar、Web of Science、EI、Scopus 等数据库或 Mendeley 网站。

引用次数与 H 指数有关。H 指数是指在一个学者的 n 篇论文中,有 h 篇论文至少被引用了 h 次,而其他 $n-h$ 篇论文的每篇引用次数不超过 h 次。例如,某学者的 H 指数为 20,表示他在发表的 30 篇论文中,有 20 篇论文至少被引用了 20 次,而其他 10 篇论文的每篇引用次数不超过 20 次。H 指数评价认为,一个人的 H 指数越大,他的论著的影响力就越大,他的学术成就也越高。H 指数摆脱了期刊影响因子无法反映个人论著引用次数的缺点,并将论著的数量和质量(引用次数)结合起来予以评价,具有一定的先进性及合理性。单纯依靠论文数量或某篇论文的高被引次数,均无法增加 H 指数。相对于其他指标(如总引用次数和平均引用次数),H 指数更能反映学者的学术影响力和稳定性,因为 H 指数考虑了学者的引用次数分布情况,能够避免由于单篇论文引用次数过高而影响整体评价。学术搜索引擎或数据库能够计算 H 指数。对于综述型论文的引用次数通常高于原创型论文的问题,可以在统计引用次数时将论文类型予以区分来解决。

H 指数的缺点是无法区分同一篇论文中不同作者的贡献度,造成排名靠后的贡献度较低的作者与第一作者或通讯作者具有相同的引用次数,这显然是不合理的。在计算引用次数和 H 指数时,很多单位尚未对作者排名和权重予以区分。这极大损害了作为作品主要完成人的第一作者的利益和作为作品负责人的通讯作者的利益,而且错误地奖励了那些排名靠后甚至挂名的作者和没有较大贡献的作者。

解决这个问题的办法是使用 W 指数,即带有作者排序权重系数的 H 指数。在 W 指数评价中,在同一篇论著中权重引用次数相同的只有第一作者和通讯作者,其他作者的权重引用次数会随着作者排名位置依次减少。另外,为了解决引用次数统计中的这种泡沫问题,天津大学生命科学与工程研究院的张春霆院士(2009)创造了一种根据作者排序计算带权重的引用次数的方法。在他的方法中,一名作者的带权引用次数是论文的引用次数乘以作者的权重系数。作者的权重系数可以按照以下两种原则计算。当按照荣誉三分原则计算时,将通讯作者和第一作者的权重系数均设置为 1,而其他作者的权重系数的总和为 1。当按照线性原则计算时,除了通讯作者和第一作者外,其余作者的权重系数按照作者排序以等差级数递减。这种方法显然比不论青红皂白将所有作者都赋予相同的引用次数的做法合理很多。

4)学术兼职

学术兼职主要指在学术期刊担任主编、副主编、客座主编、编委和审稿人的情况,在国内外专业学会中担任委员会或分会主席和副主席的情况,以及在高校担任客座教授和学术委员会委员的情况。学术兼职能够显示维护学术共同体的积极参与程度,也能反映出学术地位被学术界同行认可的程度。

12.2 高被引论文和 ESI

引用次数是学术影响力的一个重要指标。科研人员关心什么是高被引论文,以及如何能够写出高被引论文。首先需要澄清的是,高被引论文数量只代表部分学术影响力,而并不完全代表一个国家的整体科技实力或工业实力。例如,诺贝尔奖也从某个角度代表科技实力,但并不能说一个国家的高被引论文数量多就肯定会导致获得诺贝尔奖的人数多。

在科研竞争力评价体系中,通常采用论文发表数量表征科研生产力,采用论文总被引次数、篇均被引次数、高被引论文数量、进入靠前排名的学科数量表征科研影响力,采用专利数量和热点论文数量表征科研创新力,采用高被引论文占有率(高被引论文数量除以论文总数量)表征科研发展力,采用国际合作论文数量表征科研合作力。其中,高被引论文通常被学者个人、单位和国家作为学术影响力的重要追求目标。在学术论文分类中,顶级学术论文是质量评价中的最高级别,一类学术论文其次,然后是二类学术论文,以此类推。例如,有些高校规定,顶级学术论文包括在 Nature、Science、Cell 期刊发表的论文和高被引论文;一类学术论文是在 SCIE 数据库的中国科学院分区一区和二区期刊发表的论文;二类学术论文是在 SCIE 数据库的三区和四区期刊发表的论文。

高被引论文涉及的一个重要概念是 ESI,表示 Essential Science Indicators,称为基本科学指标数据库。它是由 SCIE 数据库的发布机构科睿韦安公司(原汤森路透知识产权与科技事业部)统计发布的。ESI 根据 WoS 核心收录(Core Collection)数据库中的 12 000 多个 SCIE 和 SSCI 期刊的论文,提供最近十年内的论文发表数量和引用次数数据,每隔两个月更新一次,统计十年的滚动数据。科睿韦安通过论文总数、论文被引次数、论文篇均被引次数、高被引论文、热点论文和前沿论文等六项指标,从各个角度对国家和地区的科研水平、机构学术声誉、学者学术影响力、期刊学术水平进行全面衡量,按照被引次数的高低给出居于世界前 1% 的研究机构、学者、论文的排名等,作为衡量研究机构和个人科研水平的重要指标。

ESI 是目前普遍用于衡量学科研究绩效、跟踪科学发展趋势的分析评价工具。ESI 针对每个期刊按照 22 个 ESI 学科进行分类标引,提供国家、机构、论文和期刊排名,以及规范化的机构英文名称。不同于 Web of Science 中的 251 个学科分类,ESI 将学科划分为以下 22 个(括号内的英文为 ESI 学科代码):①Agricultural Sciences(AGS,农业科学);②Biology & Biochemistry(BBI,生物学与生物化学);③Chemistry(CHE,化学);④Clinical Medicine(CLM,临床医学);⑤Computer Science(CPS,计算机科学);⑥Economics & Business(ECB,经济和商业);⑦Engineering(ENG,工程);⑧Environment/Ecology(ENE,环境/生态);⑨Geosciences(GSC,地球科学);⑩Immunology(IMU,免疫学);⑪Materials Science(MTS,材料科学);⑫Mathematics(MAT,数学);⑬Microbiology(MIC,微生物学);⑭Molecular Biology & Genetics(MOL,分子生物学与遗传学);⑮Multidisciplinary(多学科);⑯Neuroscience & Behavior(NEB,神经系统科学和行为);⑰Pharmacology & Toxicology(PHT,药理学和毒理学);⑱Physics(PHY,物理学);⑲Plant & Animal Science(PLA,植物与动物科学);⑳Psychiatry/Psychology(PSS,精神病学和心理学);㉑Social Sciences-general(SSS,社会科学);㉒Space Science(SPA,空间科学)。对于 ESI 的多学科(Multidisciplinary)领域中的 48 个期刊,每篇论文按照其参考文献分类到其余 21 个学科中。对于无法分类的,划归于 Multidisciplinary。

如果在某学科,一所机构的被引次数位于全球所有机构的前 1%,则称该机构的该学科是全球前1%学科。ESI发布居于世界前1%被引次数的作者和居前0.1%的热点论文（hot paper）。热点论文是指近两年内发表的且在近两个月内被引次数排在相应学科领域世界前0.1%以内的论文。ESI高被引论文（highly cited paper）是指在过去十年内被引次数位于该学科世界前1%的论文，是国内外公认的具有较高影响力的高水平研究成果。

并非任何作者、机构或国家的论文数据都会被ESI数据库收录。对于论文作者、机构和高被引论文来讲，只有满足全球前1%的排名，才会被ESI收录和统计。对于热点论文，只有满足全球前0.1%的排名，才会被ESI收录和统计。对于国家和期刊，只有满足全球前50%的排名，才会被ESI收录和统计。

科研管理人员能够通过ESI对科研绩效和发展趋势进行长期的定量分析，包括了解：①机构有哪些进入全球引用次数前1%的ESI学科？②机构在ESI学科中的全球影响力排名如何？③机构在各ESI学科中有哪些高被引论文和热点论文？④每个ESI学科的居于世界前1%被引次数的作者（高被引论文作者）有哪些人？⑤每个ESI学科的居于前0.1%的热点论文有哪些？⑥某ESI学科中有哪些新兴的研究前沿方向？⑦某ESI学科中有哪些期刊的引用次数排名靠前？

ESI在统计时对于同一篇文献中所有署名的作者都同样地计算贡献度，且不区分自引与他引，这两个缺陷一直被学术界所争议。一些高校为了角逐名次，采用相互合作署名发文和过度自引的方式。消极的自引现象不仅使得总被引次数丧失指标价值，也有悖于科研的初衷。所以，在评估高水平作者时，有必要明确其在所发论文中是第一作者、通讯作者还是其他排名作者，并审核论文的他引次数，这样才能准确、客观、公正地反映论文作者的贡献度和影响力。

如果想发表高被引论文，除了需要注意选择发表在具有较高声誉和影响因子的期刊上，选题的重要性、作者的声望和论文的类型（例如综述型论文）也具有重大影响。另外，研究表明，高被引论文的标题通常都不太长，一般大约为10（7～13）个英文实词。在标题中使用一些醒目的词也有助于增加论文的引用次数，例如review、theory、new、recent。高被引论文的字数和图表数量通常不能太少，例如至少5500个英文单词（包括参考文献）和六个插图或两个表格，体现出内容的丰富性和易读性。综上所述，高被引论文作为一个非常重要的科研指针，对于学术影响力发展具有重要的指导作用。

12.3 论文引用次数的变化规律

论著的引用次数究竟与哪些因素有关？除了发表论文的数量和期刊影响因子外，如果高校使用论文引用次数作为研究生毕业的硬性要求，是否合理？引用次数如何影响投稿选刊和科研方向选题？广大青年学子非常关心这些问题。

由于论文在发表后需要经过一段时间才能被读者发现、引用和流传，因此论文发表的时间越早，几年后的累积引用次数就越多。另外，不同的学科具有不同规模的论文发表数量，以及不同的十年期篇均引用次数。那么，究竟一篇论文被他人引用多少次算是比较多的呢？这个问题没有确定的答案，而且各学科的论文情况相差很大。据统计，在包括SCI在内的WoS数据库中，在全部已发表的论文中，有大概56%的论文被引用过至少一次，有24%的论文被引用过至少10次，有2%的论文被引用过至少100次。引用次数超过

1000次的论文不到0.03%。有的学科的论文的零被引用率是8%～30%，即某学科或某期刊的全部论文中有8%～30%的论文从来没有被引用过。显然，各学科或期刊的零被引用率的浮动范围很大，不能一概而论。有些人文学科的论文在十年内只被引用5次，而有些医学论文在一年内就被引用50次。在工程学领域，一篇论文被引用达到100次以上就算是非常多的了，而多数高质量论文一般都是被引用10次左右。从ESI数据库关于篇均年均引用次数的学科排名的统计网页可见，分子生物学与遗传学的SCI论文具有最高的篇均引用次数，大约为十年内年均25次。数学具有最低的篇均引用次数，大约为十年内年均5次。

表12.1显示，在2022年发表的工程学论文在当年如果引用次数能够达到4次，就能够进入所有工程学论文的全球前1%排名。如果能够达到16次，就能够进入前0.1%。如果能够达到85次，就能够进入凤毛麟角的前0.01%（万分之一）。而对于在2012年发表的工程学论文，在2022年如果引用次数能够达到151次，就能够进入所有工程学论文的全球前1%排名。如果能够达到399次，就能够进入前0.1%。如果能够达到1255次，就能够进入前0.01%。用表12.1的数据作图，得到图12.1，可见论文发表年份越早，累积到当前年份（2022年）的引用次数就越高。

表12.1 工程学科SCI论文的历年被引用次数的百分比排名阈值

年份	2012	2013	2014	2015	2016	2017	2018	2019	2020	2021	2022
0.01%	1255	1120	882	1034	1209	821	601	415	251	119	85
0.1%	399	398	367	340	327	285	252	175	114	55	16
1%	151	145	136	131	120	112	97	72	49	21	4

注：数据摘自ESI数据库统计网页。

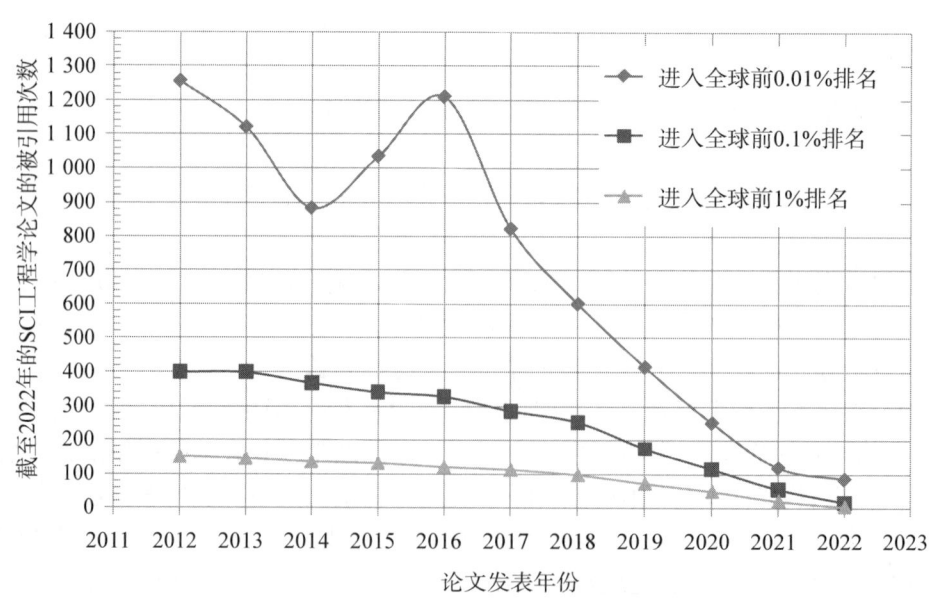

图12.1 SCI论文的被引用次数趋势

从 ESI 数据库关于截至 2022 年所有学科的论文篇均引用次数的统计网页可见，对于工程学 SCI 论文，从 2012 年到 2022 年，在发表后 10 年内的篇均引用次数是 19.10 次。从 2017 年到 2022 年，在发表后五年内的篇均引用次数是 15 次。从 2021 年到 2022 年，在发表后一年内的篇均引用次数是 2.04 次。由此可见，如果大学根据发表论文的引用次数作为博士研究生的毕业要求，无疑是非常荒谬的。这是由于如果博士生在毕业前一年发表论文，那么在毕业的年份平均来看将只有 2 次引用次数，而这种次数少到了在学术影响力方面并不能体现出什么真实有效的实际意义。

ESI 通常用 10 年区间统计论文的引用次数。从 ESI 数据库关于 WoS 论文篇数、论文的篇均引用次数和热点论文数量的国家排名的统计网页可见，美国和中国是发表 WoS 数据库收录论文（含 SCI）最多的国家，远多于其他国家。美国发表的 WoS 论文的近 10 年期篇均引用次数是 20.5 次，中国是 14.05 次。在更早的 2007—2017 年的 10 年间，美国在这 10 年期的篇均引用次数为 17.5 次，中国的论文篇均引用次数为 9.4 次。再倒推 10 年，中国的论文篇均引用次数为 5 次。各国的篇均引用次数随年份均在缓步增加。

另外，近 10 年来，美国拥有 1 777 篇热点论文，中国拥有 1 634 篇热点论文，数量均远超其他国家。英国有 791 篇，德国 582 篇，法国 416 篇，加拿大 434 篇，澳大利亚 491 篇，意大利 384 篇，日本 272 篇，西班牙 336 篇，荷兰 316 篇，印度 252 篇。

除了按照国家进行统计和排名外，ESI 还按照作者进行排名。从 ESI 数据库关于 10 年期篇均论文引用次数的全球作者排名的统计网页可见，论文引用次数最多的作者是 M. Bernstein，他的一篇论文的 10 年期引用次数高达 7 166 次。实际上，这个作者排行榜不容易用来分辨作者的姓名，因为很多外国作者具有相同的姓和名的首字母。对于中国作者来讲，这个英文姓名无法区分的问题更加严重。如果 ESI 能够使用 ORCID（学者代码）来准确区分每个作者进行排名，这种统计表就很有用了。

12.4 提高论著引用次数的方法

在当今这个"以引用次数论英雄"的学术评价体系中，广大科研人员高度关心自己的论著的引用次数。在论文和著作的引用上存在哪些误区，如何能够提高引用次数，是本节讨论的内容。

学术机构在人员聘任和科研经费资助评审中，日益注重学术研究的影响力，要求科研人员证明自己工作的作用。最广为人知的评价学术影响力的三种方法是期刊影响因子、论著引用次数、学术委员会等小同行评议。学术评价体系所要追求的效果是论著经受过严格的同行评议，并且在发表后能够受到同行的关注。那么，在未经同行评议的期刊或出版社发表的论著或发表后没有被同行引用的论著显然通常被认为是没有学术价值的。当然，历史上也有一些珍宝级的论文在发表后长期未能引起人们的注意。这只能说明这种论文的作者具有超越时代的远见卓识，从而只能被后世的人们所发现和景仰。例如，1934年 1 月，文献计量学家布拉德福发表了"专门学科的情报源"这篇在文献计量学领域具有重要历史意义的著名论文。文中首次阐述了科学文献的分散定律，即著名的布拉德福定律。但是，这篇论文在发表后长期未能引起人们的注意。反过来看，在经过严格的同行评议的高影响因子期刊发表的论文或发表后被同行大量引用的论著就肯定具有较高的学术价值吗？其实亦不尽然。

期刊影响因子是期刊的篇均引用次数。一般来讲，影响因子越高，对于原创性要求等同行评议审稿标准就越高，论文也越难发表。这就是期刊影响因子较高通常被视为论文水平较高的原因。实际上，期刊影响因子并不能代表单独某篇论文的引用次数。因此，期刊影响因子并不能反映具体某篇论文受到同行关注的程度。

虽然论著的引用次数比期刊影响因子更能直接反映某篇作品的引用次数，但是引用次数并不能代表同行评议的审稿严格程度，只是反映出作品受到他人出于"某种原因"的关注。因此，引用次数的多少也并不等同于论文质量的高低。因此，诺贝尔奖得主的论文并不总是能够获得较高次数的引用，而且很难通过文献计量学的方法预测谁能获得诺贝尔奖。

从探究论文被人引用的原因可以看到提高论文引用次数的方法。引用分为自引和他引。自引是论文的作者引用自己的作品。自引能够维护学术研究的系统性和连续性，增加科研结果的可信度和深广度，无可非议，只是需要注意在自引时应当有充分的理由。他引的理由通常包括以下四个：

（1）通过文献综述来介绍背景或凑足同行评议要求的参考文献数量。在论文的引言部分草率引用他人工作来介绍研究背景、目的和意义，是青年学生常犯的错误，也是很多低水平论文被人大量滥引的原因。导师推荐高水平文献能够避免学生滥引。科研人员应当珍惜引用文献的权利，慎重切题引用，不随便给其他作者增加引用次数和荣誉。另外，有科研人员没有付费的文献检索途径，只能从免费的开放获取期刊上查找文献。因此，在开放获取期刊上发表论文，能够增加他引次数。但是，很多开放获取期刊是征收高额版面费。另外，从作者希望增加他引次数的角度来看，应当使自己的论文显得比较系统和全面，具有经典的入门学习价值，或者符合科研热点。开辟有研究潜力的新方向和提出能够被人广泛使用的新方法的开创性论文，毫无疑问能够吸引较多的他引次数。撰写综述型论文也能够增加他引次数。但是，科研人员通常应当在发表了一定数量的原创型论文而奠定了自己的学术地位后，再大量撰写综述型论文，否则会被人认为水平不高，权威性会受到质疑。

（2）在结果和讨论部分引用文献进行对比。这种引用通常具有很强的课题针对性。要想增加他引次数，必须做后继有人的工作，让后来的研究者沿着自己的工作继续深耕和对比。写好论文的标题、摘要和关键词，能够有效增加自己的论文被同行发现、对比和引用的机会。

（3）引用他人论文的结果或结论，为自己的论点提供依据。要想增加这方面的他引次数，必须使自己的论文在深广性上比较出色，并得出比较经典的结论，使后人能够反复借用。如果为了增加论文数量而将一篇论文拆分成几篇内容较少的论文发表，可能会降低总的他引次数而得不偿失。

（4）阐述别人的错误或平庸的结果，用来强调自己的研究结果的重要性。对于被引用的作者来讲，这种引用属于被别人批评的负面引用。这种负面引用的次数较多，不是一件光彩的事情。

综上所述，避免零引用和追求较高的他引次数是提高学术影响力的正确努力方向。但是也需要记住，他引次数受许多因素影响，包括期刊的影响因子、专业领域、论文篇幅、论文性质(原创型或综述型论文)、参考文献数量、论文发表时间等。论文的他引次数过低或甚至为零,说明论文的质量可能太低,达不到值得被引用的标准,或者科研方向太冷门,研究的人太少。

12.5 从期刊滥发无聊论文到国家新的发表政策

学术界人员都知道"不发表即灭亡"的厉害。在必须大量发表论文的高压下,在期刊评审不严格的情况下,无聊而没有什么意义的论文被发表,造成拆分发表、重复研究和论文泡沫。这不仅造成科研人员不堪重负,每天挖空心思琢磨如何投机取巧多发几篇论文,而且造成竞聘人员在发表数量上的恶性竞争,对于引进人才的水准无益。无聊论文不仅对于科技发展没有起到良好作用,而且造成读者的负担,因为垃圾论文多得选不过来和读不过来。科研人员从心里痛恨无聊论文,它产生的动机是满足科研业绩考核要求和职称晋升要求。只有垃圾期刊喜欢无聊论文,因为可以赚取版面费。如何从科研成果评价体系上制止滥发论文非常重要。

如果单位的科研成果评价体系不认可差的(无声望的)期刊,那么滥发的论文会大量冲击好的(有声望的)期刊,甚至把好期刊弄坏。如果单位的科研成果评价体系认可差的期刊,那么滥发的论文会涌向差的期刊,让其赚取版面费。因此,期刊是否受到滥发论文的影响,取决于是否被科研成果评价体系认可。

消灭无聊论文的办法是单位小圈子里的学术评审委员会形成共识,什么样的论文可以用来晋升职称,什么样的论文不算数,定好规矩。例如,在好的学校发表10篇好的期刊的论文能任教,在差的学校发表10篇差的期刊的论文也能任教,那么这种"游戏规则"就无法阻止滥发论文,因为有人就偏偏愿意去差的学校任教。如果差的学校把"游戏规则"修改为在好的期刊上发表5篇论文才能任教,而不认可差的期刊,就能够阻止在差的期刊上滥发论文。这样可以逼迫差的期刊停止以赚取版面费为目的,并执行严格的同行评议,变成被单位认可的期刊。中国科学技术协会于2021年11月发布了《关于开展中国科协主管期刊滥发论文问题专项检查的通知》,指出"少数期刊片面追求经济利益,放松或放弃把关要求滥发论文,违背出版宗旨和学术准则,出版质量低劣,还往往存在各类违规问题。"

但是,单纯消灭差的期刊的"游戏规则"仍然不能阻止有人在好的期刊上滥发论文,虽然滥发的难度比差的期刊要大,因为好的期刊的同行评议毕竟更加严格,而且也不以赚取版面费为目的。要想彻底消灭滥发论文,不能只看期刊,还需要针对每篇论文进行评审,甄别重复发表、拆分发表和无聊论点。关于什么是无聊论文,以及学术成果是否有意义和学者是否有水平,很多时候是仁者见仁、智者见智的事情,取决于不同的评价者的视角和需求。这个问题宜粗不宜细,只能依靠作者自身的学术道德自觉约束和宽容厚道的学术价值观这两方面的努力,才能防止产生被评定出来的垃圾论点。在政策制度上,需要鼓励聘用学术道德良好的人员,将学术道德评价纳入科研成果评价和人才聘任体系,即不能只清点论文数量和期刊影响因子,还需要把评审工作做细致,查看论文是否存在拆分发表和粗制滥造等充数行为。这样可以不冤枉一个"好人",也不放过一个"坏人"。学术道德高尚的人,对自己的作品一般要求也比较高,不会过度制造无聊论文。因此,多角度综合评价科研人员的学术道德和资质水平非常重要。

关于纠正仅靠清点论文篇数评价科研人员水平的问题，中国教育部和科技部于2020年2月发布了一份《关于规范高等学校SCI论文相关指标使用和树立正确评价导向的若干意见》（下称《意见》）。这项规定的本意是建设学术道德和纠偏学术评价体系。但是，这项规定势必影响晋升职称和获取经费的要求。因此，科研人员需要了解这些最新规定，避免在发表论文上做"无用功"。规定指出，需要破除唯分数、唯升学、唯文凭、唯论文、唯帽子，即不能用其中某一条卡资格，淡化了仅凭论文数量定高低的不公平做法。SCI论文是发表在SCI收录期刊上的论文。相关指标包括论文数量、被引次数、高被引论文、影响因子、ESI（基本科学指标）排名等。论文"SCI至上"是指将SCI论文相关指标作为学术评价、职称评定、绩效考核、人才评价、学科评估、资源配置、学校排名等方面的考核依据，造成过度追求SCI论文数量而扭曲科技创新价值的问题。《意见》指出："建立健全分类评价体系。对不同类型的科研工作应分别建立各有侧重的评价路径。对于基础研究，论文是成果产出的主要表达形式，坚决摒弃'以刊评文'，评价重点是论文的创新水平和科学价值，不把SCI论文相关指标作为直接判断依据；对于应用研究和技术创新，评价重点是对解决生产实践中关键技术问题的实际贡献，以及带来的新技术、新产品、新工艺实现产业化应用的实际效果，不以论文作为单一评价依据。对于服务国防的科研工作和科技成果转化工作，一般不把论文作为评价指标。"另外，《意见》还指出："在人员聘用中，学校不把SCI论文相关指标作为前置条件。学校在绩效和聘期考核中，不宜对院系和个人下达SCI论文相关指标的数量要求，在资源配置时不得与SCI相关指标直接挂钩。要取消直接依据SCI论文相关指标对个人和院系的奖励，避免功利导向。不宜以发表SCI论文数量和影响因子等指标作为学生毕业和学位授予的限制性条件。"对于基础研究，提倡每人最多5篇代表作，发表在具有国际影响的中国期刊、领域内国际顶级期刊或国内外顶级学术会议上。而且，如果希望申请国拨经费，1/3以上的代表作论文必须发表在中国的期刊上。最后，在黑名单和预警期刊上发表论文将受到惩罚。

12.6 Altmetrics 在学术影响力评价体系中的作用

评价一个人的学术影响力一直是学术界的热门话题，也是每个科研人员关心的敏感话题。影响力是个人学术能力综合评价体系中的重要指标，涉及薪资、职称、奖惩、经费等利益。中国古代便有"煮酒论英雄"的说法，以及隋唐演义中的十八条好汉的武功排名榜。人们对能力排名津津乐道。如何评价自身科研能力，对于学者来讲是无法回避的复杂话题。在目前以SCI论文为主导的科研业绩评价体系中如何生存和发展，了解评价标准的演变趋势，对于职业发展具有重要意义。传统的主流评价标准是基于引用次数的，包括期刊的影响因子和个人的H指数。近年来兴起的Altmetrics试图补充传统评价标准。本节论述其背景和作用。

1) Altmetrics 的起源

以SCI期刊为例，评价期刊水平的最重要指标目前仍然是影响因子。在个人论文被引用次数的评价上，H指数目前是主要指标。虽然影响因子和H指数一直饱受争议，包括关于它们简单片面、时滞性和容易被人为操控等方面的指责，它们仍然出现在众多科研单位的业绩评价指标中,作为指挥棒来使用。

事实上,如果一篇论文通过被阅读和讨论等行为能够给人以启发,虽然还不足以达到被引用,或者在实际运用该论文的研究成果时根本不需要以撰写发表论文的形式去引用(例如制定科技政策或产品研发应用),这篇论文仍然是具有影响力的。Altmetrics 这一评价指标的发明者认为,论著的影响力不应当只依靠引用行为来反映,也应该包括文献下载、浏览、收藏、分享和评论等非引用行为,而互联网的兴起为搜集这些在线行为数据提供了前所未有的便利。

2012 年 12 月,包括美国科学促进会在内的来自全球的 70 多家机构和 150 多位知名科学家在美国细胞生物学会会议上签署了《关于研究评价的旧金山宣言》,其目标是停止仅使用期刊影响因子来评价科研人员的工作,纠正评价方法中存在的不公正现象。在这种时代背景下,Altmetrics 应运而生。美国的 Jason Priem 创建的 Altmetrics 表示 Alternative Metrics 的缩写。由于目前无法预测 Altmetrics 是否能够取代传统的评价方法,因此将其译为"补充计量学"而非"替代计量学"更为妥当,表示它是对影响因子和 H 指数等传统评价指标的补充。

2) Altmetrics 的作用和优点

Altmetrics 是一种基于社会评价和互联网分析技术的、利用各类在线学术交流数据开展影响力评价的方法。它的数据来自于任何对科研工作进行讨论和传播的平台,包括主流媒体、社交媒体、博客、论坛等。它能够回答关于阅读次数、引用次数、新闻报道次数和社会政策影响等问题。

相比传统指标,Altmetrics 具有以下三个突出优点:

(1) 更新速度快。期刊影响因子是以年为单位更新,而 Altmetrics 是以天为单位计算。

(2) 把影响力评价从撰写论文引用的狭窄同行圈扩大到关注科研成果的全社会同行。科研成果的影响力不仅体现在研究论文中的引用,也体现在使用论文制订政策、学习、教学、开发产品等专业行为,而这些行为往往体现在新闻报道和社交媒体上(包括博客、论坛、推特、脸书、微信、QQ),以及高校、企业和政府的信息发布等。

(3) 不仅能够评价单篇论文,而且能够评价专著、专利等其他科研成果。

3) Altmetrics 的计算方法

Altmetrics 的评分是根据不同社交媒体引用文献的次数,包括新闻、博客、论坛、专利等。在 Altmetrics 给出的一般计算公式中,权重示例如下:新闻 8 分,博客 5 分,维基百科收录 3 分,政策或专利文件引用 3 分,推特或谷歌 1 分,脸书或油管视频 0.25 分,论坛 0.25 分。把某项科研成果的报道、转载、讨论次数乘以权重并相加,即可得到评分。有的计算公式包括引文次数、下载次数和阅读次数等,涵盖阅读、讨论、储存书签、下载、引用、推荐转发等线上行为。

4) Altmetrics 的局限性

没有一种学术影响力的评价指标是完美准确的,Altmetrics 也不例外。Altmetrics 将过去基于专业圈内引用的评价指标扩展到了社会媒体,并创造了一系列代表学术产出的社会传播指标,针对每项研究成果计算得分。有人比喻基于引用的传统指标是严肃作品,而包含社交媒体分享的 Altmetrics 指标是畅销书,只能反映作品的受欢迎程度,而无法衡量作品的学术价值。这种比喻不很恰当,因为在社会上评价学术成果的人肯定也是专业圈内的同行,他们对论文的评价可信度不一定低于引用论文所产生的可信度。然而,公平区分和计算统计在各类社交媒体上的关注行为,不是一件容易的事情,需要在算法上继续完善。例如,新闻和博客的权重最大,能够获得最多的分数。但是,这些权重具有主观随意性。另外,越多人提及、引用或通过各种渠道与文献互动,文献便能获得较高的评分。

另外,让全社会去测评科研成果影响力,势必会造成热门课题或具有争议性的课题比冷门课题更容易引发专业圈内的转载和讨论,而这种体现在行为数量上的关注度并不能代表文献的学术水平和真实影响力,而且会造成不同课题之间的评分不具备可比性。有些研究即使没有多少在线讨论,也能产生巨大的学术影响力。而且,如同期刊影响因子能够通过引用次数被人为操控一样,Altmetrics 的转发点赞等评分也容易被操控失真,从而丧失学术严肃性。

目前,很多出版平台都开始采用 Altmetrics 对每篇论著的学术影响力进行评价。它是继影响因子以来计量化综合评价单篇论著的新型评价方法,值得了解和关注其发展。

■ 12.7 学术社交影响力

学术素养教育中的绝大部分内容侧重于从基本素质角度塑造合格的学术人才,使他们能够获得完整的专业化训练,激发专业热情,具有科技伦理、职业道德和学术道德,具有娴熟的学术写作、英文写作和翻译的技能,能够熟练地向英文期刊和中文期刊投稿并进行学术汇报和交流,通晓科研方法论,熟练掌握科研方法和项目管理方法,具有敏锐的科技情报意识和文献检索及引用能力,能够快速熟练地大规模处理数据和策划制作学术图表,有能力撰写科研经费申请并获得经费支持,并有能力对自己和他人正确做出学术能力评价。在这些基本素质之上,还有一项至关重要的高水平能力,尤其对于高层次人才或领军人才的发展更为重要,那就是学术社交影响力。这个能力是指通过个人的努力来影响一个集体、一个单位、一个社团、一个国家的决策和行为,对社会做出积极有益的高水平贡献。

学术社交影响力是领军人才必须具备的一项高水平能力,但它并不是一项高不可攀的能力。所有人只要用心和努力,都能形成一定的学术社交影响力。这个能力概念的提出,为人才发展从社会影响力方面强化了培养意识,指明了培养方向,使得人才的贡献视角不再仅局限于学术知识和专业技能,而是扩大到承担起积极引领社会发展的责任。它具体包括以下九项能力。

1) 参加领英、行业学会和开展学术社交的能力

一般来讲,除了大学教师在学校网站公布自己的电子邮箱和电话号码外,其余各种科研院所和企事业单位的专业人士都无法通过本单位的网站公开自己的联系方式。领英(LinkedIn)就是为了解决这种联系需求而诞生的社交媒体。它是全球最大的职业社交网站。人们在领英上能够快速建立人脉网络,便于找工作、开展合作和与素不相识的职业人士自然地建立联系。另外,很多专业人士都参加职业社团,例如国际汽车工程师学会、中国内燃机学会等,便于发表论文、参加学术会议、参加社团的组织工作、担任学会或协会的社会职务等。加入上述这些专业社交团体、建立联系人脉并开展义务组织活动,是施加学术社交影响力的最基本环节。

2）发表论著之外的学术影响力和社会活动能力

有些科研人员的论文或专著具有较高的学术影响力,体现在发表论著的期刊或出版社的档次比较高,影响因子高,被他人引用的次数多。但是,这并不意味着自己的学术思想就会自然而然地被别人在全行业乃至全社会去倡导、弘扬和推广。要想发挥更大的影响力,成就一番事业,需要自己动手提议和开展一些社会学术活动,例如组织学术讲座、开办行业培训班、在大学里开设课程。这些社会活动都需要依靠联系相关人员、单位或行业社团才能开展起来。

3）在单位内部和外部说服他人并实现想法的影响力

几乎所有科研人员都是受雇于某个单位,包括大学、研究所或企业。因此,他们都遇到一个在单位内部说服他人并实现自己的想法的挑战,从开设一门课程到立项一个课题。即使在单位里当上了一把手,在民主集中制的约束下,一个人也并不总是能够将自己的意志强加给所有下级去执行。要想让所有人都心服口服地执行配合和积极支持,科研人员就必须具有说服他人的能力,这包括严密的逻辑推理、富有才华的文笔、良好的写作沟通能力、出色的演讲能力。

4）开展团队工作和建立学术流派的能力

很多学术界人士都梦想能够创立自己的学术思想和学术流派,开辟一个新的学科领域或专业方向。真理是越辩越明的。流派百花齐放,百家争鸣,无论大小,都是值得尊重和鼓励的。流派不同于山头主义,更不同于学霸。山头主义造成不团结,而学霸扼杀反对的声音,这些都导致恶劣的学术专制。建立自己的流派,拥有追随者和拥护者,是学术地位被人认可的重要环节。

5）参与和组织学术会议和学术界活动的能力

有些科研人员只喜欢自己闷头写论文,而对专业学会的组织工作和为学会做受邀报告不感兴趣,也不喜欢担任社会学术职务。这一点不仅直接损害个人的学术社交影响力,而且在各种人才项目的评定中也会吃亏,因为这些国家级和省市级的人才称号项目(例如长江学者)在评审时非常看重社会学术职务和是否为国内外著名学术会议做过受邀报告。

6）担任义务审稿人、期刊编委和客座主编的社会学术能力

中国的期刊在邀请专家进行同行评议时通常会支付审稿费。国外的期刊通常不支付审稿费。有些科研人员由于觉得审稿太费时麻烦、审稿费不够多甚至没有而拒绝审稿。这是一种非常短视的做法。首先,这会造成很多期刊不再邀请其审稿。其次,这种做法基本堵死了加入期刊担任编委或客座主编的道路。国内外期刊编委、客座主编、论文审稿人这三种资格是各种国家级和省市级的人才称号项目在评审时非常看重的影响力因素。

7）倡议和组织行业标准、国家标准和国际标准的能力

有人说:"二流人才做产品,一流人才做标准。"这句话道出了行业标准、国家标准、国际标准的崇高领导地位和影响力。如果想倡导自己的学术思想并对世界施加影响力,就必须具有参与、倡议、组织撰写和修订各级标准的意识和能力。

8）在学术委员会任职和施加学术影响力的能力

很多大学、科研院所和重点实验室都设有外单位人员参加的学术委员会,按照几年一个聘期进行换届选举或提名。担任学术委员会的委员、副主任或主任,不仅是崇高的学术荣誉,而且是参与学术机构活动并通过自己的话语权施加影响力的良好机会。

9) 在政府咨询机构任职和对国家政策施加社会影响力的能力

最高级的学术社交影响力发生在国家级或省市级的政府科技咨询机构的兼职任职中。通常，院士等具有较高学术地位的人士会被邀请加入此类机构任职，包括提供经常性的建议和参加国家级或省市级人才计划或国家科学基金项目的评审活动。他们的建议会对地方和国家的科技政策造成巨大甚至决定性的影响，能够实现从学术影响力到社会影响力的飞跃。

12.8 建立科研人脉及开展科研合作

所谓合作，就是不同的人或单位一起工作，共担责任，共享利益。合作是尽人皆知但又容易在职业发展道路上被忽视的重要问题。当科研人员被问道："你在业界的合作情况如何？"多数人可能会一脸茫然，并反问："我每天上班工作，和单位的同事合作项目，我为什么要有业界合作？"这种回答反映出科研人员对职业发展前景认知不足，或者说只知道单位内部的合作，而不知道单位外部及社会上的合作。科研人脉及合作虽然不像 H 指数那样能够通过论文的数量和质量来衡量一个人的学术影响力，但是它们确实能够反映一个人的科研活动活力。科研合作包括单位内部和外部两种。本节讨论如何建立科研人脉和开展科研合作。

12.8.1 在单位内部建立科研人脉及开展科研合作

单位内部合作通常不涉及项目资金，合作的同事都是从单位领取工资。如果合作不愉快或失败，业绩和晋升会受到影响。在单位内部，与自己所在部门的同事搞好关系，并结识其他部门的大量同事，充分利用各种资源，做好自己的工作，并协助他人完成工作，这是所有人都懂的道理，这里不做赘述。

12.8.2 在单位外部建立科研人脉及开展科研合作

1) 在单位外部建立科研人脉及开展科研合作的原因

有些学者出于专业兴趣，愿意免费劳动，与他人合作撰写论文或进行学术交流。因此，有些科研人脉与资金无关。但是，在更多的情况下，建立科研人脉的目的是联合申报科研项目并获得经费支持，因为合作的落脚点通常是科研项目。虽然科研人员能够依靠自己在单位内部的工作业绩建立内部影响力，但是人们在评价一个人在整个业界的影响力时，往往还需要检视另外两个重要指标，即学术活动社会参与度和与外单位合作的科研项目。

学术活动是指在学术组织中的兼职情况，很多是没有报酬的，例如学术期刊的编委、审稿人、专业学会或科技协会的组织者、国内外学术会议的组织者、大学的客座教授或学术委员会委员。虽然有些活动的参与准入门槛很低或甚至没有门槛要求，但是很多社会任职确实能够体现被同行承认的程度和学术地位，例如客座教授、期刊编委和学会主席。

与外单位合作的科研项目通常发生在高校和科研院所等在业绩和经费方面具有强制性考核要求的单位，而对于企业雇员来讲通常无此项要求。高校对于教师的业绩考核，不仅体现在每年需要发表多少篇英文 SCI 论文，而且也体现在能够拿到多少政府资助或企业资助的科研经费，例如国家自然科学基金。科研项目当然可以由一个人或一个单位申请。但是，如果有能力说服其他单位合作申请，并安排好成果归属和利益分配，能够有效增加获得资助的科研项目数量。

2）在单位外部建立科研人脉及开展科研合作的困难

许多人在回顾单位之间的合作时，往往都有"雷声大、雨点小"的感觉，即很多时候流于空谈，无法落实到具体项目操作。主要原因包括以下四个：①找不到联系人，即缺人；②缺乏经费和立项机会，即缺钱；③无法在论文作者排名和单位署名上达成一致，即缺名；④缺乏技术，即缺才。

3）在单位外部有效建立科研人脉及开展科研合作的方法

为了顺利建立科研人脉并开展科研合作，就必须解决人、钱、名、才这四个合作障碍。实际上，每个科研人员都渴望解决这四个问题，使自己能够在业界干得风生水起，拥有呼风唤雨的能力。这就要求科研人员必须有意识地建立以下四项能力。

（1）主动建立精准科研营销能力。参加学术会议或产品展会固然能够搜集到一些名片、认识一些人，但是这些都远远达不到精准科研营销的要求。精准科研营销是指自己从公开发表的论文的通讯作者电子邮箱、高校网站的教师介绍、企业网站等处找到电子邮箱、手机和微信号码等联系方式，主动发送电子邮件联系合作方，并介绍自己的科研工作和合作需求。

（2）主动促成科研项目申报。很多科研人脉忙于各种事务，容易忘记或忽视联合项目申报机会。需要主动提醒和促成各种科研项目申报机会，尤其是自己领衔的项目。需要将经常用于申报的材料制作成便于大量反复使用的模板形式，以便能用最短的时间实现最高效率的大规模申报。在科研项目上广种薄收，争取获得经费支持。

（3）根据单位科研绩效考核要求确定论文作者的排名和工作量。很多科研人员包括学界大师都曾因为论文的作者排名产生矛盾而分道扬镳。作者排名（包括是否第一作者或通讯作者，以及作者单位署名）确实是科研合作的利益焦点，与科研经费分配同等重要。运用自己的智慧，恰当定位各方的需求和收益，将合作项目设计得双赢和皆大欢喜，是一种重要的策划管理能力。

（4）积极建设重要通用技术。通用技术是指能够反复使用的、适应面广的技术。很多科研人员的一个弱点是专业领域和工作技能过于狭窄，无法应对大规模项目申报的需求和涉及知识面宽广的技术需求。因此，科研人员不仅应该注意加强自己的专业技术，而且应该重视掌握重要通用技术。例如，对于自然科学、工程技术和医学等领域，振动分析就是一项比较狭窄的技术，不容易找到用武之地，而系统工程、试验设计与优化、可靠性工程则是三项重要通用技术，放之四海而皆准，能够在几乎任何科研项目中大放光彩，并能够根据这些通用技术的应用案例撰写出高水平的科研论文。如果能够掌握这些通用技术的软件使用技能和编程技能，就会极大增强科研合作实力。当然，如果自己不想花时间掌握硬技术，而想把这些工作外包给合作方去做，也是可以的，那就需要掌握很强的合作外包管理能力。

综上所述，科研人脉是科研合作的基础。科研合作能使各方实现强强联合，是各单位鼓励的科研模式。如果希望顺利完成合作，除了需要积极克服在人、钱、名、才这四方面的障碍之外，还需要具备强大的项目管理能力、任务执行能力和团队合作精神。科研合作蕴藏着无穷的发展机会，是每个希望成就一番事业的科研人员需要积极面对的。

参考文献*

[1] 丁长青.科学技术方法[M].南京:河海大学出版社,2003.
[2] 栾玉广.自然科学技术研究方法[M].合肥:中国科学技术大学出版社,2003.
[3] 杨建军.科学研究方法概论[M].北京:国防工业出版社,2006.
[4] 刘新民.科研方法论[M].济南:山东大学出版社,2011.
[5] XIN Q. Diesel engine system design [M]. Cambridge, UK: Woodhead Publishing, 2011.
[6] 贺石林,王键,王净净.中医科研设计与统计学[M].长沙:湖南科学技术出版社,2013.
[7] 辛千凡.柴油发动机系统设计[M].上海:上海科学技术文献出版社,2015.
[8] 李云雁,胡传荣.试验设计与数据处理[M].3版.北京:化学工业出版社,2017.
[9] 张伟刚.科研方法导论[M].3版.北京:科学出版社,2020.
[10] 刘民,胡志斌.医学科研方法学[M].3版.北京:人民卫生出版社,2020.
[11] 陈世耀,刘晓清.医学科研方法[M].2版.北京:人民卫生出版社,2022.
[12] 王以铭.量和单位规范用法辞典[M].上海:上海辞书出版社,2001.
[13] 章培恒,陆谷孙,杨立新,等.学海引航——中国名校名师谈论文写作[M].上海:上海高教电子音像出版社,2005.
[14] 刘振海,刘永新,陈忠财,等.中英文科技论文写作教程[M].北京:高等教育出版社,2007.
[15] 段伟文,姬瑞环.专业技术人员科学素养与科研方法简明读本[M].北京:中国传媒大学出版社,2007.
[16] 张振华,等.工程信息检索与论文写作[M].北京:清华大学出版社,2009.
[17] 邓利维.博士论文写作技巧:博士论文的计划、起草、写作和完成[M].赵欣,译.大连:东北财经大学出版社,2009.
[18] 国家图书馆《中国图书馆分类法》编辑委员会.中国图书馆分类法[M].5版.北京:国家图书馆出版社,2010.
[19] 李德华.学术规范与科技论文写作[M].成都:电子科技大学出版社,2010.
[20] GLASMAN-DEAL H. Science research writing for non-native speakers of English [M]. London, UK: Imperial College Press, 2010.
[21] 隋建峰.医学科研方法概论[M].北京:科学出版社,2011.
[22] 郑霞忠,黄正伟.科技论文写作与文献检索[M].武汉:武汉大学出版社,2012.
[23] 李达,李玉成,李春燕.SCI论文写作解析:EndNote/RefViz/SPSS/Origin/Illustrator综合教程[M].北京:清华大学出版社,2012.

* ① 文献1-11为科研方法类图书;文献12-40为学术论文写作类图书;文献41-52为英语写作及翻译类图书;文献53-55为科研管理类图书;文献56-70为期刊论文;文献71-85为国家标准。
　② 每一类别文献按照出版年份排序。

[24] 戴,盖斯特尔.科技论文写作与发表教程[M].顾良军,林东涛,张健,主译.北京:中国协和医科大学出版社,2013.
[25] BELCHER W L.学术期刊论文写作必修课[M].孙众,温冶顺,等译.北京:教育科学出版社,2014.
[26] 吴勃.科技论文写作教程[M].2版.北京:中国电力出版社,2014.
[27] 孙洁,陈雪飞.毕业论文写作与规范[M].2版.北京:高等教育出版社,2014.
[28] WALLACE S.如何成为学术论文写作高手:针对华人作者的18周技能强化训练[M].北京:北京大学出版社,2015.
[29] 殷国荣,郑金平.医学科研方法与论文写作[M].3版.北京:科学出版社,2017.
[30] 黄军左,丁书江.文献检索与科技论文写作[M].3版.北京:中国石化出版社,2018.
[31] 郭继军.医学文献检索与论文写作[M].5版.北京:人民卫生出版社,2018.
[32] 何宏.电气信息类科技英语教程[M].2版.北京:机械工业出版社,2018.
[33] 王细荣,郭培铭,张佳.文献信息检索与论文写作[M].7版.上海:上海交通大学出版社,2020.
[34] 李武,毛远逸,肖东发.学位论文写作与学术规范[M].2版.北京:北京大学出版社,2020.
[35] 吴忠均.医学科研论文撰写与发表[M].3版.北京:人民卫生出版社,2021.
[36] 戴起勋,袁志钟.科技创新与论文写作[M].3版.北京:机械工业出版社,2022.
[37] 刘进平.SCI论文阅读与写作技巧详解[M].北京:中国林业出版社,2023.
[38] 郭倩玲.科技论文写作[M].3版.北京:化学工业出版社,2023.
[39] 李宗芳,郑芳.医学科研课题设计、申报与实施[M].3版.北京:人民卫生出版社,2023.
[40] 易莉.学术写作原来是这样:语言、逻辑和结构的全面提升[M].北京:机械工业出版社,2024.
[41] 张道真.张道真实用英语语法[M].北京:外语教学与研究出版社,2002.
[42] 庄绎传.英汉翻译简明教程[M].北京:外语教学与研究出版社,2002.
[43] 赵萱,郑仰成.科技英语翻译[M].北京:外语教学与研究出版社,2006.
[44] FOWLER H R,AARON J E.李特-布朗英文写作手册[M].中文注释版.田剪秋,刘瑾,张敏,译注.北京:北京大学出版社,2007.
[45] 古今明.英汉翻译基础[M].上海:上海外语教育出版社,2008.
[46] 王卫平,潘丽蓉.科技英语翻译之要义与句法[M].上海:上海科学技术出版社,2012.
[47] 汤涛,丁玖.数学之英文写作[M].北京:高等教育出版社,2013.
[48] 任朝迎,李桂丽,刘芳.科技英语翻译实用教程[M].杭州:浙江大学出版社,2013.
[49] 刘向杰,师瑞峰.科技英语写作方法——自动化领域学术论文写作与发表[M].北京:机械工业出版社,2014.
[50] 张干周,郭社森.科技英语翻译[M].杭州:浙江大学出版社,2015.
[51] STRUNK W.英语写作手册:风格的要素[M].北京:外语教学与研究出版社,2016.
[52] 曹文娟,张婷.英语翻译教程[M].长春:吉林人民出版社,2019.
[53] 罗式胜.科学技术指标与评价方法——科技计量学应用[M].武汉:武汉工业大学出版社,2000.
[54] 刘在洲,徐红,陈承.高校科研质量评价标准研究[M].北京:科学出版社,2015.
[55] 王富良,韩文斌,范天泉,等.科研项目质量管理[M].北京:科学出版社,2015.
[56] PAMELA S,SUZANNE S. Law and economics of reverse engineering [J]. Yale Law Journal,2002,111(7):1575-1664.
[57] 马瑛.科技论文中致谢内容的常见表达方式[J].青岛科技大学学报(社会科学版),2004(72):65-67.
[58] 张春霆.如何评价一名科研人员的学术表现?——关于论文引用次数泡沫问题及解决方案[J].科技导报,2009,27(10):1.
[59] 徐筠,娄平.英语科技论文中的"致谢"及其常用句式[J].中国科技期刊研究,2010,21(6):886-889.
[60] 柳华文.论哲学社会科学研究的后期资助制度[J].社会科学管理与评论,2011(2):38-41.
[61] 张敏,韩文蕾.计算机软件许可合同中禁止逆向工程条款的法律研究[J].科学管理研究,2011,29

(5):61-64.
- [62] 韩胜军.基于成果的后资助制度及其思考[J].社会科学管理与评论,2011(3):121-132.
- [63] 翟自洋,张月红.国际期刊界如何看待会议论文集再发表——基于对78种国际期刊及120位编辑的调查[J].中国出版,2013(7):16-18.
- [64] 朱丽娟,李丽娜.科研合作计量指标研究述评[J].情报杂志,2013,32(6):76-79.
- [65] 杜行舟,徐超,孟昭鹏.针对网络编码的逆向工程技术合法性分析[J].计算机科学,2014,41(11):12-15.
- [66] 尹振涛,阎沐杉.利用众筹模式拓宽科研经费的筹集渠道[J].科学管理研究,2015,33(6):101-104.
- [67] 马云彤.PDF文档视频和动画添加——科技论文可视化发表探讨[J].中国科技期刊研究,2016,27(7):767-773.
- [68] 姚云,曹昭乐.中国博士后资助体系30年及顶层设计重构[J].华东师范大学学报(教育科学版),2017(2):76-82.
- [69] FOSTER C, WAGER E, MARCHINGTON J, et al. Good practice for conference abstracts and presentations: GPCAP [J]. Research Integrity and Peer Review, 2019, 4(11):1-11. DOI:10.1186/s41073-019-0070-x.
- [70] 刘杰.科技论文标题的英语表达初探——以冠词的去与存为例[J].长沙大学学报,2021,35(1):83-87.
- [71] 文摘编写规则:中国国家标准GB 6447—86[S],1986.
- [72] 数值修约规则:中国国家标准GB 8170—87[S],1987.
- [73] 科学技术报告、学位论文和学术论文的编写格式:中国国家标准GB 7713—87[S],1987.
- [74] 国际单位制及其应用:中国国家标准GB 3100—93[S],1993.
- [75] 有关量、单位和符号的一般原则:中国国家标准GB 3101—93[S],1993.
- [76] 量和单位:中国国家标准GB 3102—93[S],1993.
- [77] 物理科学和技术中使用的数学符号:中国国家标准GB 3102.11—93[S],1993.
- [78] 物理化学和分子物理学的量和单位:中国国家标准GB 3102.8—93[S],1993.
- [79] 校对符号及其用法:中国国家标准GB/T 14706—93[S],1993.
- [80] 标点符号用法:中国国家标准GB/T 15834—1995[S],1995.
- [81] 出版物上数字用法的规定:中国国家标准GB/T 15835—1995[S],1995.
- [82] 期刊编排格式:中国国家标准GB/T 3179—2009[S],2009.
- [83] 学科分类与代码:中国国家标准GB/T 13745—2009[S],2009.
- [84] 信息与文献 参考文献著录规则:中国国家标准GB/T 7714—2015[S],2015.
- [85] 文献分类标引规则:中国国家标准GB/T 32153—2015[S],2015.

后 记

学术素养教育作为教育界的一个新提法，其核心是突出"如何做科研"和"如何写论文"这两项实战任务，并以12项要素构成完整的训练范围。关于科研方法论和学术论文写作方法，包括英文论文写作在内，在改革开放后的40多年一直是教育界和出版界的热点话题，这从本书末尾按照出版年份顺序开列的书目列表即可看出。但是，为什么在目前的人才培养中各种学术素养问题仍然层出不穷呢？原因或许在于缺乏重点突出、范围完整的培训课程和教材，以及现代学术出版理论，并且缺乏建立一个专门研究如何有效从事学术素养教育的新学科领域。本书的出版意图在于弥补这四点空白，即课程、教材、理论、学科。

不可否认，已经出版的很多相关图书是非常优秀的。但是，很多篇幅比较长、细节比较多的图书作为教材，容易使读者陷入阅读疲劳。它们或许更加适合作为实战训练时的备查工具书或参考书使用。另外，有些图书存在不少容易被读者判断为"大话、空话"的"正确的废话"，这种在内容上的稀释容易导致读者抓不住要点。另一方面，虽然有些精练的图书确实在某些内容上很有效，比如写作方法，但由于专注于某项内容，对于学术素养训练所需的其他很多要素无法奏效。因此，本书试图以详细的论述性观点和精练的描述性内容覆盖学术素养教育所需的12项要素。

学术素养范围之大，不是一本书能够穷尽的，也没有必要事无巨细地在一本书内包罗万象，写成一本庞大详细的工具书。在当今压缩课时的素质教育发展新潮流中，本书的目的是使用较少的课时（如16或32学时，1或2学分），作为教材让读者掌握学术素养的常识和要义。为了方便学习，读者可以在上海科学技术出版社网站（www.sstp.cn）的"课件/配套资源"栏目，浏览和下载相关PPT课件。至于在实战体会中需要用到的知识细节（如文献检索方法、英文语法），书末开列的参考文献是很好的补充参考书，教师可以按需选择配合使用（推荐书目列于第4.6.1节）。

"学术素养"这门新课程并不与目前中国教育体系中存在的科研方法、学术写作、科技英语、工程伦理等课程重复或冲突，它们之间的关系是互补的。学术素养是一门综合性课程，其他相关课程是在若干要素上更为详细深入的课程。学术素养课程的创立，以及使用本书作为教材，标志着以系统工程的观点统一协调各门相关课程的融合实践，使它们能够汇总起来在创新型人才和领军人才培养方面迸发出更大的潜能，达到更快更好的综合训练效果。

另外，目前教育界的一个难点问题是如何在专业课程中贯彻思政教育。实际上，每门专业课程都有自身的学术素养教育特征（包括独特的科研方法、数据处理方法和论文写作方法等），而学术素养问题很容易自然过渡到思政教育。因此，学术素养教育是连接这两者之间的一个有效桥梁，能够避免专业教育与课程思政之间的脱节。

谈到以学术素养统一协调相关课程和专业，不可避免地需要谈到潜在的新学科建立问题。过去的科研方法论、学术写作、英文翻译等领域，通常承载着两个任务，一个是学术研究，另一个是人才培养。那么，如果能够作为一个具有系统化、综合化特征的新学科出现，学术素养不但需要承载前面讲到的教学和人才培养任务，而且需要开展专门的学术研究，即研究如何使用学术素养这一综合素质教育手段，更快更好地培养创新型人才。这不但是文史哲管等学科的研究使命，也是理工农医等学科的光荣使命。如果学术素养将来能够成长为一个被广泛拥护的新学科领域，本书将有幸作为这一新事物的发端著作，起到抛砖引玉的作用。在本书的文体方面，我保留了议论文体例及行文习惯，并删减放弃了很多文献标引，意图是增强本书的实训教程效果，而非为了加强针对每个领域的学术发展历史论述和学术出版理论的文献论证研究。

关于学术素养内容的第一次公开正式授课是于 2023 年 12 月 25 日在天津大学机械工程学院杨俊红老师主持的科研方法论课程上，我应邀为 200 多名研究生做了题为"学术素养概论"的报告。因此，这个日子对于我来讲是非常重要的——感谢杨俊红老师的支持。

为了开启学术素养教育，本书的出版克服了很多困难。我认为这项行动具有重要而深远的意义。首先需要感谢刘诗瑶关于开启学术素养教育和创作此书的具有高瞻远瞩的推动性建议，并且感谢上海科学技术出版社对本书立项和出版给予的大力支持。另外，需要感谢天津大学机械工程学院能源与动力工程系给予的大力支持。还要感谢 Crimson Interactive, Inc.（克里门森互动有限公司）及其 Enago（英论阁）分公司和 Wordvice（霍华斯）公司在版权方面给予的支持；我作为这两个机构的兼职专栏作家，在过去四年里撰写了很多学术素养文章，发表在它们的网站。最后，感谢 Katty 与我在很多问题上激发创作灵感的讨论。

辛千凡
2024 年 8 月 15 日于天津大学